Intelligenza artificiale e lavoro

Uno studio su poteri datoriali e tecniche di tutela

IUSTITIAM COLIMUS

Marco Peruzzi

Intelligenza artificiale e lavoro

Uno studio su poteri datoriali e tecniche di tutela

Giappichelli

VIA PO, 21 - TEL. 011-81.53.111
http://www.giappichelli.it

ISBN/EAN 979-12-211-0176-8
ISBN/EAN 979-12-211-5172-5 (ebook - pdf)

Volume finanziato con fondi di ricerca dell'Università di Verona, Dipartimento di Scienze giuridiche.

Questo volume è stato sottoposto a doppio referaggio anonimo che ne ha approvato la pubblicazione.

G. Giappichelli Editore

Questo libro è stato stampato su carta certificata, riciclabile al 100%

Stampa: Stampatre s.r.l. - Torino

Alle mie studentesse
ai miei studenti
e al loro futuro anteriore

INDICE

pag.

pag.

Capitolo Terzo

INCARDINAMENTO E FUNZIONI DELLE GARANZIE DI TRASPARENZA E SORVEGLIANZA UMANA NELLA LOGICA DEL CONTRATTO DI LAVORO

Capitolo Quarto

IA E TUTELA DEL LAVORATORE: PROSPETTIVE

INTRODUZIONE

Nel romanzo *L'uomo senza qualità* di Robert Müsil, si racconta di una coppia, un uomo e una donna, che mentre camminano per strada si fermano all'improvviso vedendo davanti a sé un assembramento.

«Come api intorno al buco dell'arnia la gente s'era accalcata lasciando un vuoto nel mezzo».

Nel mezzo ci sta la scena di un incidente stradale: il camionista sceso dalla cabina, «grigio come carta da pacchi», e il malcapitato per terra, «come morto» sull'orlo del marciapiede.

L'uomo, a quel punto, dice alla donna: «– In questi autocarri pesanti che usano qui da noi il freno ha la corsa troppo lunga». La donna trae da queste parole «un senso di sollievo»: «le bastava che con ciò l'orribile incidente fosse in qualche modo sistemato e diventasse un problema tecnico che non la riguardava più da vicino». L'uomo aggiunge: «– Secondo le statistiche americane, [...] negli Stati Uniti centonovantamila persone all'anno rimangono uccise e quattrocentocinquantamila ferite in incidenti automobilistici. – Crede che sia morto?», chiede la donna, ancora con «l'ingiustificata sensazione di aver vissuto una vicenda eccezionale» [1].

Come direbbe Evelyn Wang, la protagonista del film *Everything Everywhere All at Once*: «É solo una ineluttabilità statistica: nulla di speciale» [2].

O come osserverebbe Ulrich, il matematico protagonista del romanzo di Müsil: «[l]a regolarità delle serie numeriche statistiche è talvolta uguale a quella delle leggi. [...] [S]i è tentato di spiegarla in modo logico e formale, come qualcosa che va da sé; e al contrario s'è anche affermato che la regolarità di fenomeni non legati da una causa comune non può affatto essere spiegata con gli abituali metodi di ragionamento; [...] s'è anche fatta l'ipotesi che non si tratti soltanto di fatti singoli, ma anche di ignote leggi universali. [...] [S]enza dubbio sarebbe molto importante per me personalmente sapere se dietro a tutto ciò non vi siano leggi collettive sconosciute, oppure se per semplice ironia della natura ne derivi il fat-

---

[1] R. MÜSIL, *L'uomo senza qualità*, volume primo, (trad. it. A. Rho, G. Benedetti, L. Castoldi) Einaudi, Torino, 2014 (prima edizione originale 1930), pp. 7-8.

[2] D. KWAN-D. SCHEINERT, *Everything Everywhere All at Once*, Eagle pictures, Usa, 2022.

to speciale che non accade mai nulla di speciale, e che il senso supremo viene ad essere qualcosa che si può attingere con la media della più profonda mancanza di senso» [3].

L'idea che metriche, numeri, quantificazioni e schemi di regolarità ci consegnino lo strumento per capire il funzionamento dei fenomeni, codificare l'ambiente in cui ci muoviamo, risolvere i problemi che si pongono; l'idea che la sensazione di trovarsi di fronte a qualcosa di eccezionale sia invero «ingiustificata» se si tratta del mero segnale restituito da una «ineluttabilità statistica»; l'idea che tale regolarità sia uguale alle leggi ma non possa essere spiegata con il ragionamento e possa essere compresa solo «con la media della più profonda mancanza di senso».

Sono idee che il tema dell'intelligenza artificiale (IA) alimenta, aggiorna, amplifica.

L'ambito in cui si declinerà la riflessione è quello dell'incidenza dell'utilizzo dell'IA sulle tutele giuridiche del lavoratore.

Come già si è fatto in queste prime righe, l'intenzione è quella di costruire il ragionamento seguendo una linea di comunicazione e continuità con il passato e il presente, incardinandolo in un'analisi sistematica degli strumenti giuridici vigenti e nella valorizzazione delle categorie giuridiche tradizionali proprie della disciplina.

In tal senso, si coglie l'indicazione di chi avverte il rischio di «novismo tecnologico» [4], «di privilegiare l'approccio empirico» anziché «sistemico», quindi «di sopravvalutare la presenza di vuoti normativi, e sottovalutare invece la capacità di mediazione giuridica delle norme esistenti» [5]. Ovvero anche, sullo specifico versante lavoristico, l'indicazione di chi individua «*the way forward*» nella «*legal evolution, not deregulation*» [6] e nella necessità che il diritto del lavoro non accetti «passivamente la sirena del determinismo tecnologico», ma con «una valutazione più problematica e articolata» sappia aprirsi alle «nuove sollecitazioni», «senza rinchiudersi entro la cornice regolativa tradizionale» [7].

---

[3] R. MÜSIL, *L'uomo senza qualità*, cit., pp. 554-555.

[4] G. FINOCCHIARO-O. POLLICINO, *La Costituzione ci tutela dalle novità della digitalizzazione*, in *Il Sole 24 Ore*, 6 maggio 2023, p. 13.

[5] U. RUFFOLO, Artificial intelligence *e responsabilità. «Persona elettronica» e teoria dell'illecito*, in A. PAJNO-F. DONATI-A. PERRUCCI (a cura di), *Intelligenza artificiale e diritto: una rivoluzione? Amministrazione, responsabilità, giurisdizione*, vol. II, il Mulino, Bologna, 2022, pp. 231-232. L'autore evidenzia il cambiamento che in tal senso si è registrato nella posizione del Parlamento europeo, dalla Risoluzione del 16 febbraio 2017, in materia di norme di diritto civile sulla robotica, in cui veniva tracciata la via del rinnovamento delle norme e delle categorie giuridiche, alle Risoluzioni del 12 febbraio 2019 sulla politica industriale europea globale e del 20 ottobre 2020 in tema di responsabilità civile per l'intelligenza artificiale, in cui non si ritiene necessaria una revisione completa del sistema, ma solo alcuni adeguamenti specifici e coordinati.

[6] S. DEAKIN-C. MARKOU, *The law-technology cycle and the future of work*, Centre for Business Research, University of Cambridge, Working Paper No. 504/2018, p. 17.

[7] A. PERULLI-V. SPEZIALE, *Dieci tesi sul diritto del lavoro*, il Mulino, Bologna, 2022, p. 143.

In quest'ottica di sistema, dove il diritto viene interpellato sia come «strumento ordinatore», sia come «oggetto di cambiamento»[8], si individueranno i termini di innesto dei contenuti normativi che *de iure condendo* si stanno prospettando a livello Ue, nonché i possibili versanti su cui può essere incentivata l'evoluzione della materia, nel tentativo di contribuire a una costruzione *future-proof* dell'architettura regolativa di tutela.

---

[8] A. PAJNO, *Prefazione. La costruzione dell'infosfera e le conseguenze sul diritto*, in A. PAJNO-F. DONATI-A. PERRUCCI (a cura di), *Intelligenza artificiale e diritto: una rivoluzione? Amministrazione, responsabilità, giurisdizione*, vol. II, il Mulino, Bologna, 2022, p. 25.

CAPITOLO PRIMO

IA E TUTELA DEL LAVORATORE: INQUADRAMENTO DEL PROBLEMA E QUESTIONI DEFINITORIE

SOMMARIO: 1. Obiettivo e struttura dell'indagine. – 2. IA, algoritmo, procedimento automatizzato: definizioni e distinzioni.

1. *Obiettivo e struttura dell'indagine*

Un sistema di intelligenza artificiale (IA) può costituire uno strumento che veicola o informa le scelte e l'esercizio delle prerogative datoriali [1].

Nel filtrare i curricula inviati per una posizione lavorativa, sulla base dei dati testuali ivi contenuti, o nell'interagire con i candidati attraverso *chatbots*/*voicebots* o avatar digitali, il sistema assiste nelle varie fasi del processo di assunzione, elaborando selezioni, classificazioni e graduatorie, nonché raccogliendo e sistematizzando informazioni utili per il reclutamento [2].

---

[1] L'incidenza dell'uso dell'IA nel luogo di lavoro può essere osservata anche su un versante diverso e opposto: si pensi all'utilizzo che può essere fatto di ChatGpt da parte dei dipendenti, con o senza l'approvazione del datore di lavoro, per essere supportati nella realizzazione di un compito (ad es. l'ingegnere che carica un codice chiedendo a ChatGpt di trovare il difetto e ottimizzare il *software*) o preparare rapporti (ad es. il verbale di una riunione, con registrazione della discussione e dei partecipanti). A fronte del rischio che questi processi possano ledere segreti aziendali, Samsung, SK Hynix, LG e molte altre aziende si stanno affrettando a vietare o a redigere linee guida per l'uso di ChatGpt e di altri servizi simili sul posto di lavoro. Cfr. P. CLARKE, *ChatGPT leaking Samsung chip secrets is iceberg's tip*, in *www.eenewseurope.com*, 4 aprile 2023. La problematicità dell'uso di questa *chatbot* è nota per l'ordinamento italiano, considerato il provvedimento del 30 marzo 2023 con cui il Garante per la protezione dei dati personali ha bloccato l'applicazione disponendo, in via d'urgenza, nei confronti di OpenAI, società statunitense sviluppatrice e gestrice del *software*, la misura della limitazione provvisoria del trattamento dei dati personali degli interessati stabiliti nel territorio italiano. Il 28 aprile 2023, il Garante ha successivamente comunicato la riapertura della piattaforma in Italia a fronte della nota inviata da OpenAI e delle maggiori garanzie introdotte.

[2] Cfr. J. ADAMS-PRASSL, *Regulating algorithms at work: Lessons for a 'European approach to artificial intelligence'*, in *European Labour Law Journal*, 2022, p. 30 ss.; V. DE STEFANO-M. WOUTERS, *AI and digital tools in workplace management and evaluation: An assessment of the EU's le-*

Nel prevedere e scandire le coordinate spazio-temporali della prestazione, sulla base di una stima probabilistica del tempo o del percorso necessari, il sistema plasma, specifica, conforma il contenuto dell'obbligazione lavorativa, identificando lo standard di diligenza richiesto.

Nell'alimentarsi dei dati necessari per il processo computazionale, attraverso sensori montati su entità robotiche, mezzi di trasporto o dispositivi ovvero distribuiti nell'ambiente circostante, il sistema abilita un potenziale controllo sulla prestazione e/o una profilazione del lavoratore [3], a cui può essere agganciata o seguire una valutazione sulla conformità dei risultati della prestazione con lo standard di diligenza richiesto, al fine di verificare la necessità o meno di fornire percorsi formativi mirati, contestare un'infrazione con avvio di un procedimento disciplinare oppure attribuire/negare un premio o un avanzamento di carriera [4].

---

gal framework, European Parliamentary Research Service (EPRS), PE 729.516 – May 2022; H. PARVIAINEN, *Can algorithmic recruitment systems lawfully utilise automated decision-making in the EU?*, in *European Labour Law Journal*, 13(2), 2022, p. 225 ss.; I. AJUNWA, *An Auditing Imperative for Automated Hiring Systems*, in *Harvard Journal of Law & Technology*, 34(2), 2021, p. 622 ss.; A. TODOLÌ-SIGNES, *Algorithms, artificial intelligence and automated decisions concerning workers and the risks of discrimination: the necessary collective governance*, in *Transfer*, 2019, 25(4), p. 465 ss.; R. VEDAPRADHA-R. HARIHARAN-R. SHIVAKAMI, *Artificial Intelligence: A Technological Prototype in Recruitment*, in *Journal of Service Science and Management*, 3(12), 2019, p. 382 ss.. Per un riferimento alle tecniche di *recruitment* digitale v. anche la circolare del Ministero del lavoro n. 19 del 20 settembre 2022 in merito all'art. 1-*bis* d.lgs. n. 152/1997 (v. cap. 2, § 6).

[3] Cfr. A. ALOISI-E. GRAMANO, *Artificial Intelligence Is Watching You at Work: Digital Surveillance, Employee Monitoring, and Regulatory Issues in the EU Context*, in *Comparative Labor Law & Policy Journal*, 41, 2019, p. 95 ss.; I. AJUNWA-K. CRAWFORD-J. SCHULTZ, *Limitless worker surveillance*, in *California Law Review*, 105(3), 2017, p. 735 ss. Il tema del controllo a distanza e della profilazione è particolarmente approfondito dalla dottrina italiana, nell'esame del rapporto coordinato tra gli artt. 4 e 8 St. Lav. e il Regolamento Ue n. 2016/679 (GDPR). Cfr. M. AIMO, *Dalle schedature dei lavoratori alla profilazione tramite algoritmi: serve ancora l'art. 8 dello Statuto dei lavoratori?*, in *Lavoro e diritto*, 2021, p. 585 ss.; A. SARTORI, *Il controllo tecnologico sui lavoratori. La nuova disciplina italiana tra vincoli sovranazionali e modelli comparati*, Giappichelli, Torino, 2020; E. DAGNINO, *Dalla fisica all'algoritmo: una prospettiva di analisi giuslavoristica*, Adapt University Press, Bergamo, 2019; F. COSTANTINI, *Profilazione e "automated decision making" in ambito lavorativo nella giurisprudenza italiana*, in *Il lavoro nella giurisprudenza*, 2019, p. 984 ss.; A. TOPO, *Automatic management, reputazione del lavoratore e tutela della riservatezza*, in *Lavoro e diritto*, 2018, p. 453 ss.; A. INGRAO, *Il controllo a distanza sui lavoratori e la nuova disciplina privacy: una lettura integrata*, Cacucci, Bari, 2018; V. NUZZO, *La protezione del lavoratore dai controlli impersonali*, Ed. Scientifica, Napoli, 2018; P. TULLINI, *La digitalizzazione del lavoro, la produzione intelligente e il controllo tecnologico nell'impresa*, in P. TULLINI (a cura di), *Web e lavoro. Profili evolutivi e di tutela*, Giappichelli, Torino, 2017, p. 3 ss.; A. DONINI, *Profilazione reputazionale e tutela del lavoratore: la parola al Garante della Privacy*, in *Labour & Law Issues*, 3(1), 2017, p. R 37 ss.; M. MARAZZA, *Dei poteri (del datore di lavoro), dei controlli (a distanza) e del trattamento dei dati (del lavoratore)*, in *WP CSDLE "Massimo D'Antona".IT*, n. 300, 2016 e *Argomenti di diritto del lavoro*, 2016, p. 483 ss.

[4] Cfr. A. ALOISI, Boss ex Machina: *employer powers in workplaces governed by algorithms and artificial intelligence*, in A. LO FARO (a cura di), *New Technology and Labour Law. Selected topics*, Giappichelli, Torino, 2023, p. 15 ss.; L. ZAPPALÀ, *Informatizzazione dei processi decisionali e dirit-*

Nel definire la distribuzione dei carichi di lavoro e la configurazione dell'assetto aziendale, a partire da una previsione della domanda di beni e servizi e della scelta tecnico-organizzativa più efficiente (c.d. *workflow algorithms*), il sistema può consegnare una decisione sull'estensione o collocazione spaziale della prestazione ovvero sulla collocabilità del lavoratore, che può tradursi in un atto datoriale di modifica dell'oggetto, tempo o luogo della prestazione ovvero anche, da ultimo, in un atto di recesso [5].

L'inserimento dell'algoritmo nell'architettura del processo produttivo veicola e informa le prerogative datoriali, ma al contempo può innescarne una trasformazione: i poteri «si mimetizzano e si fanno "diffusi", transitando dalla dimensione dell'imporre e del correggere a quella dell'indurre e del prevenire» [6]; si diluisce la linea di confine tra conformazione della prestazione e monitoraggio dell'attività lavorativa: «il potere direttivo cambia pelle e si contamina con il potere di controllo assumendo le sembianze di un "potere di controllo direttivo"» [7]; l'ambiente digitale «precostituisce di per sé» un sistema di «comportamenti vincolanti a carico del lavoratore a prescindere dall'esercizio di prerogative formali» e diventa in questo più ardua «la scommessa sull'efficacia discretiva attribuita alle manifestazioni del potere nell'impresa» [8].

L'uso di sistemi di IA da parte del datore nell'organizzazione della propria attività pone per il diritto del lavoro principalmente due problematiche.

---

to del lavoro: algoritmi, poteri datoriali e responsabilità del prestatore nell'era dell'intelligenza artificiale, in S. ALEO (a cura di), *Evoluzione scientifica e profili di responsabilità*, Pacini editore, Pisa, 2021, p. 363 ss.; V. MAIO, *Il diritto del lavoro e le nuove sfide della rivoluzione robotica*, in *Argomenti di diritto del lavoro*, 2018, p. 1414 ss.; A. TODOLÌ-SIGNES, *Algorithms, artificial intelligence*, cit.; cfr. altresì le relazioni di G. DE SIMONE-M. MARAZZA-A. OCCHINO, al *Séminaire méditerranéen de droit du travail 2018*, dedicato al tema *Intelligence artificielle et droits du travail*, 21-22 giugno 2018, Avignone.

[5] Cfr. V. DOELLGAST-I. WAGNER-S. O'BRADY, *Negotiating limits on algorithmic management in digitalised services: cases from Germany and Norway*, in *Transfer*, 29(1), 2022, p. 105 ss.; A.J. WOOD, *Algorithmic management: Consequences for work organisation and working conditions*, Report no. JRC124874, Seville, European Commission, 2021; M. OTTO, *Workforce analytics v fundamental rights protection in the EU in the age of big data*, in *Comparative Labor Law & Policy Journal*, 40(3), 2018, p. 389 ss.; D. ANGRAVE-A. CHARLWOOD-I. KIRKPATRICK *et al.*, *HR and analytics: Why HR is set to fail the big data challenge*, in *Human Resource Management Journal*, 26(1), 2016, p. 1 ss.; M.K. LEE-D. KUSBIT-E. METSKY *et al.*, *Working with machines: The impact of algorithmic and data-driven management on human workers*, in *Proceedings of the 33rd annual ACM conference on human factors in computing systems*, Association for Computing Machinery, New York, 2015, p. 1603 ss.

[6] M. NOVELLA, *Impresa*, in M. NOVELLA-P. TULLINI, *Lavoro digitale*, Giappichelli, Torino, 2022, p. 23.

[7] L. TEBANO, *Controlli digitali*, in S. BORELLI-V. BRINO-C. FALERI-L. LAZZERONI-L. TEBANO-L. ZAPPALÀ, *Lavoro e tecnologie*, Giappichelli, Torino, 2022, p. 49.

[8] P. TULLINI, *La questione del potere nell'impresa. Una retrospettiva lunga mezzo secolo*, in *Lavoro e diritto*, 3-4, 2021, p. 442.

Da un lato, aumenta il rischio di violazione dei diritti riconosciuti al lavoratore a tutela dei suoi interessi e dei correlativi comandi e divieti posti al datore nell'esercizio dei suoi poteri.

Dall'altro, può rendere difficile individuare e dimostrare detta violazione, inficiando l'effettività della normativa e, quindi, la possibilità per il lavoratore di ricorrere all'autotutela nel rapporto di lavoro e/o alla tutela giudiziale.

Alla radice di queste problematiche si collocano tre caratteristiche che possono connotare, in diverso grado, un sistema di IA: la complessità, l'autonomia e la dipendenza dai dati [9]. Le stesse possono, infatti, implicare opacità (ossia carenza di conoscibilità e/o spiegabilità) del funzionamento del sistema e/o della decisione dallo stesso consegnata, imprevedibilità dell'*output*, nonché rischi di *bias*, distorsioni causate da pregiudizi, connessi alla stretta dipendenza della razionalità del processo dai dati di *training* e/o di *input* e dalla possibile riproduzione rigida, meccanica ed esponenziale di discriminazioni insite negli stessi [10].

---

[9] Al riguardo, cfr. Commission Staff Working Document, *Impact Assessment accompanying the Proposal for a Regulation of the European Parliament and of the Council laying down harmonised rules on Artificial Intelligence (Artificial Intelligence Act) and amending certain Union legislative Acts*, Brussels, 21 aprile 2021, SWD(2021) 84 final. In tale sede, in particolare, si individuano come caratteristiche proprie di un sistema di IA: opacità, complessità, continuo adattamento e imprevedibilità, comportamento autonomo e dipendenza dai dati (Table 3, p. 28). Si ritiene di poter ricostruire queste caratteristiche nei termini di sintesi riportati nel testo: l'opacità, ossia la carenza di trasparenza, è descritta come conseguenza della complessità del sistema (quale «molteplicità di componenti e processi di un sistema di IA e loro interconnessioni»); l'adattività, intesa come «capacità funzionale di alcuni sistemi di IA di "apprendere" e "adattarsi" continuamente durante il loro funzionamento, portando talvolta a risultati imprevedibili», da un lato, non costituisce un elemento necessario ai fini della qualificazione di IA, dall'altro, può individuarsi come specifica declinazione dei caratteri della complessità e autonomia (ossia della «capacità funzionale di alcuni sistemi di IA di generare *output* come "decisioni" con un intervento umano limitato o nullo», p. 28). L'*Impact Assessment* prosegue evidenziando che «queste caratteristiche specifiche dei sistemi di IA possono creare nuovi rischi per la sicurezza e i diritti fondamentali e accelerare la probabilità o l'intensità dei rischi esistenti, nonché rendere difficile [...] verificare il rispetto e l'applicazione delle norme esistenti» (p. 29). Ancora, si afferma che «l'IA utilizzata per sostituire o supportare il processo decisionale umano o per altre attività come la sorveglianza può violare i diritti individuali. Non si tratta di un difetto della tecnologia *in sé*, ma della responsabilità degli esseri umani che la progettano e la utilizzano e che devono assicurarsi che queste violazioni non avvengano». Inoltre, «qualora si verifichino violazioni dei diritti fondamentali, queste possono anche essere molto difficili da individuare e dimostrare, soprattutto quando il sistema non è trasparente. Ciò mette a dura prova l'effettiva applicazione della legislazione europea esistente volta a salvaguardare i diritti fondamentali» (p. 16); «una delle principali minacce al diritto a un ricorso effettivo è la mancanza di trasparenza nell'uso e nel funzionamento dei sistemi di IA» (p. 21). Rispetto alle due problematiche rilevate con riguardo all'applicazione dei diritti, ossia non solo il rischio di una loro violazione ma anche la maggior difficoltà di individuarla e dimostrarla, si evidenziano correlativamente, nell'elenco dei requisiti indicati per rendere affidabile (*trustworthy*) il sistema di IA, la trasparenza e il controllo umano (p. 41, v. cap. 2, § 1.1).

[10] Parla al riguardo di «algoritmo "specchio"» A. LO FARO, Algorithmic Decision Making *e gestione dei rapporti di lavoro: cosa abbiamo imparato dalle piattaforme*, in *federalismi.it*, 25, 2022, p. 189 ss.

La portata di queste caratteristiche e la loro incidenza sulle menzionate problematiche variano a seconda del tipo o dei tipi di algoritmi utilizzati, potendo passare, come si vedrà oltre nella trattazione, dal grado minimo riscontrabile in caso di algoritmo deterministico a quello massimo in ipotesi di algoritmo di apprendimento automatico (c.d. *machine learning*) associato all'uso di reti neurali profonde (c.d. *deep learning*).

D'altra parte, seppur diversamente declinate in relazione alla portata delle citate variabili, le soluzioni che si individuano a risposta del problema, nell'approccio regolativo di livello Ue, possono essere ricondotte a due principali requisiti di garanzia, da rispettare nella progettazione e nell'uso del sistema: la sorveglianza umana, quale garanzia per la prevenzione o minimizzazione del rischio di violazione dei diritti; la trasparenza, per il rafforzamento della loro effettività. Accanto a questa scelta di contenuto, si può individuare anche una precisa opzione di metodo, nel riferimento alla necessità di adottare un modello basato sulla valutazione e gestione del rischio.

L'obiettivo della presente analisi è quello di contribuire allo sviluppo del ragionamento giuridico sul tema, dal punto di vista lavoristico, proponendo una lettura di sistema, utile a una ricostruzione e applicazione integrata delle regole coinvolte.

Il percorso si comporrà di tre momenti.

In una prima fase, l'indagine sarà volta a inquadrare le citate risposte di contenuto e di metodo prospettate nell'approccio regolativo Ue all'IA. Si evidenzierà, al riguardo, l'importanza di declinare la garanzia della sorveglianza umana sul duplice piano dell'intervento nel processo automatizzato e del governo complessivo del sistema e la stretta interconnessione con la garanzia della trasparenza. Quest'ultima si colloca, infatti, tra i presupposti di efficacia dell'intervento dell'operatore nel ciclo di funzionamento del sistema, ma altresì tra gli obiettivi di un governo del rischio finalizzato ad assicurare l'affidabilità dell'IA. Si procederà, quindi, a individuare, *de iure condito* e *condendo*, lungo tali direttrici, l'architettura regolativa di matrice Ue funzionale alla tutela del lavoratore nei confronti di poteri datoriali esercitati con l'uso di sistemi algoritmici. Trattasi di fonti che, in molti casi, non sono caratterizzate da una matrice giuslavoristica e che cionondimeno presentano tale funzionalità, sia attraverso la diretta predisposizione di protezioni, sia perché strumentali all'operatività ed effettività delle tecniche di controllo dei poteri datoriali, previste nell'ambito delle fonti giuslavoristiche. Al riguardo, si evidenzieranno il ruolo centrale, quasi egemonico, ricoperto dal Regolamento Ue 2016/679 in materia di trattamento dei dati personali (GDPR) e la rilevanza che potrà assumere, una volta adottato, il Regolamento sull'IA, soprattutto con l'innesto di alcuni suoi contenuti all'interno del quadro normativo del GDPR, attraverso lo specifico canale offerto dallo strumento della valutazione di impatto. Si sottolineerà, quindi, l'importanza di coordinare la riflessione così sviluppata con fonti di più stretta matrice lavoristica. Anzitutto, a completamento della ricostruzione *de iure condendo*, si effettuerà un confronto con le soluzioni riscontrabili, per il relativo ambito di applicazione, nella proposta di direttiva sul lavoro mediante piattaforme digitali; in termini più generali e complessivi, specifica attenzione sarà dedicata al necessario raccordo e integrazione con la normativa Ue in materia di salute e sicurezza dei lavoratori e, nell'approfondimento della proiezione collettiva della tutela, con quella in tema di coinvolgimento dei lavoratori nell'impresa. L'analisi consentirà, da ultimo, di valutare la tenuta di alcune scelte regolative adottate a livello interno, in particolare dal c.d. decreto trasparenza, d.lgs. n. 104/2022, così come modificato dal d.l. n. 48/2023, c.d. decreto lavoro.

Proseguendo l'indagine, si rifletterà su come le garanzie di sorveglianza umana e trasparenza, su cui si fonda l'architettura normativa individuata, integrino il regolamento negoziale del rapporto di lavoro e operino nella logica del contratto: l'una, quale misura dell'adempimento degli obblighi attribuiti al datore nell'esercizio delle proprie prerogative, quindi elemento di determinazione della diligenza richiesta e criterio che consente di stabilire la colpa in un eventuale giudizio di responsabilità contrattuale soggettiva; l'altra, quale obbligo di protezione collocabile nello spettro d'azione delle clausole generali di correttezza e buona fede. Il ragionamento sarà funzionale anche a una verifica dei termini con cui il principio di responsabilizzazione *ex ante*, sotteso all'obbligo di governo del rischio e quindi alla garanzia di sorveglianza umana nella sua duplice declinazione, si traduce sul piano dell'allocazione delle responsabilità, tenendo in considerazione la complessa pluralità di soggetti che popolano la catena della fornitura e il ciclo di vita di un sistema di IA.

Infine, muovendo dalle riflessioni maturate, l'analisi evidenzierà le criticità del sistema di tutela del lavoratore e le possibili prospettive di miglioramento. Si segnaleranno anzitutto le problematiche che possono incidere sull'effettività della garanzia di trasparenza: dalla cautela che deve guidare il confronto con la razionalità algoritmica, laddove si tratti di vagliare il rispetto dei limiti esterni al potere datoriale, alle difficoltà che si possono realisticamente riscontrare in giudizio, nel controllo sulla veridicità delle affermazioni divulgate dal datore, anche a fronte di un ordine di *disclosure*, fino al necessario bilanciamento con eventuali diritti di privativa collegati al sistema di IA. Particolare attenzione sarà dedicata alla questione discriminatoria, connotata da un imprescindibile legame con il tema della trasparenza e sistematicamente richiamata dalla pluralità di fonti coinvolte nell'indagine. Al riguardo, si valuterà l'utilità di alcune soluzioni apprestate dalla recente direttiva 2023/970 in materia di trasparenza retributiva di genere.

Rispetto alla garanzia di sorveglianza umana, l'analisi evidenzierà come la prospettiva di lettura integrata delle fonti, elaborata nel corso della trattazione, trovi corrispondenza, se non importante consolidamento, all'interno di alcune proposte finalizzate a valorizzare il linguaggio dei diritti fondamentali sia *de iure condito* nel contesto normativo del GDPR, sia *de iure condendo* nel Regolamento sull'IA. A tal ultimo proposito, si segnalerà la linea di emendamento approvata dalle commissioni IMCO-LIBE del Parlamento europeo, in vista della votazione in plenaria prevista per giugno 2023. Segnatamente, si dispone l'introduzione in capo all'utente (ossia, per quanto ci concerne, il datore di lavoro) di un obbligo di *Fundamental Rights Impact Assessment* (FRIA), da condurre congiuntamente alla valutazione d'impatto sulla protezione dei dati di cui al GDPR.

Prodromica al discorso è la questione definitoria delle fattispecie di riferimento, anzitutto quella di IA, di algoritmo, di procedimento automatizzato. L'analisi e il confronto tra queste nozioni sono necessari per capire sia i diversi gradi in cui si possono presentare le problematiche relative alla tutela del lavoratore e le correlate esigenze di garanzia in termini di sorveglianza umana e trasparenza; sia le risposte regolative che *de iure condito* e *condendo* vi si ricollegano, i canali di comunicazione e integrazione tra i diversi plessi regolativi, i punti di accesso per un approccio condiviso e partecipativo.

2. *IA, algoritmo, procedimento automatizzato: definizioni e distinzioni*

L'algoritmo è una sequenza finita di istruzioni non ambigue, tali da poter essere eseguite meccanicamente; il codice sorgente è un algoritmo espresso in un linguaggio di programmazione, mentre un sistema algoritmico rappresenta un processo automatizzato, ossia un processo basato sull'esecuzione di un algoritmo (*melius*, di un codice oggetto [11]).

Non tutti i sistemi algoritmici possono, tuttavia, considerarsi sistemi di IA.

Quali siano le caratteristiche che devono necessariamente sussistere affinché vi possa essere una qualificazione in tal senso è questione tutt'altro che scontata a livello sia di riflessione scientifica sia di dibattito istituzionale [12]. Non è un caso che questo profilo costituisca uno dei più controversi all'interno della discussione

---

[11] Il codice oggetto è la traduzione del codice sorgente nel linguaggio binario della macchina, in grado come tale di essere eseguito dalla stessa. La traduzione è generata da un programma informatico, detto compilatore. L'operazione inversa (*reverse engineering*), ossia la ricostruzione del codice sorgente dal codice oggetto, è detta de-compilazione e, come si vedrà oltre, è consentita dalla normativa di tutela del diritto d'autore sul *software* solo in alcune ipotesi (dir. 2009/24/CE, l. n. 633/41, v. cap. 4, § 2.2). Il *software* è l'insieme di procedure e istruzioni (algoritmi tradotti in linguaggio di programmazione) in un sistema di elaborazione dati.

[12] Cfr. G.F. ITALIANO-S. CIVITARESE MATTEUCCI-A. PERRUCCI, *L'intelligenza artificiale: dalla ricerca scientifica alle sue applicazioni. Una introduzione di contesto*, in A. PAJNO-F. DONATI-A. PERRUCCI (a cura di), *Intelligenza artificiale e diritto: una rivoluzione? Diritti fondamentali, dati personali e regolazione*, vol. I, il Mulino, Bologna, 2022, p. 43 ss., spec. p. 48. A livello Ue, si può richiamare il rapporto S. SAMOILI-M. LOPEZ COBO-E. GOMEZ GUTIERREZ-G. DE PRATO-F. MARTINEZ-PLUMED-D. DELIPETREV, *AI WATCH. Defining Artificial Intelligence*, Publications Office of the European Union, Luxembourg, 2020.

sulla proposta di Regolamento sull'IA che si sta svolgendo in seno alle istituzioni europee.

Ai fini del ragionamento che si intende sviluppare e in coerenza con l'impostazione antropocentrica che connota la via europea alla regolazione in materia, si partirà dall'assunto secondo cui un sistema di IA può al momento considerarsi non tanto come possibile agente quanto come uno strumento dell'azione umana, «una forma di esercizio», un «registro» del potere [13]. Si farà, inoltre, riferimento alla definizione di IA adottata nella proposta di Regolamento europeo [14], una definizione ad ampio raggio [15] che, rinviando a una vasta lista di approcci e tecniche, consente di includere nella categoria l'uso di algoritmi sia deterministici, sia non deterministici, sia di apprendimento automatico. Questa distinzione, riconducibile per lo più alla tripartizione contenuta nell'allegato I della citata proposta, è necessaria e utile per comprendere le differenti caratterizzazioni dei sistemi rispetto ai requisiti di prevedibilità del risultato, comprensibilità del modello e spiegabilità della decisione.

Proprio per questo, si ritiene significativo proporla in questo contesto di indagine nonostante nell'orientamento generale adottato dal Consiglio dell'Ue a dicembre 2022 si prevedano l'eliminazione dell'allegato I, al fine di sottrarre alla Commissione margini di intervento sul suo contenuto, e lo spostamento nei considerando dei riferimenti di dettaglio alle tecniche di IA, con una bipartizio-

---

[13] F. CABITZA, Deus in machina? *L'uso umano delle nuove macchine, tra dipendenza e responsabilità*, in L. FLORIDI-F. CABITZA (a cura di), *Intelligenza artificiale. L'uso delle nuove macchine*, Bompiani, Milano, Firenze, 2021, pp. 67-68; K. CRAWFORD, *The Atlas of AI. Power, Politics, and the Planetary Costs of Artificial Intelligence*, Yale University Press, New Haven, 2021. Rispetto al discusso tema della soggettività giuridica dell'agente digitale e a quello connesso della responsabilità da algoritmo cfr., *ex multis*, G. TEUBNER, *Soggetti giuridici digitali? Sullo status privatistico degli agenti software autonomi*, Edizioni Scientifiche Italiane, Napoli, 2018; U. RUFFOLO, *Le responsabilità da produzione e gestione di intelligenza artificiale self-learning*, in U. RUFFOLO (a cura di), *XXVI Lezioni di Diritto dell'Intelligenza artificiale*, Giappichelli, Torino, 2021, p. 131 ss.; M. COSTANZA, *Impresa robotizzata e responsabilità*, in U. RUFFOLO (a cura di), *Intelligenza artificiale e responsabilità*, Giuffrè, Milano, 2017, p. 107 ss. Rispetto all'imputabilità della decisione algoritmica al datore di lavoro, cfr. G. ZAMPINI, *Intelligenza artificiale e decisione datoriale algoritmica. Problemi e prospettive*, in *Argomenti di diritto del lavoro*, 2022, p. 467 ss.; P. LAMBERTUCCI, *Intelligenza artificiale e tutela dei lavoratori: prime riflessioni*, in *Argomenti di diritto del lavoro*, 2022, p. 897 ss.; A. ROTA, *Rapporto di lavoro e* big data analytics*: profili critici e risposte possibili*, in *Labour & Law Issues*, 2017, p. I.42 ss.

[14] Commissione europea, *Proposta di Regolamento che stabilisce regole armonizzate sull'intelligenza artificiale*, Bruxelles, 21 aprile 2021, COM(2021)206 final. Il Consiglio ha già approvato, il 6 dicembre 2022, l'orientamento generale con cui si presenterà ai triloghi (*General approach*, 14954/22); per quanto riguarda il Parlamento europeo, invece, come in parte anticipato, è attesa per la metà di giugno 2023 la votazione in plenaria sul testo di compromesso adottato congiuntamente l'11 maggio 2023 dalle commissioni per il mercato interno e le libertà civili (IMCO-LIBE, Rapporteurs: B. Benifei e I. Tudorache).

[15] Cfr. L. ZAPPALÀ, *Intelligenza artificiale*, in AA.VV., *Lavoro e tecnologie*, Giappichelli, Torino, 2022, p. 133 ss.

ne tra *machine learning* e approcci basati sulla logica e conoscenza (cons. n. 6-*bis* e 6-*ter*; bipartizione ripresa anche nella definizione di sistema di IA di cui all'art. 3, punto 1). In questa prospettiva, si precisa che sono esclusi i sistemi che utilizzino regole definite solamente da persone fisiche per eseguire automaticamente le operazioni (cons. n. 6), mentre le tecniche non deterministiche prima indicate nella lett. *c* dell'allegato sono citate e declinate nel contesto del *machine learning* [16].

Si tornerà per un commento su questi profili dell'orientamento generale del Consiglio dopo alcune precisazioni sulla menzionata tripartizione.

Per meglio comprendere le differenze, al suo interno, tra le categorie di algoritmi, è importante anzitutto distinguere la prevedibilità del risultato, la comprensibilità di un modello, intesa come «la proprietà di un sistema di essere compreso nel suo funzionamento (*how*) da un essere umano», e ancora la spiegabilità del risultato, quale capacità del modello di fornire una spiegazione del perché abbia prodotto un determinato *output*, anche rispetto a uno specifico caso concreto [17]. La spiegabilità, oltre a poter essere diretta (se caratterizzante in modo nativo il modello, c.d. *transparency by design*) o indiretta (se investigabile *ex post* attraverso altre tecniche esterne, anch'esse potenzialmente algoritmiche, c.d. metodi di *Explainable AI – XAI*), è un concetto che deve essere declinato in relazione alle capacità cognitive e competenze del destinatario [18], nonché alle finalità dell'accesso alla spiegazione. In tal senso, un modello che di per sé fornisce un risultato direttamente spiegabile per un soggetto esperto (da qui l'importanza di tale figura nei processi di informazione e consultazione dei lavoratori e dei loro rappresentanti: v. cap. 2, § 5), potrebbe richiedere un intervento successivo volto a rendere tale risultato spiegabile o a facilitarne la comprensione per un soggetto non esperto (ad es. un algoritmo di apprendimento automatico supervisionato, basato sulla regressione lineare: v. *infra*) [19].

Gli algoritmi deterministici seguono un approccio basato sulla logica e regolano un processo decisionale non soltanto comprensibile e spiegabile, ma anche dal

---

[16] Si segnala che anche nel testo di compromesso approvato dalle commissioni congiunte IMCO-LIBE del Parlamento europeo si prevede l'abrogazione dell'allegato I, ma in sede di considerando non si effettua la bipartizione di categorie indicata nell'orientamento generale del Consiglio e una declinazione nel dettaglio delle tecniche è riservata agli approcci di apprendimento automatico, individuati come quelli spesso presenti nei sistemi di IA (cons. n. 6).

[17] M. PALMIRANI, *Interpretabilità, conoscibilità, spiegabilità dei processi decisionali automatizzati*, in U. RUFFOLO (a cura di), *XXVI Lezioni di Diritto dell'Intelligenza artificiale*, Giappichelli, Torino, 2021, p. 70.

[18] Parla, in tal senso, di «informazione "umanizzata di terza generazione"» L. ZAPPALÀ, *Appunti su linguaggio, complessità e comprensibilità del lavoro 4.0: verso una nuova procedimentalizzazione dei poteri datoriali*, in *WP CSDLE "Massimo D'Antona".IT*, n. 462, 2022, p. 29.

[19] A.B. ARRIETA-N. DÍAZ-RODRÍGUEZ *et al.*, *Explainable Artificial Intelligence (XAI): Concepts, taxonomies, opportunities and challenges toward responsible AI*, in *Information Fusion*, n. 58, 2019, p. 82 ss.

risultato prevedibile *ex ante*. La deduzione automatizzata di una certa conclusione, a partire dall'informazione raccolta di cui il sistema dispone, segue infatti una sequenza di regole di inferenza che, a parità di dati d'ingresso, può condurre a un solo possibile percorso e a un solo possibile risultato [20]. Proprio per questo, si è detto che tali algoritmi «*keep the human in the loop*» [21]. A questa categoria può essere ascritto, ad esempio, un algoritmo che traduce e applica i criteri di selezione dei lavoratori licenziandi previsti da un accordo sindacale sottoscritto *ex* art. 4, l. 223/91 [22]. Ancora, può rientrarvi l'algoritmo Frank del noto caso Deliveroo, quantomeno per il segmento legato all'assegnazione degli slot di prenotazione [23].

---

[20] G. AVANZINI, *Decisioni amministrative e algoritmi informatici*, Ed. Scientifica, Napoli, 2019, p. 7. Cfr. la posizione di M. MARAZZA-F. D'AVERSA, *Dialoghi sulla fattispecie dei "sistemi decisionali o di monitoraggio automatizzati" nel rapporto di lavoro (a partire dal Decreto trasparenza)*, in *giustiziacivile.com*, 8 novembre 2022, secondo cui «se il sistema, all'esito di uno specifico *input*, può, in via automatizzata, scegliere tra varie azioni possibili (A+B= C? o C? o C?) si è in presenza di un sistema decisionale automatizzato» (rilevante anche ai fini dell'applicazione dell'art. 1-*bis* d.lgs. n. 152/1997, v. cap. 2, § 6). «Diversamente, se, all'esito di uno specifico *input*, il sistema può, in via automatizzata, compiere, in forza di una rigida regola, un'unica azione predeterminata (A+B= unicamente a C) si è in presenza di un sistema, sì automatizzato, ma non decisionale» (p. 7).

[21] P. BOUCHER, *How artificial intelligence works*, in *European Parliamentary Research Service*, marzo 2019.

[22] Nel caso deciso da App. Reggio Calabria, 29 gennaio 2021, n. 66, ad esempio, l'algoritmo aveva tradotto e implementato quanto previsto dall'accordo sindacale, quindi la distinzione dei lavoratori da licenziare in tre gruppi (carrellisti, gruisti e mezzi bassi) e la loro selezione sulla base dell'applicazione, in concorso tra loro, dei criteri dei carichi di famiglia e di anzianità aziendale, con attribuzione al primo di un valore del 34% e al secondo di un valore del 66%: le graduatorie erano state così determinate dall'algoritmo sulla base del minor punteggio riportato dai lavoratori nell'ambito di ciascun profilo professionale.

[23] Si consenta sul punto un rinvio a M. PERUZZI, *Il diritto antidiscriminatorio al test di intelligenza artificiale*, in *Labour & Law Issues*, 7(1), 2021, p. I.48 ss. Come noto, l'algoritmo Frank, utilizzato da parte di Deliveroo, è stato al centro di un caso deciso dal Tribunale di Bologna con ordinanza del 31 dicembre 2020. Per quanto attiene alla qualificazione della tipologia dell'algoritmo adottata nel testo, si consenta di evidenziare che è sì vero che Deliveroo presentava, sul proprio sito, l'algoritmo Frank come «una potente tecnologia predittiva che gestisce nel modo più efficiente l'assegnazione degli ordini in base alla posizione dei ristoranti, dei rider e dei clienti», aggiungendo che «l'apprendimento automatico aiuta a stimare il tempo necessario per la preparazione di un ordine, aiutando a ottimizzare l'esperienza complessiva». Ed è altrettanto vero che il giudice di Bologna, nella citata ordinanza, osservava che «la mancata allegazione e prova, da parte della società resistente, del concreto meccanismo di funzionamento dell'algoritmo che elabora le statistiche dei rider preclude in radice una più approfondita disamina della questione» e «la società [...] non ha mai chiarito quali specifici criteri di calcolo vengano adottati per determinare le statistiche di ciascun rider, né tali specifici criteri vengono pubblicizzati sulla piattaforma». Nell'ordinanza, tuttavia, il giudice ha reputato comunque il quadro istruttorio idoneo a fondare il suo convincimento e, in particolare, a permettere l'individuazione della logica seguita dall'algoritmo nella selezione delle priorità di accesso al sistema di prenotazione: da un lato, il contratto-tipo depositato da Deliveroo prevedeva espressamente che la cancellazione tardiva potesse costituire elemento di preferenza per la prenotazione di sessioni successive; dall'altro, la prova testimoniale aveva confermato l'incidenza di tale dato sul *ranking* del rider. In tal senso, nel giudizio, ai fini dell'accertamento della discriminazione,

Nello specifico, sulla base di un ragionamento meccanico, l'algoritmo deduceva dall'informazione relativa alle sessioni di lavoro prenotate e non cancellate dal rider nel termine previsto dal contratto un determinato punteggio e una connessa limitazione della possibilità di accesso al sistema per la prenotazione di ulteriori sessioni di lavoro. Alla categoria in esame può essere ascritto anche l'algoritmo utilizzato dal Ministero dell'istruzione italiano per gestire l'assegnazione delle sedi di servizio degli insegnanti[24]. Tarato sui parametri previsti dalla l. n. 107/2015 (c.d. Buona Scuola), tale algoritmo è stato oggetto di approfondito interesse da parte della giurisprudenza amministrativa[25], particolarmente significativa rispetto al tema dell'obbligo e/o necessità di ostensione del codice sorgente ai fini della tutela dell'interesse alla trasparenza e annessa (in)opponibilità di eventuali diritti di proprietà intellettuale[26] (v. cap. 4, § 2.2), nonché con riguardo alla questione della qualificabilità della decisione automatizzata in termini di atto giuridico, ivi ammessa nei limiti in cui la sussistenza dell'elemento della volontà umana sia garantita dal fatto che l'algoritmo che guida il processo decisionale sia stato completamente scritto dall'uomo in sede di programmazione[27] (v. *infra*, invece, gli algoritmi di apprendimento automatico).

---

era isolato e analizzato, all'interno del più ampio processo di funzionamento del sistema digitale utilizzato da Deliveroo, uno specifico segmento, quello che gestiva la sequenza decisionale che partiva dal computo delle passate cancellazioni tardive e arrivava a stabilire lo spettro delle occasioni di lavoro future. Quantomeno rispetto a questo segmento, l'unico dedotto e rilevante per il riconoscimento della fattispecie illecita, si può affermare che il sistema operasse sulla base di un algoritmo deterministico.

[24] Cfr. G. F. Italiano-S. Civitarese Matteucci-A. Perrucci, *L'intelligenza artificiale*, cit., spec. pp. 63-64.

[25] T.a.r. Lazio-Roma, sez. III-*bis*, 10 settembre 2018, n. 9227; Cons. Stato, sez. VI, 4 febbraio 2020, n. 881. Cfr. al riguardo, I. Piccinini-M. Isceri, *IA e datori di lavoro: vero una e-leadership?*, in *Lavoro Diritti Europa*, 2, 2021.

[26] Cfr. T.a.r. Lazio-Roma, sez. III-*bis*, 14 febbraio 2017, n. 3769; T.a.r. Lazio-Roma, sez. III, 6 giugno 2019, n. 7333; T.a.r. Lazio-Roma, sez. III, 1° luglio 2020, n. 7526. D'altra parte, nella pronuncia Cons. Stato, sez. VI, 2 gennaio 2020, n. 30 si evidenzia che «a prescindere dal merito della controversia – e, quindi, dalla possibilità sia di qualificare l'algoritmo quale documento amministrativo suscettibile di accesso, sia di accordare prevalenza alle esigenze di trasparenza amministrativa rispetto a quelle di riservatezza della parte controinteressata –, emerge, in via pregiudiziale, la necessità di qualificare l'ideatore di un algoritmo oggetto di istanza di accesso come parte controinteressata all'ostensione, potendo questi, in caso di esibizione, vedere compromesso il diritto a mantenere segreta la regola tecnica in cui si sostanzia la propria creazione. [...] Nel caso di specie non risulta che l'Amministrazione, richiesta dell'accesso all'algoritmo per cui è controversia, abbia individuato un soggetto, controinteressato sul piano sostanziale, inviandogli apposita comunicazione al fine di consentire la formulazione di una motivata opposizione ai sensi dell'art. 3, co. 2, d.P.R. n. 184/06».

[27] Nello specifico, nella pronuncia Cons. Stato, sez. VI, 8 aprile 2019, n. 2270, si afferma che «la regola tecnica che governa ciascun algoritmo resta pur sempre una regola amministrativa generale, costruita dall'uomo e non dalla macchina, per essere poi (solo) applicata da quest'ultima, anche se ciò avviene in via esclusiva. Questa regola algoritmica, quindi: possiede una piena valenza giuridica

Diversamente dalla prima categoria analizzata, gli algoritmi non deterministici applicano un metodo statistico/probabilistico, per effettuare una proiezione e individuare così «lo stato più probabile verso cui il mondo evolverà a partire da un certo stato osservato nel presente» [28]. Proprio per questo, il processo decisionale dagli stessi regolato, per quanto tracciabile e ricostruibile *ex post* se le scelte non deterministiche sono memorizzate, non è prevedibile *ex ante*, essendo almeno una delle istruzioni di cui tale processo si compone aperta a una pluralità di possibili passaggi successivi, «ognuno dei quali ha una certa probabilità di essere scelto» [29]. Tale potrebbe essere un algoritmo che calcola, per una determinata consegna da effettuare, una stima del tempo necessario o che fornisca una previsione in tempo reale della domanda di beni e servizi con conseguente determinazione della ripartizione di carichi di lavoro in una catena di produzione o della distribuzione delle merci all'interno di un magazzino. A un algoritmo non deterministico può essere agganciato, in successione, un algoritmo deterministico, laddove in ipotesi sia previsto un processo decisionale automatizzato che assegni un determinato punteggio ai lavoratori in base alla puntualità della consegna rispetto al tempo stimato. È importante evidenziare, laddove la previsione diventi prescrizione, contenuto del potere conformativo datoriale e quindi parametro della diligenza richiesta al lavoratore per poter essere considerato adempiente, come la conclusione raggiunta attraverso un'inferenza probabilistica anzitutto sia influenzata dalla composizione del campione osservato e possa, pertanto, condizionare la decisione su un lavoratore, partendo da dati relativi al comportamento di altre persone o altri gruppi di persone che non ne rappresen-

---

e amministrativa, anche se viene declinata in forma matematica, e come tale, come si è detto, deve soggiacere ai principi generali dell'attività amministrativa, quali quelli di pubblicità e trasparenza (art. 1 l. 241/90), di ragionevolezza, di proporzionalità, etc.». Cfr., al riguardo, N. ABRIANI-G. SCHNEIDER, *Diritto delle imprese e intelligenza artificiale. Dalla Fintech alla Corptech*, il Mulino, Bologna, 2021, spec. pp. 54-57; G. ZAMPINI, *Intelligenza artificiale*, cit. Nell'elaborazione della giurisprudenza amministrativa si evidenzia la peculiarità delle funzioni assolte dalle garanzie di trasparenza e supervisione umana richieste ai fini dell'utilizzo dell'algoritmo nello svolgimento dell'attività amministrativa: il ricorso a tale «modulo organizzativo» non può, infatti, comportare l'elusione delle «guarentigie» e delle «verifiche tipiche» di ogni procedimento amministrativo, in particolare dei canoni di trasparenza, partecipazione, collaboratività, nonché dell'obbligo di motivazione (cfr. *ex multis* T.a.r. Campania-Napoli, sez. III, 14 novembre 2022, n. 7003; Cons. Stato, sez. VI, 13 dicembre 2019, n. 8472). Da qui la necessità che, da un lato, il funzionamento dell'algoritmo sia comprensibile e l'informazione al riguardo accessibile, dall'altro, che i responsabili del procedimento e del provvedimento garantiscano il «presidio umano sull'azione della macchina» anche nel caso si abbia «la certezza del buon funzionamento dell'algoritmo» (D. MARONGIU, *Algoritmo e procedimento amministrativo: una ricostruzione*, in *Giurisprudenza italiana*, 2022, p. 1521).

[28] G. D'ACQUISTO, *Intelligenza artificiale. Elementi*, Giappichelli, Torino, 2021, p. 83.

[29] G. AVANZINI, *Decisioni amministrative*, cit., p. 7; M. PALMIRANI, Big Data *e conoscenza*, in *Rivista di filosofia del diritto*, 2020, p. 73 ss.; S.J. RUSSELL-P. NORVIG, *Artificial Intelligence: A Modern Approach (AIMA)*, Pearson, New Jersey, 2009.

tano adeguatamente i reali tratti personali [30]. Ancora, e il tema assumerà implicazioni tanto più rilevanti in caso di algoritmi di apprendimento automatico, la soluzione individuata dal sistema si appoggia sulla presenza di una dipendenza probabilistica tra le variabili, che non deriva necessariamente dalla presenza di un nesso di causalità, ma soltanto da una concomitanza molto elevata di eventi [31]. In linea generale, la categoria degli algoritmi non deterministici (se non inseriti all'interno di un modello di apprendimento automatico) può essere annoverata tra i sistemi comprensibili e spiegabili, dotati quindi di un certo grado di c.d. *trasparency by design*.

Gli algoritmi di apprendimento automatico si differenziano dalle categorie precedenti in quanto il modello che governa il processo decisionale non è definito, in questo caso, da regole predeterminate in fase di programmazione dell'algoritmo stesso, ma è generato durante la fase di addestramento. Il funzionamento del sistema si basa certamente sull'esecuzione di un «algoritmo addestratore», scritto in linguaggio di programmazione, in sé intellegibile, che consegna alla macchina un "metodo di apprendimento" [32]. Dall'analisi automatizzata dei c.d. *training data*, ossia delle informazioni immesse o raccolte durante la fase di allenamento, il sistema estrae, seguendo un processo induttivo, l'«algoritmo addestrato», lo adegua e ottimizza progressivamente. "Impara" così la regola, il modello matematico-numerico, che garantisce in termini probabilistici la migliore utilità attesa e che andrà a governare poi, nella fase di esecuzione vera e propria, lo svolgimento di un certo compito, ossia la procedura di determinazione dell'*output* [33]. È proprio all'interno di questa categoria che secondo alcuni la capacità del sistema algoritmico di eseguire un processo decisionale senza l'intervento umano passa da una dimensione di mera automazione, dove l'operato del sistema rimane sia predefinito e vincolato da regole codificate in sede di programmazione sia circoscritto ai confini della rappresentazione formale della conoscenza fornita [34], a proprietà maggiormente associabili al concetto di "autonomia" [35].

---

[30] Sul concetto di profilazione e sui limiti che può presentare il sistema di garanzie del GDPR, in particolare il diritto di accesso, rispetto all'uso di dati collettivi anonimizzati v. cap. 2, § 2.1.1.

[31] G. D'Acquisto, *Intelligenza artificiale*, cit., p. 76.

[32] G. Carullo, *Decisione algoritmica e intelligenza artificiale*, in *Il diritto dell'informazione e dell'informatica*, 2021, p. 439; G. Sartor-F. Lagioia, *Le decisioni algoritmiche tra etica e diritto*, in Ruffolo (a cura di), *Intelligenza artificiale. Il diritto, i diritti, l'etica*, Giuffrè, Milano, 2020, p. 69 ss.; A. Merone, *Fondamenti di* machine learning *e applicazioni giuridiche*, in R. Giordano-A. Panzarola *et al.* (a cura di), *Il diritto nell'era digitale*, Giuffrè, Milano, 2022, p. 1045 ss.

[33] Cfr. N. Abriani-G. Schneider, *Diritto delle imprese*, cit., p. 37.

[34] G. Sartor-F. Lagioia, *Le decisioni algoritmiche*, cit., p. 68.

[35] M. Gabbrielli, *Dalla logica al* deep learning: *una breve riflessione sull'intelligenza artificiale*, in U. Ruffolo (a cura di), *XXVI Lezioni di Diritto dell'Intelligenza artificiale*, Giappichelli, Torino, 2021, p. 29.

Le modalità di apprendimento automatico possono essere di tre tipologie.

Nell'apprendimento con supervisione, l'algoritmo è addestrato con un insieme di dati precedentemente etichettati, un insieme che contiene quindi tutti i dati che si ritiene caratterizzino il fenomeno da analizzare, già distinti in variabili di ingresso e valori di uscita. Classico esempio è quello dell'algoritmo addestrato su immagini di cani e di gatti – già etichettate con l'esplicita informazione della categoria a cui appartengono – che apprende in autonomia le caratteristiche comuni di ciascun insieme di immagini, costruendo un modello per riconoscere, classificare e distinguere eventuali nuovi dati in ingresso [36]. In tal senso, si tratta di un apprendimento «che può far leva sulla conoscenza delle risposte corrette» [37]: «l'algoritmo viene [infatti] allenato a riconoscere e ad associare ai dati di *input* una etichetta/classe/categoria di *output* che in fase di allenamento è conosciuta e quindi verificabile» [38]. L'algoritmo è chiamato ad "apprendere", individuare la legge, la funzione matematica, che lega gli *input* alla classe di *output* di appartenenza, in modo da poter stimare, predire il valore di una variabile target al ricorrere di nuove variabili in ingresso (algoritmo di regressione lineare) ovvero la classe di appartenenza di un nuovo elemento osservato, a fronte della specifica combinazione di caratteristiche che lo connotano (algoritmo di classificazione, come nell'esempio). La tecnica dell'apprendimento supervisionato trova una specifica applicazione nel campo della manutenzione predittiva, consentendo ad esempio di prevedere il tempo entro il quale si potrebbe verificare un guasto (se algoritmo di regressione lineare) ovvero la possibilità che un guasto si verifichi in una certa finestra temporale (se algoritmo di classificazione). Parimenti può risultare funzionale nel più ampio contesto della simulazione predittiva, un processo realizzabile anche attraverso i c.d. *digital twin* (e nel metaverso [39]), che permette di costruire e

---

[36] Cfr. G.F. ITALIANO-S. CIVITARESE MATTEUCCI-A. PERRUCCI, *L'intelligenza artificiale*, cit., spec. pp. 50-51.

[37] R. ROVATTI, *Il processo di apprendimento algoritmico e le applicazioni nel settore legale*, in U. RUFFOLO (a cura di), *XXVI Lezioni di Diritto dell'Intelligenza artificiale*, Giappichelli, Torino, 2021, p. 37.

[38] A. LOREGGIA-G. SARTOR, *L'Intelligenza Artificiale nella moderazione del digitale*, in *Sistemi intelligenti*, 2022, p. 55.

[39] M. BALL definisce il Metaverso come «una rete di massima scalabilità e interoperabile di mondi virtuali 3D renderizzati in tempo reale, che possono essere vissuti in modo sincrono e persistente da un numero effettivamente illimitato di utenti con un senso individuale di presenza al loro interno, e che garantiscono la continuità dei dati relativi a identità, storia, diritti, oggetti, comunicazioni e pagamenti» (M. BALL, *Metaverso*, Garzanti, Milano, 2022, p. 55). Elementi chiave sono individuati nella simulazione di un ambiente, generato dal computer in 3D/3D immersivo, completamente persistente laddove tutto ciò che accade al suo interno permanga nel tempo e non venga invece resettato per ciascun utente, visualizzabile nelle sue diverse componenti, a 360 gradi e secondo molteplici dimensioni di movimento, in risposta agli *input* degli utenti, vivibile e condivisibile da questi in modo sincronico e simultaneo, con un senso di presenza dato da un'esperienza immersiva che può coinvolgere la vista e il tatto (e in alcuni casi anche l'olfatto).

ottimizzare, sulla base dei dati raccolti in tempo reale anche durante la fase di funzionamento dell'oggetto fisico reale (ad es. i rumori, le vibrazioni, i cambi di temperatura), un modello di proiezione digitale della sua prossima evoluzione. Alcune tecniche di approccio supervisionato sono considerate *transparent by design*, quantomeno per il soggetto esperto; altre richiedono l'applicazione *ex post* di specifiche tecniche esterne di *XAI* per poter estrarre la spiegazione [40].

Nell'apprendimento non supervisionato, i dati in ingresso non sono etichettati. L'algoritmo in questo caso individua sottoinsiemi di elementi omogenei, creando i raggruppamenti tra i dati, i c.d. *cluster*, sulla base dell'estrazione di ricorrenze, pattern comuni, similarità (c.d. *clustering*), prevedendo poi l'appartenenza o prossimità dei nuovi dati di ingresso a un certo insieme. In un secondo momento, una volta effettuata la suddivisione, l'esperto umano è chiamato a interpretare, nominare gli insiemi, i grappoli di dati trovati, partendo dal riconoscimento delle specifiche caratteristiche che li connotano. Sono algoritmi utilizzati, ad esempio, per effettuare la profilazione e targetizzazione della clientela.

Nell'apprendimento per rinforzo, l'algoritmo elabora una legge di selezione delle azioni da intraprendere, che massimizzi la funzione obiettivo assegnata e garantisca progressivamente la migliore utilità attesa, a partire da un'esplorazione e interazione dinamica e continua con l'ambiente circostante, nella quale a ogni tentativo corrispondono rinforzi positivi (ricompense) o negativi (penalità) e, quindi, un punteggio che misura la qualità dell'azione. Sono algoritmi utilizzati, ad esempio, per l'addestramento della navigazione dei robot.

Come evidenzia la dottrina, in tutte le tecniche di apprendimento automatico «decisiva è la rilevanza dei dati», siano essi i *training data*, «con cui viene sviluppato l'algoritmo», gli *input data*, «forniti all'algoritmo una volta sviluppato per compiere una specifica scelta e dunque emettere le relative previsioni», ovvero i *feedback data*, «immessi nel sistema per perfezionarlo nel corso della sua operatività». Il sistema di *machine learning* riesce a «qualificare autonomamente informazioni non ricomprese nel *dataset* di *training* iniziale e inserite nel sistema successivamente», e questo «in base non già ai criteri codificati dagli sviluppatori dell'algoritmo, bensì criteri che la stessa macchina elabora autonomamente» [41].

Lo strumento più efficace per il funzionamento dei meccanismi di apprendimento automatico, all'aumentare della complessità del fenomeno da analizzare e

---

Se un *digital twin* può essere utilizzato anche al di fuori del metaverso, quest'ultimo necessita, invece, inevitabilmente di tale rappresentazione digitale. Proseguendo il discorso nel testo, questo strumento può permettere simulazioni preventive e test (c.d. *virtual commissioning*), che possono evitare lesioni alla salute nel mondo reale, così come eliminare l'esposizione a determinati rischi attraverso il mero contatto con le copie virtuali.

40 A.B. ARRIETA-N. DÍAZ-RODRÍGUEZ *et al.*, *Explainable Artificial Intelligence*, cit., p. 94.

41 N. ABRIANI-G. SCHNEIDER, *Diritto delle imprese*, cit., pp. 25-26.

del numero di dati, variabili, parametri e interazioni tra gli stessi implicati, è costituito dalle reti neurali, modelli di calcolo organizzati in strati (*layers*) di unità di elaborazione (c.d. neuroni artificiali/nodi) interconnesse. Ogni strato partecipa al processo computazionale propagando allo strato successivo il risultato ottenuto dall'elaborazione dei dati ricevuti, fino allo strato di *output*, che consegna il segnale d'uscita. Ogni neurone artificiale con il suo segnale di connessione ha un peso, che viene calibrato durante la fase di apprendimento: proprio la definizione di tali pesi determina «l'architettura della rete neurale» [42]. L'incremento degli strati intermedi (c.d. *hidden layers*), con conseguente aumento della stratificazione dell'elaborazione, qualifica la "profondità" delle reti e dell'apprendimento.

Il *deep learning* costituisce, in particolare, la versione più evoluta dell'apprendimento automatico e l'approccio più avanzato di IA. Privo di trasparenza nativa, il modello può essere compreso e spiegato solo attraverso tecniche esterne di *XAI* applicate *ex post*, con conseguente tensione tra costi e benefici derivanti dal suo utilizzo. L'approccio può essere funzionale alla comprensione del linguaggio naturale (*natural language processing*) e quindi all'analisi della voce o di documenti. Si pensi ai *software* di *speech analytics*, in grado di trascrivere le conversazioni ma anche vagliare il tono della voce e lo schema delle pause, utilizzati nei contact center per monitorare la qualità del servizio, smistando e indirizzando le diverse tipologie di clienti ovvero fornendo un'assistenza immediata o un *coaching* più mirato e appropriato per i lavoratori [43]; si pensi altresì all'applicazione della tecnica ai fini della selezione dei curricula nel processo di reclutamento ovvero anche del controllo di *due diligence* (preventiva in fase di pre-acquisizione e nella catena di fornitura) o della rilevazione di rischi di tipo legale all'interno delle comunicazioni aziendali; si pensi al *Generative Pre-trained Transformer 3* (Gpt-3, nata nel 2020, ora 4), modello di previsione linguistica autoregressivo finalizzato a generare testi simili a quelli umani, di cui ChatGpt (*chatbot* sviluppato da OpenAI e reso disponibile gratuitamente al pubblico nel novembre 2022, v. § 1 e cap. 2 § 3) costituisce una variante specificamente progettata per applicazioni *chat*. Il *deep learning* può essere, altresì, funzionale all'interpretazione del contenuto di un'area visiva (*computer vision*), ad esempio per l'identificazione di un oggetto all'interno di immagini, per verificare che i lavoratori rispettino le prescrizioni sugli equipaggiamenti da indossare, ovvero per effettuare il monitoraggio sullo stato degli impianti e/o su eventuali intrusioni. Nella combinazione delle due prospettive si può citare un'applicazione che a supporto di soggetti ipo-vedenti o non-vedenti,

---

[42] G. F. ITALIANO-S. CIVITARESE MATTEUCCI-A. PERRUCCI, *L'intelligenza artificiale*, cit., p. 53.

[43] Cfr. V. DOELLGAST-I. WAGNER-S. O'BRADY, *Negotiating limits on algorithmic management*, cit.; L. IMBERTI, *Intelligenza artificiale e sindacato*, intervento al LABChain Workshops 2022 "Intelligenza artificiale e mercati digitali: sfide per il diritto del lavoro" organizzato da LABChain, CNEL, Università degli Studi Roma Tre, Università di Roma Sapienza, Università Cattolica, 14 novembre 2022.

ricostruisce uno scenario acustico del campo visivo descrivendolo e permettendo così alla persona di interagire con esso [44].

Se, quindi, la problematica dell'opacità algoritmica (c.d. effetto *black box*) si riscontra preminentemente all'interno degli approcci di IA basati sul *machine learning*, la stessa non si presenta in pari grado in tutte le modalità di apprendimento automatico e si intensifica, in particolare, laddove ricorra l'uso di reti neurali artificiali, tanto più se profonde [45]. Come evidenza la dottrina, «il punto fondamentale è che il modello creato da un algoritmo di *deep learning* non è facilmente dissezionabile, non è decomponibile come le linee di codice di algoritmi tradizionali. [...] Possiamo provare a osservare dall'esterno, a fare delle domande, interrogare l'algoritmo e analizzare le sue risposte» [46].

A fronte delle considerazioni svolte, sia consentito tornare brevemente sulla linea di aggiornamento della definizione di IA indicata nell'orientamento generale adottato dal Consiglio. Si può riflettere, in particolare, sul fatto che, ferma la necessità di distinguere a seconda che il modello che governa il processo decisionale sia definito da regole predeterminate in fase di programmazione dell'algoritmo o sia invece generato durante la fase di addestramento e di apprendimento automatico, da un lato potrebbe risultare problematico tracciare l'area dei *software* "esclusi", dall'altro gli algoritmi non deterministici possono operare anche in contesti differenti dal *machine learning* [47].

---

[44] Si tratta di *SeeingIA*, lanciata da Microsoft nel 2020, cfr. L. TOMASSINI, *L'intelligenza artificiale: quali prospettive?*, in U. RUFFOLO (a cura di), *XXVI Lezioni di Diritto dell'Intelligenza artificiale*, Giappichelli, Torino, 2021, p. 43 ss., spec. p. 51. Soprattutto rispetto alla tutela della salute e sicurezza e all'inclusione nel lavoro, l'innovazione tecnologica si conferma un Giano bifronte, «che ora inquieta ora consola» (A. PAJNO, *Prefazione*, cit., p. 11): può diventare fattore di esclusione, a causa del divario digitale nelle competenze o alla sostituzione del lavoro, o introdurre nuove fonti di pericolo per il lavoratore; può, d'altra parte, permettere di evitare l'esposizione ad ambienti pericolosi (ad es. la realtà virtuale e aumentata, i droni), ridurre o eliminare rischi od ostacoli che altrimenti condizionerebbero l'accesso a determinate mansioni (ad es. gli esoscheletri), fornire nuove misure di prevenzione e protezione (ad es. i dispositivi mobili di monitoraggio miniaturizzati e incorporati nei DPI). Del resto, è proprio il progresso tecnologico, oltre che scientifico, a fissare il parametro per la definizione dell'obbligo di sicurezza nella sua evoluzione dinamica (v. cap. 2, § 4). Al riguardo, cfr. M. TIRABOSCHI, *Nuovi modelli della organizzazione del lavoro e nuovi rischi*, in *Diritto della sicurezza sul lavoro*, 1, 2022, p. 136 ss.

[45] La questione della comprensibilità e spiegabilità della logica sottesa all'esecuzione di algoritmi di IA subisce un'amplificazione esponenziale nel metaverso, posto che in tale dimensione le stesse leggi che regolano il funzionamento degli atomi, il moto dei corpi nell'ambiente di lavoro o la reazione delle sostanze sono stabilite e codificate digitalmente. L'inevitabile trattamento automatizzato di dati personali e la possibilità che il mondo virtuale debba essere persistente, con registrazione costante dei segni del tempo che passa e garanzia di continuità delle situazioni che vi sono immerse, interroga peraltro sulla tenuta della normativa vigente in tema di conservazione/minimizzazione dei dati, processi algoritmici e dati biometrici (v. cap. 2, § 2 e 2.1.1).

[46] G.F. ITALIANO-S. CIVITARESE MATTEUCCI-A. PERRUCCI, *L'intelligenza artificiale*, cit., p. 54.

[47] Rispetto alle due considerazioni svolte, è interessante osservare come anche nel testo di compromesso approvato dalle competenti commissioni del Parlamento europeo si ribadisca, in seno al

A supporto di questo ragionamento può contribuire l'osservazione evidenziata in dottrina, secondo cui il carattere adattivo può qualificare il funzionamento di un processo automatizzato a due livelli: sia sul piano della stessa regola di comportamento eseguita, ciò verificandosi quando il sistema insegna a se stesso come identificare la predizione più affidabile per ottenere l'obiettivo prefissato (e questo è l'elemento tipico del *machine learning*); sia sul piano del contenuto della risposta attesa, laddove questo si configuri come o si basi su una predizione, ossia una stima di carattere probabilistico, inferita dall'analisi di un insieme, più o meno ampio (*small-medium-big*), di dati di *input*[48].

---

cons. n. 6, la necessità di distinguere gli approcci di IA da «sistemi *software* o approcci di programmazione più semplici»: la differenza è individuata nel fatto che i primi sono «progettati per operare con vari livelli di autonomia, il che significa che hanno almeno un certo grado di indipendenza delle azioni dai controlli umani e di capacità di operare senza l'intervento umano». D'altra parte, non solo non si effettua la bipartizione di categorie operata dal Consiglio (nemmeno all'interno della definizione di IA, qui più ampia e vicina a quella adottata in seno all'Oecd): il citato considerando si chiude dando conto della possibilità che gli algoritmici non deterministici operino al di fuori dei contesti di *machine learning*; si afferma, in particolare, che «anche tecniche comparativamente più semplici, come gli approcci basati sulla conoscenza [ossia algoritmi deterministici, indicati nella lett. *b* dell'Annex I], la stima bayesiana [ossia algoritmi non deterministici, indicati nella lett. *c* dell'Annex I] o gli alberi decisionali, possono comportare lacune giuridiche che devono essere affrontate dal presente regolamento, in particolare quando sono utilizzate in combinazione con approcci di apprendimento automatico in sistemi ibridi».

[48] K. YEUNG, *Algorithmic regulation: A critical interrogation*, in *Regulation & Governance*, 2018, p. 505 ss.

CAPITOLO SECONDO

IA E TUTELA DEL LAVORATORE: (RI)COSTRUZIONE DEL SISTEMA NORMATIVO

1. *L'approccio dell'Unione europea alla regolazione dell'IA*

Come anticipato, l'obiettivo dell'indagine è proporre una lettura di sistema che, tenendo in considerazione l'articolazione multilivello delle fonti, ricostruisca un quadro integrato delle regole coinvolte nella tutela del lavoratore di fronte all'utilizzo dell'IA nell'organizzazione del lavoro. Tale lettura risulta funzionale anche all'individuazione di specifiche prospettive di sviluppo, nonché alla verifica della tenuta di alcune scelte legislative in materia, adottate e fortemente discusse a livello interno.

Se l'indagine concentra la propria attenzione sul contesto normativo dell'Unione europea, è importante ricordare come sul piano globale le prospettive di risposta al tema dell'IA, sotto il profilo regolativo, siano plurali. Da un lato, si può distinguere la linea statunitense, condizionata dal ruolo delle Big tech del mercato digitale e quindi indirizzata a favorire lo sfruttamento commerciale del flusso di dati e a evitare il sovraccarico normativo, con «una regolazione più attenuata, che opera a livello verticale», nell'ambito delle discipline settoriali [1].

---

[1] F. DONATI, *Diritti fondamentali e algoritmi nella proposta di Regolamento sull'intelligenza artificiale*, in A. PAJNO-F. DONATI-A. PERRUCCI (a cura di), *Intelligenza artificiale e diritto: una rivo-*

Dall'altro, si delinea la posizione cinese, connotata dalla «straordinaria capacità di profilazione» del Big State autocratico, il primo a introdurre una legge in materia, a marzo 2022[2], con predisposizione di un registro pubblico nazionale centralizzato degli algoritmi, contenente una descrizione – seppur sintetica – del loro funzionamento, e di meccanismi volti a garantire il controllo e la guida governativa della tecnologia e dei flussi di dati.

Nella complessa e delicata costruzione di questa mappa globale, la via europea all'IA scorre su un doppio binario: quello della promozione della competitività, degli investimenti, dell'innovazione e del mercato accanto a quello dello sviluppo di «un ecosistema di fiducia negli strumenti di intelligenza artificiale», di una prospettiva di *trustworthy AI*[3]. In tal senso, l'approccio dell'Unione europea è rivolto

---

luzione? Diritti fondamentali, dati personali e regolazione, vol. I, il Mulino, Bologna, 2022, p. 121; cfr. A. ALOISI-V. DE STEFANO, *Between risk mitigation and labour rights enforcement: assessing the transatlantic race to govern AI-driven decision-making through a comparative lens*, in *European Labour Law Journal*, 2023, p. 1 ss.; C. CASONATO-B. MARCHETTI, *Prime osservazioni sulla Proposta di Regolamento dell'Unione europea in materia di intelligenza artificiale*, in *BioLaw Journal – Rivista di Bio Diritto*, 3, 2021, p. 415 ss. Se a livello federale il congresso sta valutando il disegno di legge *Algorithmic Accountability Act* (*https://www.congress.gov/bill/117th-congress/house-bill/6580/text*) e la Commissione per le pari opportunità in materia di occupazione (EEOC) ha annunciato di voler incrementare la sorveglianza e il controllo degli strumenti di IA utilizzati per la selezione e l'assunzione dei lavoratori, a livello locale si stanno introducendo alcune misure regolative. Nella Città di New York, ad esempio, il 15 aprile 2023 è entrata in vigore la l. n. 144/2021 in materia di utilizzo di sistemi decisionali automatizzati nel lavoro. Si consideri che nella normativa statunitense si predilige il termine *Automated Decision System* (ADS) a quello di *Artificial intelligence*. Cfr. J. MÖKANDER-P. JUNEJA-D.S. WATSON *et al.*, *The US Algorithmic Accountability Act of 2022 vs. The EU Artificial Intelligence Act: what can they learn from each other?*, in *Minds & Machines*, 32, 2022, p. 751 ss. Si segnala, inoltre, che il Dipartimento di Stato degli Stati Uniti e la Commissione europea hanno firmato un *Administrative Arrangement on Artificial Intelligence for the Public Good*, nel corso di una cerimonia virtuale il 27 gennaio 2023, volto a promuovere la collaborazione tra Stati Uniti e Unione europea per un modello di sviluppo congiunto e ricerca integrata che sappia affrontare le principali sfide globali collegate all'IA. L'accordo muove dai principi già indicati nella *Declaration for the Future of the Internet*, del 28 aprile 2022, firmata da 70 partner internazionali.

[2] Cfr. A. PAJNO, *Prefazione*, cit., p. 22; D. ALBRECHT, *The Internet Information Services Algorithm Recommendation Management (IISARM) Regulations in China*, in *Computer Law Review International*, 23(4), 2022, p. 97 ss.

[3] N. ABRIANI-G. SCHNEIDER, *Diritto delle imprese*, cit., p. 90. Cfr. al riguardo già la strategia *L'intelligenza artificiale per l'Europa*, 25 aprile 2018, COM(2018) 237 def. In tale prospettiva, la dottrina evidenzia l'utilizzo dell'art. 114 TFUE (insieme all'art. 16 con riguardo alle restrizioni per l'identificazione biometrica) quale base giuridica della proposta di *AI Act*: cfr. A. ADINOLFI, *L'intelligenza artificiale tra rischi di violazione dei diritti fondamentali e sostegno della loro promozione: considerazioni sulla (difficile) costruzione di un quadro normativo dell'Unione*, in A. PAJNO-F. DONATI-A. PERRUCCI (a cura di), *Intelligenza artificiale e diritto: una rivoluzione? Diritti fondamentali, dati personali e regolazione*, vol. I, il Mulino, Bologna, 2022, p. 127 ss. È significativo che nel testo di compromesso proposto dalle competenti commissioni del Parlamento europeo (nel prosieguo, anche Pe) l'art. 16 TFUE sia individuato come base giuridica dell'*AI Act* su un piano di pari rilevanza rispetto all'art. 114: nel cons. n. 2*a*, si afferma, al riguardo, che «poiché l'intelligenza artifi-

alla condivisione di principi etici comuni e alla loro traduzione in strumenti regolativi, in grado di bilanciare il rispetto dei diritti fondamentali con le esigenze della ricerca scientifica e tecnologica. Come evidenzia la dottrina, posto che le imprese extra-europee dovranno uniformarsi «per riuscire a vendere i propri prodotti e servizi nel mercato europeo», con il Regolamento sull'IA si potrebbe determinare il c.d. "effetto Bruxelles", «che indica la capacità dell'Unione europea di adottare discipline che finiscono poi per diventare standard accettati a livello globale», fenomeno già verificatosi, ad esempio, nell'ambito della protezione dei dati personali [4].

Se ai fini dell'indagine la riflessione si concentrerà sul contributo specifico dell'Ue alla regolazione dei sistemi di IA contenuto nella proposta di *IA Act* [5] e, in collegamento, nella proposta di direttiva in materia di lavoro su piattaforma digitale [6], si deve d'altra parte tenere in considerazione che la prospettiva di intervento

---

ciale si basa spesso sul trattamento di grandi volumi di dati e molti sistemi e applicazioni di IA sul trattamento di dati personali, è opportuno basare il presente regolamento sull'articolo 16 del TFUE»

[4] F. Donati, *Diritti fondamentali*, cit., p. 122.; A. Adinolfi, *L'intelligenza artificiale*, cit.; G. Alpa, *Quale modello normativo europeo per l'intelligenza artificiale*, in *Contratto e impresa*, 2021, p. 1003 ss.; I. Ulnicane, *Artificial intelligence in the European Union*, in T. Hoerber-G. Weber-I. Cabras, *The Routledge Handbook of European Integration*, Routledge, London and New York, 2022, p. 254 ss. Cfr. al riguardo, il cons. n. 11 e l'art. 2 della proposta di Regolamento sull'IA, in cui si stabilisce che il regolamento si applica anche ai fornitori e agli utenti di sistemi di IA stabiliti in un paese terzo, nella misura in cui l'*output* prodotto da tali sistemi sia utilizzato nell'Unione. Rispetto al GDPR, cfr. E. Dagnino, *When data analytics meets the workplace. A (labour) law and IR perspective on the so-called HR or workforce analytics*, in A. Lo Faro (a cura di), *New Technology and Labour Law. Selected topics*, Giappichelli, Torino, 2023, p. 47 ss.; G. Della Morte, *Big Data e protezione internazionale dei diritti umani. Regole e conflitti*, Ed. Scientifica, Napoli, 2018.

[5] Come osserva la dottrina con riguardo sia all'*AI Act* (v. il cons. n. 2 della proposta) sia al nuovo Regolamento "macchine" (v. *infra*), l'utilizzo del regolamento come fonte normativa evidenzia una specifica scelta di politica del diritto, «quella di governare la tecnologia a livello transnazionale ed in modo del tutto uniforme» (G. Zampini, *Intelligenza artificiale*, cit., p. 472). Cfr. F. Donati, *Diritti fondamentali*, cit., che ritiene «in relazione a tale obiettivo, [sia] da escludere che gli Stati membri, al fine di offrire una maggiore protezione ai diritti della persona, possano adottare una disciplina più restrittiva, vietando determinate applicazioni o assoggettandole a requisiti più rigorosi rispetto a quelli previsti dal diritto dell'Unione» (p. 120).

[6] Commissione europea, *Proposta di direttiva del Parlamento europeo e del Consiglio relativa al miglioramento delle condizioni di lavoro nel lavoro mediante piattaforme digitali*, Bruxelles, 9 dicembre 2021 COM(2021) 762 final. Il Parlamento europeo, a differenza del Consiglio, ha già approvato la posizione con cui si presenterà ai triloghi. Cfr. Parlamento europeo, *Report on the proposal for a directive of the European Parliament and of the Council on improving working conditions in platform work, Draft European Parliament Resolution*, Rapporteur: Elisabetta Gualmini, A9-0301/2022, 21 dicembre 2022, posizione approvata in plenaria il 2 febbraio 2023. Alla proposta di direttiva, è necessario affiancare le *Guidelines on the application of Union competition law to collective agreements regarding the working conditions of solo self-employed persons*, pubblicate dalla Commissione europea il 29 settembre 2022, Brussels, C(2022) 6846 final. Sul punto cfr. A.

è più ampia, contemplando anche strumenti complementari finalizzati a disciplinare la prestazione di servizi intermediari nel mercato interno (c.d. *Digital Service Act – DSA*) [7], a garantire la concorrenza nei mercati digitali (c.d. *Digital Market Act – DMA*) [8], a regolamentare l'accesso ai dati e il relativo utilizzo (c.d. *Data Act*) [9], ad adeguare le norme in tema di responsabilità civile extracontrattuale e responsabilità per danno da prodotti difettosi [10], di immissione delle macchine sul mercato unico [11] e di sicurezza dei prodotti [12], nonché strategie di promozione di una specifica politica industriale in materia (il c.d. Piano coordinato sull'intelligenza artificiale) [13].

Si può rilevare come il complesso coordinamento tra le diverse fonti sia affrontato a più livelli: attraverso l'apertura di vasi comunicanti sulle definizioni

---

ALAIMO, *Il pacchetto di misure sul lavoro nelle piattaforme: dalla proposta di Direttiva al progetto di Risoluzione del Parlamento europeo. Verso un incremento di tutele?*, in *Labour & Law Issues*, 8(1), 2022, p. R.3 ss.

[7] Regolamento Ue 2022/2065 del Parlamento europeo e del Consiglio del 19 ottobre 2022 relativo a un mercato unico dei servizi digitali e che modifica la dir. 2000/31/CE (regolamento sui servizi digitali).

[8] Regolamento Ue 2022/1925 del Parlamento europeo e del Consiglio del 14 settembre 2022 relativo a mercati equi e contendibili nel settore digitale e che modifica le direttive Ue 2019/1937 e Ue 2020/1828 (regolamento sui mercati digitali).

[9] Commissione europea, *Proposta di Regolamento del Parlamento europeo e del Consiglio riguardante norme armonizzate sull'accesso equo ai dati e sul loro utilizzo*, Bruxelles, 23 febbraio 2022, COM(2022) 68 final, su cui si sta per aprire la fase dei triloghi, dopo che a marzo 2023 sia il Parlamento europeo sia il Consiglio hanno approvato le proprie posizioni.

[10] Commissione europea, *Proposta di Direttiva del Parlamento europeo e del Consiglio relativa all'adeguamento delle norme in materia di responsabilità civile extracontrattuale all'intelligenza artificiale (direttiva sulla responsabilità da intelligenza artificiale)*, Bruxelles, 28 settembre 2022, COM(2022) 496 final; Commissione europea, *Proposta di Direttiva del Parlamento europeo e del Consiglio sulla responsabilità per danno da prodotti difettosi*, Bruxelles, 28 settembre 2022 COM(2022) 495 final.

[11] Commissione europea, *Proposta di Regolamento del Parlamento europeo e del Consiglio sui prodotti macchina*, Bruxelles, 21 aprile 2021, COM(2021) 202 final. Il testo di compromesso su cui Consiglio e Parlamento hanno raggiunto un accordo a dicembre 2022 è stato pubblicato il 25 gennaio 2023.

[12] Commissione europea, *Proposta di Regolamento del Parlamento europeo e del Consiglio relativo alla sicurezza generale dei prodotti, che modifica il regolamento (UE) n. 1025/2012 del Parlamento europeo e del Consiglio e che abroga la direttiva 87/357/CEE del Consiglio e la direttiva 2001/95/CE del Parlamento europeo e del Consiglio*, Bruxelles, 30 giugno 2021, COM(2021) 346 final. Tale intervento è tanto più necessario considerato che nel contesto della proposta di Regolamento sull'IA, all'art. 6, par. 1, lett. *a*, una prima categoria di sistemi ad alto rischio è individuata in quelli destinati a essere usati come componenti di sicurezza di un prodotto o come prodotto.

[13] Cfr. il *Piano coordinato* del 2018, Bruxelles, 7 dicembre 2018, COM(2018) 795 final, e la successiva revisione del 2021 (Bruxelles, 21 aprile 2021 COM(2021) 205 final), adottata, si noti, lo stesso giorno della proposta di Regolamento sui prodotti macchina e della proposta di Regolamento sull'IA.

normative, ad es. tra GDPR e *AI Act* per la nozione di dato biometrico e tra *AI Act* e Regolamento "macchine" per le varie nozioni utilizzate dal primo (v. § 4 e cap. 3, § 5.2); con specifici meccanismi di integrazione, ad es. tra *AI Act* e la normativa settoriale vigente in materia di sicurezza dei prodotti (v. in generale le disposizioni finali del Titolo XII dell'*AI Act*); attraverso l'indicazione (invero poco chiara e insoddisfacente [14]), in seno all'*AI Act*, che la classificazione di un sistema come ad alto rischio non dovrebbe essere interpretata nel senso che il suo utilizzo sia lecito a norma di altri atti giuridici dell'Unione, posto che qualsiasi utilizzo deve continuare a verificarsi solo in conformità ai requisiti applicabili risultanti dalla Carta e dagli atti applicabili di diritto derivato dell'Unione (cons. n. 41).

Nella prospettiva d'indagine che si intende sviluppare, è altresì importante evidenziare come, oltre ai livelli di coordinamento tra fonti indicati, la «vocazione generale» e il «carattere orizzontale» della strategia di regolazione su cui si basa l'articolato normativo dell'*AI Act* implichi un «passaggio logico indispensabile» per definire le regole da adottare ai fini della tutela. Se, infatti, «l'esame delle regole materiali poste dal regolamento» consente di individuare i diritti ritenuti meritevoli di una specifica tutela e la protezione a tale scopo delineata, questa «va ad affiancarsi sia a quella eventualmente richiesta da altri atti normativi, sia a quella derivante in via generale dalla Carta, nonché dai principi enunciati nella giurisprudenza della Corte di giustizia» [15]. Ciò è tanto più vero se solo si osserva come nella proposta di direttiva sulla responsabilità da IA la tutela dei diritti fondamentali riconosciuta dall'Unione (e dal diritto nazionale) sia espressamente indicata nella definizione dell'obbligo di diligenza (v. cap. 3, § 5.1).

Il punto è significativo e, invero, delicato: i più scettici segnalano, infatti, il rischio che l'adozione del Regolamento sull'IA, considerati il tipo di atto legislativo, la base giuridica funzionalizzata al mercato e l'impostazione di "tetto massimo" a garanzia della concorrenza e sviluppo, possa travolgere misure interne di maggior protezione per il lavoratore, come ad esempio la normativa statutaria sui controlli a distanza [16]. Se la linea interpretativa summenzionata fornisce una prima risposta, si aggiunga che, sia nell'orientamento generale del Consiglio (cons. n. 5*bis*) sia soprattutto negli emendamenti proposti dalle commissioni congiunte IMCO-LIBE in seno al Parlamento europeo (cons. n. 2*b* e 45*a*; art. 2, par. 5*a*; art.

---

[14] A. ADINOLFI, *L'intelligenza artificiale*, cit.

[15] A. ADINOLFI, *L'intelligenza artificiale*, cit., pp. 147-148.

[16] Si è evidenziato, in particolare, «il pericolo che gli Stati si ritrovino con le mani legate rispetto a sistemi di IA utilizzati in ambito lavoristico», non prevedendosi, come invece avviene nel GDPR all'art. 88, la possibilità di un intervento nazionale di dettaglio e connotandosi la proposta per avere come principale base giuridica, «tutta orientata al mercato», l'art. 114 TFUE (L. TEBANO, *La digitalizzazione del lavoro tra intelligenza artificiale e gestione algoritmica*, in *Ianus. Diritto e Finanza*, 24, 2021, p. 46). Per tali ragioni, si è ritenuto che alcune disposizioni, come l'art. 4 St. Lav., possano essere a rischio (R. IODICE, *La proposta di Regolamento Ue sull'intelligenza artificiale: quali implicazioni sul versante giuslavoristico?*, in *Ianus. Diritto e Finanza*, 24, 2021, p. 55 ss.).

29*a*; art. 68*c*; Annex V, punto 4*a*)[17], si è inteso chiarire che le regole contenute nell'*AI Act* non possano in alcun modo inficiare le tutele predisposte dal GDPR, ponendosi rispetto a esse in termini di complementarietà. Le disposizioni ricollegabili, pertanto, all'art. 88 del GDPR, quale è l'art. 4 St. Lav. attraverso il rinvio operato dall'art. 114 d.lgs. n. 196/2003 (come comunicato dall'Italia alla Commissione il 7 settembre 2019 ai sensi dell'art. 88, par. 3), non potrebbero subire alcun pregiudizio. Si può, inoltre, evidenziare che, ai sensi dell'art. 29 dell'*AI Act*, gli utenti di sistemi di IA ad alto rischio, ossia i datori di lavoro, usano tali sistemi conformemente alle istruzioni per l'uso, ma detto obbligo lascia impregiudicati gli altri obblighi previsti a loro carico dal diritto dell'Unione o nazionale[18] (v. *infra*). A ulteriore argine, si porrebbe, infine, una proposta di emendamento approvata dalle citate commissioni del Parlamento europeo, volta a chiarire che il regolamento «non impedisce agli Stati membri o all'Unione di mantenere o introdurre disposizioni [...] più favorevoli ai lavoratori in termini di tutela dei loro diritti in relazione all'uso dei sistemi di IA da parte dei datori di lavoro, o di promuovere o consentire l'applicazione di contratti collettivi più favorevoli per i lavoratori» (art. 2, par. 5*c*; cons. n. 2*d* e 36).

1.1. *Scelte di contenuto: le garanzie della sorveglianza umana e della trasparenza*

Ai fini della ricostruzione dell'architettura normativa applicabile, si può anzitutto osservare come a livello di Unione europea, l'approccio regolativo al tema dell'IA riveli alcune specifiche scelte di contenuto e di metodo.

Sotto il primo profilo, la sorveglianza umana e la trasparenza sono individuate come due pietre angolari nella costruzione delle garanzie di tutela dei diritti fondamentali di fronte ai rischi di violazione derivanti dall'utilizzo dei sistemi algoritmici[19].

---

[17] Si ricordi, al riguardo, che la proposta delle competenti commissioni del Pe amplia l'area di incidenza dell'art. 16 TFUE quale base giuridica del regolamento, ponendolo sullo stesso piano dell'art. 114.

[18] Il testo di compromesso approvato dalle competenti commissioni del Pe prevederebbe che la Commissione adotti delle linee guida volte ad assicurare un coerente raccordo del regolamento con gli altri atti legislativi Ue applicabili (art. 82*b*, par. 1, lett. *vii*).

[19] La medesima prospettiva è accolta in seno al Consiglio d'Europa. A settembre 2019, il Comitato dei Ministri del Consiglio d'Europa ha istituito un Comitato ad hoc sull'intelligenza artificiale (CAHAI) per verificare, nel confronto con i diversi *stakeholder*, i possibili elementi di un quadro giuridico per lo sviluppo, la progettazione e l'applicazione dell'IA, basato sugli standard del Consiglio d'Europa in materia di diritti umani, democrazia e stato di diritto. Nel documento presentato dal CAHAI a dicembre 2021, «i concetti di "trasparenza", "spiegabilità" e "responsabilità" sono considerati [...] di primaria importanza per la protezione dei diritti degli individui nel contesto dei sistemi di IA» (punto 30) e si rileva che «uno strumento trasversale giuri-

È quanto si rileva nei lavori del gruppo di esperti ad alto livello sull'intelligenza artificiale e nei conseguenti *Orientamenti per un'intelligenza artificiale affidabile nell'UE*[20]; nei documenti programmatici della Commissione europea, quale anzitutto il *Libro bianco*[21]; nell'accordo quadro sulla digitalizzazione, firmato dalle parti sociali di livello europeo[22]; nella proposta per un Regolamento sull'IA e nella proposta di direttiva sul lavoro mediante piattaforma digitale, anche come emendate dal Consiglio e dal Parlamento europeo nella fase di discussione[23]; infine, nella Dichiarazione europea sui diritti e i principi digitali per il

---

dicamente vincolante dovrebbe includere una disposizione volta a garantire il necessario livello di supervisione umana sui sistemi di IA e sui loro effetti, per tutto il loro ciclo di vita» (punto 31) (Council of Europe, Ad hoc Committee on Artificial Ingelligence (CAHAI), *Possible elements of a legal framework on artificial intelligence, based on the Council of Europe's standards on human rights, democracy and the rule of law*, Strasbourg, 3 dicembre 2021, CAHAI (2021)09rev).

[20] Commissione europea, Direzione generale delle Reti di comunicazione, dei contenuti e delle tecnologie, *Orientamenti etici per un'IA affidabile*, Ufficio delle pubblicazioni, 2019.

[21] Commissione europea, *Libro bianco sull'intelligenza artificiale – Un approccio europeo all'eccellenza e alla fiducia*, Bruxelles, 19 febbraio 2020, COM(2020) 65 final. All'interno di questo documento, si evidenzia che «l'obiettivo di un'IA affidabile, etica e antropocentrica può essere raggiunto solo garantendo un adeguato coinvolgimento degli esseri umani in relazione alle applicazioni di IA ad alto rischio» e che «a causa della mancanza di trasparenza (opacità dell'IA) è difficile individuare e dimostrare eventuali violazioni delle disposizioni normative (comprese quelle che tutelano i diritti fondamentali), attribuire la responsabilità e soddisfare le condizioni per chiedere un risarcimento» (par. 5, sez. D, lett. *e*; par. 5, sez. B).

[22] Ces-Businesseurope-SMEunited-Ceep, *Accordo quadro europeo sulla digitalizzazione*, 22 giugno 2020. L'accordo pone specifica attenzione alla sorveglianza umana e alla trasparenza, collocando peraltro anche la seconda nella parte dedicata alla garanzia del principio di controllo dell'uomo. In tale sede, si afferma che «il controllo degli esseri umani sulle macchine e sull'intelligenza artificiale dovrà essere garantito sul posto di lavoro e dovrà supportare l'utilizzo della robotica e delle applicazioni di intelligenza artificiale, nel rispetto dei controlli di sicurezza». Il controllo sarà volto ad assicurare che le componenti di affidabilità dell'IA siano «soddisfatte durante l'intero ciclo di vita del sistema» e «rispettate nel suo utilizzo nel mondo del lavoro». Segnatamente, l'IA sarà affidabile se «legale, equa, trasparente, sicura e protetta», aderente alle «norme e standard etici concordati», «solida e sostenibile, sia dal punto di vista tecnico che sociale». In tale prospettiva, bisognerà verificare che i sistemi di IA utilizzati «siano trasparenti e spiegabili con una supervisione efficace. Il grado di spiegabilità dipende dal contesto, dalla gravità e dalle conseguenze. Dovranno essere effettuati controlli per evitare che si produca un'IA errata»; «in situazioni in cui i sistemi di IA sono utilizzati nelle procedure di risorse umane, come l'assunzione, la valutazione, la promozione ed il licenziamento, nonché l'analisi delle prestazioni, la trasparenza deve essere salvaguardata fornendo informazioni. Inoltre, un lavoratore interessato può presentare una richiesta di intervento umano e/o contestare la decisione, chiedendo anche la verifica dei risultati dell'IA».

[23] Rinviando agli approfondimenti oltre nel testo, si possono qui segnalare, rispetto alla proposta di direttiva sul lavoro mediante piattaforma digitale, due profili che emergono nel testo proposto da Gualmini come rapporteur della commissione occupazione e affari sociali e approvato dal Parlamento europeo in plenaria il 2 febbraio 2023: all'art. 1, si inserisce espressamente, tra gli obiettivi della normativa, accanto alla promozione della trasparenza, anche quella della sorveglianza umana; il termine «*human monitoring*», all'interno dell'articolato, è sostituito con «*human oversight*», con

decennio digitale firmata dal Parlamento europeo, il Consiglio e la Commissione il 15 dicembre 2022[24].

All'interno di questi documenti, non solo le due garanzie sono individuate come capisaldi nella costruzione dell'infrastruttura regolativa, soprattutto laddove si tratti di tutelare gli interessi dei lavoratori. Le stesse sono altresì rispettivamente collegate, da un lato, a una concezione antropocentrica dell'IA, che esclude il riconoscimento allo strumento tecnologico di una autonoma capacità giuridica e richiede, invece, all'uomo di rimanere responsabile[25], predisponendo un processo di governo del sistema di IA volto a evitare il rischio di violazione dei diritti; dall'altro, alla necessità di garantire la conoscibilità e tracciabilità di eventuali violazioni e, di conseguenza, l'effettività dei diritti, messa in pericolo dall'opacità algoritmica.

Per meglio comprendere i contenuti e le declinazioni che possono assumere le due garanzie nella prospettiva regolativa Ue, può essere utile richiamare la documentazione sulla cui base è maturata la proposta di *AI Act*.

Negli *Orientamenti etici per un'IA affidabile*, al punto 65, si chiarisce, ad esempio, come la sorveglianza umana possa avvenire mediante diversi meccanismi di *governance*. Si può distinguere l'approccio *human-in-the-loop* (*HITL*), che «prevede la possibilità di intervento umano in ogni ciclo decisionale del sistema», non sempre possibile né auspicabile[26]; l'approccio *human-on-the-loop* (*HOTL*), che «prevede l'intervento umano durante il ciclo di progettazione del sistema e il monitoraggio del funzionamento del sistema»; infine, l'approccio *human-in-command o human-in-control* (*HIC*), che «prevede il controllo dell'attività del sistema di IA nel suo complesso (compresi i suoi effetti generali a livello economico, sociale,

---

rafforzamento del profilo nella previsione di un obbligo per gli Stati membri di garantire che le piattaforme prevedano la supervisione umana di tutte le decisioni che riguardano le condizioni di lavoro (art. 7). Come si potrà evidenziare nel corso della trattazione, nella proposta le due garanzie sono specificamente disciplinate, con la previsione di obblighi di informazione (art. 6) nonché di monitoraggio (per il Pe, sorveglianza) e riesame umani (artt. 7 e 8).

[24] All'interno della Dichiarazione, si possono rilevare, da un lato, l'impegno a «provvedere […] affinché sia garantita la sorveglianza umana nelle decisioni importanti che interessano i lavoratori» e quello di «garantire che i sistemi algoritmici […] consentano la supervisione umana di tutti i risultati che interessano la sicurezza e i diritti fondamentali delle persone»; dall'altro, l'impegno a «garantire un livello adeguato di trasparenza in merito all'uso degli algoritmi e dell'intelligenza artificiale e fare in modo che le persone siano autonome e responsabili quando li utilizzano e informate quando interagiscono con essi», nonché a «garantire che l'utilizzo dell'intelligenza artificiale sul luogo di lavoro sia trasparente e segua un approccio basato sul rischio e che siano adottate le corrispondenti misure di prevenzione per mantenere un ambiente di lavoro sicuro e sano».

[25] N. Abriani-G. Schneider, *Diritto delle imprese*, cit., spec. pp. 47-48.

[26] Cfr. M.L. Jones, *The right to a human in the loop: Political constructions of computer automation and personhood*, in *Social Studies of Science*, 47(2), 2017, p. 216 ss.; B. Wagner, *Liable, but not in control? Ensuring meaningful human agency in automated decision-making systems*, in *Policy Internet*, 11(1), 2019, p. 104 ss.

giuridico ed etico) e la capacità di decidere quando e come utilizzare il sistema in qualsiasi particolare situazione»[27]. Si precisa, infine, che quanto minore è la sorveglianza che un operatore umano può esercitare sul sistema, tanto più necessaria diventa una *governance* rigorosa, in tal senso evidenziandosi la duplicità di livello in cui si articola la garanzia, soprattutto nell'ambito del terzo approccio citato: sia sul piano del coinvolgimento umano nel funzionamento del sistema, sia sul piano del controllo di gestione.

Nel *Libro Bianco* della Commissione, le possibilità applicative della garanzia di sorveglianza umana proposte sono per lo più ascrivibili al modello *human-in-command*: dalla previsione di revisione e convalida umana, quale condizione per l'applicazione del risultato consegnato dal sistema, alla garanzia di intervento umano *ex post*, al monitoraggio del sistema durante il suo funzionamento da parte di un essere umano che possa intervenire in tempo reale e disattivarlo, all'inserimento di vincoli operativi in fase di progettazione (par. 5, sez. D, lett. *e*)[28]. La sopraccitata articolazione multilivello della garanzia è confermata laddove si funzionalizza la sorveglianza umana all'obiettivo di assicurare «un'IA affidabile, etica e antropocentrica».

Per quanto riguarda la trasparenza, nei menzionati *Orientamenti etici* il requisito «è strettamente connesso al principio dell'esplicabilità e comprende la trasparenza degli elementi pertinenti per un sistema di IA: i dati, il sistema e i modelli di business» (punto 75). A esso si associano le seguenti garanzie: la tracciabilità, che richiede di documentare i set di dati e i processi che determinano la decisione del sistema, compresi quelli di raccolta ed etichettatura dei dati, come pure gli algoritmi utilizzati (punto 76); la spiegabilità, sia dei processi tecnici del sistema sia delle decisioni umane che vi si ricollegano (punto 77)[29]; la comunicazione, ciò

---

[27] Cfr. al riguardo C. CASONATO-B. MARCHETTI, *Prime osservazioni*, cit., p. 420 ss.; S. AMATO, *Biodiritto 4.0. Intelligenza artificiale e nuove tecnologie*, Giappichelli, Torino, 2020.

[28] Cfr. al riguardo, U. RUFFOLO-A. AMIDEI, *La regolazione* ex ante *dell'intelligenza artificiale tra gestione del rischio* by design, *strumenti di certificazione preventiva e "autodisciplina" di settore*, in A. PAJNO-F. DONATI-A. PERRUCCI (a cura di), *Intelligenza artificiale e diritto: una rivoluzione? Diritti fondamentali, dati personali e regolazione*, vol. I, il Mulino, Bologna, 2022, p. 489 ss., secondo cui «una norma a carattere tecnico che, quale forma di *anticipatory regulation*, imponga ai produttori di IA, o quantomeno di IA ad alto rischio, di incorporare nel sistema un idoneo codice macchina, o altra fonte di "blocchi" o limiti interni invalicabili e capaci di impedire ogni evoluzione sfociante in *outcome* lesivi, o comunque *contra legem* – anche subordinando alla presenza di tali "blocchi" il rilascio di ogni certificazione preventiva alla quale condizionare la possibilità di commercializzazione ed impiego dell'IA stessa – potrebbe, dunque, costituire innovativa quanto efficace declinazione di modelli di regolazione *by design*» (pp. 499-500). Rispetto ai possibili paradossi a cui questo sistema di blocchi potrebbe, tuttavia, portare rispetto ai rischi di discriminazione, v. cap. 4, § 2.3.

[29] Si specifica che «se un sistema di IA influisce considerevolmente sulla vita delle persone, dovrebbe sempre essere possibile richiedere una spiegazione adeguata del processo decisionale del sistema. Tale spiegazione dovrebbe essere tempestiva e adeguata alle competenze del portatore di

implicando che i sistemi di IA siano identificabili come tali e sia prevista, ove necessario, la possibilità di preferire l'interazione umana. «Oltre a ciò, dovrebbero essere comunicate agli operatori del settore dell'IA o agli utenti finali le capacità e le limitazioni del sistema in maniera consona al caso d'uso in questione. Ciò potrebbe comprendere la comunicazione del livello di precisione del sistema di IA e dei suoi limiti» (punto 78).

Anche nel *Libro bianco* della Commissione l'attenzione è concentrata sugli obblighi di informazione, in merito alle capacità e limitazioni dei sistemi di IA, «in particolare per quanto riguarda l'obiettivo per il quale i sistemi sono stati concepiti, le condizioni alle quali ci si può attendere che funzionino come previsto e il livello di precisione previsto nel raggiungimento dell'obiettivo specificato. Tali informazioni sono importanti soprattutto per coloro che applicano i sistemi, ma possono essere rilevanti anche per le autorità competenti e le parti interessate» (par. 5, sez. D, lett. *c*).

Ai fini delle analisi che ci occupa è significativo evidenziare sia il duplice livello in cui si esplica (e si deve esplicare) la sorveglianza umana sia la stretta interconnessione che lega le due garanzie.

Come visto, l'approccio *human-in-command* comprende non soltanto un livello di supervisione sul piano del coinvolgimento del decisore/operatore umano nel processo automatizzato, ma in termini più complessivi un controllo di organizzazione e di gestione [30], quindi meccanismi di *governance* e *compliance* volti ad assicurare l'adesione ai principi propri della *trustworthy AI*, tra cui rientrano, oltre alla trasparenza, anche la *fairness* e l'equità, contro distorsioni inique e discriminatorie, e la robustezza, intesa come «incorporazione della sicurezza fin dal momento della progettazione delle tecnologie, in modo tale da garantire che i diversi momenti di funzionamento siano verificabili e minimizzare effetti involontari ovvero errori del sistema, rendendo questi ultimi, se insorti, reversibili» [31].

Questa duplice articolazione consente di superare le perplessità sollevate da una parte della dottrina rispetto alla capacità della supervisione umana, intesa co-

---

interesse in questione (un non esperto, un'autorità di regolamentazione o un ricercatore). Dovrebbero inoltre essere disponibili indicazioni sul grado in cui un sistema di IA influenza e plasma il processo decisionale organizzativo, sulle scelte progettuali del sistema e sulla logica alla base della sua distribuzione (garantendo così la trasparenza del modello di business)» (p. 18). Rispetto al diritto alla spiegazione configurabile ai sensi dell'art. 22 GDPR v. § 2.1.1.

[30] Come evidenza E. DAGNINO, «per affrontare le sfide dell'intelligenza artificiale» il c.d. *human-in-command approach* è stato proposto da più parti come «precondizione per uno sviluppo sostenibile» dei sistemi algoritmici. Si tratta di «un approccio basato sulla necessità per l'essere umano di conservare un controllo su quanto svolto dalla macchina e di intervenire sulle decisioni che tramite gli algoritmi vengono adottate. Ciò significa che l'uomo deve rimanere il soggetto attivo, e in quanto tale, anche il responsabile dell'implementazione dei diversi usi dell'intelligenza artificiale, in tutte le diverse fasi» (E. DAGNINO, *Dalla fisica all'algoritmo*, cit., p. 199).

[31] N. ABRIANI-G. SCHNEIDER, *Diritto delle imprese*, cit., p. 94.

me inserimento dell'intervento umano nel ciclo di funzionamento del sistema automatizzato, di assolvere a una effettiva funzione di garanzia.

Al riguardo, si osserva, anzitutto, come un mero diritto all'intervento umano *ex post* ponga, dal punto di vista procedurale, a carico del soggetto destinatario della decisione algoritmica l'onere di richiedere un riesame umano dopo che l'*output* del sistema può aver già leso un suo diritto [32].

In secondo luogo, si evidenzia come anche il coinvolgimento del decisore umano nel processo – con automazione solo di alcune parti dei compiti, collaborazione tra uomo e algoritmo ovvero anche una verifica umana dell'*output* del sistema prima dell'assunzione della decisione, con possibilità di rettifica, annullamento e/o sovrascrittura – presenti alcuni limiti e criticità. Si rilevano, in particolare, da un lato, il rischio di "*bias* di automazione", dall'altro, quelle che vengono definite le "ironie dell'automazione".

Il primo profilo è invero tenuto pienamente in considerazione dalla proposta di *AI Act*, che richiede all'art. 14 che le misure adottate per garantire la sorveglianza umana consentano alla persona a cui la stessa è affidata di «restare consapevole della possibile tendenza a fare automaticamente affidamento o a fare eccessivo affidamento sull'*output* prodotto da un sistema di IA ad alto rischio».

La ricerca scientifica segnala, infatti, che «i sistemi di supporto decisionale automatizzati tendono ad alterare il processo decisionale umano in modi inaspettati e dannosi» [33]. Le persone sono "catturate" dalla macchina, applicando acriticamente le sue indicazioni e riducendo il proprio livello di indipendenza decisionale nel processo, da un lato perché vi è «una convenienza pratica nell'attuare pedissequamente le risultanze algoritmiche» [34], dall'altro perché, «senza rendersene conto», i decisori concentrano la propria attenzione maggiormente sulle considerazioni e i fattori enfatizzati dagli algoritmi [35].

Tanto che, con quasi totale sfiducia nei confronti di un controllo umano così inteso, si conclude affermando che «se un algoritmo è così difettoso che i responsabili [...] non si fidano a prendere decisioni senza un numero significativo di interventi umani, il rimedio appropriato è migliorare l'algoritmo. Se l'algori-

---

[32] B. GREEN, *The Flaws of Policies Requiring Human Oversight of Government Algorithms*, in *Computer Law & Security Review*, 45, 2022, p. 7; R. CALO-D.K. CITRON, *The automated administrative state: A crisis of legitimacy*, in *Emory Law Journal*, 70(4), 2021, p. 797 ss.

[33] B. GREEN, *The Flaws of Policies*, cit., p. 7.

[34] N. ABRIANI-G. SCHNEIDER, *Diritto delle imprese*, cit., p. 41; A. LO FARO, Algorithmic Decision Making, cit.

[35] B. GREEN, *The Flaws of Policies*, cit., p. 7. Cfr. altresì F. GERDON-R. L. BACH-C. KERN-F. KREUTER, *Social impacts of algorithmic decision-making: a research agenda for the social sciences*, in *Big Data & Society*, 2022, p. 1 ss., i quali segnalano anche lo speculare rischio di "*algorithmic aversion*", che si verifica laddove le persone diventino sempre meno propense a fare affidamento alla predizione algoritmica, dopo aver sperimentato predizioni false o fallaci.

tmo non può essere sufficientemente migliorato, il rimedio appropriato è smettere di usarlo» [36].

Per migliorare, invece, il controllo umano, si propone di conferire «una maggiore struttura alle collaborazioni uomo-algoritmo», con meccanismi di «forzatura cognitiva», che invitino «le persone a prendere una decisione preliminare prima che venga mostrato il suggerimento di un algoritmo», percorsi formativi e richiesta di una giustificazione scritta e di un confronto con un supervisore prima di qualsiasi *override* [37].

Persiste, tuttavia, lo scetticismo rispetto alla possibilità che i difetti della supervisione umana possano essere completamente risolti attraverso meccanismi di formazione e progettazione. Ciò in ragione delle "ironie dell'automazione", derivanti da una forte asimmetria tra competenze e responsabilità individuali: il sistema automatizzato è adottato perché, grazie alla sua potenza computazionale, ha una capacità e qualità di predizione superiori a quella degli operatori umani, ma poi sono quegli stessi operatori a dover monitorare e valutare tale qualità, ritrovandosi a svolgere così un compito più difficile di quello di effettuare la predizione da soli [38].

Se la risposta non risiede semplicemente nell'eliminazione della supervisione umana, le questioni esposte richiedono di articolare il controllo, tuttavia, oltre il piano dell'intervento dell'operatore umano nel ciclo di funzionamento del sistema, sviluppando l'approccio di *command* sul piano più complessivo dell'organizzazione e gestione.

Invero, è interessante come la dottrina sottolinei, su detto piano più complessivo, la necessità che si verifichi a monte l'idoneità dell'utilizzo dell'algoritmo rispetto al compito da svolgere, tenendo in considerazione sia il tipo di decisione implicata e l'eventuale presenza di delicate operazioni di bilanciamento tra interessi e posizioni soggettive, che richiederebbero un'attenta ponderazione umana, sia il grado di affidabilità dell'algoritmo, anzitutto in termini di accuratezza, correttezza, trasparenza (anche dei dati di addestramento) e spiegabilità [39].

Come si vedrà oltre nella trattazione, questa è una riflessione che alcuni ritengono già pienamente sviluppabile nel contesto della valutazione di impatto previ-

---

[36] B. GREEN, *The Flaws of Policies*, cit., p. 9.

[37] B. GREEN, *The Flaws of Policies*, cit., p. 11.

[38] Il termine "*ironies of automation*" è stato coniato da L. BAINBRIDGE, *Ironies of automation*, in *Automatica*, 19(6), 1983, p. 775 ss. L'autrice, in particolare, evidenziava che «il sistema di controllo automatico è stato introdotto perché può svolgere il lavoro meglio dell'operatore, ma all'operatore viene chiesto di controllare che funzioni in modo efficace» (p. 776). Per un'applicazione del ragionamento nel contesto dei processi algoritmici di IA, cfr. *ex multis* N. MEISINGER, *Blue collar with tie: a human-centered reformulation of the ironies of automation*, in *AI & Society*, 2022; B. GREEN, *The Flaws of Policies*, cit.; J. ZERILLI-A. KNOTT-J. MACLAURIN-C. GAVAGHAN, *Algorithmic Decision-Making and the Control Problem*, in *Minds and Machines*, 29, 2019, p. 555 ss.

[39] B. GREEN, *The Flaws of Policies*, cit.

sta dal GDPR, a partire da una valorizzazione del requisito della necessità applicato, prima, al rapporto del sistema algoritmico con gli scopi per il quale è progettato e utilizzato, poi, al bilanciamento tra i benefici attesi per l'organizzazione e i rischi per i diritti fondamentali che ne derivano [40] (v. cap. 4, § 3.2).

Rinviando per ora l'approfondimento di questa linea interpretativa, è qui interesse osservare anzitutto come l'approccio *human-in-command* richieda inevitabilmente un'impostazione regolativa di ordine procedimentale e una «prospettiva di responsabilizzazione *ex ante* degli attori coinvolti» attraverso l'adozione di un modello di valutazione e gestione del rischio nonché di *compliance* [41]. Al contempo, il tema della sorveglianza umana, che muove appunto da una concezione antropocentrica del sistema di tutela e dal correlato disconoscimento della soggettività giuridica della macchina, interroga a valle sull'individuazione del soggetto chiamato a rispondere dei danni provocati dall'algoritmo. Sulla questione si tornerà oltre nella trattazione, tenendo da subito in considerazione come l'allocazione delle responsabilità in caso di utilizzo di sistemi di IA si confronti con il potenziale coinvolgimento, nel ciclo di vita di tale sistema, di una complessa pluralità di soggetti, dal programmatore all'addestratore, al fornitore, al produttore fino all'utilizzatore, ossia il datore di lavoro.

Come anticipato, infine, il tema della sorveglianza umana, così ampiamente intesa nella sua articolazione multilivello, risulta intrinsecamente collegato e interconnesso con quello della trasparenza: sul piano del governo del rischio, il controllo umano è chiamato ad assicurare l'affidabilità dell'algoritmo, anche in termini di conoscibilità e spiegabilità; sul piano del coinvolgimento umano nel ciclo di funzionamento del sistema, l'efficacia dell'intervento dell'operatore presuppone la comprensibilità del processo e dell'*output* del sistema.

I profili evidenziati sono utili sia a individuare i termini in cui le due garanzie, in particolare quella di supervisione umana, trovano declinazione nella proposta di Regolamento sull'IA (e negli emendamenti soprattutto delle competenti commissioni del Pe) sia a meglio comprendere l'obiettivo dell'iter di indagine e la *ratio* che guida la costruzione di un'architettura regolativa integrata volta, in termini più complessivi, a saldare lungo i meridiani delle due garanzie un sistema di tutele per il lavoratore.

Al riguardo, si può osservare che nell'*AI Act* trovano conferma le funzioni delineate in capo alle due garanzie e la loro reciproca interconnessione.

L'art. 14 specifica, in particolare, che i sistemi di IA ad alto rischio devono essere progettati e sviluppati in modo da poter essere efficacemente supervisionati da persone fisiche durante il periodo in cui sono in uso (par. 1) e che «la sorveglianza umana mira a prevenire o ridurre al minimo i rischi per la salute, la sicu-

---

[40] Cfr. H. Janssen-M. Seng Ah Lee-J. Singh, *Practical fundamental rights impact assessments*, in *International Journal of Law and Information Technology*, 30, 2022, p. 202.

[41] N. Abriani-G. Schneider, *Diritto delle imprese*, cit., pp. 95 e 51.

rezza o i diritti fondamentali» (par. 2). Come si evince dalla lettura dell'art. 13, par. 3, lett. *d*, concernente le istruzioni d'uso che devono accompagnare il sistema, tra le misure di sorveglianza umana necessarie sono incluse anche quelle volte a facilitare l'interpretazione degli *output* del sistema da parte dell'utente (*user*, ridenominato *deployer* nel testo di compromesso approvato dalle commissioni del Pe). Quest'ultimo, ai sensi dell'art. 29, par. 4, attua la sorveglianza umana e monitora il funzionamento del sistema sulla base delle istruzioni per l'uso predisposte dal fornitore. Le informazioni (e la formazione) che riceve in tale contesto, ai sensi dell'art. 13, sono funzionali anche all'attuazione del sistema di gestione dei rischi istituito in sede di sviluppo e progettazione del sistema da parte del fornitore (art. 9, par. 4, lett. *c*).

Qui si rileva uno dei punti nodali del discorso.

La necessità di un'articolazione multi-livello della sorveglianza umana si declina, all'interno della proposta di Regolamento, distinguendo il ruolo del fornitore, al quale soltanto è attribuito un obbligo di valutazione dei rischi e di predisposizione di un sistema di gestione, dei rischi (art. 9) e della qualità (art. 17), e il ruolo dell'utente, chiamato, come visto, a dare attuazione alle misure di sorveglianza umana secondo le indicazioni del fornitore, indicazioni che devono tenere «debitamente in considerazione le conoscenze tecniche, l'esperienza, l'istruzione e la formazione che ci si può aspettare dall'utente [«di cui l'utente potrebbe aver bisogno», nella proposta delle commissioni del Pe] e l'ambiente in cui il sistema è destinato ad essere usato» (art. 9, par. 4).

D'altra parte, come già si è potuto segnalare, l'art. 29, par. 2, avverte che l'obbligo dell'utente di usare il sistema conformemente alle istruzioni ricevute lascia impregiudicati gli altri obblighi previsti a suo carico dal diritto dell'Unione e nazionale, nonché la sua discrezionalità nell'organizzare le risorse e attività necessarie per attuare le misure di sorveglianza umana indicate dal fornitore. Ciò è confermato dal paragrafo 6 della medesima disposizione, ove si prevede che l'utente utilizzi le istruzioni/informazioni ricevute al fine di adempiere all'obbligo di valutazione di impatto di cui al GDPR.

È proprio sul punto nodale indicato e sul «carattere orizzontale» [42] dell'*AI Act*, assicurato anche dalle clausole di salvaguardia e di rinvio citate, che si inserisce il percorso di indagine che si intende intraprendere. Un percorso in tal senso volto non solo a ricostruire, *de iure condito* e *condendo*, una architettura regolativa integrata che saldi lungo i meridiani delle garanzie di sorveglianza umana e trasparenza un sistema di tutele per il lavoratore, ma altresì a verificare, per quanto attiene alla sorveglianza umana, come possa articolarsi in capo al datore di lavoro, ossia all'utente del sistema, il duplice livello di declinazione della garanzia analizzato. Controbilanciando, così, quella marginalizzazione di ruolo, rilevabile nell'*IA Act*, che lo stesso Parlamento europeo sta cercando di superare con specifici emendamenti correttivi.

---

[42] A. ADINOLFI, *L'intelligenza artificiale*, cit., pp. 147-148.

1.2. *Scelte di metodo: l'approccio* risk-based

L'articolazione del modello *human-in-command* sul duplice piano dell'intervento umano nel processo automatizzato e del governo complessivo del sistema si coniuga con una specifica scelta di metodo adottata nella prospettiva regolativa in materia di IA, a livello di Unione europea.

Si può ricordare che nel *Libro bianco*, la Commissione «ritiene opportuno seguire un approccio basato sul rischio [...] per garantire la proporzionalità dell'intervento normativo» (par. 4, sez. C).

Nell'accordo quadro delle parti sociali di giugno 2020, rispetto all'impiego di sistemi di IA si afferma che «dovrà essere effettuata una valutazione del rischio, che comprenda le opportunità di migliorare la sicurezza e prevenire danni quali quelli per l'integrità fisica umana, la sicurezza psicologica, il *bias* di conferma o la stanchezza cognitiva».

Ancora, nella Risoluzione del Parlamento europeo dell'ottobre dello stesso anno, tra le raccomandazioni alla Commissione in merito all'introduzione di un quadro normativo sull'IA, si sottolinea che «qualsiasi regolamentazione futura dovrebbe seguire un approccio basato sui rischi e orientato al futuro [...], utilizzando gli strumenti esistenti», compreso «l'elenco ai fini della valutazione d'impatto» di cui al GDPR [43]. «L'asimmetria tra coloro che impiegano le tecnologie di IA e coloro che interagiscono con tali tecnologie e sono soggetti ad esse» evidenzia la necessità di un quadro normativo di *ethics by default* e *by design*, «che garantisca che qualsiasi IA messa in funzione rispetti pienamente i trattati, la Carta e il diritto derivato dell'Ue» e sia «in linea con il principio di precauzione che guida la legislazione dell'Ue » (par. 3).

Proprio ricollegandosi al contenuto dei documenti richiamati, la dottrina evidenzia come le sfide dell'IA debbano essere affrontate combinando i due diversi approcci giuridici della precauzione e della valutazione del rischio, che sono alternativi, in relazione al parametro dell'incertezza scientifica, ma non incompatibili. L'approccio precauzionale, che implica un divieto o una restrizione all'uso di una determinata tecnologia, dovrebbe essere in particolare adottato quando vi sia contezza che la sua applicazione possa produrre rischi potenziali gravi, ma gli stessi non possano essere ancora calcolati o quantificati con precisione in anticipo, sulla base di una adeguata valutazione del rischio, posta l'assenza di una conoscenza specifica dell'entità delle conseguenze negative [44]. Si richiama, al ri-

[43] Parlamento europeo, *Risoluzione del 20 ottobre 2020 recante raccomandazioni alla Commissione concernenti il quadro relativo agli aspetti etici dell'intelligenza artificiale, della robotica e delle tecnologie correlate* (2020/2012(INL)), par. 12 e 16.

[44] Cfr. COMMISSIONE EUROPEA, *Comunicazione sul principio di precauzione*, 2 febbraio 2000, COM(2000)1. Con riguardo all'applicazione del principio dall'ambito delle politiche ambientali alla protezione della salute umana, cfr. altresì la giurisprudenza della Corte di giustizia, *ex multis* Corte giust. 19 gennaio 2023, *Pesticide Action Network Europe*, C-162/21, ECLI:EU:C:2023:30; Corte

guardo, l'esempio delle tecnologie di riconoscimento facciale basate sull'IA [45].

In tale prospettiva, si osserva altresì come l'approccio *risk-based* preveda «meccanismi dinamicamente adattabili» all'emersione di nuove fonti di pericolo, funzionalizzi il requisito della supervisione umana alla mappatura delle stesse e alla proceduralizzazione *ex ante* della condotta dell'operatore [46], ponendo il principio di *accountability* alla base della politica di gestione del rischio: «sebbene l'IA generi scenari più complicati, questo non esclude la responsabilità dei vari attori umani coinvolti nella progettazione, nello sviluppo, nell'impiego e nell'utilizzo dell'IA. Da ciò deriva il principio che la natura automatizzata di qualsiasi decisione presa da un sistema di IA non esime i suoi sviluppatori, produttori, fornitori di servizi, proprietari e gestori dalla responsabilità per gli effetti e le conseguenze della decisione» [47].

È significativo, d'altra parte, rilevare che all'interno della relazione accompagnatoria [48] così come nell'*AI Act* non si trovi alcun esplicito riferimento al princi-

---

giust., 8 luglio 2010, *Afton Chemical Limited*, C-343/09, ECLI:EU:C:2010:419; Corte giust., 21 marzo 2000, *Association Greenpeace France*, C-6/99, ECLI:EU:C:2000:148; Corte giust., 5 maggio 1998, *Regno Unito c. Commissione*, C-180/96, ECLI:EU:C:1998:192. Sul punto, cfr. la riflessione di M. MARAZZA, *L'art. 2087 c.c. nella pandemia Covid-19 (e oltre)*, in *Rivista italiana di diritto del lavoro*, 2020, p. 267 ss.; ancora, con riferimento all'ambito della salute e sicurezza sul lavoro (su cui § 4), cfr. rispetto al rischio da ignoto tecnologico e all'operatività del principio di precauzione, A. ROTA, *Sicurezza*, in M. NOVELLA-P. TULLINI, *Lavoro digitale*, Giappichelli, Torino, 2022, p. 83 ss.; G. NATULLO, *Ambiente di lavoro e tutela della salute*, Giappichelli, Torino, 2020; L. MONTUSCHI, *Verso il testo unico sulla sicurezza del lavoro*, in *Giornale di diritto del lavoro e delle relazioni industriali*, 2007, p. 29 ss.; P. TULLINI, *A rischio amianto?*, in *Rivista italiana di diritto del lavoro*, 2007, p. 435 ss.; A. VISCOMI, *Amianto: precauzione, prevenzione e responsabilità*, in L. MONTUSCHI-G. INSOLERA, *Il rischio da amianto*, Bonomia University Press, Bologna, 2006, p. 45 ss.; nel senso di un ingresso nel nostro ordinamento del principio di precauzione attraverso la clausola aperta dell'art. 2087 c.c. ovvero l'obbligo onnicomprensivo di valutazione di tutti i rischi, certi, potenziali e probabili, v. P. TULLINI, *Sicurezza sul lavoro e modello sociale europeo: un'ipotesi di sviluppo*, in AA.VV., *Scritti in onore di Edoardo Ghera*, tomo II, Cacucci editore, Bari, 2008, p. 1257 ss. e O. BONARDI, *La Corte di giustizia e l'obbligo di sicurezza del datore: il criterio del* reasonably practicable, in *Rivista italiana di diritto del lavoro*, 1, 2008, p. 12 ss.; in senso contrario, cfr. E. BALLETTI, *Il principio di precauzione nel diritto del lavoro*, in *Variazioni su temi di diritto del lavoro*, 2023, p. 177 ss.; S. BUOSO, *Principio di prevenzione e sicurezza sul lavoro*, Giappichelli, Torino, 2020; P. PASCUCCI, *Dopo la legge n. 123 del 2007*, in *WP C.S.D.L.E. "Massimo D'Antona".IT*, n. 73, 2008.

[45] A. MANTELERO, *Beyond Data: Human Rights, Ethical and Social Impact Assessment in AI*, Springer, The Hague, 2022, pp. 49-50.

[46] N. ABRIANI-G. SCHNEIDER, *Diritto delle imprese*, cit., pp. 109, 112 e 118; G. ZAMPINI, *Intelligenza artificiale*, cit.

[47] A. MANTELERO, *Beyond Data*, cit., p. 150.

[48] Nella relazione di accompagnamento alla proposta di Regolamento sull'IA, la Commissione chiarisce che si tratta di «un sistema normativo proporzionato incentrato su un approccio normativo ben definito basato sul rischio che non crea restrizioni inutili al commercio, motivo per cui l'intervento legale è adattato alle situazioni concrete nelle quali sussiste un motivo di preoccupazione giustificato o nelle quali tale preoccupazione può essere ragionevolmente prevista nel prossimo fu-

pio di precauzione. A emergere è piuttosto una declinazione dell'approccio basato sul rischio strutturata con una più rigida impostazione *top-down*, in questo molto differente da quella adottata, ad esempio, nel GDPR[49]: nello specifico, si distinguono a monte i sistemi di IA nelle tre categorie del rischio inaccettabile, alto e basso/minimo e si indicano espressamente, in seno all'art. 5, le pratiche vietate, in quanto rientranti nella prima delle suddette categorie.

Per quanto attiene ai sistemi da classificare come "ad alto rischio" ai sensi dell'art. 6, l'approccio *risk-based* si traduce in un modello normativo articolato su tre livelli concentrici, a scatole cinesi: la valutazione e gestione del rischio, composta delle tre classiche fasi dell'identificazione del rischio, valutazione/stima, mitigazione (art. 9); il sistema di gestione della qualità, inclusivo del primo livello e di un *accountability framework* (art. 17); l'(auto-)valutazione di conformità, basata anche sulla verifica del sistema di gestione della qualità (art. 19, 43, Annex VI). Come si è avuto modo di anticipare, la peculiarità del modello è che l'obbligo grava sul fornitore e non anche sull'utente. Inoltre, dovendo essere realizzato in situazioni già a monte classificate come "ad alto rischio"[50], esso è

---

turo. Allo stesso tempo il quadro giuridico comprende meccanismi flessibili che fanno sì che esso possa essere adeguato dinamicamente all'evoluzione della tecnologia e all'emergere di nuove situazioni di preoccupazione» (par. 1.1).

[49] Si è, al riguardo, ritenuto che l'approccio *risk-based* adottato dal Regolamento sull'IA non riproduca le caratteristiche di modularità e versatilità proprie del modello previsto nel GDPR: mentre quest'ultimo «sembra riconoscere ampi margini di manovra al titolare del trattamento», tenendo in questo «in considerazione il contesto di riferimento», «la regolazione *ex ante* richiesta al *provider* dall'*Artificial Intelligence Act* rischia di imbrigliare il mercato in rigidi meccanismi di *compliance*»; «la scelta dell'approccio *top-down* rischia di elevare le soglie di rischio e che queste si traducano in una rigidità che non lasci margini di valutazione al *provider* su come adoperarsi nella pratica». In tale prospettiva critica, viene segnalato in termini positivi la previsione delle c.d. *regulatory sandboxes*, nella misura in cui «vedono la collaborazione di differenti *stakeholders* nella definizione delle regole, favorendo così il rispetto delle salvaguardie normative e la diffusione di nuove idee innovative» (O. POLLICINO-G. DE GREGORIO, *Intelligenza artificiale,* data protection *e responsabilità*, in A. PAJNO-F. DONATI-A. PERRUCCI (a cura di), *Intelligenza artificiale e diritto: una rivoluzione? Amministrazione, responsabilità, giurisdizione*, vol. II, il Mulino, Bologna, 2022, p. 354). Al riguardo, si può evidenziare che, ai sensi del cons. n. 72 dell'*AI Act*, «gli obiettivi degli spazi di sperimentazione normativa dovrebbero essere la promozione dell'innovazione in materia di IA, mediante la creazione di un ambiente controllato di sperimentazione e prova nella fase di sviluppo e precommercializzazione al fine di garantire la conformità dei sistemi di IA innovativi al [...] regolamento e ad altre normative pertinenti dell'Unione e degli Stati membri». L'art. 53 prevede che le *sandboxes* siano istituite da una o più autorità competenti degli Stati membri o dal Garante europeo della protezione dei dati e operino sotto la guida e il controllo diretti di tali autorità.

[50] L'impostazione subisce una modifica nel testo di compromesso proposto dalle competenti commissioni del Pe. Segnatamente, in seno all'art. 6, par. 2, si prevede che un modello di IA rientrante nelle categorie dell'Allegato III sia considerato ad alto rischio solo se presenta un rischio significativo di danno alla salute, alla sicurezza o ai diritti fondamentali (ai sensi dell'art. 3, par. 1, punto 1*b*, il rischio significativo sarebbe tale «a causa della combinazione di gravità, intensità, probabilità di accadimento e durata dei suoi effetti, e della capacità di colpire un individuo, una plurali-

più incentrato sulla mitigazione del rischio che sulla sua stima [51].

L'approccio *risk-based* è stato, da ultimo, confermato anche nella Dichiarazione europea sui diritti e i principi digitali, ivi peraltro valorizzato proprio con riguardo all'utilizzo dell'IA sul luogo di lavoro e alla necessità di garantire misure di prevenzione per mantenere un ambiente di lavoro sicuro e sano.

Seguendo la *ratio* più volte indicata e tenendo in considerazione l'ottica così promossa a livello Ue, all'interno della presente ricerca il percorso evidenzierà, *de iure condito*, come in capo all'utente/datore di lavoro possa assumere un ruolo significativo sia la valutazione di impatto di cui all'art. 35 GDPR (a cui peraltro espressamente rinvia l'art. 29, par. 6, dell'*AI Act*, prevedendo uno specifico canale di innesto dei propri contenuti), sia in termini integrati quella di cui alla dir. 89/391/CEE in materia di salute e sicurezza sul lavoro. Sempre *de iure condito*, si rileverà come in entrambi i casi possano essere promosse proiezioni collettive della tutela, destinate a trovare un raccordo, laddove la dimensione dell'impresa lo consenta, con i diritti di coinvolgimento dei lavoratori, sanciti dalle fonti di matrice europea (anzitutto, la dir. 2002/14/CE).

De iure condendo, l'indagine segnalerà i possibili termini di innesto dei contenuti del Regolamento sull'IA in questo quadro normativo integrato e la funzione di consolidamento che potrebbe assumere l'introduzione in capo all'utente del sistema di IA di un esplicito obbligo di valutazione di impatto, come da più parti auspicato, anche in seno al Parlamento europeo, con proposte di emendamento mirate (da ultimo confermate nel testo di compromesso votato dalle commissioni congiunte IMCO-LIBE).

La riflessione consentirà di valutare e verificare la tenuta di alcune scelte regolative adottate a livello interno, come l'inserimento in seno al d.lgs. n. 152/1997 dell'art. 1-*bis*, comportante "Ulteriori obblighi informativi nel caso di utilizzo di sistemi decisionali o di monitoraggio automatizzati", da parte del c.d. decreto trasparenza, d.lgs. n. 104/2022, così come da ultimo modificato dal d.l. n. 48/2023, c.d. decreto lavoro.

---

tà di persone o un particolare gruppo di persone»). In tale prospettiva, viene affidato alla Commissione il compito di predisporre apposite linee guida e si richiede al fornitore, nel caso ritenga il rischio insussistente, di inviare una notifica motivata all'autorità di controllo nazionale, attendendo la scadenza del termine previsto per una sua eventuale obiezione prima di immettere il prodotto nel mercato. Si consideri che tra i criteri indicati per la valutazione del rischio è inclusa «la misura in cui sussista uno squilibrio di potere o le persone potenzialmente danneggiate o interessate dall'impatto negativo si trovino in una posizione vulnerabile rispetto all'utente di un sistema di IA» (art. 14, par. 2, lett. *f*). Sarebbe, inoltre, confermato il cons. n. 36 che indica la necessità di qualificare come ad alto rischio i sistemi impiegati nell'ambito lavorativo.

[51] A. MANTELERO, *Beyond Data*, cit., p. 169; A. ADINOLFI, *L'intelligenza artificiale*, cit.

2. *La risposta regolativa* de iure condito*: il ruolo egemonico del GDPR*

Come si è già potuto anticipare, il sistema normativo in materia di trattamenti dei dati personali stabilito dal GDPR segue un approccio basato sulla valutazione del rischio e si fonda, di conseguenza, sull'operatività del principio di *accountability* (art. 5, par. 2). Costruito sull'individuazione di principi di tutela generali (tra cui, in particolare, i principi di liceità, correttezza, trasparenza, limitazione della finalità, minimizzazione dei dati, esattezza: art. 5, par. 1), tale sistema lascia al soggetto gravato dalla responsabilità di darvi applicazione la scelta dei moduli che – in rapporto a natura, ambito di applicazione, contesto e finalità del trattamento, nonché rischi per diritti e libertà delle persone fisiche (art. 24, par. 1) – risultino più adeguati a garantire e documentare la conformità alle garanzie di tutela prescritte. In questo, richiede che le misure tecniche e organizzative siano progettate per rispettare i principi e attuare le garanzie (*privacy by design*)[52] e siano tali da assicurare che siano trattati, per impostazione predefinita, solo i dati personali necessari (*privacy by default*) (art. 25).

In un contesto di organizzazione del lavoro inciso dall'utilizzo di sistemi di IA il polo regolativo in materia di trattamento dei dati personali non solo si presenta di inevitabile applicazione, ma assume altresì un ruolo egemonico, ai fini della costruzione delle regole di tutela del lavoratore[53].

L'inevitabilità del passaggio deriva dalla combinazione di due fattori. Il primo è costituito dal binomio datificazione/digitalizzazione: per funzionare, il sistema di IA necessita di dati e questo impone, anzitutto, che le caratteristiche dell'ambi-

---

[52] La dottrina sottolinea l'importanza del requisito della *privacy by design* nella prospettiva della valutazione d'impatto. In tal senso, si rileva come a richiedere di verificare la necessità di una valutazione di impatto (*Data Protection Impact Assessment* – DPIA) non sia soltanto l'art. 35 del GDPR (su cui v. *infra*); il requisito della protezione dei dati per progettazione, sancito dall'art. 25, «si pone chiaramente alla base della necessità di effettuare una valutazione d'impatto già nelle prime fasi di progettazione e implementazione di un processo decisionale automatizzato» (ADM), al fine di individuare le misure tecniche e organizzative adeguate a garantire la conformità al GDPR. Trattasi peraltro di «requisiti che non si applicano solo al processo tecnico, ma anche ai modelli aziendali in quanto tali». La logica della protezione dei dati per progettazione e per impostazione predefinita è quella di garantire la conformità al GDPR «durante l'intero ciclo di un sistema ADM» (H.L. JANSSEN, *An approach for a fundamental rights impact assessment to automated decision-making*, in *International Data Privacy Law*, 10, 2020, pp. 85-86).

[53] Con riguardo all'importanza, anche in termini più generali, del GDPR rispetto alle problematiche connesse all'utilizzo di algoritmi e approcci di IA, cfr. T.E. FROSINI, *L'orizzonte giuridico dell'intelligenza artificiale*, in *Diritto dell'informazione*, 2022, p. 5 ss.; M. BASSINI-O. POLLICINO, *Intelligenza artificiale e protezione dei dati personali*, in A. PAJNO-F. DONATI-A. PERRUCCI (a cura di), *Intelligenza artificiale e diritto: una rivoluzione? Diritti fondamentali, dati personali e regolazione*, vol. I, il Mulino, Bologna, 2022, p. 269 ss.; gli autori segnalano, in particolare, come tale convergenza sia colta dalla giurisprudenza interna, non solo amministrativa (ad es., Cons. Stato, 13 dicembre 2019, n. 8472, v. cap. 1, § 2): si richiama nello specifico Cass. civ., sez. I., 25 maggio 2021, n. 14381 (v. § 2.1.1).

ente con cui tale sistema interagisce siano misurabili, associabili a una quantità numerica, a metriche collegate da una specifica relazione di ordine; e impone poi che tali dati siano convertiti nel codice macchina, in un linguaggio di programmazione che li renda utilizzabili dal *software*. Questa circostanza interagisce con un secondo fattore, di carattere giuridico, ossia la previsione, in seno alla normativa europea di tutela della *privacy*, di una nozione di dato personale molto ampia e flessibile, un'ampiezza tale da aver indotto parte della dottrina ad affermare che nel contesto di applicazione delle nuove tecnologie "guidate dai dati" il GDPR si candida a diventare "*the law of everything*" [54] (ma per quanto riguarda l'esclusione da tale nozione dei *big data* anonimizzati implicati nei processi automatizzati v. § 2.1.1).

Rispetto all'ampiezza della nozione di dato personale, ai fini dell'analisi che ci occupa, è significativo evidenziare tre considerazioni.

Anzitutto, il concetto di informazione include anche valutazioni di carattere soggettivo, come quelle sul rendimento, l'affidabilità, la produttività, la diligenza di un soggetto, a prescindere dal fatto che l'informazione sia vera, corretta o dimostrata [55].

In secondo luogo, il collegamento tra un'informazione e una persona fisica si può instaurare anche se il suo contenuto non attiene a caratteristiche soggettive di tale persona, ma essa è comunque usata o è probabile che sia utilizzata, tenendo conto di tutte le circostanze del caso di specie, al fine di valutare, trattare in un determinato modo o influire sullo stato o sul comportamento di una persona ovvero laddove il suo impiego possa avere un impatto potenziale (anche non voluto, preterintenzionale) sui diritti e sugli interessi della persona fisica, essendo sufficiente che questa sia conseguentemente trattata in modo diverso rispetto ad altre. Il registro dei dati relativi all'uso di una macchina o di uno strumento di lavoro costituirà, pertanto, un dato personale se utilizzato o potenzialmente

---

[54] N. PURTOVA, *The law of everything. Broad concept of personal data and future of EU data protection law*, in *Law, Innovation and Technology*, 10(1), 2018, p. 40 ss.; L.A. BYGRAVE-L. TOSONI, *Article 4(1). Personal Data*, in C. KUNER-L.A. BYGRAVE-C. DOCKSEY (a cura di), *The EU General Data Protection Regulation (GDPR)*, Oxford University Press, New York, 2020, p. 103 ss.; in termini più moderati, ma nella medesima prospettiva, R. GELLERT, *Personal data's ever-expanding scope in smart environments and possible path(s) for regulating emerging digital technologies*, in *International Data Privacy Law*, 2021, p. 196 ss. Cfr. Gruppo di lavoro Articolo 29, *Parere 4/2007 sul concetto di dati personali*, 01248/07/IT, WP 136; Corte giust., 20 dicembre 2017, *Peter Nowak v Data Protection Commissioner*, C-434/16, ECLI:EU:C:2017:994. Cfr. P. OHM, *Broken Promises of Privacy: Responding to the Surprising Failure of Anonymization*, in *UCLA Law Review*, 2010, p. 1701 ss.; H.U. VRABEC, *Data Subjects Rights under the GDPR*, Oxford Scholarship Online, 2021; C. CIMAROSSA, *La tutela dei dati non personali nel Regolamento UE n. 2018/1807*, in R. GIORDANO-A. PANZAROLA *et al.* (a cura di), *Il diritto nell'era digitale*, Giuffrè, Milano, 2022, p. 73 ss.

[55] Del resto, le norme sulla protezione dei dati conferiscono all'interessato il diritto di accesso a quelle informazioni e di contestarle con mezzi di impugnazione adeguati.

utilizzabile per valutare la produttività del soggetto o l'adempimento della prestazione o comunque per l'adozione di azioni che incidano sul trattamento di un determinato lavoratore [56].

In terzo luogo, se la natura personale del dato è esclusa solo laddove il soggetto a cui è riferibile non sia nemmeno indirettamente identificabile, il rischio che tale condizione si verifichi rimane pericolosamente latente in un contesto di forte interconnettività dei dispositivi, in cui si osserva addirittura il passaggio da *internet of things* (IoT) a *internet of everything*, ossia a «una rete caratterizzata dalla iperconnessione tra persone, processi e dati» [57], tale da rendere più complesso garantire l'impossibilità di un tracciamento inverso in processi di anonimizzazione dei dati. Inoltre, in linea più generale, l'evoluzione tecnologica incide di continuo e in modo dinamico sull'individuazione dell'insieme dei mezzi ragionevolmente utilizzabili per identificare la persona [58].

La definizione di dato personale necessita di specifica attenzione ai fini dell'indagine.

Come si spiegherà oltre, il sistema normativo delineato dal GDPR è attualmente centrale per individuare le garanzie di tutela da applicare in caso di utilizzo di processi algoritmici. A rilevare ai fini dell'applicabilità di tali garanzie, tuttavia, è la natura del dato utilizzato all'interno di tali processi, dato che, altrimenti detto, deve essere riferibile – pur negli ampi termini anzidetti – al soggetto che subisce l'impatto del processo in questione. Ciò a differenza della proposta di Regolamento sull'IA, dove è invece la tipologia di algoritmo, e non la natura del dato processato, a qualificare l'ambito di applicazione delle regole.

Calando questo ragionamento nel contesto dell'organizzazione del lavoro, se, quindi, il processo automatizzato è funzionale all'individuazione di un parametro e/o di coordinate volte a dare contenuto a una direttiva datoriale, a un atto di specificazione e conformazione della prestazione, quel tipo di fattispecie rientrerà nel campo di applicazione del GDPR solo nella misura in cui contempli (anche) l'utilizzo di informazioni riferibili al lavoratore interessato, in termini che lo rendano identificabile, distinguibile individualmente dagli altri. Laddove si tratti di un

---

[56] Gruppo di lavoro Articolo 29, *Parere 4/2007 sul concetto di dati personali*, cit.

[57] A. PAJNO, *Prefazione*, cit., p. 9.

[58] Cfr. P. TULLINI, *Dati*, in M. NOVELLA-P. TULLINI, *Lavoro digitale*, Giappichelli, Torino, 2022, p. 105 ss. Si segnala che il Regolamento Ue 2018/1807 del 14 novembre 2018 relativo a un quadro applicabile alla libera circolazione dei dati non personali nell'Unione europea, al cons. n. 6, evidenzia che «l'espansione dell'Internet degli oggetti, l'intelligenza artificiale e l'apprendimento automatico rappresentano fonti importanti di dati non personali, ad esempio a seguito del loro utilizzo in processi automatizzati di produzione industriale. [...] Se i progressi tecnologici consentono di trasformare dati anonimizzati in dati personali, tali dati sono trattati come dati personali e si applica di conseguenza il regolamento (UE) 2016/679». Inoltre, all'art. 2 par. 2, si prevede che «qualora i dati personali e non personali all'interno di un insieme di dati siano indissolubilmente legati», rimane impregiudicata l'applicazione del GDPR. Su questo profilo si tornerà oltre nella trattazione (§ 2.1.1 e 2.1.3).

processo di monitoraggio o decisionale automatizzato, si può ritenere che questa condizione ricorra in connessione con il fatto che il processo includa la ricostruzione o la possibilità di ricostruire un profilo del singolo lavoratore o si basi sul confronto con esso. Si noti che tale fatto, inevitabilmente implicato in un'operazione di monitoraggio, risulta comunque molto probabile anche nei processi decisionali nel momento in cui l'analisi dei *big data* sia volta ad adottare una decisione modificativa della posizione giuridica di un lavoratore, con assegnazione di mansioni diverse o di una differente collocazione temporale della prestazione, ovvero consegni un *outcome* da cui può dipendere una decisione che valuta la conformità dei risultati della prestazione con lo standard di diligenza richiesto. Queste osservazioni inducono a concludere che, nel contesto del lavoro, un processo decisionale automatizzato rientrante nel campo di applicazione del GDPR e, se completamente automatizzato, rilevante ai fini dell'art. 22 verosimilmente include una profilazione del titolare del dato personale [59], intesa come «il processo di deduzione di un insieme di caratteristiche di una persona o di un gruppo di persone (cioè il processo di creazione di un profilo), e/o il trattamento di tale persona o gruppo (o di altre persone/gruppi) alla luce di tali caratteristiche (cioè il processo di applicazione di un profilo)» [60]. D'altra parte, se detta profilazione determina l'attrazione della fattispecie nel sistema del GDPR, nonostante l'utilizzo di *big data* aggregati e collettivi, ciò non risolve e anzi impone di interrogarsi sulla questione dei perimetri delle garanzie, soprattutto di trasparenza.

[59] Non è un caso che alcuni autori interpretino il lemma "*including*", presente nel disposto normativo di cui all'art. 22 GDPR, nel senso di "*involving*", ricostruendo così una linea di continuità con la corrispondente previsione della dir. 95/46/CE. Non molto distante è il punto d'approdo a cui giunge, d'altra parte, anche chi segue una diversa linea interpretativa: «*The use of the comma to separate 'automated processing' and 'including profiling' indicates – at least on a conventional reading – that profiling is one of two alternative baseline criteria of application, the other being 'automated processing'. The latter can but need not involve profiling. Data protection authorities ('DPAs') have generally embraced this line of interpretation. In practice, however, many if not most types of automated decision-making caught by Article 22 will likely involve profiling*» (L.A. BYGRAVE, *Article 22 Automated individual decision-making, including profiling*, in C. KUNER-L.A. BYGRAVE-C. DOCKSEY (a cura di), *The EU General Data Protection Regulation (GDPR)*, Oxford University Press, New York, 2020, p. 530). Come evidenzia M. BRKAN, «è interessante osservare come l'art. 22 del GDPR si sia sviluppato nel corso dell'iter legislativo. Nella proposta iniziale della Commissione, diversamente dalla versione finale del GDPR, questa disposizione, rubricata "Misure basate sulla profilazione", regolava solo la profilazione basata sul trattamento automatizzato. [...] A prescindere dalla formulazione più ampia del GDPR, rimane dubbio fino a che punto il campo di applicazione dell'art. 22 del GDPR copra un perimetro di decisioni automatizzate più esteso di quello delle decisioni basate sulla profilazione. [...] È difficile immaginare esempi in cui i dati personali di una persona che non portano alla profilazione possano portare a una decisione automatizzata» (*Do algorithms rule the world? Algorithmic decision-making and data protection in the framework of the GDPR and beyond*, in *International Journal of Law and Information Technology*, 27, 2019, pp. 96-97).

[60] I. MENDOZA, L.A. BYGRAVE, *The Right Not to be Subject to Automated Decisions Based on Profiling*, cit., p. 77.

A tal riguardo, è importante evidenziare che le caratteristiche del processo automatizzato – se sia completamente o parzialmente automatizzato, includa o meno una profilazione, costituisca la base di una decisione, ovvero ancora sia governato da un algoritmo che presenti una specifica complessità in termini di comprensibilità e spiegabilità – incidono sulla modulazione delle garanzie che il titolare del trattamento, nel nostro caso il datore, è tenuto ad assicurare e dimostrare [61] a tutela del soggetto interessato dal processo, ossia il lavoratore.

È sempre la natura del dato (personale), tuttavia, a condizionare a monte l'applicabilità delle tutele nonché la loro configurazione all'interno dell'architettura regolativa predisposta dal GDPR. Essendo strutturata, orientata a protezione del titolare del dato personale trattato [62], essa richiede all'interprete di verificare la sua funzionalità nel momento in cui il processo automatizzato, pur rientrando nel suo campo di applicazione, sia fortemente condizionato (nel funzionamento, anche adattivo) dall'utilizzo di ampi serbatoi di dati non qualificabili come personali, in quanto anonimizzati sulla base, ad esempio, di tecniche di aggregazione, come ci si può attendere, appunto, nel contesto del *big data analytics* e del *machine learning*. Il punto sarà specificamente approfondito oltre nella trattazione (v. § 2.1.1).

Per concludere, invece, la riflessione qui avviata con riguardo al ruolo del polo regolativo in materia di trattamenti dei dati personali, si è detto come esso si presenti non solo di inevitabile applicazione, ma assuma altresì un ruolo egemonico ai fini della costruzione delle regole di tutela del lavoratore [63].

Questo si ricollega anzitutto al fatto che, al suo interno, sono previste specifiche garanzie di trasparenza e controllo umano, rispetto al trattamento automatizzato del dato (v. *infra*).

Il rilievo trova conferma, tuttavia, anche osservando come lo stesso baricentro del sistema normativo tenda a spostarsi nell'alveo della disciplina sul trattamento dei dati, trainato dal ruolo assorbente assunto dalla stessa rispetto alle fonti di matrice giuslavoristica.

---

[61] La dottrina segnala che il principio generale di *accountability* previsto dall'art. 5, par. 2 GDPR impone al titolare del trattamento la responsabilità della conformità al GDPR e l'onere della prova di tale conformità, in particolare laddove la richiesta provenga dall'autorità di controllo (P. VOIGT, A. VON DEM BUSSCHE, *The EU General Data Protection Regulation (GDPR)*, Springer International Publishing, Cham, 2017, p. 31). Rispetto ai termini con cui l'obbligo di *accountability* possa influire sull'onere della prova anche nel contesto delle cause individuali intentate dagli interessati, v. cap. 3, § 5.2.

[62] Con specifico riferimento all'art. 22 GDPR, la dottrina osserva, ad esempio, che la disposizione «*presumes that the decision will ultimately involve processing of data on that person as the right it lays down is operationalised by reference to the 'data subject'*» (L.A. BYGRAVE, *Article 22*, cit., p. 533).

[63] Tale ruolo egemonico, specie a fronte di alcuni emendamenti in discussione in seno al Parlamento europeo, non verrebbe pregiudicato dall'entrata in vigore del Regolamento sull'IA e così pure, quindi, la normativa interna volta a dare attuazione all'art. 88 GDPR, tra cui, come detto, l'art. 4 St. Lav., attraverso il rinvio operato dall'art. 114 d.lgs. n. 196/2003 (v. *supra*).

È quanto si evidenzia con riguardo al potere di controllo e alla normativa interna in materia, nel momento in cui si consente, ai sensi dell'art. 4, co. 2, St. Lav., l'esonero dal vincolo procedurale dell'accordo sindacale o dell'autorizzazione amministrativa in ipotesi di qualificabilità dello strumento, che può veicolare il controllo, come strumento di lavoro. Restringere le maglie di questa deroga facendo affidamento sul criterio del nesso di stretta indispensabilità tra strumento e svolgimento della prestazione rischia di rimanere un'arma spuntata, se si considera come la configurabilità di tale nesso dipenda da una scelta organizzativa adottata a monte dal datore, insindacabile nel merito [64].

Se, quindi, anche in forza dell'esplicito raccordo tra le fonti [65], il GDPR diventa rispetto al potere di controllo un referente di prim'ordine per individuare i limiti a protezione del lavoratore, si può osservare come proprio facendo perno sui dispositivi di tutela ivi previsti, in particolare sul principio di limitazione della finalità del trattamento, la dottrina abbia elaborato un'interpretazione restrittiva dell'art. 4, co. 3, St. Lav., tale da limitare l'utilizzo delle informazioni acquisite al solo ambito corrispondente alla base giuridica del trattamento che ne ha all'origine legittimato la raccolta, anche laddove si tratti di porle a fondamento di una contestazione/sanzione disciplinare [66].

D'altra parte, sempre la dottrina, segnala come a quest'attrazione assorbente non paia corrispondere un'adeguata valorizzazione degli strumenti e dei possibili rimedi previsti dalle regole sulla *privacy*, la cui violazione tende, ad esempio, a rilevare, rispetto al potere di controllo, nella domanda del lavoratore, solo in funzione dell'invalidazione della sanzione disciplinare, derivante dall'inutilizzabilità

---

[64] Anche P. TULLINI evidenzia che «nella *smart factory* pressoché tutti gli apparati tecnologici sono finalizzati alla realizzazione dell'attività lavorativa e "utilizzati per rendere la prestazione", potendo così fruire dell'esonero dai vincoli posti all'esercizio del potere datoriale» (*La digitalizzazione del lavoro*, cit., p. 18). Cfr. sul punto l'esempio dei magazzini della logistica *e-commerce*, nei quali la distribuzione casuale dei prodotti rende indispensabile lo strumento del palmare e risulta più funzionale a velocizzare il *picking* guidato dal sistema tecnologico. Cfr. il caso Amazon presentato da A. INGRAO, *Il controllo a distanza*, cit., spec. p. 174; cfr. altresì C. PISANI, *Gli strumenti utilizzati per rendere la prestazione lavorativa e quelli di registrazione degli accessi e delle presenze*, in C. PISANI-G. PROIA-A. TOPO (a cura di), *Privacy e lavoro. La circolazione dei dati personali e i controlli nel rapporto di lavoro*, Giuffrè, Milano, 2022, p. 439 ss. Come rileva M. MARAZZA, «se il *software* è inscindibile» dallo strumento di lavoro «e consente il tracciamento dei dati senza ulteriori applicativi» si ricade nel campo di applicazione del secondo comma (M. MARAZZA, *Dei poteri (del datore di lavoro)*, cit., p. 23).

[65] Il raccordo è bidirezionale, dagli artt. 113 e 114 d.lgs. n. 196/2003 agli artt. 8 e 4 dello Statuto dei lavoratori e, viceversa, dall'art. 4, co.3, dello Statuto al d.lgs. n. 196/2003 e GDPR.

[66] Cfr. A. SARTORI, *Il controllo tecnologico sui lavoratori*, Giappichelli, Torino, 2020; P. TULLINI, *Controllo tecnologico nell'impresa e protezione dei dati personali dei lavoratori*, in R. GIORDANO, A. PANZAROLA *et al.* (a cura di), *Il diritto nell'era digitale*, Giuffrè, Milano, 2022, p. 377. *Contra*, M. MARAZZA, *Dei poteri (del datore di lavoro)*, cit., secondo cui il co. 3, dell'art. 4 prevede una norma giuslavoristica che «in ragione della sua specialità» «tipizza una specifica finalità di trattamento dei dati dei lavoratori ("a tutti i fini connessi al rapporto di lavoro")» (p. 8).

delle informazioni acquisite, e non invece anche ai fini di una richiesta di risarcimento del danno ai sensi dell'art. 82 GDPR [67].

Proprio in questa prospettiva si colloca l'analisi che sarà condotta nei prossimi paragrafi, volta a evidenziare l'importanza, le potenzialità e i limiti della cassetta degli attrezzi fornita dal GDPR, nella ricostruzione delle tutele del lavoratore, nello specifico delle garanzie di trasparenza e controllo umano, rispetto all'uso datoriale di sistemi algoritmici.

2.1. *Le garanzie di trasparenza e controllo umano nel contesto del GDPR*

Si è spiegato nel primo capitolo che se un algoritmo è una sequenza finita di istruzioni, un processo automatizzato è un processo basato sull'esecuzione di un algoritmo.

Nel sistema normativo delineato dal GDPR assumono rilevanza giuridica almeno tre diverse fattispecie di processo automatizzato, a cui corrispondono diverse modulazioni delle garanzie di trasparenza e controllo umano. Si può al riguardo ricostruire un sistema di moduli normativi a cerchi concentrici.

2.1.1. *L'ipotesi di un processo decisionale completamente automatizzato*

Partendo dall'insieme più interno di detto sistema, una prima ipotesi è quella contemplata dall'art. 22, ossia quella in cui il titolare del trattamento basi unicamente sul trattamento automatizzato di dati (personali) una decisione (c.d. *fully ADM, Automated Decision Making*), che produca effetti giuridici che riguardano l'interessato o che incida in modo analogo significativamente sulla sua persona.

Come spiega il Gruppo di lavoro Articolo 29 nelle proprie linee guida, ai fini della costruzione della fattispecie normativa in esame la decisione deve incidere sulle posizioni giuridiche dell'interessato ovvero determinare per lui ripercussioni che raggiungano una soglia di importanza analoga, incidendo in maniera significativa sul suo comportamento o sulle sue scelte, producendo su di lui un impatto prolungato o permanente, nel caso più estremo portando alla sua esclusione o discriminazione. Tra le possibili ipotesi, è riportata quella di «decisioni che negano a una persona un'opportunità di impiego o pongono tale persona in una posizione di notevole svantaggio» [68]. Il cons. n. 71 del GDPR fa riferimento, in termini esemplificativi, a «pratiche di assunzione elettronica senza interventi umani».

---

[67] C. CESTER, *La responsabilità civile e il risarcimento del danno per la violazione della privacy nell'impresa*, in C. PISANI-G. PROIA-A. TOPO (a cura di), *Privacy e lavoro. La circolazione dei dati personali e i controlli nel rapporto di lavoro*, Giuffrè, Milano, 2022, p. 665; C. PISANI, *Le tecniche di tutela nell'età della giurisdizione*, Relazione Giornate di Studio Aidlass, *Le tecniche di tutela nel diritto del lavoro*, 16-17 giugno 2022.

[68] Gruppo di lavoro Articolo 29, *Linee guida in materia di processi decisionali automatizzati e profilazione*, WP 251, adottate il 3 ottobre 2017, versione emendata e adottata il 6 febbraio 2018, par. IV, lett. *b*.

La fattispecie di cui all'art. 22 copre tanto il caso in cui la decisione (anche nel significato più ampio di "pianificazione" o "progetto", ovvero relativa a una fase interna di un più articolato processo decisionale, laddove comunque qualificata dall'impatto significativo) sia totalmente automatizzata, quanto il caso in cui la decisione adottata formalmente da un essere umano sia basata esclusivamente sul segnale d'uscita di un processo automatizzato (c.d. *rubber stamping*).

Al riguardo, il GDPR stabilisce un divieto derogabile solo in presenza di specifiche condizioni [69], integrate in particolare laddove la decisione sia necessaria per la conclusione o l'esecuzione di un contratto tra l'interessato e il titolare del trattamento ovvero si basi sul consenso esplicito dell'interessato (art. 22, par. 2, lett. *a* e *c*). Più restrittive sono le condizioni laddove i dati personali trattati rientrino nelle categorie particolari di cui all'art. 9, par. 1 (gli ex c.d. dati sensibili) [70], tra

[69] Non convince l'interpretazione secondo cui l'art. 22 non stabilisce un divieto ma attribuisce all'interessato il diritto di richiedere di non essere sottoposto a un processo decisionale completamente automatizzato (così L. TOSONI, *The right to object to automated individual decisions: resolving the ambiguity of Article 22(1) of the General Data Protection Regulation*, in *International Data Privacy Law*, 2021, p. 145 ss.; l'autore afferma che «contrariamente da quanto sostenuto dalla posizione interpretativa maggioritaria, è più corretto ritenere che l'art 22, par. 1, si caratterizzi per il fatto di conferire agli interessati un diritto che possono esercitare su propria iniziativa, piuttosto che stabilire un divieto generale di decisioni individuali basate esclusivamente su trattamenti automatizzati», p. 161). Non si comprenderebbe, altrimenti, l'utilità della previsione del diritto di obiezione riconosciuto all'interessato in caso di integrazione di una delle ipotesi derogatorie. È del resto la linea adottata dal Gruppo di lavoro Articolo 29: «il termine "diritto" contenuto nella disposizione non significa che l'articolo 22, paragrafo 1, si applica soltanto se invocato attivamente dall'interessato»; il divieto «si applica indipendentemente dal fatto che l'interessato intraprenda un'azione in merito al trattamento dei propri dati personali» (*Linee guida in materia di processi decisionali automatizzati e profilazione*, cit., par. IV, pp. 21-22).

[70] Ai fini dell'analisi che ci occupa, è interessante rilevare come la lista delle categorie particolari di dati di cui all'art. 9 non coincida con l'elenco dei fattori di rischio previsto dal quadro normativo antidiscriminatorio, differendo sia in eccesso (caratteristiche genetiche, biometriche, salute, vita sessuale), sia in difetto (genere, età, disabilità), per quanto alcuni dei fattori mancanti possano essere fatti rientrare nelle categorie indicate. Al riguardo, S. LAULOM osserva che «se la disabilità può ritenersi inclusa nei termini "stato di salute" o "dati relativi alla salute", l'età e il sesso sono assenti dal regolamento»; l'autrice ritiene d'altra parte contestabile «che l'età e il sesso siano davvero dati sensibili» (S. LAULOM, *Discrimination by algorithms at work*, in T. GYULAVÁRI-E. MENEGATTI, *Decent work in the digital age*, Hart Publishing, Oxford, 2022, pp. 281-282). Nel confronto tra disciplina del GDPR sulle categorie particolari di dati e diritto antidiscriminatorio, è significativa la riflessione di chi ritiene «converrà intendere la regola dettata dal legislatore europeo come riferita al trattamento di ogni dato che, tanto in modo diretto, quanto in modo indiretto o mediato, riveli una o più delle informazioni specificamente descritte dall'art. 9», posto con la "sensibilità" del dato è da guardare nella prospettiva del «portato storico di esperienze concrete di discriminazione» e di emarginazione, legate all'appartenenza dell'interessato a determinati gruppi (M. DELL'UTRI, *Principi generali e condizioni di liceità del trattamento dei dati personali*, in V. CUFFARO-R. D'ORAZIO-V. RICCIUTO (a cura di), *I dati personali nel diritto europeo*, Giappichelli, Torino, 2019, pp. 238-239). Particolarmente importante in quest'ottica di confronto è la soluzione adottata da Cass., sez. I, 22 settembre 2011, n. 19365 (confermata da Cass., sez. III, 26 giugno 2018, n. 16816): la Suprema Corte ha riconosciuto la tutela all'interessato nonostante l'informazione sensibile non riguardasse direttamente la

cui sono ricompresi anche i biometrici[71]: in tal caso, infatti, è indispensabile o il consenso esplicito dell'interessato (art. 9, par. 2, lett. *a*) o la sussistenza di una necessità connessa a motivi di interesse pubblico rilevante (art. 9, par. 2, lett. *g*)[72].

Si può qui ricordare come la condizione del consenso esplicito dell'interessato risulti difficilmente integrabile nel contesto di un rapporto di lavoro subordinato. Già con riferimento all'utilizzabilità del consenso quale base giuridica di liceità di un qualsiasi trattamento dei dati ai sensi dell'art. 6 GDPR, il Comitato Europeo per la Protezione dei Dati (EDPB) ha avuto occasione di ribadire che l'articolo 4, punto 11, del Regolamento definisce il consenso dell'interessato come «qualsiasi manifestazione di volontà libera, specifica, informata e inequivocabile dell'interessato, con la quale lo stesso manifesta il proprio assenso, mediante dichiarazione o azione positiva inequivocabile, che i dati personali che lo riguardano siano oggetto di trattamento». Tali caratteristiche non sussistono laddove si versi in una situazione di squilibrio di potere, come quella che si verifica nel contesto dell'occupazione: «data la dipendenza risultante dal rapporto datore di lavoro/dipendente, è improbabile che l'interessato sia in grado di negare al datore di lavoro il consenso al trattamento dei dati senza temere o rischiare di subire ripercussioni negative come conseguenza del rifiuto. È improbabile che il dipendente sia in grado di rispondere liberamente, senza percepire pressioni, alla richiesta del datore di lavoro di acconsentire, ad esempio, all'attivazione di sistemi di monitoraggio, quali la sorveglianza con telecamere sul posto di lavoro, o alla compilazione di moduli di

---

sua persona, ma il figlio, ricostruendo la necessità di protezione secondo un meccanismo di associazione simile a quello elaborato dalla Corte di giustizia nell'ambito del diritto antidiscriminatorio a partire dal caso *Coleman* (17 luglio 2008, C-303/06, ECLI:EU:C:2008:415). A rilevare, peraltro, in entrambi i casi citati, era il fattore "stato di salute"/"disabilità".

[71] Tra i dati biometrici – si noti – rientrano la voce e le caratteristiche del comportamento, quindi anche il modo di parlare, di camminare, di digitare sulla tastiera del computer (cfr. Gruppo di lavoro Articolo 29, *Parere 4/2007*, cit., pp. 8-9). Tali aspetti sono espressamente menzionati nella proposta di direttiva in materia di lavoro su piattaforme digitali, nello specifico nell'emendamento introdotto all'art. 2 nel testo con cui il Parlamento europeo si presenterà ai triloghi. Ivi si stabilisce che «per "dati biometrici" si intendono i dati risultanti da uno specifico trattamento tecnico relativo a caratteristiche fisiche, fisiologiche o comportamentali, segnali o caratteristiche di una persona fisica, come le espressioni facciali, i movimenti, la frequenza del polso, la voce, la pressione dei tasti o l'andatura» (par. 1, punto 5*e*). Cfr. Parlamento europeo, *Report on the proposal for a directive of the European Parliament and of the Council on improving working conditions in platform work, Draft European Parliament Resolution*, cit.

[72] All'interno di tali motivi, l'art. 2 *sexies*, d.lgs. n. 196/2003 fa rientrare anche trattamenti effettuati da soggetti che svolgono compiti di interesse pubblico o connessi all'esercizio di pubblici poteri in materia di rapporti di lavoro (compiti di igiene e sicurezza sui luoghi di lavoro, co. 2, lett. *u*; instaurazione, gestione ed estinzione di rapporti di lavoro, tutela minoranze e pari opportunità, adempimenti retributivi/fiscali/contabili, sicurezza sul lavoro, accertamento della responsabilità civile, disciplinare e contabile, attività ispettiva, co. 2, lett. *dd*), ferma la necessità che specifiche norme di legge (o regolamentari, nei casi previsti dalla legge) dettaglino «i tipi di dati che possono essere trattati, le operazioni eseguibili e il motivo di interesse pubblico rilevante, nonché le misure appropriate e specifiche per tutelare i diritti fondamentali e gli interessi dell'interessato».

valutazione. Di conseguenza il Comitato ritiene problematico per il datore di lavoro trattare i dati personali dei dipendenti attuali o futuri sulla base del consenso, in quanto è improbabile che questo venga prestato liberamente» [73]. A maggior ragione, il Gruppo di lavoro Articolo 29, nel rilevare che il "consenso esplicito" di cui all'art. 22 non è definito nel Regolamento, rinvia alle indicazioni fornite in generale sul consenso quale base giuridica [74].

Per quanto attiene, invece, alla seconda possibile condizione di deroga al divieto, ossia la necessità del processo decisionale completamente automatizzato ai fini della conclusione o dell'esecuzione di un contratto tra l'interessato e il titolare del trattamento, le linee guida invitano a una interpretazione restrittiva: il titolare del trattamento dovrà, in particolare, essere in grado di dimostrare che la decisione automatizzata sia necessaria in quanto non sono disponibili mezzi alternativi meno invasivi. L'esempio fornito è quello di una azienda che, in ragione del volume eccezionalmente elevato di candidature ricevute per una posizione molto ambita, ritenga non sia possibile individuare i candidati idonei senza prima utilizzare mezzi unicamente automatizzati per scartare le candidature non pertinenti [75].

Si può, al riguardo, rilevare come nel contesto della proposta di direttiva in materia di lavoro su piattaforma digitale, da un lato, il requisito di necessità per l'esecuzione del contratto sia richiesto già a monte ai fini del trattamento dei dati personali dei lavoratori (art. 6) e, dall'altro, sia contemplata la forte probabilità che lo stesso requisito integri anche l'ipotesi di deroga al divieto di cui all'art. 22

---

[73] Comitato Europeo per la Protezione dei Dati, *Linee guida 5/2020 sul consenso ai sensi del regolamento (UE) 2016/679*, adottate il 4 maggio 2020, par. 21. Con riguardo alle problematiche comunque connesse, in termini più generali, all'utilizzo del consenso quale base giuridica per trattamenti svolti attraverso sistemi di IA, cfr. G.M. RICCIO-G. GIANNONE CODIGLIONE, *La rilevanza delle basi giuridiche per il trattamento di dati personali mediante sistemi di intelligenza artificiale*, in A. PAJNO-F. DONATI-A. PERRUCCI (a cura di), *Intelligenza artificiale e diritto: una rivoluzione? Diritti fondamentali, dati personali e regolazione*, vol. I, il Mulino, Bologna, 2022, p. 281 ss. Si segnala come, peraltro, la giurisprudenza interna abbia rilevato la stretta correlazione tra l'utilizzabilità del consenso quale valida base giuridica di liceità del trattamento dei dati personali e la conoscibilità dello schema esecutivo dell'algoritmo che sta alla base del trattamento. Cass. civ., sez. I., 25 maggio 2021, n. 14381 afferma, in particolare, che «il consenso è validamente prestato solo se espresso liberamente e specificamente in riferimento a un trattamento chiaramente individuato; ne segue che nel caso di una piattaforma web [...] incentrata su un sistema di calcolo con alla base un algoritmo finalizzato a stabilire i punteggi di affidabilità, il requisito di consapevolezza non può considerarsi soddisfatto ove lo schema esecutivo dell'algoritmo e gli elementi di cui si compone restano ignoti o non conoscibili da parte degli interessati». Per un commento cfr. F. CASTAGNA, *Trasparenza algoritmica e validità del consenso al trattamento dei dati personali*, in *Responsabilità civile e previdenza*, 2022, p. 501 ss.; F. BRAVO, Rating *reputazione e trasparenza dell'algoritmo. Il caso "Mevaluate"*, in *Diritto dell'informazione*, 2021, p. 1005 ss.; A. LO FARO, Algorithmic Decision Making, cit.

[74] Gruppo di lavoro Articolo 29, *Linee guida in materia di processi decisionali automatizzati e profilazione*, cit.

[75] A. TODOLI-SIGNES, *Algorithms, artificial intelligence*, cit., spec. p. 473.

GDPR (le cui prescrizioni si applicano anche alle piattaforme di lavoro digitali, come confermato dal cons. n. 36). Proprio per questo, si predispone un rafforzamento delle garanzie di trasparenza ivi previste, atto a evitare il rischio di riproduzione di alcune letture restrittive maturate rispetto a esse (v. *infra*). L'art. 8, in particolare, nell'introdurre norme più specifiche ai sensi dell'art. 88 GDPR, richiede agli Stati membri di provvedere affinché i lavoratori delle piattaforme digitali abbiano il diritto di ottenere una spiegazione per *qualsiasi* decisione presa o *sostenuta* da un sistema decisionale automatizzato che incida significativamente sulle loro condizioni di lavoro.

In linea generale, laddove le fattispecie derogatorie al divieto di cui all'art. 22 GDPR siano integrate, trovano applicazione disposizioni *ad hoc* in tema di diritti di informazione e di accesso (artt. 13, 14 e 15), che circoscrivono sì il perimetro della pretesa, per quanto attiene alle categorie di dati utilizzati, alle sole informazioni qualificabili come personali e riferite al soggetto in questione, ma richiedono altresì una *disclosure* sulla finalità dell'intero trattamento a cui i dati personali afferiscono, la logica utilizzata, l'importanza del trattamento per l'interessato e le conseguenze a cui può essere esposto [76].

---

[76] Sul punto, si presentano particolarmente significative le tre pronunce della Corte d'appello di Amsterdam del 4 aprile 2023 (n. 793, n. 796 e n. 804), relative ad azioni esercitate da parte di alcuni autisti di Uber B.V. e Ola Netherlands, impiegati e residenti nel Regno Unito, nei confronti delle due piattaforme. Le azioni erano, tra i vari profili, volte a ottenere l'accesso alle informazioni sul processo decisionale automatizzato, di cui all'art. 15, par. 1, lett. *h*, GDPR, da cui derivavano, a seconda dei casi, decisioni di disattivazione dell'*account*, distribuzione automatizzata delle corse mediante il sistema di abbinamento a *batch* o in base alle valutazioni medie, sistemi di tariffazione anticipata, determinazione del punteggio di probabilità di frode, finalizzato a prevedere il comportamento e l'affidabilità dei conducenti, e del "profilo di guadagno", utilizzato per proporre offerte speciali agli autisti.

Anzitutto, in tutte le pronunce, si afferma che se spetta al lavoratore ricorrente affermare e, ove necessario, dimostrare che le decisioni in questione si basano esclusivamente su un trattamento automatizzato, d'altra parte, in caso di contestazione, sussiste un obbligo di motivazione aggravato da parte del convenuto, in quanto i dati necessari per tale affermazione o contestazione sono in gran parte di sua proprietà o comunque nella sua disponibilità. Al riguardo, nel caso deciso dalla pronuncia n. 793, Uber non è riuscita a dimostrare sufficientemente che vi sia stato un effettivo intervento umano: nonostante abbia sostenuto che una o più persone del *team risk*, con sede a Cracovia, abbiano svolto indagini manuali dopo aver ricevuto un segnale di possibile frode dal sistema automatizzato, non è stata in grado di rendere tale fatto sufficientemente plausibile, ossia non è riuscita a dimostrare che l'azione umana sia andata oltre un atto puramente simbolico e che dette persone abbiano incluso tutti i dati rilevanti nella propria analisi, come richiesto dalle linee guida del Comitato Europeo per la Protezione dei Dati (EDPB). Ad esempio, Uber non è stata in grado di citare alcun esempio in cui un conducente, dopo un primo avvertimento e il blocco temporaneo del suo *account*, sia stato contattato dal *team risk* ovvero alcun caso in cui, sulla base di una conversazione, sia stato deciso se disattivare o meno l'*account* in modo permanente.

In risposta all'eccezione sollevata da Uber (ma anche da Ola) in merito alle informazioni richieste, asseritamente contenenti segreti commerciali, nelle pronunce n. 793 e n. 796 la Corte spiega che l'unica eccezione prevista dall'art. 15 GDPR, al par. 4, attiene al diritto dell'interessato, ai sensi del-

Particolarmente significativi, nella prospettiva delle garanzie di trasparenza e sorveglianza umana, sono il diritto di contestazione della decisione e il diritto all'intervento umano, riconosciuti dall'art. 22 in capo al soggetto interessato (trattasi di due diritti non inclusi nella corrispondente disposizione della precedente dir. 95/46/CE) [77]. È utile richiamare, al riguardo, le linee guida fornite dal Gruppo di lavoro Articolo 29 rispetto al generale versante delle «misure appropriate per tutelare i diritti, le libertà e i legittimi interessi dell'interessato», prescritte dal terzo paragrafo. Sul fronte della garanzia di trasparenza, si ritiene che il titolare del trattamento debba «mettere a disposizione dell'interessato un modo semplice per esercitare» i diritti di informazione e di spiegazione, ad es. «fornendo un collegamento a una procedura di ricorso nel momento in cui la decisione automatizzata viene trasmessa all'interessato, con termini concordati per il riesame e la designazione di un punto di contatto per qualsiasi domanda». «L'interessato sarà in grado di contestare una decisione o esprimere il proprio parere soltanto se comprende pienamente come è stata presa la decisione e su quali basi». Sul fronte della garanzia della sorveglianza umana, si evidenzia che «il titolare del trattamento do-

---

l'art. 15, par. 3, di ricevere una copia dei dati personali, diritto che «non deve ledere i diritti e le libertà altrui». L'eccezione non riguarda, pertanto, il diritto all'informazione sull'esistenza di un processo decisionale automatizzato di cui all'art. 15, par. 1, frase introduttiva e lett. *h*, GDPR.

In tutte le tre pronunce, la Corte evidenzia che le informazioni da fornire devono essere "utili", ossia tali da consentire all'interessato di decidere con cognizione di causa se esercitare o meno i diritti garantiti dal GDPR, come il diritto di rettifica o di ispezione o il diritto di proporre un ricorso giurisdizionale, ovvero anche il diritto di contestare la decisione. In tal senso, le informazioni devono contenere i fattori presi in considerazione nel processo decisionale e la loro rispettiva ponderazione a livello aggregato, nonché essere sufficientemente esaurienti da consentire all'interessato di comprendere le ragioni della decisione. Dalle linee guida dell'EDPB, si evince, inoltre, che esse non devono necessariamente contenere una spiegazione complessa degli algoritmi utilizzati o una spiegazione dell'algoritmo completo e ciò, a parere della Corte, tiene adeguatamente conto degli interessi di Uber e di Ola per quanto riguarda i segreti commerciali. Nella pronuncia n. 793 si conclude affermando che Uber non ha dimostrato che i documenti forniti al lavoratore soddisfino i requisiti previsti: non è sufficiente spiegare quali azioni possono portare alla disattivazione. Nell'ordinanza n. 796, si rileva che «l'importante è che Uber spieghi almeno sulla base di quali fattori e di quale ponderazione di tali fattori [...] giunge rispettivamente alle decisioni in materia di *ride-sharing*, alle decisioni sulle tariffe e alle valutazioni medie, e fornisca inoltre [...] altre informazioni necessarie per comprendere le ragioni di tali decisioni». Infine, nella pronuncia n. 804, si afferma che Ola si è limitata a una brevissima spiegazione di "alcune delle attuali norme pertinenti"; per quanto riguarda il "profilo di guadagno", ha indicato soltanto quali sono le coorti e in quale di esse i ricorrenti sono stati classificati, con qualche accenno ai due parametri utilizzati: ciò è ben lontano dalle informazioni richieste dall'articolo 15, par. 1, lett. *h*. Per un'analisi delle pronunce di primo grado, cfr. A. Aloisi, Boss ex Machina, cit.; A. Lo Faro, Algorithmic Decision Making, cit.; R. Gellert-M. van Bekkum-F. Zuiderveen Borgesius, *EU Law Analysis: The Ola & Uber Judgments: For the First Time a Court Recognises a GDPR Right to an Explanation for Algorithmic Decision-Making*, in *EU Law Analysis*, 28 April 2021.

[77] Come evidenzia la dottrina, se quindi «al processo decisionale automatizzato è estranea la partecipazione umana», il diritto così riconosciuto è «finalizzato ad "umanizzare" la decisione umana assunta dal mezzo tecnologico», M. Marazza-F. D'Aversa, *Dialoghi sulla fattispecie*, cit., p. 7.

vrebbe effettuare valutazioni frequenti degli insiemi di dati che tratta, in maniera da rilevare eventuali distorsioni, e sviluppare metodi per affrontare eventuali elementi pregiudizievoli, compreso un eccessivo affidamento sulle correlazioni». Si individuano come misure utili i sistemi che verificano gli algoritmi, i riesami periodici, l'introduzione di procedure volte a prevenire errori, inesattezze o discriminazioni effettuate sulla base di categorie particolari di dati [78] (ma in merito alle stringenti condizioni che ne consentono l'utilizzo nei processi *ex* art. 22, v. *supra*). Sono misure che «dovrebbero essere attuate ciclicamente; non soltanto in fase di progettazione, ma anche continuativamente, durante l'applicazione della profilazione alle persone fisiche. L'esito di tali verifiche dovrebbe andare ad alimentare nuovamente la progettazione del sistema» (par. IV, lett. F).

Dalla lettura dell'articolato normativo alla luce dei cons. n. 63 [79] e n. 71 [80] e delle citate linee guida [81] ovvero anche dalla necessità di rendere effettivo il diritto di opposizione e contestazione previsto dall'art. 22, parte della dottrina trae specifiche implicazioni in termini di intensificazione di contenuto nelle informazioni che il titolare deve rendere disponibile all'interessato, scelte di progettazione del sistema, garanzie procedurali e di *auditing*, nonché approcci cooperativi [82].

Evince, in particolare, il diritto dell'interessato a ricevere od ottenere informazioni significative ai fini non solo della comprensibilità *ex ante* del funzionamento del processo automatizzato, ma anche della spiegabilità *ex post* della decisione raggiunta [83].

---

[78] Al riguardo, si noti che l'art. 10, par. 5, dell'*AI Act* autorizza i fornitori a trattare categorie particolari di dati di cui all'art. 9 GDPR nella misura in cui sia strettamente necessario per garantire il monitoraggio, il rilevamento e la correzione delle distorsioni, fatte salve le tutele adeguate per i diritti e le libertà fondamentali delle persone fisiche. Cfr. S. LAULOM, *Discrimination by algorithms*, cit. Si segnala che nel testo di compromesso approvato dalle competenti commissioni del Parlamento europeo si prevede debbano ricorrere specifiche condizioni affinché il suddetto trattamento possa essere effettuato.

[79] Il cons. n. 63 fa esplicito riferimento al diritto dell'interessato di ottenere informazioni sulla «logica cui risponde qualsiasi trattamento automatizzato dei dati e, almeno quando è basato sulla profilazione, alle possibili conseguenze di tale trattamento».

[80] Tale considerando chiarisce che il trattamento di cui all'art. 22 «dovrebbe essere subordinato a garanzie adeguate, che dovrebbero comprendere la specifica informazione all'interessato e il diritto di ottenere l'intervento umano, di esprimere la propria opinione, di ottenere una spiegazione della decisione conseguita dopo tale valutazione e di contestare la decisione».

[81] Gruppo di lavoro Articolo 29, *Linee guida sul processo decisionale automatizzato*, cit.; Gruppo di lavoro Articolo 29, *Linee guida sulla trasparenza ai sensi del regolamento 2016/679*, WP 260 rev.01, versione emendata adottata l'11 aprile 2018.

[82] In tal senso, E. BAYAMLIOĞLU, *The right to contest automated decisions under the General Data Protection Regulation: Beyond the so-called "right to explanation"*, in *Regulation & Governance*, 2022, p. 1058 ss.

[83] U. PAGALLO, *Algoritmi e conoscibilità*, in *Rivista di filosofia del diritto*, 2020, p. 93 ss. Pare significativo segnalare che nelle *Linee guida sul processo decisionale automatizzato*, cit., il Gruppo

La configurabilità di un diritto alla spiegazione *ex post* all'interno del GDPR è, invero, dibattuta in dottrina, ove si prospettano anche linee di lettura restrittive che ne escludono la sussistenza [84].

Peraltro, in alcuni casi, anche chi riconosce la presenza di tale diritto solleva poi alcuni dubbi sulla capacità del GDPR di fornire un adeguato apparato di garanzie di trasparenza a tal fine [85].

In particolare, si rileva che, nel contesto della *big data analytics*, il diritto alla spiegabilità può realizzarsi pienamente solo se accompagnato da un principio di *conoscibilità* di tutti i dati che hanno contribuito al processo decisionale di IA, ossia

---

di lavoro Articolo 29 evidenzia che «la crescita e la complessità dell'apprendimento automatico possono rendere difficile comprendere come funzionano un processo decisionale automatizzato o la creazione di profili. Il titolare del trattamento dovrebbe trovare modi semplici per comunicare all'interessato la logica o i criteri sui quali si basa l'adozione della decisione. Il regolamento impone al titolare del trattamento di fornire informazioni significative sulla logica utilizzata, ma non necessariamente una spiegazione complessa degli algoritmi utilizzati o la divulgazione dell'algoritmo completo. Le informazioni fornite dovrebbero tuttavia essere sufficientemente complete affinché l'interessato possa comprendere i motivi alla base della decisione» (par. E.1). Rispetto all'oggetto del diritto di accesso di cui all'art. 15, par. 1, lett. *h*, le linee guida specificano che «il titolare del trattamento dovrebbe fornire all'interessato informazioni di carattere generale (in particolare, sui fattori presi in considerazione per il processo decisionale e sul rispettivo "peso" a livello aggregato) che sono utili all'interessato anche per contestare la decisione» (par. E.2). A tal ultimo riguardo, cfr. *supra* le pronunce adottate dalla Corte di appello di Amsterdam ad aprile 2023 in relazione ai casi *Uber* e *Ola*.

[84] Nel senso di una sua sussistenza, cfr. A. TODOLÌ-SIGNES, *Algorithms, artificial intelligence*, cit.; A.D. SELBST-J. POWLES, *Meaningful information and the right to explanation*, in *International Data Privacy Law*, 4, 2017, p. 233 ss.; I. MENDOZA-L.A. BYGRAVE, *The Right Not to Be Subject to Automated Decisions Based on Profiling*, in T.E. SYNODINOU-P. JOUGLEUX-C. MARKOU *et al.* (a cura di), *EU Internet Law: Regulation and Enforcement*, Springer International Publishing, Cham, 2017, p. 77 ss.; G. MALGIERI-G. COMANDÈ, *Why a Right to Legibility of Automated Decision-Making Exists in the General Data Protection Regulation*, in *International Data Privacy Law*, 7(4), 2017, p. 243 ss.; in senso contrario, K. WIEDEMANN, *Profiling and (automated) decision-making under the GDPR: a two-step approach*, in *Computer Law & Security Review*, 2022, p. 1 ss.; S. WATCHER-B. MITTELSTADT-L. FLORIDI, *Why a right to explanation of automated decision-making does not exist in the general data protection regulation*, in *International Data Privacy Law*, 7(2), 2017, p. 76 ss. Molteplici sono i dubbi sollevati da P. TULLINI rispetto all'effettività del *right of explanation* nel contesto digitalizzato: «il criterio di trasparenza (in tutte le sue declinazioni) consente al lavoratore di azionare una posizione soggettiva intermedia rispetto al soddisfacimento del bene della vita, che resta però difficilmente attingibile. In pratica si evocano le c.d. posizioni strumentali, [...] con esiti [...] poco riproducibili nell'*habitat* tecnologico» (*La questione del potere nell'impresa. Una retrospettiva lunga mezzo secolo*, in *Lavoro e diritto*, 2021, p. 436). Peraltro, «la cultura della "spiegazione" del funzionamento dell'algoritmo sconta un'asimmetria informativa e un difetto di competenza a scapito dei non addetti che è realisticamente difficile da compensare» (*La questione del potere*, cit., p. 443).

[85] Stando alla lettura delle *Linee guida sul processo automatizzato*, cit., del Gruppo di lavoro Articolo 29, un discorso in parte diverso si può articolare rispetto alla garanzia di sorveglianza umana, interessata in termini più ampi da tutti i dati trattati, se il fine è quello di evitare distorsioni e verificare l'esecuzione del processo decisionale automatizzato sotto il profilo dell'esattezza e pertinenza.

della «rappresentazione della conoscenza [...] che questi dati esprimono»[86]. La portata normativa del GDPR si esplica, tuttavia, fintantoché tali dati siano personali o comunque indissolubilmente legati a dati personali[87]. I dati personali possono essere forniti dall'interessato ovvero anche essere derivati e inferiti, laddove riconducibili allo stesso. Nella prima categoria rientrano sia i dati contribuiti dal soggetto – in maniera attiva (ad es. immessi in un *form online*), passiva (ad es. rilevati da un dispositivo *wearable*) o mediante intermediari (quindi raccolti presso terzi) – sia i dati osservati (ad es. i *log file*, quindi metadati che attraverso un micro-tagging automatico definiscono le informazioni di contesto e luogo e i parametri temporali nei quali «l'oggetto informazionale si è creato, è stato condiviso, utilizzato»[88]). Il diritto di accesso dell'interessato si ferma alla soglia dei dati anonimizzati, siano essi statistici, aggregati, collettivi (ad es. i dati del gruppo di appartenenza), dati che, tuttavia, incidono sulla decisione automatizzata, soprattutto nei processi di profilazione che si avvalgono dei dati di soggetti che, condividendo con l'interessato alcune caratteristiche, vengono allo stesso associati[89] (v. § 2).

In questa prospettiva, sono valutati positivamente – se non addirittura considerati eccessivi e in alcuni casi poco fattibili – gli obblighi in fase di sviluppo dei sistemi di IA e gli obblighi di informazione previsti dalla proposta di *AI Act* in capo ai fornitori in merito ai set di dati, nonché gli obblighi a garanzia della sorveglianza umana[90]. Rinviando al paragrafo terzo per l'analisi sul punto della normativa (in particolare in merito alla possibilità di tradurre questo primo flusso informativo, dal fornitore all'utente/datore, in un secondo flusso, dall'utente/datore ai lavoratori e ai loro rappresentanti), si può anticipare che in forza dell'art. 10, par. 3, «i set di dati di addestramento, convalida e prova devono essere pertinenti, rap-

---

[86] M. PALMIRANI, Big Data *e conoscenza*, cit., p. 74.

[87] Come si è potuto anticipare, ai sensi dell'art. 2, par. 2, Regolamento Ue 2018/1807, «qualora i dati personali e non personali all'interno di un insieme di dati siano indissolubilmente legati», rimane impregiudicata l'applicazione del GDPR, ossia la tutela del dato personale prevale sul dato non personale (M. PALMIRANI, Big Data *e conoscenza*, cit., p. 81). Nelle Linee guida fornite dalla Commissione, si chiarisce che «se le parti di dati personali e di dati non personali sono "indissolubilmente legate", i diritti e gli obblighi in materia di protezione dei dati derivanti dal regolamento generale sulla protezione dei dati si applicano pienamente all'insieme di dati misti, anche quando i dati personali rappresentano soltanto una piccola parte dell'insieme di dati». «Il concetto di "indissolubilmente legato" non è definito da nessuno dei due regolamenti. Ai fini pratici, esso può denotare una situazione in cui un insieme di dati contiene sia dati personali che dati non personali e separarli sarebbe impossibile o ritenuto dal titolare del trattamento economicamente inefficiente o non tecnicamente realizzabile» (*Guidance on the Regulation on a framework for the free flow of non-personal data in the European Union*, Bruxelles, 29 maggio 2019, COM(2019) 250 final, par. 2.2).

[88] M. PALMIRANI, Big Data *e conoscenza*, cit., p. 78; cfr. V. NUZZO, *La protezione del lavoratore*, cit.

[89] M. PALMIRANI, Big Data *e conoscenza*, cit., spec. p. 76; M. PALMIRANI, *Interpretabilità*, cit., p. 66.

[90] M. PALMIRANI-S. SAPIENZA, *Big Data, Explanations and Knowability*, in *Ragion pratica*, 2021, p. 361.

presentativi, [e il più possibile – aggiunge il Consiglio] esenti da errori e completi»; ai sensi dell'art. 13, le informazioni per l'uso consegnate all'utente devono contenere anche «specifiche per i dati di *input* o qualsiasi altra informazione pertinente in termini di set di dati di addestramento, convalida e prova, tenendo conto della finalità prevista del sistema di IA» nonché, secondo la proposta di emendamento del Consiglio, «ove opportuno, una descrizione dell'*output* atteso del sistema»; in base all'art. 14, la garanzia di sorveglianza umana durante l'uso implica che le persone umane, a cui è affidata, siano poste nella condizione di comprendere appieno il sistema, interpretare correttamente l'*output*, decidere, in qualsiasi situazione particolare, di non usare il sistema o ignorare/annullare l'*output*, nonché di intervenire interrompendone il funzionamento (v. § 3).

Tornando alla riflessione in merito alla sussistenza di un diritto alla spiegazione, come già anticipato, nessun dubbio si pone al riguardo nel contesto della proposta di direttiva sul lavoro su piattaforma. Segnatamente, ai sensi del citato art. 8, agli Stati membri si richiede di provvedere affinché le piattaforme diano ai lavoratori la possibilità di rivolgersi a una persona di contatto, designata dalla piattaforma stessa, per discutere e chiarire i fatti, le circostanze e i motivi della decisione. Si dispone, in particolare, che le piattaforme garantiscano che tali persone di contatto abbiano la competenza, la formazione e l'autorità necessarie; forniscano, inoltre, al lavoratore una motivazione scritta per qualsiasi decisione presa o sostenuta da un sistema decisionale automatizzato di limitare, sospendere o chiudere l'account, di non retribuire il lavoro svolto, che incida sulla situazione contrattuale ovvero produca effetti analoghi [91]. Si prevede, infine, che i lavoratori, se non soddisfatti dalla spiegazione o dalla motivazione scritta ottenuta o laddove ritengano che la decisione violi i loro diritti, possano chiedere alla piattaforma di riesaminare la decisione e la piattaforma risponda a tale richiesta con una risposta motivata, senza indebito ritardo e, in ogni caso, entro una settimana dal ricevimento della richiesta.

---

[91] È significativo evidenziare che nella posizione con cui il Parlamento europeo si presenterà ai triloghi (v. *supra*), si prevede l'introduzione in seno all'art. 6 di un paragrafo 2*a* in cui si stabilisce che «le decisioni che hanno un impatto sulla salute e sulla sicurezza e sul rapporto contrattuale o che introducono modifiche ai termini concordati del rapporto di lavoro, e le decisioni di applicare misure disciplinari, o di limitare, sospendere o interrompere il rapporto contrattuale e l'account del lavoratore, o qualsiasi decisione che implichi un danno equivalente, non devono essere prese da sistemi di monitoraggio e di decisione automatizzati e devono essere prese in conformità con la legge nazionale e i contratti collettivi». Come segnala A. PIZZOFERRATO, è difficile immaginare che possa entrare in vigore una disposizione che vieta i sistemi decisionali automatizzati in un'area così ampia ed estesa: «ciò equivale ad affermare che i sistemi decisionali automatizzati non possono operare nell'HRM, il che è anacronistico, semplicemente inconcepibile e porta a pericolose derive anti-competitive in contrasto con la libertà di iniziativa economica» (*Automated decision-making in HRM*, in *Lavoro nella giurisprudenza*, 11, 2022, p. 1034).

2.1.2. *L'ipotesi di un processo decisionale (anche solo parzialmente) automatizzato*

Proseguendo nella ricostruzione del sistema modulare di garanzie applicabili ai processi algoritmici ai sensi del GDPR, una seconda ipotesi da considerare è quella del processo decisionale (non solo interamente) automatizzato, che abbia un effetto giuridico o incida significativamente in modo analogo sugli interessati.

Affinché il sistema esca dal perimetro applicativo dell'art. 22, il contributo umano deve essere "significativo".

Il punto è nodale, se è vero che superata la soglia di significatività, il processo decisionale automatizzato può essere impiegato senza che debbano sussistere le stringenti condizioni indicate nell'art. 22 e l'eventuale inclusione di categorie particolari di dati è vincolata "soltanto" alle previsioni dell'art. 9 [92].

Nelle proprie linee guida, il Gruppo di lavoro Articolo 29 afferma che «per aversi un coinvolgimento umano, il titolare del trattamento deve garantire che qualsiasi controllo della decisione sia significativo e non costituisca un semplice gesto simbolico. Il controllo dovrebbe essere effettuato da una persona che dispone dell'autorità e della competenza per modificare la decisione. Nel contesto dell'analisi, tale persona dovrebbe prendere in considerazione tutti i dati pertinenti» [93].

---

[92] Ai sensi dell'art. 9, par. 1, lett. *b*, GDPR, il trattamento è consentito se «necessario per assolvere gli obblighi ed esercitare i diritti specifici del titolare del trattamento o dell'interessato in materia di diritto del lavoro e della sicurezza sociale e protezione sociale, nella misura in cui sia autorizzato dal diritto dell'Unione o degli Stati membri o da un contratto collettivo ai sensi del diritto degli Stati membri, in presenza di garanzie appropriate per i diritti fondamentali e gli interessi dell'interessato». Cfr. al riguardo, l'autorizzazione generale n. 1/2016 del Garante italiano per il trattamento dei dati sensibili nell'ambito del rapporto di lavoro (confermata da provvedimento n. 146/2019). In base all'art. 9, par. 2, lett. *h*, è parimenti consentito il trattamento se necessario per finalità di medicina del lavoro e valutazione della capacità lavorativa del dipendente sulla base del diritto dell'Unione o degli Stati membri. Ai sensi dell'art. 9, par. 4, GDPR, «gli Stati membri possono mantenere o introdurre ulteriori condizioni, comprese limitazioni, con riguardo al trattamento di dati genetici, dati biometrici o dati relativi alla salute». Cfr. al riguardo, l'art. 2-*septies* d.lgs. n. 196/2003 e le Linee guida del Garante italiano n. 53/2006 (richiamate dal provvedimento generale del 12 novembre 2014 in materia di biometria) ove si precisa che l'utilizzo di dati biometrici può essere giustificato solo in casi particolari, ad es. per presidiare l'accesso ad aree sensibili. Cfr. sul punto, tra le più recenti, l'ordinanza ingiunzione del Garante nei confronti di Sportitalia del 10 novembre 2022, in cui si ribadisce che «l'utilizzo del dato biometrico nel contesto dell'ordinaria gestione del rapporto di lavoro (quale è l'attività di rilevazione delle presenze), al dichiarato fine di garantire maggiore velocità e snellezza delle relative operazioni a fronte di ripetute dimenticanze nella timbratura tramite badge, non appare conforme ai principi di minimizzazione e proporzionalità del trattamento». Rispetto al trattamento di dati sensibili già resi «manifestamente pubblici» dall'interessato di cui all'art. 9, par. 1, lett. *e*, nell'ambito del rapporto di lavoro è necessario il raccordo con i divieti di indagini di cui agli artt. 8 St. Lav. e art. 10 d.lgs. n. 276/2003, norme a cui rinvia l'art. 113 del d.lgs. n. 196/2003, quali disposizioni più specifiche ai sensi dell'art. 88 GDPR.

[93] Gruppo di lavoro Articolo 29, *Linee guida sul processo decisionale automatizzato*, cit., par. IV, sez. A.

Come evidenzia la dottrina, «quando l'intervento umano si limita ad applicare la decisione presa dall'algoritmo, siamo ancora di fronte a una decisione presa esclusivamente da un sistema automatizzato. [...] Un algoritmo non ha una propria volontà»; «non prende decisioni, ma produce risultati. In questo senso, è sempre un umano a prendere le decisioni: o la persona che programma l'algoritmo o quella che applica il risultato dell'algoritmo». Di conseguenza, a pena di privare di contenuto la regola di cui all'art. 22 GDPR, «il semplice intervento umano» non può determinare, di per sé, l'esclusione del divieto, dato che un intervento umano, quantomeno nei termini anzidetti, è sempre necessario [94].

Sebbene manchi una definizione precisa o dettagliata del coinvolgimento umano "significativo", la dottrina segnala come i documenti che vi fanno riferimento ne delineino tre componenti fondamentali.

In primo luogo, deve sussistere per il decisore umano la possibilità di dissentire dalle raccomandazioni dell'algoritmo. In tal senso, il revisore umano deve avere la competenza e l'autorità necessarie per superare la decisione fornita dal processo automatizzato [95].

La possibilità di *override* presuppone, d'altra parte, due condizioni: da un lato, la capacità del supervisore di comprendere il funzionamento dell'algoritmo e di interpretare il segnale d'uscita del sistema; dall'altro, il fatto che egli abbia a disposizione e consideri attentamente tutte le informazioni e i fattori rilevanti per una determinata decisione, al di là dell'*outcome* del sistema automatizzato, compresi gli elementi forniti dal soggetto interessato, ossia per quanto ci concerne il lavoratore [96].

Rispetto alla fattispecie in esame (così come rispetto alla prima, di cui all'art. 22), assume dirimente rilevanza la valutazione di impatto (DPIA) disciplinata dall'art. 35, anche soltanto perché è proprio nell'ambito di tale valutazione che il titolare del trattamento è chiamato a individuare e registrare il grado di coinvolgi-

---

[94] A. TODOLÌ-SIGNES, *Algorithms, artificial intelligence*, cit., pp. 471-472.

[95] Al riguardo, alcuni ritengono sia «necessario valutare quanto spesso un responsabile delle risorse umane prenda decisioni finali in una direzione diversa da quella prodotta dall'algoritmo o dall'intelligenza artificiale» (A. TODOLÌ-SIGNES, *Algorithms, artificial intelligence*, cit., p. 472); evidenzia i paradossi insiti in questa linea interpretativa, B. GREEN, *The Flaws of Policies*, cit.

[96] B. GREEN, *The Flaws of Policies*, cit. Cfr. al riguardo le citate pronunce della Corte di appello di Amsterdam relative ai casi *Uber* e *Ola* (v. *supra*), nonché, a livello interno, Cass. Civ., sez. I, 1° marzo 2023, n. 6177. Con riferimento al trattamento dei dati personali contenuti nel certificato medico inviato dal dipendente per la liquidazione dell'indennità di malattia e all'utilizzo da parte dell'Inps, ai fini antifrode, del *software* denominato "*data mining Savio*", la Suprema Corte ha rilevato che «non è contestato che l'apporto umano fosse sempre presente, da parte dei medici dell'Istituto, chiamati ad utilizzare il sistema [...]. Nella specie, infatti, non si trattava di un trattamento "unicamente" automatizzato, in quanto gli operatori effettuavano le ulteriori verifiche, secondo parametri suggeriti dal sistema».

mento umano nel processo decisionale e la fase in cui ha luogo, verificando in tal senso l'applicabilità o meno del divieto di cui all'art. 22[97].

Soprattutto con riguardo al contesto d'analisi che ci occupa, ossia quello dell'organizzazione del lavoro, è importante sottolineare che se l'art. 35, par. 3, impone espressamente la DPIA laddove detto processo implichi una valutazione sistematica e globale di aspetti personali relativi a persone fisiche, pare comunque inevitabile che il datore debba effettuarla in ogni caso di utilizzo di un processo decisionale automatizzato. In base alle linee guida del Gruppo di lavoro Articolo 29, infatti, affinché si configuri l'obbligo è sufficiente che, oltre alla presenza in sé del processo, ricorra almeno un'altra delle seguenti condizioni: il monitoraggio sistematico, la riferibilità dei dati a interessi vulnerabili (tra cui sono espressamente indicati quelli dei dipendenti) ovvero l'uso innovativo e l'applicazione di nuove soluzioni tecnologiche e organizzative. In altre parole, è sufficiente che sussista un processo decisionale (anche solo parzialmente) automatizzato che si alimenti di dati personali dei lavoratori perché già sorga in capo al datore di lavoro l'obbligo di procedere a una valutazione di impatto.

La DPIA si pone al centro del modello *risk-based* adottato dal GDPR e, ai fini dell'indagine, merita specifica attenzione per almeno due ragioni.

Anzitutto, è proprio nell'obbligo di valutazione di impatto che si incardinano i requisiti di garanzia di sorveglianza umana e trasparenza configurabili, nel contesto regolativo di protezione dei dati, rispetto ai processi algoritmici. L'obbligo di cui all'art. 35 richiede, infatti, di apprestare, da un lato, garanzie per ridurre il grado di rischio per (tutti) i diritti e le libertà degli interessati, il che necessariamente si traduce nel caso di processi algoritmici anche in una garanzia di sorveglianza umana, e, dall'altro, soluzioni per assicurare e dimostrare la conformità del trattamento ai principi sanciti dal Regolamento, tra cui figurano quelli di trasparenza, correttezza ed esattezza. Collocandosi all'interno di una prospettiva regolativa *risk-based* e, di conseguenza, al termine di uno specifico processo di mappatura del rischio, le garanzie di controllo umano e trasparenza che il datore sarà tenuto a rispettare avranno un contenuto modulare in rapporto alle variabili del singolo contesto organizzativo interessato. In particolare, i protocolli che il datore di lavoro dovrà adottare si modelleranno e aggiorneranno a seconda delle caratteristiche dell'algoritmo e dei dati utilizzati, tenendo quindi in considerazione il grado complessità, autonomia e dipendenza dai dati del sistema. Al riguardo, nonostante la funzionalità delle garanzie alla contestabilità della decisione sia espressamente prescritta dal GDPR (solo) per le fattispecie di cui all'art. 22[98], le

[97] Gruppo di lavoro Articolo 29, *Linee guida sul processo decisionale automatizzato*, cit., par. IV, sez. A.

[98] Con riguardo all'espressa previsione di un diritto alla spiegazione per qualsiasi processo decisionale automatizzato, in seno alla proposta di direttiva sul lavoro mediante piattaforme digitali, v. § 2.1.1.

linee guida del Gruppo di lavoro Articolo 29 raccomandano un'estensione di analoghe misure di tutela a tutti i processi decisionali automatizzati, quantomeno quelli implicanti una profilazione e quindi, come visto, molto probabilmente tutti quelli configurabili nel contesto dell'organizzazione del lavoro [99].

Una seconda ragione che spiega l'importanza della DPIA per il tema d'analisi attiene alla rilevanza che può assumere, al suo interno, il coinvolgimento dei lavoratori e dei loro rappresentanti. Il Gruppo di lavoro Articolo 29 ha interpretato, infatti, il par. 9 dell'art. 35 nel senso che il titolare del trattamento sia tenuto a chiedere il parere degli interessati o dei loro rappresentanti, a meno che non decida che ciò non sia appropriato (ad esempio, perché comprometterebbe la riservatezza dei piani aziendali o sarebbe sproporzionato o impraticabile) e possa documentare la giustificazione alla base di tale diniego. È, inoltre, obbligato a documentare le ragioni della propria decisione, quando ha chiesto detto parere, ma ha deciso di procedere diversamente. Una riflessione su quanto questo processo possa essere configurato in termini di consultazione e rispondere alle regole di tutela della riservatezza delle informazioni aziendali ai sensi della dir. 2002/14/CE, anche per superare l'eventuale decisione del datore di lavoro di non procedere alla "ricerca di opinioni", è un'operazione interpretativa che la ricostruzione delle regole a tutela del lavoratore di fronte ai processi algoritmici certamente richiede e che sarà sviluppata oltre nella trattazione (v. § 5).

Il rispetto di un codice di condotta può essere utile per dimostrare che sono state scelte o messe in atto misure adeguate, a condizione che il codice sia appropriato e approvato ai sensi dell'art. 40 GDPR. Ci si può domandare se un ruolo analogo possa essere svolto da un contratto collettivo adottato ai sensi dell'art. 88, quindi con la funzione di introdurre regole più specifiche per garantire la tutela dei lavoratori, anche «ai fini dell'esercizio e del godimento, su base individuale o collettiva, dei diritti e delle prestazioni connessi al rapporto di lavoro» [100]. Tale

---

[99] Gruppo di lavoro Articolo 29, *Linee guida in materia di processi decisionali*, cit., par. VI. Nello specifico, «tali misure potrebbero comprendere: informare l'interessato dell'esistenza e della logica utilizzata nel processo decisionale automatizzato; spiegare l'importanza e le conseguenze previste del trattamento per l'interessato; fornire all'interessato i mezzi per opporsi alla decisione; consentire all'interessato di esprimere il proprio punto di vista». Nelle medesime linee guida, si evidenzia che «un requisito aggiuntivo in termini di responsabilizzazione consiste nella designazione di un responsabile della protezione dei dati». Sulla possibile valorizzazione del c.d. *Data Protection Officer – DPO*, di cui all'art. 37 GDPR, v. § 6.

[100] Per meglio comprendere l'ambito di applicazione dell'art. 88 GDPR, si può richiamare la pronuncia Corte giust., 30 marzo 2023, *Hauptpersonalrat der Lehrerinnen und Lehrer*, C-34/21, ECLI:EU:C:2023:270, ove si afferma che «il GDPR non definisce i termini "dipendenti" e "rapporti di lavoro", né rinvia al diritto degli Stati membri per definirli. In mancanza di un siffatto rinvio, occorre ricordare che dalle esigenze inerenti sia all'applicazione uniforme del diritto dell'Unione sia al principio di parità discende che i termini di una disposizione del diritto dell'Unione, non contenente alcun rinvio espresso al diritto degli Stati membri al fine di determinare il senso e la portata della disposizione stessa, devono di norma ricevere, in tutta l'Unione, un'interpretazione autonoma e uni-

opzione è tanto più auspicabile se si considera che le stesse parti sociali europee, nell'accordo quadro sulla digitalizzazione firmato nel 2020, valorizzano il ruolo del contratto collettivo per modulare le tutele e consentire ai rappresentanti dei lavoratori di affrontare le questioni relative ai dati, al consenso, alla *privacy* e alla sorveglianza. A tal proposito, si può osservare che, a differenza dei codici di condotta, che sono soggetti a un parere di conformità *ex ante* da parte delle autorità di vigilanza, e a differenza delle stesse leggi adottate ai sensi dell'art. 88, per le quali vige l'obbligo di notifica alla Commissione europea in forza del paragrafo 3 della stessa disposizione [101], la contrattazione collettiva non è soggetta ad alcun tipo di controllo, presumibilmente per evitare compressioni della libertà sindacale [102].

---

forme» (punto 40). «Inoltre, poiché il GDPR non definisce i termini "dipendenti" e "rapporti di lavoro", questi devono essere interpretati conformemente al loro senso abituale nel linguaggio corrente, tenendo conto del contesto nel quale vengono utilizzati e degli obiettivi perseguiti dalla normativa di cui essi fanno parte» (punto 41). «Orbene, il termine "dipendente" nel suo significato abituale designa una persona che svolge la sua attività nell'ambito di un vincolo di subordinazione con il suo datore di lavoro e quindi sotto il suo controllo» (punto 42). «Analogamente, la caratteristica essenziale di un "rapporto di lavoro" è la circostanza che una persona fornisca, per un certo periodo di tempo, a favore di un'altra e sotto la direzione di quest'ultima, prestazioni in contropartita delle quali riceve una retribuzione» (punto 43). Inoltre, «per poter essere qualificata come "norma più specifica" ai sensi del paragrafo 1 dell'art. 88 del GDPR, una norma giuridica deve soddisfare le condizioni poste dal paragrafo 2 di detto articolo. Oltre ad avere un contenuto normativo proprio al settore regolamentato e distinto dalle norme generali di detto regolamento, tali norme più specifiche devono essere volte alla protezione dei diritti e delle libertà dei dipendenti per quanto riguarda il trattamento dei loro dati personali nell'ambito dei rapporti di lavoro e contenere misure appropriate e specifiche a salvaguardia della dignità umana, degli interessi legittimi e dei diritti fondamentali degli interessati. Un'attenzione particolare deve essere prestata per quanto riguarda la trasparenza del trattamento, il trasferimento di dati personali nell'ambito di un gruppo imprenditoriale o di un gruppo di imprese che svolge un'attività economica comune e i sistemi di monitoraggio sul posto di lavoro» (punto 74).

[101] Come già in parte anticipato, con comunicazione del 3 settembre 2019, l'Italia ha inviato alla Commissione una tabella di sintesi contenente, per quanto attiene all'attuazione a livello interno dell'art. 88 GDPR, il riferimento ad alcune disposizioni del d.lgs. n. 196/2003, in particolare: art. 111 (Regole deontologiche per trattamenti nell'ambito del rapporto di lavoro), 111-*bis* (Informazioni in caso di ricezione di curriculum), 113 (che fa salvo il divieto di indagini sulle opinioni e fatti non attinenti all'attitudine professionale, rinviando all'art. 8 St. Lav. e all'art. 10 d.lgs. n. 276/2003), 114 (che fa salva la normativa sul controllo a distanza, rinviando all'art. 4 St. Lav.), 115 (che nell'ambito del telelavoro, lavoro agile e lavoro domestico prevede l'obbligo per il datore di lavoro di garantire al lavoratore il rispetto della sua personalità e della sua libertà morale).

[102] A. TOPO-D. TARDIVO, *Hard law e soft law nel diritto dell'Unione europea in materia di trattamento dei dati personali e di tutela della riservatezza del lavoratore*, in C. PISANI-G. PROIA-A. TOPO (a cura di), *Privacy e lavoro. La circolazione dei dati personali e i controlli nel rapporto di lavoro*, Giuffrè, Milano, 2022, p. 75 (spec. p. 92). Rispetto alla valorizzazione degli attori collettivi ai sensi dell'art. 88 GDPR, cfr. altresì P. TULLINI, *Il controllo a distanza attraverso gli strumenti per rendere la prestazione lavorativa. Tecnologie di controllo e tecnologie di lavoro: una distinzione possibile?*, in P. TULLINI (a cura di), *Controlli a distanza e tutela dei dati personali dei lavoratori*, Giappichelli, Torino, 2017, p. 123 ss.

2.1.3. *L'ipotesi di un trattamento automatizzato di dati personali*

Per completare la ricostruzione del sistema modulare di garanzie, di trasparenza e controllo umano, individuabili nel contesto del GDPR con riferimento ai sistemi algoritmici, una terza fattispecie di rilievo che può evidenziarsi è quella del trattamento automatizzato dei dati *tout court*, considerato in sé e per sé, anche a prescindere dal fatto che vi sia agganciata una decisione. Il cons. n. 63 prevede, al riguardo, che «ogni interessato dovrebbe [...] avere il diritto di conoscere e ottenere comunicazioni in particolare in relazione [...] alla logica cui risponde qualsiasi trattamento automatizzato dei dati e, almeno quando è basato sulla profilazione, alle possibili conseguenze di tale trattamento». Questo tipo di trattamento può, peraltro, rientrare in una delle condizioni che contribuiscono a determinare l'obbligo di DPIA ai sensi dell'art. 35 (v. § 2.1.2), un obbligo che certamente si configura nel caso di sistemi di monitoraggio automatizzati nel lavoro, posto che in tale ipotesi gli ulteriori indici coinvolti possono spaziare dal monitoraggio sistematico alla vulnerabilità degli interessati, all'utilizzo di nuove tecnologie. Non è un caso che il Garante italiano per la protezione dei dati personali abbia inserito il trattamento effettuato attraverso sistemi tecnologici, dai quali derivi la possibilità di effettuare un controllo a distanza dell'attività dei dipendenti, nella lista delle ipotesi soggette al requisito della valutazione di impatto ai sensi del par. 4 dell'art. 35 [103].

In conclusione, si può evidenziare come, nel contesto dell'organizzazione del lavoro, l'uso di sistemi algoritmici da parte del datore implichi verosimilmente un obbligo di DPIA ai sensi del GDPR e un conseguente obbligo di apprestare adeguate garanzie di controllo umano e trasparenza a tutela dei diritti del lavoratore potenzialmente incisi dal processo automatizzato.

È sì vero che le garanzie di trasparenza del GDPR risultano intercettate solo nella misura in cui il sistema algoritmico si alimenti di dati personali dei lavoratori (o di dati non personali indissolubilmente legati agli stessi) e, in termini di accesso ai dati, le pretese dell'interessato sono circoscritte ai propri.

Al riguardo, ci si può anzitutto chiedere fino a che punto nel contesto di sistemi *data-driven* si configuri quell'indissolubile legame che attrae i dati non personali nell'alveo delle tutele di quelli personali e quanto possa essere disgiunta l'informazione sul processo automatizzato in termini di fattori presi in considerazione e relativo peso a livello aggregato [104] da quella sui dati anche non personali coinvolti nei processi di profilazione.

---

[103] Garante per la protezione dei dati personali, *Provvedimento n. 467/2018. Elenco delle tipologie di trattamenti soggetti al requisito di una valutazione d'impatto sulla protezione dei dati ai sensi dell'art. 35, comma 4, del Regolamento (UE) n. 2016/679*, 11 ottobre 2018, pubblicato sulla Gazzetta Ufficiale n. 269 del 19 novembre 2018. Nell'allegato n. 1, al n. 5, sono indicati i «trattamenti effettuati nell'ambito del rapporto di lavoro mediante sistemi tecnologici (anche con riguardo ai sistemi di videosorveglianza e di geolocalizzazione)».

[104] Come visto, il Gruppo di lavoro Articolo 29 traduce anche in questi termini le informazioni significative sulla logica utilizzata, l'importanza e le conseguenze previste per l'interessato (v. § 2.1.1).

È significativo soprattutto spostare la riflessione su un piano più generale, che tenga in considerazione che l'obbligo di governo del rischio derivante dall'obbligo di DPIA, quale declinazione della garanzia di supervisione umana, ha un contenuto modulare, che si articola in funzione dell'adeguatezza all'obiettivo di minimizzazione o eliminazione del rischio di violazione di tutti i diritti del lavoratore potenzialmente esposti, anzitutto quello di tutela della dignità (espressamente richiamato dall'art. 88 GDPR proprio con riguardo alla possibile introduzione di regole più specifiche per l'ambito dei rapporti di lavoro). Il governo del rischio alimenta un processo che potrebbe condizionare, quindi, anche i contenuti delle misure poste a protezione dell'interesse alla trasparenza, se è vero che il piano di incidenza di tale interesse non è soltanto quello delle posizioni strumentali ma altresì quello della protezione della dignità. In tal senso, su questo livello di sviluppo della supervisione umana può individuarsi il punto di tangenza delle due garanzie (di sorveglianza umana e di trasparenza: v. cap. 4, § 1 e 3.2).

A conferma di tali considerazioni, è importante sottolineare che ai sensi dell'art. 1, se da un lato il GDPR «stabilisce norme relative alla protezione delle persone fisiche con riguardo al trattamento dei dati personali, nonché norme relative alla libera circolazione di tali dati» (par. 1), dall'altro lato, esso «protegge i diritti e le libertà fondamentali delle persone fisiche», in particolare, ma non solo, il diritto alla protezione dei dati personali (par. 2) [105]. Come chiarito dal cons. n. 4, il riferimento è a tutti i diritti fondamentali, alle libertà e ai principi riconosciuti dalla Carta dei diritti fondamentali dell'Unione europea e sanciti dai trattati [106]. Proprio partendo dal citato par. 2 dell'art. 1, la dottrina osserva che «al cuore del Regolamento sta la persona fisica con i suoi diritti e le sue libertà», non quindi semplicemente «l'interessato, colui i cui dati sono oggetto di trattamento, ma la persona fisica in quanto tale», che trova nelle norme predisposte dal GDPR una protezione di tutti i propri diritti, compresa la tutela dei dati personali, ancor prima che diventi un interessato (*data subject*) [107].

---

[105] Come evidenzia la Corte di giustizia in *Hauptpersonalrat der Lehrerinnen und Lehrer*, cit., ai sensi dell'art. 1, par. 2, in combinato disposto con il cons. n. 10, il GDPR «mira, in particolare, a garantire un livello elevato di protezione delle libertà e dei diritti fondamentali delle persone fisiche con riguardo al trattamento dei dati personali, diritto riconosciuto anche dall'art. 8 della Carta dei diritti fondamentali dell'Unione europea e strettamente connesso al diritto al rispetto della vita privata, sancito all'art. 7 della stessa» (punto 54). Può essere interessante ricordare che, nella vicenda, il tema affrontato era quello del trattamento dei dati personali degli insegnanti di una scuola pubblica in occasione della diffusione in diretta, tramite videoconferenza, delle lezioni da essi tenute nel contesto della pandemia.

[106] Con riferimento alla necessità di bilanciare i diritti fondamentali della Carta, così come anche richiamati dal cons. n. 4, nell'ambito di applicazione del GDPR, cfr. Corte giust., 2 marzo 2023, *Norra Stockholm Bygg AB*, C-268/21, ECLI:EU:C:2023:145; Corte giust., 8 dicembre 2022, *Google*, C-460/20, ECLI:EU:C:2022:962; Corte giust., 24 settembre 2019, *GC and Others v. CNIL*, C-136/17, ECLI: ECLI:EU:C:2019:773. Sul punto si tornerà oltre nella trattazione (v. cap. 4, § 3.2).

[107] F. PIZZETTI, *La protezione dei dati personali e la sfida dell'Intelligenza Artificiale*, in F. PIZ-

Su questo profilo si tornerà approfonditamente oltre nella trattazione.

Concludendo invece il ragionamento che si è inteso qui sviluppare, ci si può chiedere, infine, quanto il coinvolgimento dei lavoratori o dei loro rappresentanti, dalla consultazione in sede di valutazione del rischio alla possibilità di negoziare il contenuto delle misure di garanzia ovvero di adottare un approccio condiviso/partecipativo nella loro implementazione, possa porsi come misura di adeguatezza del protocollo di governo del rischio [108]. Si può, infatti, ricordare come, nel pur diverso contesto di analisi del concetto di interesse legittimo ai fini della sua applicazione quale base giuridica di liceità del trattamento, si segnali l'opportunità della consultazione dei rappresentanti dei dipendenti quale misura appropriata da adottare ai fini di una corretta valutazione comparativa di bilanciamento tra i diversi interessi, nonché ai fini della protezione dei diritti e delle libertà fondamentali della persona interessata [109].

3. *Le risposte regolative* de iure condendo*: dal GDPR all'*AI Act*, passando per la direttiva in materia di lavoro su piattaforma digitale*

La prospettiva d'indagine che ci occupa richiede, da subito, di verificare come la proposta di Regolamento sull'IA comunichi e possa integrare il quadro normativo del GDPR coinvolto nella costruzione delle tutele del lavoratore di fronte all'utilizzo datoriale di sistemi algoritmici.

L'innesto è, del resto, previsto dallo stesso *AI Act* all'art. 29, par. 6, e in più

ZETTI (a cura di), *Intelligenza artificiale, protezione dei dati personali e regolazione*, Giappichelli, Torino, 2018, p. 165.

[108] Con riguardo all'ambito della salute e sicurezza sul lavoro, cfr. la riflessione di L. ZOPPOLI, *Il controllo collettivo sull'efficace attuazione del modello organizzativo per la sicurezza nei luoghi di lavoro*, in D. FONDAROLI-C. ZOLI (a cura di), *Modelli organizzativi ai sensi del d.lgs. n. 231/2001 e tutela della salute e della sicurezza nei luoghi di lavoro*, Giappichelli, Torino, 2014, p. 12 ss. Come evidenzia, sempre con riferimento a tale ambito, P. PASCUCCI, se il modello di organizzazione e gestione «si basa e fa leva» su di un sistema di gestione della salute e sicurezza sul lavoro, integrandolo con un apparato disciplinare e un sistema di vigilanza, il sistema di gestione più evoluto, ossia quello Uni Iso 45000:2018, valorizza la «consultazione e partecipazione attiva dei lavoratori e dei loro rappresentanti» (P. PASCUCCI, *Salute e sicurezza sul lavoro, responsabilità degli enti, modelli organizzativi e gestionali*, in *Rivista giuridica del lavoro e della previdenza sociale*, 2021, pp. 545 e 544). Cfr. in tale prospettiva, con riguardo all'art. 2086 c.c., G.P. PARRAVICINI, *Organizzazione delle imprese e ruolo del sindacato*, in *Argomenti di diritto del lavoro*, 6, 2022, p. 1147 ss., secondo cui la negoziazione con il sindacato dell'assetto organizzativo ne determina l'adeguatezza ai fini della disposizione codicistica: «come tale non può essere rimesso in discussione né essere oggetto di ulteriori verifiche giudiziali di genuinità» (p. 1151).

[109] Gruppo di lavoro Articolo 29, *Parere 6/2014 sul concetto di interesse legittimo del responsabile del trattamento ai sensi dell'articolo 7 della direttiva 95/46/CE*, adottato il 9 aprile 2014, WP 217, Cap. III.2.2. lett. *i*, p. 20.

punti si è già potuta evidenziare la sua funzionalità alla realizzazione delle garanzie predisposte dal GDPR.

Al riguardo, è necessario anzitutto ricordare che il campo d'applicazione delle regole è determinato, nel caso dell'*AI Act*, non dal tipo di dato, come per il GDPR, ma dal tipo di algoritmo eseguito dal processo automatizzato, che deve presentare gli elementi costitutivi della (pur ampia) definizione di "sistema di IA" adottata (come visto, tra i punti più controversi nel dibattito all'interno del Consiglio e del Parlamento europeo)[110].

Questa considerazione consente di rilevare come il modello di valutazione e gestione del rischio previsto nel Regolamento sull'IA non si indirizzi alla tutela di uno specifico bene primario né alla tutela di uno specifico soggetto quale titolare dello stesso. Si tratta di una significativa differenza rispetto al contesto del GDPR, dove è sì vero che dall'apprestamento di garanzie per il diritto alla protezione dei dati personali si irradia e si aggancia un più ampio sistema di tutele per i diritti e le libertà dei soggetti interessati (v. *supra*), ma è anche vero che è la natura del dato personale trattato a qualificare la necessità di tutela e l'identità del soggetto destinatario di essa. La differenza nel Regolamento sull'IA si coglie se solo si osserva come, da subito, al cons. n. 1, sia segnalata la necessità di tutelare dagli *outcome* avversi dell'IA la salute e la sicurezza delle persone, nonché tutti i diritti fondamentali sanciti dalla Carta di Nizza, in termini generali e onnicomprensivi.

In questa prospettiva, le caratteristiche del dato processato, che non incidono sulla definizione del campo di applicazione delle regole, assumono d'altra parte centrale rilevanza ai fini della mappatura e del governo dei rischi. Se, infatti, la dipendenza dai dati costituisce una delle proprietà qualificanti l'IA, in massimo grado laddove si tratti di algoritmi di apprendimento automatico, la qualità dei *dataset* (in termini di rilevanza, rappresentatività, completezza, assenza di errori o *bias* discriminatori) costituisce una delle principali fonti di potenziale pericolo e di rischio, soprattutto nel momento in cui condiziona l'addestramento e/o adattamento dell'algoritmo e, quindi, la costruzione/modifica della regola eseguita dal sistema durante il suo funzionamento.

Come si è potuto anticipare, tuttavia, nel contesto del Regolamento sull'IA l'obbligo di valutazione e gestione del rischio grava sulla figura del fornitore del sistema di IA.

Nello specifico, laddove si tratti di sistemi ad alto rischio, tra cui sono annoverati anche quelli «utilizzati nell'ambito dell'occupazione, gestione dei lavoratori e accesso al lavoro autonomo»[111], il fornitore è tenuto a garantire che sia istituito,

---

[110] Il *design* degli algoritmi considerati di IA porta a qualificare l'assenza di intervento umano nel processo automatizzato anche in termini di autonomia: in tal senso espressamente il cons. n. 6 nel testo dell'orientamento generale del Consiglio. Proprio questo spiega lo specifico accento posto dal Regolamento sul tema delle garanzie di sorveglianza (v. cons. n. 48).

[111] L'art. 6, par. 2, stabilisce che siano sempre considerati ad alto rischio, a prescindere dalle

attuato, documentato e mantenuto un sistema di gestione dei rischi (art. 9), quale processo iterativo continuo eseguito nel corso dell'intero ciclo di vita del sistema, con aggiornamento costante e sistematico. Esso comprende: identificazione e analisi dei rischi noti e prevedibili, stima e valutazione dei rischi che possono emergere quando il sistema è usato conformemente alla finalità prevista e in condizioni di uso improprio ragionevolmente prevedibile [112]; valutazione di altri eventuali rischi derivanti dall'analisi dei dati raccolti dal sistema di monitoraggio successivo e adozione di adeguate misure di gestione dei rischi. A tal ultimo riguardo, si richiede di assicurare, attraverso un'adeguata progettazione e fabbricazione, l'eliminazione/riduzione dei rischi per quanto possibile; ove opportuno, l'attuazione di adeguate misure di attenuazione e di controllo in relazione ai rischi residui; l'adeguata informazione, in particolare sui rischi, e ove opportuno la formazione degli utenti (ossia, per quanto concerne il presente ambito di indagine, del datore di lavoro).

Vari sono poi gli obblighi ulteriormente previsti dal Regolamento per i fornitori. Si possono qui segnalare in sintesi alcuni profili.

Rispetto alla qualità dei dati di addestramento, convalida e prova, si richiede di adottare adeguate pratiche di *governance* e gestione, che comprendano, tra gli altri, un esame atto a valutare le possibili distorsioni (che possono incidere sulla salute e sulla sicurezza delle persone fisiche o portare a discriminazioni vietate dal diritto dell'Unione – aggiungerebbe il Consiglio). Si stabilisce, inoltre, come già si è potuto anticipare, che «i set di dati di addestramento, convalida e prova devono essere pertinenti, rappresentativi, [e il più possibile – aggiunge il Consiglio] esenti da errori e completi. Essi possiedono le proprietà statistiche appropriate,

---

condizioni altrimenti indicate nel primo paragrafo, i sistemi di IA di cui all'allegato III. Al punto 4 di tale allegato, sono inclusi i sistemi utilizzati nell'ambito dell'occupazione, gestione dei lavoratori e accesso al lavoro autonomo, tra cui: a) i sistemi di IA destinati a essere utilizzati per l'assunzione o la selezione di persone fisiche, in particolare per pubblicizzare i posti vacanti, vagliare o filtrare le candidature, valutare i candidati nel corso di colloqui o prove; b) l'IA destinata a essere utilizzata per adottare decisioni in materia di promozione e cessazione dei rapporti contrattuali di lavoro, per l'assegnazione dei compiti e per il monitoraggio e la valutazione delle prestazioni e del comportamento delle persone nell'ambito di tali rapporti di lavoro. Come spiega la Relazione accompagnatoria alla proposta, «Il titolo III contiene regole specifiche per i sistemi di IA che creano un rischio alto per la salute e la sicurezza o per i diritti fondamentali delle persone fisiche. In linea con un approccio basato sul rischio, tali sistemi di IA ad alto rischio sono consentiti sul mercato europeo subordinatamente al rispetto di determinati requisiti obbligatori e ad una valutazione della conformità *ex ante*». Sul punto, v. *supra* (§ 1.2) la proposta di emendamento in discussione in seno al Parlamento europeo.

[112] Si noti che il Consiglio, nel proprio orientamento generale, ha proposto di inserire espressamente il riferimento ai rischi per la salute, la sicurezza e i diritti fondamentali ed eliminare il secondo periodo riportato. Nella proposta delle commissioni congiunte IMCO-LIBE del Pe, si prevede il coinvolgimento, se del caso, di esperti e *stakeholder* esterni in sede di identificazione delle misure di gestione del rischio e, con riferimento alla fase di loro implementazione, una specifica attenzione per la possibilità che il sistema di IA possa avere un impatto negativo su gruppi di persone vulnerabili.

anche, ove applicabile, per quanto riguarda le persone o i gruppi di persone sui quali il sistema di IA ad alto rischio è destinato a essere usato» (art. 10)[113].

Si dispone che i sistemi siano progettati e sviluppati in modo tale da: assicurare la registrazione automatica e la tracciabilità degli eventi ("*log*") durante il loro funzionamento (art. 12); garantire un livello di trasparenza del funzionamento idoneo a consentire agli utenti di interpretare l'*output* del sistema e utilizzarlo adeguatamente (art. 13); permettere un'efficace supervisione umana durante il periodo d'uso (art. 14); conseguire, alla luce della loro finalità, un adeguato livello di accuratezza, robustezza e cybersicurezza, così che il sistema operi in modo coerente con tali aspetti durante tutto il suo ciclo di vita (art. 15).

I requisiti previsti, anche con riguardo a gestione dei rischi e governo dei dati, sono indicati dal fornitore all'interno della documentazione tecnica, redatta per dimostrare la conformità del sistema (art. 11, Annex IV).

Il fornitore deve, quindi, istituire un sistema di gestione della qualità a garanzia della *compliance*, documentato in modo sistematico e ordinato sotto forma di politiche, procedure e istruzioni scritte, comprensivo del sopraccitato sistema di gestione dei rischi e di un *accountability framework* (v. § 1.2)[114].

Garantisce, infine, che il sistema sia sottoposto alla pertinente procedura di valutazione della conformità, da rinnovare nel caso intervenga una «modifica sostanziale» (art. 43, par. 4[115]), e appone la marcatura CE per indicare detta conformità.

---

[113] Come anticipato, la dottrina evidenzia l'importanza di tali requisiti, per quanto definiti "*overweighted*" e pertanto «*very difficult to meet in the reality*», ai fini della costruzione del principio di conoscibilità dei dati a supporto del diritto alla spiegabilità (M. Palmirani-S. Sapienza, *Big Data*, cit., p. 361, v. *supra*). Si segnala che nel testo di compromesso approvato dalle competenti commissioni del Pe si dispone che gli obblighi di cui all'art. 10 siano esigibili «nella misura in cui ciò sia tecnicamente fattibile in base allo specifico segmento di mercato o ambito di applicazione». Nessuna deroga a detti obblighi è prevista, invece, per gli insiemi di dati su cui sono sviluppate «le tecniche che non richiedono dati di input etichettati, come l'apprendimento non supervisionato e l'apprendimento per rinforzo» (art. 10, par. 1). Si stabilisce, infine, che qualora il fornitore non possa adempiere agli obblighi perché non ha accesso ai dati e questi sono nell'esclusiva disponibilità dell'utente, quest'ultimo può essere ritenuto responsabile, sulla base di un contratto, di qualsiasi violazione dell'art. 10 (par. 6*a*).

[114] Il testo di compromesso approvato dalle competenti commissioni del Pe prevede l'indicazione, in seno al cons. n. 54 e all'art. 17, della possibilità per i fornitori che dispongano già di sistemi di gestione della qualità, basati su norme come la ISO 9001 o altre norme pertinenti, di procedere con un adattamento dei sistemi esistenti.

[115] Il paragrafo, mantenuto nel testo di compromesso delle commissioni del Pe, è eliminato, invece, negli emendamenti proposti dal Consiglio nel proprio orientamento generale, ove d'altra parte si specifica che «il ciclo di vita di un sistema di IA si conclude anche con una modifica sostanziale del sistema di IA apportata dal fornitore o da qualsiasi altra persona fisica o giuridica, nel qual caso il sistema di IA modificato in modo sostanziale è considerato un nuovo sistema di IA» (art. 3, punto 1*bis*). Integrando e chiarendo quanto già indicato al riguardo nel cons. n. 66, si afferma che in linea con la nozione generalmente riconosciuta di "modifica sostanziale" dei prodotti disciplinati dalla

Con riguardo al c.d. *conformity assessment* (art. 43), se, in termini generali, si contesta il fatto che la proposta non dia una specifica indicazione dei parametri e delle modalità con cui debba essere effettuata tale valutazione, uno dei punti maggiormente criticati dalla dottrina lavoristica è costituito dalla previsione, anche per i sistemi ad alto rischio utilizzati nel contesto dell'organizzazione del lavoro, di una mera auto-certificazione da parte del fornitore. La valutazione *ex ante*, infatti, si basa su una procedura di controllo interno (art. 43, par. 2), senza coinvolgimento di un ente terzo (organismo notificato, art. 33)[116]. Tale procedura, indicata nell'Annex VI, si compone di tre fasi: verifica di conformità del sistema di gestione della qualità rispetto ai requisiti previsti; esame delle informazioni contenute nella documentazione tecnica al fine di valutare la conformità del sistema di IA ai per-

---

normativa di armonizzazione dell'Unione, è opportuno che ogni volta che si verifica una modifica che può influire sulla conformità di un sistema di IA ad alto rischio o quando cambia la destinazione d'uso del sistema, tale sistema sia considerato un nuovo sistema da sottoporre a una nuova valutazione di conformità. «Tuttavia, le modifiche apportate all'algoritmo e alle prestazioni dei sistemi di IA che proseguono il loro "apprendimento" dopo essere stati immessi sul mercato o messi in servizio (ossia adattando automaticamente le modalità di svolgimento delle funzioni) non dovrebbero costituire una modifica sostanziale, a condizione che tali modifiche siano state predeterminate dal fornitore e valutate al momento della valutazione della conformità». Rispetto alle possibili criticità di tale soluzione, già rilevabili nella formulazione iniziale della proposta della Commissione, cfr. A. ODDENINO, *Intelligenza artificiale e tutela dei diritti fondamentali: alcune notazioni critiche sulla recente proposta di regolamento della Ue, con particolare riferimento all'approccio basato sul rischio e al pericolo di discriminazione algoritmica*, in A. PAJNO, F. DONATI, A. PERRUCCI (a cura di), *Intelligenza artificiale e diritto: una rivoluzione? Diritti fondamentali, dati personali e regolazione*, vol. I, il Mulino, Bologna, 2022, p. 165 ss. Secondo l'autore, la previsione sposta «il problema, in modo surrettizio, su cosa debba intendersi per "modifica sostanziale"», rimanendo peraltro «delicata l'esclusione della sussistenza di una modifica sostanziale quando l'evoluzione sia stata "predeterminata" dal fornitore al momento della valutazione iniziale della conformità, circostanza che appare in aperta contraddizione con la natura strutturale degli algoritmi di *machine learning*» (p. 187). Si osservi che ai sensi dell'art. 28 della proposta di *AI Act*, confermato con alcuni emendamenti nel testo di compromesso adottato dalle commissioni del Pe, laddove l'utente introduca una modifica sostanziale nel sistema già immesso nel mercato, sarà da considerarsi come fornitore ai fini del regolamento e sarà gravato dai relativi obblighi.

[116] Si noti che le proposte di emendamento indicate sia nell'orientamento generale del Consiglio sia nel testo di compromesso approvato dalle competenti commissioni del Pe non intervengono sul punto, lasciando inalterato l'art. 43, par. 2, che così dispone. D'altra parte, nel testo di compromesso in discussione in seno al Parlamento, in linea con una proposta inizialmente presentata dalla commissioni affari legali (art. 43, par. 4*a*, progetto di parere, 2 marzo 2022, relatore: Axel Voss), si prevede la possibilità per qualsiasi fornitore, a prescindere dal livello di rischio del sistema di IA, di richiedere volontariamente una valutazione di conformità da parte di terzi, laddove ne ravvisi la necessità per la natura, progettazione, costruzione o scopo del sistema (art. 43, par. 1, co. 2, lett. *d*); si introduce altresì l'obbligo per la Commissione europea di consultare l'Ufficio europeo per l'Intelligenza Artificiale (*AI Office*) e gli *stakeholder* interessati prima di adottare, ai sensi dell'art. 43, par. 6, interventi regolativi volti a estendere a ulteriori sistemi ad alto rischio la procedura di conformità che prevede il coinvolgimento dell'organismo notificato (in tal senso già, per es., il parere della commissione per l'industria, la ricerca e l'energia, 14 giugno 2022, relatrice: Eva Maydell).

tinenti requisiti essenziali; verifica che il processo di progettazione e sviluppo del sistema di IA e il monitoraggio successivo alla sua immissione sul mercato siano coerenti con la documentazione tecnica.

Nella posizione pubblicata il 28 maggio 2021, l'Etuc ha evidenziato la necessità che, quantomeno per i sistemi di IA concernenti il lavoro, la valutazione di conformità sia realizzata da una parte terza autorizzata, raccomandando, inoltre, una combinazione tra una fase di *ex-ante compliance* e una di *ex-post enforcement*.

All'interno dell'articolato normativo, il datore di lavoro, in qualità di utente, risulta destinatario di un diritto all'informazione (a cui, "ove opportuno", può affiancarsi la formazione), volto a consentirgli di capire il funzionamento del sistema, di interpretare il suo *output* e utilizzarlo adeguatamente, e di un (limitato) insieme di obblighi (salvo non modifichi il sistema in uso), relativi in particolare alla necessità di rispettare le istruzioni d'uso ricevute (quindi anche obbligo di attuare la sorveglianza umana e il monitoraggio del funzionamento del sistema sulla base delle stesse, nonché obbligo di conservare i *log* generati automaticamente dal sistema, se sotto il suo controllo, art. 29 commi 4 e 5) e, nel caso di esposizione di terzi a prodotti di IA generativa, di garantire un'adeguata trasparenza [117].

Se i rischi per i lavoratori sono specificatamente considerati, tanto da determinare l'inclusione dei sistemi di IA utilizzati nei contesti lavorativi tra quelli ad alto rischio, quindi destinatari dei relativi requisiti di garanzia e dell'obbligo di valutazione di conformità *ex ante*, la proposta di Regolamento non contempla tra i soggetti a cui indirizza le regole una figura a cui sia ascrivibile la posizione del lavoratore, né quindi prevede, per lo stesso, specifici diritti azionabili [118].

---

[117] Ai sensi dell'art. 52, l'utente (ossia il datore di lavoro) ha i seguenti obblighi di trasparenza: in caso di sistema di riconoscimento delle emozioni o di un sistema di categorizzazione biometrica, l'obbligo di informare le persone fisiche che vi sono esposte in merito al suo funzionamento; in caso di «un sistema di IA che genera o manipola immagini o contenuti audio o video che assomigliano notevolmente a persone, oggetti, luoghi o altre entità o eventi esistenti e che potrebbero apparire falsamente autentici o veritieri per una persona ("*deep fake*")», l'obbligo di «rendere noto che il contenuto è stato generato o manipolato artificialmente», salvo l'uso non sia «necessario per l'esercizio del diritto alla libertà di espressione e del diritto alla libertà delle arti e delle scienze garantito dalla Carta dei diritti fondamentali dell'UE, e fatte salve le tutele adeguate per i diritti e le libertà dei terzi». Si segnala che tra gli emendamenti approvati dalle competenti commissioni del Pe, vi sono specifiche disposizioni indirizzate ai c.d. modelli fondazionali (*foundation model*: v. in particolare art. 28*b*). Trattasi di modelli di IA sviluppati con miliardi di parametri e addestrati su grandi quantità di dati, progettati per essere adattati a un'ampia gamma di compiti specifici e che possono essere ulteriormente integrati in sistemi di IA o in sistemi di IA generici (ad es. "Gpt" è il modello fondazionale su cui è basato ChatGpt). In particolare, per quanto riguarda più specificamente i modelli fondazionali generativi, si dispone che il fornitore debba progettare il modello in modo da consentire al fornitore a valle del sistema di IA di conformarsi all'art. 52 del Regolamento. In termini più generali, si può evidenziare l'importanza dell'art. 52 anche rispetto alla riflessione che si sta sviluppando sul metaverso. Cfr. al riguardo, V. MAIO, *Diritto del lavoro e metaverso. Se il lavoro non è un (video) gioco*, in *Labour & Law Issues*, 8(2), 2022, p. 40 ss.

[118] Come evidenzia la dottrina, diversamente da quanto avviene nel GDPR, nella proposta di

Si pone, quindi, per l'interprete la necessità di riflettere su come il contenuto delle tutele previste dal Regolamento sull'IA possa essere trasfuso in posizioni giuridiche di cui sia direttamente titolare il lavoratore ovvero nella declinazione dei limiti e obblighi di tutela che il datore di lavoro è chiamato ad attuare nell'esercizio dei propri poteri. Ciò è tanto più rilevante se è vero, come evidenziato (v. § 1), che le disposizioni del Regolamento non dovrebbero in alcun modo pregiudicare l'applicazione delle altre tutele previste in materia di trattamento dei dati e diritto del lavoro, dovendo anzi rafforzarne l'effettività.

Si rinvia al terzo capitolo la verifica dei titoli di responsabilità individuabili in capo ai vari soggetti coinvolti lungo il ciclo di vita di un sistema di IA – quindi anche l'analisi della proposta di direttiva volta ad aggiornare le norme in materia di responsabilità civile extracontrattuale da danni causati da sistemi di IA – che potrebbero fondare una pretesa risarcitoria del lavoratore quale soggetto leso.

È qui interesse riflettere su come i contenuti normativi dell'*AI Act* si innestino nella relazione giuridica intercorrente tra il datore e il lavoratore.

I percorsi normativi utili a tal fine possono essere almeno tre.

Il primo muove dall'obbligo di sorveglianza umana che grava sul datore di lavoro, quale utente del sistema di IA, in forza dell'art. 29, par. 4. Come visto, egli è tenuto ad attuare tale sorveglianza e a monitorare il funzionamento del sistema sulla base delle istruzioni a lui consegnate dal fornitore (senza pregiudizio per gli altri obblighi posti a suo carico dal diritto Ue e interno). Tali istruzioni, ai sensi dell'art. 13, par. 3, lett. *d*, devono contenere le diverse misure predisposte per consentire all'utente di: comprendere appieno capacità e limiti del sistema e monitorarne debitamente il funzionamento, con tempestivo intervento in caso di anomalie, disfunzioni e prestazioni inattese; mantenere la consapevolezza del rischio di c.d. *automation bias*; interpretare correttamente l'*output*; decidere, in qualsiasi situazione particolare, di non usare il sistema o altrimenti di ignorare, annullare o ribaltare il suo *output*; intervenire sul suo funzionamento o interromperlo (art. 14). Anticipando quanto sarà approfondito nel capitolo terzo, si può già qui sottolineare, ai fini del ragionamento che si sta sviluppando, che la garanzia del controllo umano specifica il contenuto della diligenza richiesta al datore di la-

---

Regolamento in materia di IA non si prevedono «strumenti di *empowerment* dei soggetti destinatari finali delle decisioni attuate tramite i sistemi automatizzati» (N. ABRIANI-G. SCHNEIDER, *Diritto delle imprese*, cit., p. 118). Cfr. in tal senso anche A. LO FARO, Algorithmic Decision Making, cit. Si segnala che il cons. n. 36 esclude che il lavoratore possa essere considerato un utente ai fini dell'applicazione del Regolamento. È significato osservare come nel testo di compromesso approvato dalle commissioni del Pe si rinvengano, sotto il profilo considerato, importanti cambiamenti: da un lato, si introduce la figura della «persona interessata», definita quale persona fisica o gruppo di persone soggette o comunque interessate da un sistema di IA (art. 3, par. 1, punto 8*a*); dall'altro, si prevede in capo alla stessa uno specifico diritto alla spiegazione del processo decisionale individuale (art. 68*c*) e un diritto di presentare un reclamo a un'autorità di vigilanza nazionale laddove ritenga che il sistema di IA che la riguarda si ponga in violazione delle disposizioni del regolamento (art. 68*a*). Si noti che il diritto di presentare un reclamo è riconosciuto anche a gruppi di persone fisiche.

voro nell'adempimento di ogni obbligo connesso all'esercizio dei suoi poteri (anzitutto, ma non solo, quello di sicurezza), laddove si avvalga a tal fine di processi decisionali e/o di monitoraggio automatizzati, e costituisce pertanto anche un indice di eventuale determinazione della responsabilità del datore di lavoro nel caso di lesioni subite dal lavoratore sul luogo di lavoro.

Si è già avuto modo di evidenziare, d'altra parte, come una lettura che circoscrivesse la posizione datoriale all'obbligo di sorveglianza umana così definito risulterebbe parziale, non considerando le clausole di salvaguardia e di rinvio previste dallo stesso art. 29 rispetto agli altri obblighi individuabili in capo all'utente, tra cui quello di DPIA ai sensi del GDPR, e quindi anche la più ampia declinazione della garanzia di sorveglianza umana che tale necessario coordinamento implica (ossia: oltre al piano del coinvolgimento umano nel funzionamento del sistema, anche il piano del controllo di gestione).

Proprio partendo da questo rilievo si può seguire un secondo percorso, che muove dal paragrafo sesto dell'art. 29. Ivi si stabilisce che gli utenti di sistemi di IA ad alto rischio (tra cui, come detto, quelli inseriti nell'organizzazione del lavoro) usano le informazioni (e la formazione) ricevute per adempiere al loro obbligo di effettuare la DPIA, a norma dell'art. 35 GDPR. Nel momento in cui l'utilizzo del sistema di IA comporta il trattamento di dati personali, l'utente – ora da qualificarsi come titolare di detto trattamento ai sensi del GDPR – sarà chiamato a effettuare una valutazione e gestione dei rischi che l'utilizzo di tale sistema può determinare per i titolari dei dati trattati all'interno della sua organizzazione. Per il tema che ci occupa, questa disposizione di raccordo, presente nel Regolamento sull'IA, è particolarmente interessante posto che le informazioni ricevute dal datore di lavoro, in qualità di utente, avranno centrale rilevanza nella modulazione sia delle misure di protezione di tutti i diritti e le libertà dei lavoratori (in qualità di soggetti interessati) potenzialmente esposti a un pericolo di violazione dall'utilizzo di processi governati da algoritmi di IA, sia delle garanzie di trasparenza, correttezza ed esattezza. Soprattutto, considerato che la DPIA implica il coinvolgimento dei soggetti interessati (qui i lavoratori) e/o dei loro rappresentanti (qui i sindacati), salvo il datore non possa documentare la giustificazione del diniego (v. § 2.1.2), l'acquisizione di detta opinione non potrà che essere preceduta da un'informazione alle parti coinvolte estesa a elementi contenuti nelle istruzioni d'uso ovvero in ogni altra documentazione pertinente consegnata dal fornitore (cons. n. 47). Si pensi alle specifiche indicate dall'art. 13, par. 3, in merito alle caratteristiche, alle capacità e ai limiti delle prestazioni del sistema, tra cui: la finalità prevista (compreso il relativo contesto geografico, comportamentale o funzionale – aggiungerebbe il Consiglio); il livello di accuratezza, (comprese le metriche, per il Consiglio), di robustezza e cybersicurezza; qualsiasi circostanza nota o prevedibile che possa comportare rischi per la salute e sicurezza o per i diritti fondamentali; il comportamento del sistema per quanto riguarda le persone o i gruppi di persone specifici su cui è destinato a essere utilizzato; le specifiche per i dati di *input* o qualsiasi altra informazione pertinente in termini di set di dati di addestramento, convalida e prova [119].

Per meglio comprendere nel dettaglio il possibile contenuto di tali voci, può essere utile far riferimento a quanto deve essere previsto all'interno della documentazione tecnica del sistema di IA di cui all'art. 11 (e Annex IV), redatta dal fornitore al fine della valutazione di conformità. Si consideri, come già evidenziato, che «gli utenti dovrebbero poter interpretare gli *output* del sistema e utilizzarlo in modo adeguato» e proprio per questo i sistemi di IA ad alto rischio dovrebbero «essere corredati di documentazione e istruzioni per l'uso pertinenti» (cons. n. 47). All'interno dell'Annex IV, si menzionano, in particolare, «le metriche utilizzate per misurare l'accuratezza, la robustezza, la cybersicurezza e la conformità ad altri requisiti pertinenti [...], nonché gli impatti potenzialmente discriminatori», «le specifiche relative ai dati di *input*», «i set di dati di addestramento utilizzati, comprese le informazioni sull'origine di tali set di dati, sul loro ambito di applicazione e sulle loro principali caratteristiche», le «misure di sorveglianza umana necessarie» a consentire l'interpretazione dell'*output* da parte dell'utente. Il riferimento a questo dato normativo è significativo, considerata l'"ispirazione" che ne ha chiaramente tratto il legislatore italiano nell'elaborazione dell'art. 1-*bis*, d.lgs. n. 152/1997 (v. § 6).

In connessione con l'accento posto sul valore di un approccio condiviso ai fini della riduzione del livello di rischio, soprattutto se i soggetti interessati sono da considerare vulnerabili, come i dipendenti, si colloca il terzo percorso normativo tracciabile, quello indicato anche dall'accordo quadro sulla digitalizzazione firmato dalle parti sociali europee a giugno 2020 [120]. Si tratta di un percorso che posiziona il sistema di garanzie in una prospettiva di confronto tra le parti sociali, di strumenti di co-regolamentazione, di approccio collaborativo e monitoraggio congiunto [121]. Al riguardo, assume nuovamente rilievo l'art. 88 del GDPR, che auto-

---

[119] Tra le informazioni, nell'orientamento generale del Consiglio è, infine, aggiunta una descrizione dell'*output* atteso del sistema.

[120] Si consideri, inoltre, che nell'*European social dialogue work programme 2022-2024*, presentato a giugno 2022, si afferma che «a causa del ritmo accelerato con cui vengono introdotte nel luogo di lavoro tecnologie dotate di capacità di monitoraggio e sorveglianza, le parti sociali devono creare uno spazio per lo scambio di opinioni su queste prospettive e sull'importanza che queste hanno per le parti sociali e la contrattazione collettiva a tutti i livelli appropriati in Europa». Di poco successiva all'accordo quadro del 2020 è, a livello internazionale, la pubblicazione del report "*Algorithmic management – A trade union guide*", da parte di UNI Global Union (1° settembre 2020).

[121] Cfr. per tale prospettiva, A. ALOISI, *Regulating Algorithmic Management at Work in the European Union: Data Protection, Non-discrimination and Collective Rights*, in *International Journal of Comparative Labour Law and Industrial Relations*, 1, 2024, p. 1 ss.; T. TREU, *La digitalizzazione del lavoro: proposte europee e piste di ricerca*, in *federalismi.it*, 9, 2022, p. 190 ss.; V. DOELLGAST-I. WAGNER-S. O'BRADY, *Negotiating limits on algorithmic management*, cit.; V. DE STEFANO-S. TAES, *Algorithmic management and collective bargaining*, in *Transfer*, 29(1), 2022, p. 21 ss.; P. COLLINS-J. ATKINSON, *Worker voice and algorithmic management in post-Brexit Britain*, in *Trans-*

rizza l'introduzione di misure di dettaglio a tutela dei lavoratori tramite contrattazione collettiva ovvero anche attraverso la legge, che in tal senso potrebbe rafforzare la declinazione collettiva delle tutele, tipizzando e rafforzando le misure di carattere sostanziale e procedurale che si incardinano nelle sopraccitate esigenze di implementazione delle garanzie connesse alla DPIA.

Gli approdi a cui conducono i percorsi normativi tracciati sono in parte riscontrabili, per il relativo ambito di applicazione [122], all'interno della proposta di direttiva in materia di lavoro attraverso piattaforme digitali. Si può, tuttavia, osservare come l'incremento di contenuto sconti ancora un delta rispetto alle più articolate garanzie trasponibili dal Regolamento sull'IA (va detto che nella proposta di direttiva l'obiettivo è anzitutto l'informazione accessibile per i lavoratori; un discorso diverso può essere svolto rispetto ai rappresentanti ovvero con riguardo all'informazione/consultazione di cui all'art. 9 della proposta di direttiva, che non a caso contempla la possibile assistenza di un esperto: v. § 5) e si rilevi soprattutto a livello di diritti individuali, rafforzati da norme di dettaglio che intervengono in tema di diritto all'informazione su conoscibilità e spiegabilità del processo decisionale o di monitoraggio, nonché di diritto all'intervento umano e alla contestazione della decisione [123]. Se la specifica disposizione in tema di riesame umano di decisioni significative, prevista in seno all'art. 8, è già stata analizzata nel paragrafo precedente, nel confronto con le regole generali dell'art. 22 GDPR, è qui interesse porre attenzione sull'art. 6, in materia di «trasparenza e uso dei sistemi decisionali e di monitoraggio automatizzati», e sull'art. 7, rubricato «monitoraggio umano dei sistemi automatizzati».

Rispetto alla prima disposizione, si segnala l'obbligo di informare i lavoratori, per quanto concerne i sistemi di monitoraggio automatizzati, sulle categorie di azioni monitorate, supervisionate o valutate e, con riferimento ai sistemi decisionali automatizzati, sui principali parametri di cui tali sistemi tengono conto, nonché sulla loro importanza relativa nel processo, compreso il modo in cui i dati personali o il comportamento del lavoratore incidono sulle decisioni. Peraltro, si

---

fer, 29(1), 2022, p. 37 ss.; I. PICCININI, *Intelligenza artificiale e nuovi spazi di azione sindacale*, in AA.VV., *Diritti costituzionali. Conflitto collettivo. Lavoro*, Giappichelli, Torino 2022, p. 275 ss.; P. LAMBERTUCCI, *Intelligenza artificiale*, cit.; A. PIZZOFERRATO, *Digitalisation of work: new challenges to labour law*, in *Argomenti di diritto del lavoro*, 2021, p. 1329 ss., spec. pp. 1363-1364; A. INGRAO, Data-driven management *e strategie collettive di coinvolgimento dei lavoratori per la tutela della* privacy, in *Labour & Law Issues*, 5(2), 2019, p. 129 ss.

[122] Per un'analisi dell'ambito di applicazione *ratione personae* e *materiae* della proposta di direttiva, v. A. ALAIMO, *Il pacchetto di misure sul lavoro nelle piattaforme*, cit.

[123] Come evidenzia A. ALAIMO, *Il pacchetto di misure sul lavoro nelle piattaforme*, cit., «la direttiva non arriva a riconoscere ai rappresentanti dei lavoratori *il diritto di richiedere e ottenere interventi correttivi sui sistemi automatizzati* [...] spingendo le tutele oltre il riconoscimento del semplice diritto *individuale* al riesame (ed eventualmente alla rettifica) delle decisioni» (p. R20). Rispetto ai profili in cui si rileva una proiezione collettiva delle tutele in seno alla proposta e alle relative linee di emendamento in discussione, v. § 5.

richiede alle piattaforme di mettere dette informazioni a disposizione anche dei rappresentanti dei lavoratori e delle autorità nazionali del lavoro su loro richiesta [124]. È significativo sottolineare che nel testo con cui il Parlamento europeo si presenterà ai triloghi, approvato in plenaria a febbraio 2023, da un lato, è incrementata l'attenzione per la modalità di funzionamento del sistema di monitoraggio (art. 6, par. 2, punto *a*, *iia* e *iib*) e per le informazioni sulle categorie di dati utilizzati (art. 6, par. 2, punto *a*, *ii*; punto *b*, *iii*); dall'altro, è stato aggiunto un *sub*-paragrafo, in cui si chiarisce che le informazioni devono essere fornite indipendentemente dal fatto che i sistemi automatizzati di monitoraggio e di decisione siano gestiti dalla piattaforma o da qualsiasi fornitore di servizi che venda i propri servizi di gestione alla stessa (art. 6, par. 1, *sub*-par. 1*a*).

In seno all'art. 7, si evidenzia la necessità che le piattaforme garantiscano risorse umane sufficienti per monitorare l'impatto delle decisioni individuali prese o sostenute dai sistemi decisionali e di monitoraggio automatizzati, con specifica individuazione di persone incaricate di svolgere la funzione di monitoraggio, dotate della competenza, della formazione e dell'autorità necessarie. Al riguardo, appoggiandosi a una base giuridica diversa dall'art. 16 TFEU e allargando lo spettro della normativa in tema di monitoraggio umano alla tutela della salute e sicurezza, l'art. 7, par. 2, declina brevemente i principi base del sistema prevenzionistico rispetto alla valutazione e gestione dei rischi derivanti dai sistemi automatizzati. Si stabilisce, in particolare, che fatte salve la dir. 89/391/CEE e le direttive particolari correlate, le piattaforme: valutano i rischi dei sistemi decisionali e di monitoraggio automatizzati per la sicurezza e la salute dei lavoratori, in particolare per quanto riguarda i possibili rischi di infortuni sul lavoro e i possibili rischi psicosociali ed ergonomici; valutano se le garanzie di tali sistemi sono adeguate ai rischi individuati in considerazione delle caratteristiche specifiche dell'ambiente di lavoro; introducono adeguate misure di prevenzione e protezione. Infine, si stabilisce che i sistemi automatizzati non possano essere utilizzati in alcun modo che metta indebitamente sotto pressione i lavoratori o ne metta altrimenti a rischio la salute fisica e mentale.

Si può qui già anticipare come proprio in seno all'art. 7 si inseriscano le proposte di emendamento del Parlamento europeo più interessanti ai fini delle prospettive di sistema e di evoluzione normativa a cui si rivolge l'indagine [125]. Sul punto si tornerà più approfonditamente nel quarto capitolo.

---

[124] Cfr. A. TROJSI, *La sorveglianza digitale del datore di lavoro*, in A. BELLAVISTA-R. SANTUCCI (a cura di), *Tecnologie digitali, poteri datoriali e diritti dei lavoratori*, Giappichelli, Torino, 2022, p. 76 ss.

[125] Tra gli emendamenti, si prevede altresì l'inserimento, sempre in seno al paragrafo 2 dell'art. 7, dopo l'obbligo di valutazione dei rischi per la salute e sicurezza, l'obbligo di «valutare il rischio di discriminazione derivante dalle decisioni prese da tali sistemi, anche per quanto riguarda la riproduzione di pregiudizi di genere, razziali o di altro tipo nella selezione e nel trattamento di gruppi diversi» (lett. *aa*). Sui punti di tangenza ma altresì sulla necessaria distinzione dei due nuclei normativi rispettivamente dedicati alla salute e sicurezza e ai divieti di discriminazione v. cap. 3, § 2.

4. *Interazione con il diritto della salute e sicurezza sul lavoro e ipotesi per un'architettura regolativa integrata di matrice Ue*

Il profilo di tutela da ultimo rilevato nel contesto dell'art. 7, par. 2, della proposta di direttiva sul lavoro mediante piattaforme digitali è certamente significativo.

Pare, tuttavia, indiscutibile che nella costruzione dell'architettura regolativa del diritto Ue in tema di processi algoritmici nel lavoro trovi diretta integrazione, già in termini generali e trasversali, il sistema normativo apprestato dalla direttiva n. 391 del 1989. Proprio perché per primo fondato sul modello *risk-based* e sull'individuazione di un obbligo di tutela generale, da interpretare in senso dinamico in rapporto all'evoluzione scientifica e tecnologica, tale sistema risulta, infatti, dotato di tutti gli elementi per poter interagire con gli altri plessi regolativi coinvolti a risposta delle nuove sfide poste dall'IA e/o, in senso più ampio, dall'utilizzo di processi automatizzati governati da algoritmi nell'ambiente di lavoro [126].

L'impatto sulla salute e sicurezza derivante dall'introduzione di una tecnologia di IA può essere osservato da una duplice prospettiva: quella dei rischi fisici specifici a cui possa essere esposto il lavoratore a seguito dell'installazione o utilizzo di una nuova macchina o di un nuovo meccanismo; quella della modifica organizzativa che può conseguirne e che può sia porre un problema procedurale, se non di sistema, rispetto al governo dei rischi (si pensi, ad esempio, al lavoro a distanza [127]), sia determinare essa stessa l'insorgenza di nuovi rischi psicosociali.

Può essere utile, al riguardo, un breve approfondimento.

L'introduzione di nuove tecnologie sul lavoro non equivale necessariamente a una rottura o alterazione del tradizionale binomio spazio-tempo della prestazione, come nel lavoro agile [128]; né a una flessibilità organizzativa tale da sollevare incertezze sulla qualificazione del rapporto, come nel lavoro su piattaforma digitale [129]. Può anche confermare, se non accentuare, i tratti caratteristici della subordi-

---

[126] Cfr. A. TODOLÍ-SIGNES, *Making algorithms safe for workers: occupational risks associated with work managed by artificial intelligence*, in *Transfer*, 27(4), 2021, p. 433 ss.

[127] Nell'*European social dialogue work programme 2022-2024*, le parti sociali europee hanno previsto anche la rinegoziazione dell'accordo quadro sul telelavoro del 16 luglio 2002, da completare entro il 2023 con richiesta, questa volta, di recepimento all'interno di una direttiva.

[128] Cfr. *ex multis* M. TIRABOSCHI, *Il lavoro agile tra innovazioni tecnologiche e dinamiche sociali. Contributo e limiti del punto di vista giuridico*, in R.S. DE CASTRO-P. MONDA (a cura di), *Il lavoro a distanza: una prospettiva interna e comparata*, Quaderno della Rivista Diritti Lavori Mercati n. 13, Ed. Scientifica, Napoli, 2023, p. 87 ss.

[129] Cfr. *ex multis* E. MENEGATTI, *The classification of platform workers through the lens of judiciaries*, in T. GYULAVÁRI-E. MENEGATTI, *Decent work in the digital age*, Hart Publishing, Oxford, 2022, p. 105 ss.; nella specifica prospettiva prevenzionistica, cfr. F. MALZANI, *Salute e sicurezza dei lavoratori della* gig economy, in P. PASCUCCI (a cura di), *Salute e sicurezza sul lavoro*, Franco Angeli, Milano, 2019, p. 45 ss.; A. ALLAMPRESE-O. BONARDI, *Studio sulle condizioni di lavoro nella logistica: tempo e salute*, in *Diritto della sicurezza sul lavoro*, 2, 2020, p. 42 ss.

nazione, inchiodando ancor di più il lavoratore a tempi e luoghi predeterminati e rigidi e a direttive specifiche e reiterate [130], cadenzate dalla ricetta digitalizzata della linea di produzione (come, ad es., in caso di utilizzo del *Manufacturing Execution System* o dei più evoluti e innovativi *Cyber-Physical Systems* [131]), dalla sequenza di istruzioni su monitor o dispositivi indossabili (da qui il termine "*Digital Taylorism*" [132]), in un contesto in cui ogni singola interazione del lavoratore con la macchina è registrata e potenzialmente visualizzabile dal datore di lavoro.

A tal proposito può essere significativo segnalare che se la c.d. dir. macchine 2006/42/CE sarà abrogata dal nuovo Regolamento Ue in materia, adottato per aggiornare le regole rispetto alle sfide delle nuove tecnologie (v. § 1 e cap. 3, § 5.2), già la stessa, implementata a livello interno dal d.lgs. n. 17/2010, prevede(va), all'allegato 1, tra i requisiti essenziali di sicurezza e di tutela della salute relativi alla progettazione e alla costruzione delle macchine, che «nelle condizioni d'uso previste devono essere ridotti al minimo possibile il disagio, la fatica e le tensioni psichiche e fisiche (stress) dell'operatore», tenendo conto di alcuni principi dell'ergonomia, tra cui quello di «evitare un ritmo di lavoro condizionato dalla macchina», «evitare un controllo che richiede una concentrazione prolungata», «adattare l'interfaccia uomo/macchina alle caratteristiche prevedibili dell'operatore». Nel nuovo Regolamento, si noti, si aggiunge che l'adattamento dell'interfaccia uomo-macchina debba avvenire anche con riguardo a una macchina o a un prodotto correlato caratterizzati da un comportamento o una logica totalmente o parzialmente autoevolutivi e progettati per funzionare con vari livelli di autonomia e, se del caso, tali tipologie di macchine o prodotti correlati debbano essere adattati in modo che rispondano alle persone in termini adeguati e appropriati (ad esempio, verbalmente attraverso le parole e non-verbalmente attraverso i gesti, le espressioni facciali o i movimenti del corpo) e comunichino agli operatori in maniera comprensibile le azioni pianificate (ad esempio, ciò che sta per fare e perché).

Il denominatore comune rimane l'incidenza sull'organizzazione del lavoro, in particolare il possibile innesco di rischi psicosociali.

Tra i rischi psicosociali di contesto può essere significativo evidenziare, anzitutto, l'instabilità del lavoro. La probabilità percepita di perdere il posto si ricolle-

---

[130] Cfr. D. GOTTARDI, *Da* Frankenstein *ad Asimov: letteratura 'predittiva', robotica e lavoro*, in *Labour & Law Issues*, 4(2), 2018, p. I.3 ss.

[131] Cfr. L. CASANO-F. SEGHEZZI, *La IV rivoluzione industriale tra tecnologia e processi*, in *Le trasformazioni del lavoro: un percorso di lettura*, Adapt University Press, Bergamo, 2021.

[132] OSHA, *New forms of work in the digital era: implications for psychosocial risks and MSDs*, Discussion Paper, 21 luglio 2021, p. 3; M. MAZZETTI, *Amazon: taylorismo digitale e diritti dei lavoratori*, in *Lavoro e diritto*, 2, 2021, p. 359 ss.; M. D'ONOFRIO, *Pushing the Boundaries: How the Italian General Confederation of Labour (CGIL) Innovated its Strategies for Representing Amazon*, in *European Lawyers Network for Workers*, 2018, consultabile alla pagina web: *http://elw-network.eu/pushing-boundaries-italian-general-confederation-labour-cgil-innovated-strategies-re-presenting-amazon-workers-2/*.

ga alla possibile riduzione del coinvolgimento umano, alla sostituzione del lavoro, con eventuale difficoltà di riqualificazione, associata anche all'invecchiamento [133], al licenziamento tecnologico.

All'interno di modelli organizzativi automatizzati, connotati da fitte catene di sincronismi e sistemi di controllo potenzialmente pervasivi, il lavoratore può altresì percepire o subire uno squilibrio tra l'elevato sforzo richiesto dal processo di intensificazione del lavoro e la limitata possibilità di partecipare al processo decisionale.

D'altra parte, se la nuova forma organizzativa non è adeguatamente progettata, si pensi a moduli di lavoro a distanza sganciati da precisi vincoli di orario, l'innovazione tecnologica può comportare, al contrario, ma in termini non meno problematici, il rischio di ambiguità e carenza di informazioni sul ruolo, sulle responsabilità, sui compiti da eseguire.

Ancora, la polarizzazione "a clessidra" delle posizioni lavorative, nota conseguenza della digitalizzazione [134], può implicare uno schiacciamento di alcune di esse sul fondo, con blocco della valorizzazione delle capacità professionali del lavoratore.

A poter essere incisa è anche la dimensione interpersonale: le relazioni umane sul lavoro possono essere ridotte e/o filtrate dallo strumento tecnologico, sostituite dall'interazione con la macchina (ad es. i cobot). È sì vero che questo può diminuire l'insorgenza di tensioni, conflitti o di determinate forme di molestia o violenza realizzabili in presenza. Gli stessi fenomeni possono, tuttavia, verificarsi anche se mediati dalla dimensione digitale [135], affiancandosi e venendo esacerbati dal rischio di isolamento, un rischio dall'impatto tanto più rilevante se la gestione delle risorse umane risulti fortemente individualizzata [136].

La flessibilità spazio-temporale consentita dalla digitalizzazione può, infine, tanto favorire la conciliazione dei tempi [137], quanto determinare interferenze con la vita privata.

---

[133] Cfr. M. Brollo, *Tecnologie digitali e nuove professionalità*, in *Diritto delle relazioni industriali*, 2019, p. 468 ss.

[134] G. Gosetti, *La digitalizzazione del lavoro. Questioni aperte e domande di ricerca sulla transizione*, in *Economia e società regionale*, 2019, p. 91 ss. Rispetto al rapporto tra polarizzazione delle competenze e proiezione collettiva delle tutele v. *infra*.

[135] Laddove si ragioni di metaverso, si può peraltro osservare come il mondo virtuale apra a una serie di ipotesi non riscontrabili in quello fisico. In tale prospettiva, ci si può, ad esempio, domandare se il fatto che nel diritto antidiscriminatorio a rilevare sia la connessione di una disparità di trattamento con un fattore di rischio, indipendentemente dall'effettiva appartenenza di tale fattore alla vittima (si pensi al fattore percepito o supposto, se non anche alla discriminazione per associazione), consenta di trasporre *de plano* la tutela nel metaverso rispetto alle caratteristiche che presenti l'avatar e non, invece, la persona fisica e, in connessione, si possa configurare, nel mondo virtuale, anche una molestia connessa a un fattore di rischio dell'avatar o una molestia sessuale.

[136] Cfr. D. Gottardi, *Riflessione in rete da giurista del lavoro*, in G. Gosetti (a cura di), *Lavoratori, sindacato e digitalizzazione*, Franco Angeli, Milano, 2022, p. 231 ss.

[137] Si rinvia sul punto a L. Calafà, secondo cui la prospettiva di evoluzione e ripensamento de-

Per quanto riguarda i rischi psicosociali derivanti dal contenuto del lavoro, è importante segnalare, in primo luogo, quelli collegati alle caratteristiche dell'attività lavorativa: come si è potuto evidenziare, l'innovazione non comporta necessariamente un aggiornamento della subordinazione in un'ottica di maggiore autonomia, partecipazione, collaborazione e responsabilizzazione del lavoratore [138]. Può anche determinare un'accentuazione della ripetitività e monotonia delle mansioni, un abbassamento del loro valore professionale, una rapida obsolescenza delle competenze acquisite che si traduce in una mancanza di adeguata formazione.

In secondo luogo, l'intensificazione dell'attività, all'interno di processi automatizzati o di moduli flessibili non progettati su adeguati carichi di lavoro, può implicare un conflitto tra richieste/vincoli imposti e risorse a disposizione, alta concentrazione, mancanza di *feedback*, rischi collegati al quantitativo (eccessivo o scarso) di lavoro e al suo ritmo, con annesse questioni inerenti al tipo e grado di controllo sulla prestazione lavorativa e sulle urgenze, ovvero derivanti dalla distribuzione irregolare, rigidità o lunghezza dell'orario. Rischi che si amplificano in contesti in cui la tecnologia utilizzata consente una supervisione pervasiva, potenziata e in tempo reale dell'attività [139].

La stessa esperienza immersiva del metaverso può, al contempo, veicolare nuovi rischi e lesioni di carattere psico-fisico, che spaziano dai conosciuti disturbi muscoloscheletrici derivanti dall'utilizzo dei dispositivi ai problemi collegati alla c.d. *onlife* [140], all'iperconnessione e intensificazione del lavoro, alla dipendenza digitale, all'astinenza da vita reale, a deficit di consapevolezza corporea, sviluppo di comportamenti antisociali, fino all'induzione e/o deformazione delle emozioni.

L'impatto sulle emozioni e sulla regolazione emotiva[141], in particolare l'aumento della reattività a scapito delle capacità introspettive, nonché la dipendenza, la c.d. sindrome da disconnessione e il controllo compulsivo sono al centro, peraltro, di numerosi studi sull'esposizione ai sistemi digitali e a internet, al di là del

---

gli strumenti conciliativi, ferma la garanzia dell'elemento volontaristico e del rispetto della vita privata, «deve comprendere la riflessione sul rapporto tra *work life balance* (con le sue dimensioni spazio-temporali distinte) e il *work life blending*, in cui queste dimensioni si mescolano, anche a prescindere dal sistema di calcolo della retribuzione» (L. CALAFÀ, *La conciliazione vita e lavoro in ambiente digitale*, in *federalismi.it*, 34, 2022, p. 203).

[138] Cfr. rispetto a questi profili M. NOVELLA, *Impresa*, cit.; L. CORAZZA, *Note sul lavoro subordinato 4.0*, in *Diritto delle relazioni industriali*, 4, 2018, p. 1066 ss.; B. CARUSO, *Strategie di flessibilità funzionale e di tutela dopo il Jobs Act: fordismo, post fordismo e industria 4.0*, in *Giornale di diritto del lavoro e di relazioni industriali*, 157, 2018, p. 81 ss.

[139] Cfr. A. ALLAMPRESE-O. BONARDI, *Studio sulle condizioni di lavoro*, cit.; M. TIRABOSCHI, *Nuovi modelli della organizzazione del lavoro e nuovi rischi*, cit.

[140] Cfr. L. FLORIDI, *Etica dell'intelligenza artificiale*, Raffaello Cortina Editore, Milano, 2022.

[141] Cfr. J.J. GROSS-R. A. THOMPSON, *Emotion Regulation: Conceptual Foundations*, in J.J. GROSS (a cura di), *Handbook of emotion regulation*, The Guilford Press, New York, 2007, p. 3 ss.; P. FONAGY-G. GERGELY-E.L. JURIST-M. TARGET, *Affect regulation, mentalization and the development of the self*, Other Press, New York, 2002.

metaverso, e non a caso sono oggetto di una specifica disposizione e di numerosi riferimenti anche in seno al Regolamento sull'IA [142].

Per trarre una prima sintesi nel percorso d'indagine, si consideri che l'obiettivo dell'analisi è quello di proporre una lettura di sistema, utile a una ricostruzione e applicazione integrata delle regole coinvolte.

A tal fine, si sono già evidenziati nei paragrafi precedenti le possibili interazioni e i canali di comunicazione tra i diversi plessi regolativi, nonché i punti di accesso che consentano di innestare un approccio partecipativo e condiviso nella definizione dei contenuti delle misure di tutela.

In particolare, si è potuto sottolineare che laddove il sistema algoritmico sia utilizzato dal datore nell'esercizio delle proprie prerogative, la fattispecie risulta verosimilmente qualificabile, ai sensi del GDPR, come ipotesi di trattamento dei dati automatizzato, collegato, da un lato, a una profilazione del lavoratore, dovendo consentire di incidere (in termini di conformazione o modifica) sulla sua posizione giuridica, associato, dall'altro, a processi decisionali o di monitoraggio sistematico, con riferibilità dei dati coinvolti a interessi vulnerabili.

Questa qualificazione non solo attrae la fattispecie nell'alveo del quadro normativo di protezione dei dati personali, ma determina, in ragione della presenza dei citati elementi costitutivi, l'obbligo di DPIA per il datore di lavoro ai sensi dell'art. 35 GDPR, ossia l'obbligo di apprestare un sistema di valutazione e governo dei rischi che, in termini modulari rispetto alle caratteristiche delle fonti di pericolo mappate, predisponga le adeguate misure di garanzia per tutelare tutti i diritti e le libertà fondamentali dei lavoratori interessati, nonché per assicurare e documentare la conformità del trattamento ai principi, anche di trasparenza, sanciti dal GDPR. Non solo in questo processo deve essere tenuta in debita considerazione la consultazione dei lavoratori e/o dei loro rappresentanti, ma ai fini della dimostrazione del grado di adeguatezza delle scelte organizzative possono assumere rilievo strumenti di autoregolazione, dal codice di condotta – se appropriato e approvato ai sensi dell'art. 40 – al contratto collettivo, adottato ai sensi dell'art. 88.

Laddove il trattamento automatizzato sia governato da un algoritmo qualificabile come di IA ai sensi della relativa proposta di Regolamento, nell'obbligo di DPIA sancito dall'art. 35 GDPR andranno a confluire e a saldarsi alcuni dei contenuti previsti da detta proposta in relazione alla figura dell'utente.

Da un lato, rileva l'obbligo per l'utente di organizzare le proprie risorse e attività al fine di implementare le misure di sorveglianza umana indicate nelle istruzioni d'uso del sistema: se, infatti, nel contesto del Regolamento sull'IA la sorveglianza umana è volta a prevenire o minimizzare il rischio di violazione dei diritti

---

[142] Cfr. D. Elhai-H. Yang-C. Montag, *Fear of missing out (FOMO): overview, theoretical underpinnings, and literature review on relations with severity of negative affectivity and problematic technology use*, in *Brazilian Journal of Psychiatry*, 43(2), 2021, p. 203 ss.

(art. 14, par. 2), la garanzia si inserisce nel processo di governo del rischio previsto dalla DPIA (collocandosi in tal senso nell'ambito di una dimensione multi-livello di sorveglianza umana), laddove questo parimenti richiede l'apprestamento di misure per affrontare i rischi per i diritti e le libertà degli interessati.

Dall'altro, gli elementi di conoscenza consegnati all'utente dal fornitore all'interno delle istruzioni per l'uso ovvero altra necessaria documentazione pertinente (nonché in sede di eventuale formazione) integreranno sia i presupposti di informazione necessari per poter poi raccogliere l'opinione dei lavoratori o dei loro rappresentanti, sia il contenuto delle garanzie predisposte per assicurare la conformità del trattamento ai principi di trasparenza e correttezza sanciti dal GDPR nonché, su un piano più generale, la protezione dei suddetti diritti e libertà fondamentali, tra cui quello di tutela della dignità umana.

Nella prospettiva lavoristica, i meridiani su cui comunicano i due Regolamenti intersecano e consentono di saldare all'architettura normativa anche il plesso regolativo in materia di salute e sicurezza sul lavoro, parimenti volto a promuovere un processo di valutazione e governo dei rischi, qui per il benessere fisico, psichico e sociale del lavoratore (nonché, anche qui, per la sua dignità, soprattutto in forza, a livello interno, dell'art. 2087 c.c.).

Sulla linea della garanzia di sorveglianza umana si pone, in particolare, l'obbligo, all'interno di questo terzo articolato, di apprestare le adeguate misure di prevenzione e/o protezione dalle fonti di pericolo e i sistemi di controllo di tali misure[143] secondo un rapporto modulare e dinamico con l'evoluzione tecnico-scientifica. Sulla linea della garanzia di trasparenza si collocano, invece, a valle gli obblighi di informazione, formazione e addestramento dei lavoratori sui rischi, mentre a monte alcuni importanti obblighi di coinvolgimento collettivo: l'obbligo di consultare le rappresentanze dei lavoratori specializzate, soprattutto laddove si tratti di verificare le conseguenze per la salute e sicurezza derivanti dalla programmazione e introduzione di nuove tecnologie (art. 6, par. 3, lett. *c*, dir. 89/391/CEE)[144]; l'obbligo di consegna alle stesse del documento di valutazione dei rischi, contenente, tra gli altri, una relazione sulla valutazione di tutti i rischi, l'indicazione delle misure di prevenzione e di protezione, delle procedure per la loro attuazione, nonché dei ruoli dell'organizzazione aziendale che vi debbono provvedere[145].

È significativo osservare come l'aggancio di questo plesso regolativo all'architettura normativa in materia non solo incrementi l'incidenza dell'approccio

---

[143] cfr. art. 33, co. 1, lett. *b*, d.lgs. n. 81/2008, rispetto ai compiti del RSPP.

[144] Come evidenzia la dottrina, l'art. 35 d.lgs. n. 81/2008 prescrive la convocazione della riunione periodica al ricorrere di tali condizioni: cfr. P. LAMBERTUCCI, *Intelligenza artificiale*, cit.

[145] Già prima dell'implementazione interna della dir. 89/391, la dottrina evidenziava nella connessione tra art. 2087 c.c. e art. 9 St. Lav. «una esemplare saldatura tra esigenze di tutela della persona del lavoratore nell'impresa e obbligo di informazione gravante sul datore di lavoro» (A. PERULLI, *Informazione (diritti di)*, cit., p. 367).

partecipativo nella costruzione del sistema, ma su tale profilo possa innescare processi di contaminazione e mutuazione di modelli.

Si possono al riguardo qui richiamare la possibilità, sostenuta in dottrina, di introdurre, accanto al rappresentante dei lavoratori per la sicurezza (RLS), una rappresentanza specializzata per la protezione dei dati personali [146], ma soprattutto l'interessante processo che si è potuto registrare, a livello interno, nella contrattazione collettiva decentrata, con riguardo al consolidamento, oltre il perimetro tematico della salute e sicurezza, delle cabine di regia paritetiche, previste nel periodo pandemico per l'apprestamento delle misure anti-contagio. Se, infatti, i Protocolli condivisi tra governo e parti sociali per il contrasto e contenimento della diffusione del virus Covid-19 negli ambienti di lavoro hanno previsto una forma di coinvolgimento delle rappresentanze dei lavoratori inedita per il sistema di tutela della salute e sicurezza sul lavoro, tale forma ha trovato ampio riconoscimento anche dopo la fine dell'emergenza, quale strumento importante per la gestione delle relazioni sindacali e dell'organizzazione del lavoro per tutte le fasi di transizione, compresa quella digitale [147].

---

[146] Cfr. G. ZAMPINI, *Intelligenza artificiale*, cit.; A. INGRAO, Data-driven management *e strategie collettive*, cit. Rispetto alla necessità di mutuare il modello partecipativo previsto in materia di salute e sicurezza anche nell'ambito della protezione dei dati personali cfr. A. TODOLÌ-SIGNES, *Algorithms, artificial intelligence*, cit. Al riguardo, E. DAGNINO-I. ARMAROLI evidenziano come, a livello interno, proprio a partire dal 2015, quindi dalla modifica dell'art. 4 St. Lav. effettuata nel contesto delle riforme del *Jobs Act*, si registri nella contrattazione collettiva una specifica attenzione per la protezione dei dati personali, in una logica non soltanto difensiva ma anche proattiva (E. DAGNINO-I. ARMAROLI, *A Seat at the Table: Negotiating Data Processing in the Workplace. A National Case Study and Comparative Insights*, in *Comparative Labor Law & Policy Journal*, 41(1), 2019, p. 173 ss.).

[147] La forma di coinvolgimento prevista dal Protocollo condiviso del 14 marzo 2020 (poi aggiornato il 24 aprile 2020 e il 6 aprile 2021) si spingeva, infatti, oltre il modello partecipativo basato sulla rappresentanza specializzata del RLS e sui relativi diritti di informazione, formazione e consultazione, nonché di accesso alla documentazione e ai luoghi aziendali. Nello specifico, tale forma integrava la rappresentanza specializzata con quella contrattuale e stabiliva un coinvolgimento più pregnante, che passava attraverso la promozione di una condivisione delle regole protocollari e di vere e proprie intese negoziali per l'adattamento delle regole al contesto aziendale, arrivando alla previsione di un comitato di controllo (aziendale o territoriale) a composizione paritetica, dove la partecipazione assumeva i tratti della cogestione/amministrazione congiunta. Tale comitato era, infatti, chiamato a effettuare un controllo condiviso sul modello anti-contagio aziendale, sulla concreta applicazione delle sue regole, sulla loro efficacia ed effettività, intervenendo, se necessario, con modifiche, adeguamento, aggiornamento delle stesse. Come evidenziato nel testo, è significativa la segnalazione proveniente dal rapporto sulla contrattazione collettiva di secondo livello pubblicato dalla Fondazione Di Vittorio nell'aprile 2022. Ivi si individua come «primo dato su cui riflettere», «il fatto che i capitoli relazioni sindacali e organizzazione del lavoro siano i due temi più trattati nelle tematiche che caratterizzano gli accordi raccolti. Entrambi sono temi "esplosi" nell'anno della pandemia. La diffusione e la costituzione di commissioni paritetiche aziendali e territoriali, su cui si è concentrato il coinvolgimento delle rappresentanze, sono state importanti per definire misure di prevenzione e di riorganizzazione utili a evitare il diffondersi del contagio. […] Tuttavia pare che queste tematiche abbiamo mantenuto, anche nell'anno della ripresa, una centralità di intervento su-

Per concludere il ragionamento, l'integrazione del sistema regolativo prevenzionistico nell'architettura normativa consente altresì di innestare sulla linea della garanzia di trasparenza il passaggio dall'informazione (sui rischi e le misure di prevenzione e protezione, art. 36, d.lgs. n. 81/2008) alla formazione dei lavoratori (art. 37), tra cui anche quelli con posizioni gerarchicamente deputate all'organizzazione e/o controllo. Trattasi di una formazione, calibrata sui rischi per la salute e sicurezza mappati all'interno della specifica organizzazione aziendale, che deve essere ripetuta proprio in ragione dell'evoluzione degli stessi o allo sviluppo di nuove fonti di pericolo in collegamento con l'utilizzo di macchine e/o di processi governati da sistemi algoritmici.

L'importanza del passaggio è tanto più da valorizzare, nel contesto d'indagine che ci occupa, se si considera come la dottrina inviti il diritto del lavoro, di fronte alle sfide delle nuove tecnologie, ad aprirsi alle «nuove sollecitazioni», «senza rinchiudersi entro la cornice regolativa tradizionale», regolando i processi innovativi, distinguendo quelli che possono avere effetti positivi per i lavoratori, valorizzando e indirizzando le prospettive di crescita e le potenzialità abilitanti che ne possono derivare. Nell'analisi di queste sfide regolative, si sottolinea proprio la necessità di attribuire all'obbligo di formazione una portata giuridica pari a quello di sicurezza [148]. Se questo evidenzia come l'*in*formazione, alla base delle tecniche di tutela della trasparenza analizzate nel presente percorso d'analisi, costituisca solo un primo tassello, nella costruzione della razionalità regolativa del diritto del lavoro di fronte alle sfide del digitale, lo stesso rilievo, nel segnalare come la formazione risponda all'esigenze adattive del lavoratore,

---

periore a quella degli anni precedenti la pandemia. Si confermerebbe quindi che le fasi di transizione – quali quelle in cui la digitalizzazione impone forti cambiamenti organizzativi, di innovazione, come nel caso del lavoro agile come scelta strutturale o dello sviluppo dei modelli partecipativi – hanno bisogno di forti processi di coinvolgimento e di consenso» (N. BRACHINI-B. DE SARIO-S. LEONARDI-M. CAVALLINI (a cura di), *Terzo rapporto sulla contrattazione collettiva di secondo livello*, in *www.fondazionedivittorio.it.*, aprile 2022. Rispetto al modello di coinvolgimento dei lavoratori adottato nei Protocolli anti-contagio, cfr. M. MARINELLI, *Sostenibilità dell'occupazione e rapporto di lavoro privato*, Relazione Giornate di Studio Aidlass, *Il diritto del lavoro per una ripresa sostenibile*, 28-30 ottobre 2021; L. MENGHINI, *Le rappresentanze dei lavoratori per la sicurezza dall'art. 9 dello Statuto alla prevenzione del Covid-19: riaffiora una nuova "soggettività operaia"?*, in *Diritto della sicurezza sul lavoro*, 1, 2021, p. 1 ss.; S. BUOSO, *Principio di prevenzione e sicurezza sul lavoro*, cit.; C. FRASCHERI, *Il modello partecipativo al tempo del Covid-19: quali "eredità" positive per il futuro?*, in *Igiene & Sicurezza sul Lavoro*, 2020, p. 505 ss.

[148] A. PERULLI-V. SPEZIALE, *Dieci tesi*, cit., p. 143. Sul ruolo centrale della formazione, cfr. altresì S. CIUCCIOVINO, *Professionalità, occupazione e tecnologia nella transizione digitale*, in *federalismi.it*, 9, 2022, p. 129 ss.; M. TIRABOSCHI, *Mercati transizionali e possibili linee evolutive della regolazione giuridica del lavoro*, in A.A.V.V., *Flexicurity e mercati transizionali del lavoro*, Adapt University Press, Bergamo, 2021, p. 228 ss.; M. BROLLO, *Tecnologie digitali*, cit.; E. DAGNINO, *Dalla fisica*, cit.; M. FAIOLI, *Mansioni e macchina intelligente*, Giappichelli, Torino, 2018. In merito al rapporto tra informazione e formazione nella transizione digitale, cfr. L. ZAPPALÀ, *Appunti su linguaggio, complessità e comprensibilità del lavoro 4.0*, cit., p. 8.

consente di osservare come i due istituti assolvano a funzioni distinte, differenti e solo in parte sovrapponibili.

Nel contesto della digitalizzazione, anche la questione della formazione rivela un forte legame con il tema del conflitto e della proiezione delle tutele sul piano collettivo, se è vero, come rileva la dottrina, che «nell'economia e nell'innovazione digitali il dipendente non può essere attivamente coinvolto, partecipare, senza una costante formazione che lo metta all'altezza dei processi innovativi» [149] e che lo stesso obiettivo delle parti sociali di riqualificazione o aggiornamento dell'intera forza lavoro si collega al rischio che la polarizzazione delle competenze possa «produrre effetti negativi sulla capacità dei sindacati di rappresentare e mostrare solidarietà tra i gruppi che si trovano ai vertici e alla base della scala aziendale» [150].

Proprio sullo specifico piano della dimensione collettiva delle tutele si concentrerà ora l'analisi.

5. *La proiezione della tutela nella dimensione collettiva: dall'informazione alla negoziazione, all'azione in giudizio*

Nella prospettiva di una lettura di sistema, si è evidenziata la possibilità di costruire una architettura integrata di regole attorno al ruolo portante delle garanzie di sorveglianza umana e di trasparenza e a un metodo di selezione dei contenuti basato su processi di valutazione e governo dei rischi, tanto più adeguati rispetto all'obiettivo di garanzia quanto più sono connotati da un approccio partecipativo e condiviso (v. § 2.1.3).

Proprio su quest'ultimo profilo è significativo ora concentrare la riflessione, premettendo, tuttavia, che laddove il testo dell'*AI Act* fosse modificato seguendo una proposta al momento adottata soltanto in seno alle competenti commissioni del Pe, il tema riceverebbe una precisa soluzione, nell'ambito di ricerca che ci occupa, già a livello normativo. Si richiederebbe, infatti, all'utente/datore, ai sensi dell'art. 29, par. 5*a*, prima della messa in funzione o dell'utilizzo di un sistema di IA ad alto rischio sul luogo di lavoro, di consultare i rappresentanti dei lavoratori al fine di raggiungere un accordo e di informare i dipendenti interessati che vi sa-

---

[149] G. Mari, *Libertà nel lavoro. La sfida della rivoluzione digitale*, il Mulino, Bologna, 2019, p. 187. L'autore osserva come «nel caso del lavoro della conoscenza e del lavoro 4.0» i contenuti del conflitto nei posti di lavoro «riguardano prima di tutto la questione della *formazione*» (p. 170).

[150] E. Ales, *The impact of automation and robotics on collective labour relations: meeting an unprecedented challenge*, in T. Gyulavári-E. Menegatti, *Decent work in the digital age*, Hart Publishing, Oxford, 2022, p. 44; il rischio che nel processo di polarizzazione siano compromesse la nozione stessa di collettività e la tenuta dell'approccio collettivo sono ricondotti dall'autore a due pericoli: la difficoltà/impossibilità di fornire attraverso la contrattazione collettiva condizioni di lavoro comuni a gruppi così eterogenei e la spinta per una individualizzazione della negoziazione da parte dei lavoratori con competenze elevate (p. 44).

ranno sottoposti. Ferma questa premessa e in attesa di verificare l'esito di tale linea di emendamento, per individuare i termini in cui si può articolare la proiezione collettiva della tutela del lavoratore, rispetto all'uso datoriale di sistemi algoritmici, è necessario comprendere non solo come si inserisca il ruolo della rappresentanza dei lavoratori all'interno delle fonti coinvolte nella costruzione dell'architettura regolativa in materia, ma altresì come dialoghino questi canali d'accesso con il quadro normativo previsto a livello UE a promozione e sostegno del coinvolgimento dei lavoratori nell'impresa.

Per quanto attiene al primo corno del ragionamento, si possono qui richiamare in sintesi alcune osservazioni sviluppate nel corso della trattazione.

Nel contesto del GDPR, laddove si introduca un processo automatizzato a supporto dell'esercizio di prerogative datoriali, è verosimile si configuri un obbligo di DPIA a carico del datore di lavoro. Detta procedura richiede di verificare la necessità di un confronto con i rappresentanti dei soggetti interessati, ossia i lavoratori, con raccolta del loro parere e presentazione di adeguate motivazioni laddove si intenda assumere una diversa posizione.

L'articolato normativo del GDPR invita, altresì, a riflettere sulla possibilità che il sindacato possa esercitare, su mandato [151], ai sensi dell'art. 80, un'azione rappresentativa in giudizio *ex* artt. 78, 79 e 82 o un reclamo al Garante per la protezione dei dati personali *ex* art. 77, per ottenere un rimedio di natura rispettivamente giurisdizionale [152] o amministrativa [153]. Se è vero, infatti, che a livello di or-

[151] La possibilità di riconoscere all'ente esponenziale un'azione *iure proprio* è lasciata, dal secondo paragrafo dell'art. 80, alla discrezionalità degli Stati membri.

[152] L'azione *ex* art. 79 potrà essere finalizzata, oltre che alla condanna al risarcimento del danno ai sensi dell'art. 82, anche a impedire la continuazione della condotta non conforme a quanto disposto dal GDPR (C. CIMAROSSA, *Artt. 77-79*, in G.M. RICCIO-G. SCORZA-E. BELISARIO, *GDPR e normativa privacy. Commentario*, Wolters Kluwer, Milano, 2018, p. 582 ss.). Si segnala la possibile rilevanza anche dell'azione inibitoria collettiva *ex* art. 840 *sexiesdecies* c.p.c. (ma rispetto alla carenza di legittimazione dell'organizzazione sindacale, v. *infra*), laddove l'atto e il comportamento siano stati posti in essere in pregiudizio di una pluralità di individui. Per quanto riguarda l'art. 82 GDPR, cfr. Corte giust., 4 maggio 2023, *Österreichische Post*, C-300/21, ECLI:EU:C:2023:370, in cui i giudizi di Lussemburgo rilevano che le nozioni di «danno materiale o immateriale» e di «risarcimento del danno» devono essere considerate, ai fini dell'applicazione del regolamento, «come nozioni autonome del diritto dell'Unione, che devono essere interpretate in modo uniforme in tutti gli Stati membri» (punto 30); le tre condizioni cumulative necessarie affinché si configuri il diritto al risarcimento sono «l'esistenza di un "danno" che sia stato "subito"», «l'esistenza di una violazione del GDPR e di un nesso di causalità tra tale danno e tale violazione» (punto 32); se il Regolamento «non definisce la nozione di "danno"», d'altra parte l'art. 82 non menziona «una qualsivoglia soglia di gravità» (punto 45); per questo subordinare il risarcimento di un danno al superamento di una certa soglia di gravità «rischierebbe di nuocere alla coerenza del regime istituito dal GDPR, poiché la graduazione di una siffatta soglia, da cui dipenderebbe la possibilità o meno di ottenere detto risarcimento, potrebbe variare in funzione della valutazione dei giudici aditi» (punto 49); resta ferma la summenzionata necessità che la persona interessata da una violazione del GDPR, che abbia subito conseguenze negative, debba «dimostrare che tali conseguenze costituiscono un danno», ai sensi dell'art. 82 (punto 50).

[153] I poteri dell'autorità amministrativa di controllo sono indicati dall'art. 58 GDPR; tra i po-

dinamento interno l'art. 10, co. 5, d.lgs. n. 150/2011 (per quanto attiene ai ricorsi giurisdizionali) e l'art. 142, co. 2, d.lgs. n. 196/2003 (per quanto attiene al reclamo al Garante) circoscrivono la legittimazione ad agire agli enti del terzo settore soggetti alla disciplina del d.lgs. n. 117/2017 – con la stessa contestabile scelta operata per l'azione di classe e l'azione inibitoria collettiva introdotte dalla l. n. 31/2019 [154] – si potrebbe, d'altra parte, ritenere che detta limitazione contrasti con il dettato europeo, di più ampia portata, peraltro direttamente applicabile. Ai sensi dell'art. 80, par. 1, GDPR, è sufficiente, infatti, che l'ente abbia obiettivi statutari di pubblico interesse e sia attivo nel settore della protezione dei dati [155].

L'azione presuppone vi sia (stato) un trattamento di dati personali dei lavoratori che conferiscono il mandato e potrebbe essere, ad esempio, esercitata laddove siano stati violati i principi di tutela (da quello di liceità a quello di trasparenza, limitazione della finalità e minimizzazione), l'obbligo di DPIA e/o i diritti di informazione [156].

---

teri correttivi, rientra anche quello di ingiungere al titolare del trattamento di soddisfare le richieste dell'interessato di esercitare i propri diritti ovvero di ingiungere al titolare di conformare i trattamenti alle disposizioni del regolamento (se del caso, in una determinata maniera ed entro un determinato termine) ovvero ancora di imporre allo stesso una limitazione o un divieto di trattamento.

[154] Cfr. O. Razzolini, Class action: *l'azione in giudizio del sindacato verso un cambio di paradigma*, in *Rivista italiana di diritto del lavoro*, 1, 2023, p. 111 ss.; G.A. Recchia, *Il sindacato va al processo: interessi collettivi dei lavoratori e azione di classe*, in *Lavoro Diritti Europa*, 4, 2021. Al riguardo, cfr. Trib. Milano, 13 ottobre 2022, che rileva «la carenza di legittimazione ad agire in proprio in capo alle organizzazioni sindacali ricorrenti, non essendo le stesse presenti nell'elenco previsto dall'art. 840-*bis* co. 2 c.p.c. (art. 840 *sexiedecies* co. 2 c.p.c.) di cui al d.m. 17 febbraio 2022 n. 27».

[155] Cfr. G. Gaudio, *Litigating the Algorithmic Boss in the EU: A (Legally) Feasible and (Strategically) Attractive Option for Trade Unions?*, in *International Journal of Comparative Labour Law and Industrial Relations*, 1, pre-publication, 2024, p. 1 ss.; G. Gaudio, *Algorithmic management, sindacato e tutela giurisdizionale*, in *Diritto delle relazioni industriali*, 2022, p. 30 ss.; A. Bellavista, *Sorveglianza sui lavoratori, protezione dei dati personali ed azione collettiva nell'economia digitale*, in AA.VV., *Giuseppe Santoro Passarelli. Giurista della contemporaneià. Liber Amicorum*, Tomo II, Giappichelli, Torino, 2018, p. 717 ss.; A. Todolì-Signes, *Algorithms, artificial intelligence*, cit.

[156] Al riguardo, particolarmente significative sono le vicende che hanno interessato gli autisti di Uber e Ola, su cui è intervenuta di recente la Corte d'appello di Amsterdam con tre pronunce del 4 aprile 2023 (v. § 2.1.1). Pur non trattandosi di azioni esercitate *ex* art. 80 GDPR, rilevante è stato, infatti, il supporto – e la presa di consapevolezza dell'importanza dei mezzi di ricorso previsti dal GDPR – da parte del sindacato, nello specifico l'ADCU, un sindacato che rappresenta gli interessi degli "autisti di noleggio privato" e dei "corrieri" nel Regno Unito, affiliato all'International Alliance of App Transport Workers (IAATW). Come evidenzia la Corte di appello, «entrambe le organizzazioni difendono i diritti digitali dei lavoratori delle piattaforme. L'ADCU è sostenuta da Worker Info Exchange (WIE), un'organizzazione senza scopo di lucro il cui scopo, in parte, è quello di dare ai lavoratori dell'economia dell'informazione l'accesso ai dati personali raccolti sul loro lavoro. L'ADCU e la IAATW intendono creare una banca dati, che sarà gestita dal WIE. Questo *database* conterrà i dati personali dei conducenti».

Nella costruzione dell'architettura regolativa di matrice Ue si è potuto, altresì, evidenziare il ruolo centrale del quadro regolativo in materia di salute e sicurezza sul lavoro. Alla rappresentanza dei lavoratori, peraltro specializzata, è ivi espressamente riconosciuto uno specifico canale d'accesso, attraverso diritti di informazione, di consegna del documento di valutazione dei rischi, ma soprattutto di preventiva consultazione, sia in termini generali laddove il datore di lavoro intenda programmare o introdurre nuove tecnologie nell'organizzazione del lavoro, sia in termini specifici ogniqualvolta sia effettuata la procedura di valutazione di tutte le fonti di pericolo, fisiche o psicosociali, che possano determinare una lesione della salute dei lavoratori.

De iure condendo assumerà rilevanza nella costruzione di questa architettura, per il proprio ambito di applicazione, anche la direttiva in materia di lavoro su piattaforme digitali.

Al riguardo, si può anzitutto segnalare come negli emendamenti con cui il Parlamento europeo si presenterà ai triloghi i summenzionati profili collettivi dell'obbligo di valutazione di impatto di cui al GDPR siano esplicitati e normati. Con introduzione di un ulteriore paragrafo nell'art. 6, dedicato agli obblighi di trasparenza, si dispone in particolare che le piattaforme effettuino una valutazione d'impatto sulla protezione dei dati, chiedendo il parere degli interessati o dei loro rappresentanti. Le informazioni contenute in detta valutazione sono presentate «in forma concisa, trasparente, comprensibile e facilmente accessibile, utilizzando un linguaggio chiaro e semplice», per consentire ai lavoratori e ai rappresentanti «di prepararsi, se necessario, alla consultazione».

Nella proposta della Commissione, si può altresì evidenziare non solo, come già visto, l'obbligo datoriale di mettere le informazioni di cui all'art. 6 a disposizione anche dei rappresentanti dei lavoratori (e delle autorità nazionali del lavoro) su loro richiesta, ma altresì la possibilità di un'azione collettiva, ferma restando quella citata di cui all'art. 80 GDPR.

Sull'azione degli enti esponenziali prevista in seno alla proposta di direttiva si tornerà oltre nella trattazione. Preme qui evidenziare, ai fini del ragionamento, che all'art. 15, in termini strumentali anche all'esercizio di tale azione, si pone l'obbligo per le piattaforme di garantire, attraverso la creazione di uno spazio digitale, canali di comunicazione tra le persone che svolgono il lavoro, in modo che esse possano non solo contattarsi e comunicare, ma anche essere contattate dai rappre-

---

Altrettanto significativo è il supporto fornito da UNI Global Union e dalla ong per la *privacy* "noyb.eu" ai lavoratori dei magazzini Amazon di Germania, Regno Unito, Italia, Polonia e Slovacchia per la presentazione della loro richiesta di accesso ai sensi dell'art. 15 GDPR. Come si legge nel sito di noyb.eu, «con un approccio unitario, i magazzinieri di Amazon di cinque paesi europei hanno presentato una richiesta di accesso per chiarire se l'azienda utilizza i dati dei lavoratori per favorire condizioni di lavoro disumane e tassi di produttività insicuri. Sulla base di quanto emergerà dalle richieste di accesso, la noyb prenderà provvedimenti contro le violazioni del GDPR».

sentanti [157]. Come spiega il cons. n. 45, ciò si rende necessario stante «la mancanza di un luogo di lavoro comune». Chiaramente, l'obbligo di creazione dei canali di comunicazione è accompagnato dal divieto per le piattaforme di accedere ai contatti e alle comunicazioni e di monitorarli, nonché dall'obbligo di assicurare il rispetto della normativa sul trattamento dei dati personali.

Per i lavoratori subordinati, l'applicazione di questo sistema va raccordata anche alla specifica garanzia di tutele collettive di cui all'art. 9 [158]. Fatti salvi i diritti e gli obblighi previsti dalla dir. 2002/14/CE, ivi si richiede agli Stati membri di assicurare l'informazione e la consultazione dei rappresentanti o, in loro mancanza, dei lavoratori stessi, per quanto riguarda le decisioni che possano comportare l'introduzione o modifiche sostanziali nell'uso dei sistemi decisionali e di monitoraggio automatizzati. Si stabilisce, infine, che i rappresentanti o, come visto, gli stessi lavoratori possano essere assistiti, in questo processo di coinvolgimento, da un esperto di loro scelta, nella misura in cui ciò sia loro necessario per esaminare la questione e formulare un parere [159]. Le spese per l'esperto, se proporzionate, saranno a carico della piattaforma, qualora questa conti più di 500 lavoratori in uno Stato membro.

Nel testo con cui il Parlamento europeo si presenterà ai triloghi, è stato inoltre aggiunto un art. 6*a* in cui si richiede agli Stati membri di prevedere che, nell'ambito dei processi di informazione e consultazione, i rappresentanti dei lavoratori e gli esperti che li assistono non siano autorizzati a rivelare informazioni che, nel

[157] Rispetto al ruolo dei supporti virtuali per l'azione sindacale, v. già la riflessione, in termini più generali, di G. GOSETTI (a cura di), *Lavoratori, sindacato e digitalizzazione*, Franco Angeli, Milano, 2022; M. MARAZZA, Social, *relazioni industriali e (nuovi percorsi di) formazione della volontà collettiva*, in *Rivista italiana di diritto del lavoro*, I, 2019, p. 55 ss.; G. DE SIMONE, *Lavoro digitale e subordinazione. Prime riflessioni*, in *Rivista giuridica del lavoro e della previdenza sociale*, 1, 2019, p. 21 ss. In tema di c.d. volantinaggio elettronico via e-mail, cfr. Cass., 5 dicembre 2022, n. 35643 e n. 35644.

[158] G. BRONZINI definisce quanto stabilito dall'art. 15 «un pionieristico diritto alla socializzazione e comunicazione orizzontale» (*La proposta di Direttiva sul lavoro nelle piattaforme digitali tra esigenze di tutela immediata e le sfide dell'"umanesimo digitale"*, in *Lavoro Diritti Europa*, 1, 2022, p. 11). Si conferma anche rispetto a questo profilo, nella posizione del Pe, l'attenzione per la dimensione collettiva della tutela. Si prevede, nello specifico, l'inserimento di una nuova disposizione, l'art. 15-*bis*, in cui gli Stati membri sono chiamati a promuovere la contrattazione collettiva nel lavoro mediante piattaforme digitali, attraverso l'adozione di misure volte a garantire l'informazione dei rappresentanti dei lavoratori, nonché l'incontro tra i rappresentanti e i lavoratori.

[159] Sulla questione dell'adeguatezza e specializzazione delle competenze dell'attore sindacale di fronte alle sfide delle nuove tecnologie, cfr. P. TULLINI, *La questione del potere nell'impresa*, cit.; M. FORLIVESI, *La rappresentanza e la sfida del contropotere nei luoghi di lavoro*, in *Lavoro e diritto*, 2020, p. 673 ss. Come evidenzia L. MARIUCCI, *Giuslavorismo e sindacati nell'epoca del tramonto del neoliberismo*, in *WP CSDLE "Massimo D'Antona".IT*, n. 407, 2020, «serve un sindacato specializzato, capace di cogliere le specifiche articolazioni dei complessi interessi in gioco e soprattutto dotato di professionalità di alto livello che gli consentano di confrontarsi con le punte più avanzate della innovazione tecnologica» (p. 9).

legittimo interesse dell'impresa, siano state espressamente fornite loro in via riservata, salvo non si tratti di informazioni che possano influire sui posti di lavoro o sulle condizioni di lavoro dei lavoratori scambiate tra i rappresentanti, i comitati aziendali (europei, nazionali o locali) e le competenti organizzazioni sindacali ovvero informazioni riguardanti elementi che possano incidere sui diritti tutelati dalla direttiva. Si stabilisce che la piattaforma specifichi ai rappresentanti i criteri oggettivi utilizzati per decidere la natura riservata delle informazioni, nonché la durata della riservatezza, e che tali criteri siano elencati, a livello di ordinamento nazionale, all'interno di una legge, con garanzia per i rappresentanti di poter ottenere in via d'urgenza una revisione della classificazione di una questione, attraverso una decisione amministrativa o giudiziaria.

Se la proposta di direttiva sul lavoro mediante piattaforme digitali, soprattutto a fronte degli emendamenti inseriti dal Parlamento europeo, fornisce per il proprio ambito di applicazione una specifica risposta al tema della proiezione collettiva della tutela, uno sviluppo della riflessione su un piano più generale richiede di verificare quanto i canali di accesso alla rappresentanza dei lavoratori tracciati nell'ambito delle fonti vigenti (GDPR e dir. 89/391/CEE) dialoghino con il quadro regolativo di matrice Ue in materia di coinvolgimento dei lavoratori nell'impresa.

Come evidenzia la dottrina, tale quadro è costituito da più livelli, dalla citata dir. 2002/14/CE concernente i diritti di informazione e consultazione per le aziende che superino la soglia occupazionale dei 50 dipendenti alle fonti che integrano tale sistema trasversale con specifiche disposizioni laddove l'impresa e la questione da trattare siano qualificate dal carattere transnazionale (dir. 2009/38/CE riguardante l'istituzione di un comitato aziendale europeo o di una procedura per l'informazione e la consultazione dei lavoratori nelle imprese e nei gruppi di imprese di dimensioni comunitarie e le direttive gemelle 2001/86/CE e 2003/72/CE relative al coinvolgimento dei lavoratori rispettivamente nella società europea e nella società cooperativa europea) [160].

Concentrando l'attenzione sulla normativa applicabile a prescindere dall'articolazione transnazionale dell'impresa, si può anzitutto segnalare come la stessa sia inevitabilmente coinvolta nell'ambito tematico che ci occupa, posto che l'oggetto (minimo) dell'informazione, funzionale poi alla consultazione (art. 4, par. 4) e all'obbligo di trattare (art. 4, par. 4, lett. *e*), comprende l'andamento recente e prevedibile dell'attività dell'impresa, quindi anche le innovazioni tecnologiche, e le decisioni dell'impresa suscettibili di comportare rilevanti cambiamenti in materia di organizzazione del lavoro (art. 4, par. 2, lett. *a* e *c*, dir. 2002/14/CE) [161].

---

[160] Cfr. A. ALAIMO, *Il coinvolgimento dei lavoratori nell'impresa: informazione, consultazione e partecipazione*, in S. SCIARRA-B. CARUSO (a cura di), *Il lavoro subordinato*, Giappichelli, Torino, 2009, p. 641 ss.; C. ZOLI, *I diritti di informazione e di c.d. consultazione: il d.lgs. 6 febbraio 2007, n. 25*, in *Rivista italiana di diritto del lavoro*, 2008, p. 161 ss.

[161] Cfr. E. ALES, *The impact of automation and robotics on collective labour relations*, cit.; I.

Considerato che, al ricorrere di dette ipotesi, le rappresentanze dei lavoratori sono titolari di uno specifico diritto di informazione, consultazione e negoziazione [162], è interessante osservare come la direttiva richieda che i contenuti, i metodi

---

SENATORI, *Eu Law and digitalization of employment relations*, in T. GYULAVÁRI-E. MENEGATTI, *Decent work in the digital age*, Hart Publishing, Oxford, 2022, p. 57 ss.; J. ADAMS-PRASSL, *Regulating algorithms*, cit.; P. COLLINS-J. ATKINSON, *Worker voice*, cit., i quali evidenziano, d'altra parte, «la necessità di stabilire un meccanismo che consenta ai lavoratori di esercitare la propria voce sulle tecnologie di gestione algoritmica in una fase precedente, quando queste vengono sviluppate e "addestrate" da aziende terze» (p. 13). Si rinvia ad altra sede un'analisi approfondita dei modelli di coinvolgimento dei lavoratori sviluppati nella contrattazione collettiva. Si possono qui evidenziare tre profili, incidenti anche sul confronto tra le parti sociali in tema di processi di innovazione tecnologica. Il primo è costituito dallo sviluppo di procedure di informazione e consultazione nelle imprese medio-grandi, anche indirizzate alla conclusione di accordi. L'esempio più citato è quello fornito, a livello categoriale, dal ccnl dei metalmeccanici 5 febbraio 2021, ove l'art. 9 della sezione prima («Sistema di relazioni sindacali»), rubricato «Informazione e consultazione in sede aziendale», ponendosi l'obiettivo di attuare il d.lgs. n. 25/2007, obbliga i datori di lavoro con almeno 50 dipendenti a informare e consultare le rsu e le organizzazioni territoriali stipulanti anche sulle decisioni che investano in modo determinante le tecnologie adottate e ad effettuare un esame congiunto, su richiesta sindacale, al livello pertinente della *line* aziendale. I rappresentanti sindacali possono, quindi, formalizzare un proprio parere al quale il datore di lavoro è tenuto a dare risposta motivata.

Il secondo profilo attiene al livello decentrato della contrattazione collettiva e allo sviluppo dei comitati paritetici, anche a consolidamento, oltre la pandemia, dell'esperienza delle cabine di regia di livello aziendale/territoriale previste nei Protocolli anti-contagio (v. *supra*) (cfr. P. LAMBERTUCCI, *Intelligenza artificiale*, cit., pp. 908-909; M. CORTI, *Innovazione tecnologica e partecipazione dei lavoratori: un confronto fra Italia e Germania*, in *federalismi.it*, 17, 2022, p. 113 ss., spec. p. 119; a titolo esemplificativo, tra le esperienze più recenti, è segnalato l'Accordo aziendale Plasmon Heinz Italia del 20 giugno 2022 e Liquigas del 25 novembre 2022 in M. FAIOLI, *Giustizia contrattuale, tecnologia avanzata e reticenza informativa del datore di lavoro. Sull'imbarazzante "truismo" del decreto trasparenza*, in *Diritto delle relazioni industriali*, 2023, pp. 57-58). Segnala l'esigenza che le commissioni paritetiche siano integrate da consulenti esterni scelti di comune accordo tra le parti e che il sindacato adegui «la propria cassetta degli attrezzi» con processi di formazione e «inediti modelli organizzativi di azione collettiva e contrattazione» L. IMBERTI, *La contrattazione collettiva aziendale di fronte alle sfide della rivoluzione digitale e ai processi di cambiamento organizzativo*, in *federalismi.it*, 25, 2022, pp. 167-168.

Il terzo profilo riguarda la prospettiva auspicata in dottrina di una revisione del regime delle rsa/rsu che, da un lato, muova dalla riforma della nozione di unità produttiva, così da adeguarla alle caratteristiche e ai perimetri del digitale, dall'altro, sostenga una funzione negoziale *ad hoc* delle rappresentanze dei lavoratori in azienda, derivante da una procedura di informazione/consultazione, «negli ambiti di regolazione dei robot intelligenti che operano nelle unità produttive digitali» (M. FAIOLI, *Data Analytics, robot intelligenti e regolazione del lavoro*, in *Federalismi.it*, 9, 2022, p. 164; sul punto cfr. altresì A. DONINI, *Il luogo per l'esercizio dei diritti sindacali: l'unità produttiva nell'impresa frammentata*, in *Labour & Law Issues*, 2019, p. 100 ss.).

[162] Come evidenzia la dottrina, la formulazione della direttiva, ma invero anche quella dell'art. 27 della Carta, aprono all'interrogativo sulla titolarità, se individuale o collettiva, del diritto (A. ALAIMO, *Il coinvolgimento dei lavoratori nell'impresa*, cit.). Considerato che, tanto nella direttiva quanto nel decreto interno di recepimento, il diritto è formalmente attribuito ai lavoratori *uti singuli* ma il suo esercizio è riservato agli attori collettivi, «elevati al rango di protagonisti delle procedure in esame» (C. ZOLI, *I diritti di informazione e di c.d. consultazione*, cit., p. 170), si è affermato si

e i tempi dell'informazione siano adeguati a consentire la comprensione, l'esame e la presentazione di un parere da parte delle rappresentanze (art. 4, par. 3). Questo non può che interrogare su come il carattere dell'adeguatezza ivi richiesto si declini laddove si tratti di informazioni inerenti alla trasparenza, comprensibilità e spiegabilità di sistemi algoritmici.

Altrettanto significativo è il riferimento della direttiva, in seno al processo di consultazione di cui all'art. 4, par. 4, al diritto dei rappresentanti, da un lato, di formulare un parere e, dall'altro, di ottenere una risposta motivata, un profilo che richiama, quantomeno in parte, la dinamica di confronto che connota, come visto, il processo di valutazione di impatto di cui all'art. 35 GDPR (tanto più se si considera il rafforzamento in tal senso della DPIA, nel contesto della proposta di direttiva sul lavoro su piattaforma, nelle linee di emendamento indicate dal Parlamento europeo, v. *supra*).

Di particolare rilievo, ai fini dell'analisi che ci occupa, è la disposizione della direttiva dedicata alla gestione delle informazioni riservate (art. 6), all'interno della quale si rinviene peraltro l'espresso riferimento alla possibilità per le rappresentanze di farsi assistere da un soggetto esperto (v. *supra*, in tal senso, anche la proposta di direttiva in materia di lavoro su piattaforma digitale).

In tale sede, si richiede agli stati membri di disporre: il divieto per i rappresentanti e per i loro consulenti di rivelare ai lavoratori e a terzi informazioni espressamente fornite in via riservata, nel legittimo interesse dell'impresa o dello stabilimento, salvo non si preveda la possibilità di trasmettere le informazioni riservate a soggetti vincolati da un obbligo di riservatezza (par. 1); la facoltà per il datore di non comunicare informazioni o di non procedere a consultazioni che, secondo criteri obiettivi, siano di natura tale da creare notevoli difficoltà al funzionamento delle imprese o degli stabilimenti interessati o da arrecare loro danno (par. 2); procedure amministrative o giudiziarie di ricorso qualora il datore di lavoro esiga la riservatezza o non fornisca informazioni ovvero facoltativamente procedure destinate a salvaguardare la riservatezza delle informazioni in questione (par. 3).

È interessante, al riguardo, evidenziare come, a livello interno, il d.lgs. n. 25/2007 affidi la definizione dei termini della questione all'autonomia collettiva.

Si consideri che, in linea generale, il decreto prevede che le modalità di informazione e consultazione siano stabilite dal contratto collettivo di lavoro (art. 1, co. 2), così come la definizione di sedi, tempi, soggetti, modalità e contenuti dei diritti di informazione e consultazione riconosciuti ai lavoratori (art. 4, co. 1), nei

---

tratti «di un diritto individuale ad esercizio necessariamente collettivo», ritenendosi di conseguenza che «la predisposizione di meccanismi di coinvolgimento diretto dei lavoratori non sia sufficiente per adempiere correttamente quanto prescritto dalla direttiva» (M. CORTI, *Informazione e consultazione in Italia tra continuità formale e sviluppi sistematici*, (artt. 1, 2, e 4), in M. NAPOLI (a cura di), *L'impresa di fronte all'informazione e consultazione dei lavoratori*, Commentario sistematico al decreto legislativo 6 febbraio 2007, n.25, in *Le nuove leggi civili commentate*, 2008, p. 889, nota 209).

limiti dell'oggetto minimo richiesto dai commi 3-5 dell'art. 4 (in cui rientrano i citati profili inerenti all'andamento recente e prevedibile dell'attività dell'impresa e le decisioni incidenti sull'organizzazione del lavoro)[163].

Con specifico riferimento al tema delle informazioni riservate, l'art. 5 attribuisce ai contratti collettivi nazionali di lavoro la possibilità di autorizzare i rappresentanti dei lavoratori ed eventuali loro consulenti a trasmettere dette informazioni a lavoratori o a terzi vincolati da un obbligo di riservatezza, previa individuazione delle relative modalità di esercizio da parte del contratto collettivo stesso e con applicazione dei provvedimenti disciplinari stabiliti dai contratti collettivi applicati, in caso di violazione del divieto (ferma la responsabilità civile). Se, in conformità con quanto previsto dalla direttiva, il datore non è obbligato a procedere a consultazioni o a comunicare informazioni che, per comprovate esigenze tecniche, organizzative e produttive, siano di natura tale da creare notevoli difficoltà al funzionamento dell'impresa o da arrecarle danno (art. 5, co. 2), sono ancora una volta i contratti collettivi nazionali di lavoro ad assumere un ruolo centrale sulla questione. Essi devono, infatti, prevedere la costituzione (obbligatoria[164]) di una commissione di conciliazione per le contestazioni relative alla natura riservata delle notizie fornite e qualificate come tali, nonché per la concreta identificazione delle esigenze tecniche, organizzative e produttive funzionali a individuare le informazioni suscettibili di creare notevoli difficoltà al funzionamento dell'impresa interessata o di arrecarle danno. I contratti collettivi determinano, altresì, la composizione e le modalità di funzionamento della commissione di conciliazione (art. 5, co. 3).

Il profilo è di estremo rilievo ai fini dell'indagine che ci occupa, in quanto risulta necessariamente implicato nella dinamica di bilanciamento che coinvolge, da un lato, il diritto alla trasparenza dei lavoratori e dei loro rappresentanti e, dall'altro, i

---

[163] In tal senso C. ZOLI, *I diritti di informazione e di c.d. consultazione*, cit., e A. ALAIMO, *Il coinvolgimento dei lavoratori nell'impresa*, cit., secondo cui «una interpretazione del testo di legge fedele ai principi generali che regolano, nel nostro ordinamento, il rapporto legge-contratto collettivo, induce [...] a ritenere che le previsioni del 3°, 4° e 5° comma dell'art. 4 funzionino come prescrizioni *minime* non erodibili dalla contrattazione collettiva. Tali previsioni costituiscono norme inderogabili sull'oggetto e sulle modalità dell'informazione della consultazione, *integrabili* [...] dalla contrattazione collettiva e, comunque, non modificabili *in pejus* da tale fonte» (p. 701); *contra* M. CORTI, *Informazione e consultazione*, cit., secondo cui «si deve ritenere che i commi 3-5 dell'art. 4 dispongano per il caso in cui i contratti collettivi non vi siano o non siano applicabili, o ancora non rispettino i requisiti minimi stabiliti dall'art. 1», avendo le parti sociali «piena facoltà di deroga all'art. 4, co. 3-5» (pp. 884-885).

[164] C. ZOLI, *I diritti di informazione e di c.d. consultazione*, cit.; cfr. A. ZILLI, *La trasparenza nel lavoro subordinato. Principi e tecniche di tutela*, Pacini giuridica, Pisa, 2022, che invita a riflettere sulla «totale assenza di giurisprudenza sul punto» (p. 116); con riguardo al ccnl per i metalmeccanici, v. M. BIASI, *La partecipazione dei lavoratori nel ccnl Metalmeccanici 5 febbraio 2021: la retta via e il lungo cammino*, in G. ZILIO GRANDI (a cura di), *Commentario al ccnl Metalmeccanici 5 febbraio 2021*, Giappichelli, Torino, 2021, p. 97 ss.

diritti d'autore sul *software* e la tutela del segreto industriale, potenzialmente incisi da una *disclosure* sul funzionamento di un sistema algoritmico (v. § 6 e cap. 4, § 2.2). Ai sensi delle richiamate disposizioni del d.lgs. n. 25/2007, l'individuazione del punto di equilibrio potrebbe essere affidata alle parti sociali [165].

Sono molteplici i canali di contatto e di dialogo tra i sistemi normativi di tutela della protezione dei dati personali e della salute e sicurezza sul lavoro e il descritto quadro normativo in materia di coinvolgimento dei lavoratori, nella ricostruzione di un'architettura integrata di regole a protezione del lavoratore rispetto alla pluralità dei rischi derivanti dall'esposizione a sistemi di IA e dall'interazione con essi.

È necessario evidenziare come gli ambiti di applicazione non siano sovrapponibili: mentre i primi prescindono dalla dimensione occupazionale del datore di lavoro, il secondo è vincolato al calcolo di una soglia determinata di dipendenti.

Laddove, tuttavia, le fonti trovino tutte parimenti applicazione, si può riflettere sui vasi comunicanti e sulle reciproche contaminazioni.

Ci si può chiedere, anzitutto, quanto l'articolato normativo del GDPR incida sulla declinazione delle procedure previste ai sensi della dir. 2002/14, laddove si tratti di determinare i termini di adeguatezza dei contenuti e dei metodi dell'informazione e della consultazione dei rappresentanti.

Viceversa, ci si può domandare quanto dette procedure possano integrarsi e saldarsi con l'obbligo di DPIA di cui all'art. 35 GDPR, in particolar modo nei momenti, prima, di necessaria richiesta di un parere ai rappresentanti dei lavoratori, quali interessati e titolari del dato personale, e poi di necessaria risposta motivata allo stesso.

La dir. 2002/14 e, nei termini di recepimento stabiliti dal d.lgs. n. 25/2007, anche l'autonomia collettiva nazionale e le parti sociali assumono peraltro centrale rilevanza rispetto al bilanciamento tra interesse alla trasparenza e privative industriali legate all'uso di processi algoritmici.

Ancora, il rafforzamento dell'identità della procedura in termini di informazione e consultazione sindacale si pone a sostegno della possibilità di configurare l'eventuale mancanza di coinvolgimento come condotta antisindacale. Questo aprirebbe alla possibilità di ricorso in giudizio non solo utilizzando gli strumenti e le vie predisposti dal GDPR (in ipotesi, anche con azione rappresentativa su mandato ai sensi dell'art. 80, nei termini e possibili limiti anzidetti), volti a censurare la violazione non dell'informazione/consultazione delle rappresentanze, quanto eventualmente dei diritti di informazione/accesso individuali, dell'obbligo di DPIA o delle garanzie di *compliance* e di tutela delle libertà e dei diritti degli interessati, che il titolare del trattamento, anche attraverso una corretta (e partecipata) procedura di valutazione di impatto, deve apprestare. La qualificabilità della condotta

---

[165] Cfr. A. ALAIMO, *Il coinvolgimento dei lavoratori nell'impresa*, cit.

in termini di antisindacalità aprirebbe, altresì, la strada al ricorso *ex* art. 28 St. Lav. [166], con possibilità di ottenere il risarcimento del danno per mancato coinvolgimento delle rappresentanze, ma anche la rimozione degli effetti della condotta sui rapporti di lavoro, come ci insegna la più recente giurisprudenza in tema, in particolare con riguardo al caso GKN [167].

Quest'ultimo profilo ci invita a un'ultima considerazione in tema di azione collettiva.

Si è analizzata la possibilità di ricorso per condotta antisindacale ovvero anche la possibilità di un'azione su mandato da parte del sindacato ai sensi dell'art. 80 GDPR, laddove si ritenga direttamente applicabile, nonostante la ristretta implementazione interna. Si consenta, a tal riguardo, di evidenziare come, da un lato, si tratterebbe esclusivamente di un'azione su delega e non di un'azione *iure proprio* del sindacato; dall'altro, anche per l'identità del soggetto necessariamente rappresentato dall'azione, lo strumento di cui all'art. 80 GDPR si discosti e si differenzi in termini significativi dall'azione collettiva antidiscriminatoria, che parimenti rientra tra le opzioni a disposizione del sindacato. Quest'ultima, infatti, non solo può configurarsi (anche) come azione *iure proprio* dell'ente esponenziale[168], ma può altresì prescindere dalla necessaria identificabilità del soggetto titolare dell'interesse, condizione a cui è, invece, vincolata necessariamente l'azione nel contesto del GDPR (anche fosse, per scelta dello Stato membro, riconosciuta all'ente *iure proprio* [169]), considerato che il dato si può qualificare come personale solo laddove l'interessato sia, seppur solo indirettamente, identificabile.

In tema di azione collettiva, è utile richiamare, ancora una volta, la proposta di direttiva sulle piattaforme digitali. Come anticipato, l'art. 14 prevede un'azione rappresentativa su mandato degli enti esponenziali, qualificati dalla titolarità di un

---

[166] Cfr. la qualificazione, in tal senso, dell'omessa informativa alle rappresentanze sindacali prevista dal c.d. decreto trasparenza in punto di sistemi automatizzati in Trib. Palermo, ord., 3 aprile 2023, n. 14491 (v. *infra*).

[167] Cfr. A. ZILLI, *La trasparenza nel lavoro subordinato*, cit., spec. p. 117 ss.; M. CORTI, *Il coinvolgimento dei lavoratori preso sul serio: il caso GKN*, in *Diritto delle relazioni industriali*, 2022, p. 265 ss.; G. FROSECCHI, *Diritti collettivi di informazione. Lezioni dal caso GKN*, in *Labour & Law Issues*, 7(2), 2021, p. 37 ss.

[168] Cfr. V. PROTOPAPA, *Uso strategico del diritto e azione sindacale*, il Mulino, Bologna, 2022.

[169] Cfr. Corte giust., 28 aprile 2022, *Meta Platforms Ireland Limited*, C-319/20, ECLI:EU:C:2022:322, ove si afferma che l'art. 80, par. 2, deve essere interpretato nel senso che «esso non osta ad una normativa nazionale che consente ad un'associazione di tutela degli interessi dei consumatori di agire in giudizio, in assenza di un mandato che le sia stato conferito a tale scopo e indipendentemente dalla violazione di specifici diritti degli interessati, contro il presunto autore di un atto pregiudizievole per la protezione dei dati personali, facendo valere la violazione del divieto di pratiche commerciali sleali, la violazione di una legge in materia di tutela dei consumatori o la violazione del divieto di utilizzazione di condizioni generali di contratto nulle, qualora il trattamento di dati in questione sia idoneo a pregiudicare i diritti riconosciuti da tale regolamento a persone fisiche identificate o identificabili» (punto 83).

legittimo interesse alla difesa, in conformità ai criteri stabiliti dal diritto o dalle prassi nazionali [170]. Si dispone, nello specifico, che tali enti possano agire per conto o a sostegno di una o più persone, con l'approvazione di esse, in questo individuandosi certamente un'ipotesi di rappresentanza processuale volontaria e, parrebbe, un'ipotesi di intervento *ad adiuvandum*, come quelli di cui ai nostri artt. 105, co. 2 c.p.c. o art. 425 c.p.c. Come spiega il cons. n. 44, ciò «permette di agevolare i procedimenti che altrimenti non sarebbero avviati a causa di ostacoli procedurali e finanziari o per timore di ritorsioni» [171].

Al pari di quanto avviene nel contesto delle direttive antidiscriminatorie, la proposta tace, invece, sulla possibilità di un'azione rappresentativa senza mandato [172]. Come ci insegna, tuttavia, la giurisprudenza della Corte di giustizia relativa proprio alle direttive antidiscriminatorie [173], nulla vieta agli Stati membri di introdurre disposizioni più favorevoli, qui ai sensi dell'art. 20, e riconoscere in capo agli enti esponenziali la legittimazione a esercitare un'azione rappresentativa senza mandato, o in veste di sostituti processuali dei soggetti titolari del diritto violato o quali titolari di un'azione *iure proprio* per la tutela di un interesse collettivo o degli interessi di un gruppo omogeneo di soggetti, anche non direttamente identificabili.

6. *Riflessioni sulle risposte regolative del legislatore italiano: c.d. decreto trasparenza e oltre*

In sede di recepimento della direttiva Ue 2019/1152 relativa a condizioni di lavoro trasparenti e prevedibili nell'Unione europea [174], il legislatore italiano ha deciso di introdurre una disposizione, non presente nella fonte europea, specificamente dedicata ai processi decisionali e di monitoraggio automatizzati.

---

[170] Tra le proposte di emendamento del Parlamento europeo, si possono evidenziare, in seno all'art. 14, l'espresso riferimento ai sindacati nonché l'apertura alla possibilità di un'azione rappresentativa senza mandato.

[171] È importante osservare come nel disciplinare il diritto di ricorso individuale e la possibilità del mandato di rappresentanza processuale agli enti, la proposta stabilisca uno specifico raccordo con il GDPR, facendo salve ora le disposizioni del Regolamento in tema di azioni nei confronti del titolare o responsabile del trattamento e di diritto al risarcimento del danno, ora quelle in tema di rappresentanza degli interessati e di azioni rappresentative degli enti esponenziali, con o senza mandato.

[172] Come detto, nella posizione adottata dal Parlamento europeo, si apre alla possibilità dell'azione rappresentativa senza mandato. Si prevede, in particolare, che gli enti agiscano con l'approvazione delle persone interessate «se del caso» e che siano fatti «salvi altre competenze e altri diritti collettivi delle parti sociali e dei rappresentanti dei lavoratori, se del caso, compreso il diritto di agire in nome di un interesse collettivo, conformemente alla legislazione o alle prassi nazionali».

[173] Cfr. Corte giust., 23 aprile 2020, *NH contro Associazione Avvocatura per i diritti LGBTI – Rete Lenford*, C-507/18, ECLI:EU:C:2020:289.

[174] Direttiva Ue 2019/1152 del 20 giugno 2019, relativa a condizioni di lavoro trasparenti e prevedibili nell'Unione europea.

Segnatamente, il d.lgs. n. 104/2022, c.d. decreto trasparenza, entrato in vigore il 13 agosto 2022, ha previsto l'inserimento in seno al d.lgs. n. 152/1997 dell'art. 1-*bis*, comportante "Ulteriori obblighi informativi nel caso di utilizzo» di detti sistemi.

La disposizione è stata fortemente criticata da una parte della dottrina, sia perché non prevista dalla direttiva Ue e quindi contestata sotto il profilo della compatibilità con la realizzazione degli obiettivi della fonte europea nonché con i principi di tutela della concorrenza nel mercato comune; sia perché «incomprensibile e inattuabile», nonostante alcuni tentativi di lettura, invero poco efficaci, proposti dal Ministero del lavoro; sia perché connotata da «una ingiustificata sovraesposizione sanzionatoria» della reticenza informativa datoriale e, infine, poco *future-proof*, ossia poco adatta, nella sua indicazione di contenuto, a rispondere a evoluzioni e trasformazioni tecnologiche sempre più accelerate [175]. In questa prospettiva, tale dottrina ha concluso che sarebbe auspicabile un'abrogazione *tout court* dell'articolo.

Altri al contrario hanno ritenuto, richiamando i cons. n. 4 e n. 8 della dir. 2019/1152 [176], che il legislatore italiano abbia inteso garantire, con la disposizione in esame, «la piena effettività dell'imperativo di trasparenza posto dalla fonte eurounitaria anche in quei casi particolari – che la stessa Direttiva menziona e dunque chiede di considerare – in cui la decisione o il controllo datoriali siano effettuati non da persone, ma vengano attuati tramite sistemi automatizzati» [177].

Il d.l. n. 48/2023, c.d. decreto lavoro, ha da ultimo modificato la disposizione, restringendo l'ambito di applicazione dell'obbligo di informativa alla fattispecie dei processi integralmente automatizzati [178] e sostituendo il riferimento alle informazioni di cui all'art. 98 del d.lgs. n. 30/2005, quale limite posto all'applicazione dell'obbligo, con quello «ai sistemi protetti da segreto industriale e commerciale».

---

[175] In tal senso, M. FAIOLI, *Giustizia contrattuale*, cit., pp. 57-58; M. FAIOLI, *Trasparenza e monitoraggio digitale. Perché abbiamo smesso di capire la norma sociale europea*, in *federalismi.it*, 25, 2022, p. 104 ss.

[176] All'interno dei citati considerando si evidenzia, in particolare, il riferimento ai «lavoratori tramite piattaforma digitale» (cons. n. 8) e al fatto che «i mercati del lavoro hanno subito profondi cambiamenti a causa degli sviluppi demografici e della digitalizzazione, per cui sono apparse nuove forme di lavoro [...] In questo mondo del lavoro in evoluzione, cresce l'esigenza che i lavoratori siano pienamente e tempestivamente informati per iscritto, in un formato per loro facilmente accessibile, in merito alle condizioni essenziali del loro lavoro» (cons. n. 4).

[177] M.T. CARINCI-S. GIUDICI-P. PERRI, *Obblighi di informazione e sistemi decisionali e di monitoraggio automatizzati (art. 1-bis "Decreto Trasparenza"): quali forme di controllo per i poteri datoriali algoritmici?*, in *Labor*, 1, 2023, p. 11.

[178] Come segnalato da M.T. CARINCI-S. GIUDICI-P. PERRI, *Obblighi di informazione*, cit., la disposizione, nella formulazione originaria, richiedeva soltanto che il sistema automatizzato fosse deputato a fornire "informazioni rilevanti"; successivamente, il Ministero del lavoro, con la circolare n. 19/2022, aveva interpretato il dettato normativo in modo restrittivo, affermando che ai fini dell'integrazione della fattispecie l'intervento umano dovesse essere al più "accessorio" (senza oltretutto chiarire se tale accessorietà fosse o meno da sovrapporre al carattere meramente simbolico dell'intervento umano che determina l'applicazione dell'art. 22 GDPR).

La riflessione che può essere interessante svolgere nel presente contesto di indagine, con riguardo all'art. 1-*bis*, concerne, da un lato, i termini con cui la disposizione si raccorda all'architettura regolativa di matrice Ue ricostruita nel corso della trattazione e, dall'altro, la verifica di quanto incida la modifica introdotta dal c.d. decreto lavoro ovvero possa incidere un'eventuale abrogazione dell'intero articolo sull'assetto normativo comunque applicabile, nella formulazione *de iure condito* e nella prospettiva *de iure condendo*.

L'art. 1-*bis* prevede l'obbligo per il datore di lavoro di informare il lavoratore dell'utilizzo di sistemi decisionali o di monitoraggio (ora) integralmente automatizzati deputati a fornire indicazioni rilevanti ai fini della assunzione o del conferimento dell'incarico, della gestione o della cessazione del rapporto di lavoro, dell'assegnazione di compiti o mansioni, nonché indicazioni incidenti sulla sorveglianza, la valutazione, le prestazioni e l'adempimento delle obbligazioni contrattuali dei lavoratori [179].

A tal fine, si richiede di fornire al lavoratore, prima dell'inizio dell'attività lavorativa e in modo trasparente, in formato strutturato, di uso comune e leggibile da dispositivo automatico, una serie di informazioni: gli aspetti del rapporto di lavoro sui quali incide l'utilizzo dei sistemi; gli scopi, le finalità, la logica e il funzionamento dei sistemi; le categorie di dati e i parametri principali utilizzati per programmare o addestrare i sistemi, inclusi i meccanismi di valutazione delle prestazioni; le misure di controllo adottate per le decisioni automatizzate, gli eventuali processi di correzione e il responsabile del sistema di gestione della qualità; il livello di accuratezza, robustezza e cybersicurezza dei sistemi e le metriche utilizzate per misurare tali parametri, nonché gli impatti potenzialmente discriminatori delle metriche stesse.

Si prevede che il lavoratore possa esercitare il diritto di accesso ai dati e di richiesta delle informazioni direttamente o per il tramite delle rappresentanze sindacali aziendali o territoriali (co. 3) e che, in ogni caso, la comunicazione delle medesime informazioni e dati deve essere effettuata anche alle rsa ovvero alla rsu e, in loro assenza, alle sedi territoriali delle associazioni sindacali comparativamente più rappresentative sul piano nazionale[180], nonché, in caso di richiesta, anche al Ministero del lavoro e all'Ispettorato nazionale del lavoro (co. 6).

La disposizione specifica espressamente, al co.1, che resta fermo quanto disposto dall'art. 4 St. Lav. e, al co. 4, che al fine di verificare che gli strumenti utilizzati per lo svolgimento della prestazione lavorativa siano conformi al GDPR, il datore di lavoro effettua un'analisi dei rischi e una valutazione d'impatto degli

---

[179] La dottrina evidenzia che «i profili di impatto sul contratto e rapporto di lavoro che qualificano la fattispecie […] sono talmente ampi da perdere, in buona sostanza, una reale capacità (ed utilità) selettiva», M. MARAZZA-F. D'AVERSA, *Dialoghi sulla fattispecie*, cit., pp. 3-4.

[180] Come osserva A. TURSI, «ciò implica, di fatto, l'imposizione di una interlocuzione sindacale, sia pure solo informativa, ad aziende "non sindacalizzate"» (*"Trasparenza" e "diritti minimi" dei lavoratori nel decreto trasparenza*, in *Diritto delle relazioni industriali*, 2023, 1, p. 22).

stessi trattamenti, procedendo a consultazione preventiva del Garante per la protezione dei dati personali ove sussistano i presupposti di cui all'art. 36 GDPR (ossia, per utilizzare le parole del Gruppo di lavoro Articolo 29, ogniqualvolta il titolare del trattamento non sia in grado di trovare misure sufficienti per ridurre i rischi a un livello accettabile e i rischi residui restino, quindi, comunque elevati [181]).

Infine, al co. 8, si escludono espressamente, dagli obblighi informativi previsti, i sistemi protetti da segreto industriale e commerciale (nella formulazione originaria, le informazioni oggetto di tutela ai sensi dell'art. 98 d.lgs. n. 30/2005, c.d. codice della proprietà industriale).

Analizzando il dato normativo, si può anzitutto osservare, rispetto all'oggetto dei diritti di informazione dei lavoratori, come l'art. 1-*bis*, da un lato, anticipi i contenuti della proposta di direttiva sul lavoro mediante piattaforme digitali, estendendone l'applicazione a tutti gli ambiti [182], dall'altro, mutui alcuni riferimenti presenti nella proposta di Regolamento sull'IA, ivi stabiliti per la documentazione tecnica che il fornitore deve predisporre al fine della valutazione di conformità del sistema, nonché per le istruzioni d'uso che sempre il fornitore deve consegnare all'utente.

Richiamando quanto in precedenza evidenziato nel corso della trattazione, si può ricordare, infatti, che ai sensi della proposta di direttiva, il datore deve fornire ai lavoratori – nonché ai rappresentanti dei lavoratori e alle autorità nazionali di lavoro su loro richiesta – informazioni sui principali parametri di cui i sistemi automatizzati tengono conto e l'importanza relativa di tali parametri nel processo decisionale automatizzato, compreso il modo in cui i dati personali o il comportamento del lavoratore incidono sulle decisioni (art. 6, par. 2); deve incaricare persone dotate della competenza, formazione e autorità necessarie del compito di monitorare e valutare periodicamente l'impatto sulle condizioni di lavoro delle decisioni individuali prese o sostenute dai sistemi automatizzati (art. 7, par. 3); deve dare ai lavoratori la possibilità di rivolgersi a una persona di contatto, designata dalla piattaforma, per ottenere una spiegazione della decisione nonché per discutere e chiarire i fatti, le circostanze e i motivi della stessa (art. 8).

---

[181] Gruppo di lavoro Articolo 29, *Linee guida in materia di valutazione d'impatto sulla protezione dei dati e determinazione della possibilità che il trattamento "possa presentare un rischio elevato" ai fini del regolamento (UE) 2016/679*, WP 248 rev.01, adottate il 4 aprile 2017, come modificate e adottate da ultimo il 4 ottobre 2017, Parte III, lett. E.

[182] Cfr. A. ZILLI, *Condizioni di lavoro (finalmente) «trasparenti e prevedibili»*, in *Labor*, 6, 2022, pp. 661 ss., secondo cui «più che di fronte a un eccesso, pare di trovarsi in una "anticipazione di delega" (*in itinere*)» (p. 674): «si scorgono continuità e contiguità tra la Proposta di Direttiva del 2021 e l'odierno recepimento di quella del 2019, le quali, pur nelle evidenti caratteristiche peculiari, sono unificate da una doppia presa di coscienza»: la necessità «che gli oneri di informazione ricadano sul datore, non "a domanda del lavoratore" ma di *default*» e che il datore rifletta «sul management algoritmico e sulle sue opacità» (p. 675). In termini critici rispetto a questa "fuga in avanti" ed estensione, G. PROIA, *Trasparenza, prevedibilità e poteri dell'impresa*, in *Labor*, 6, 2022, p. 641 ss.

Ai sensi della proposta di Regolamento sull'IA, nelle istruzioni d'uso e nella documentazione tecnica del sistema di IA, rispettivamente ai sensi dell'art. 13 e dell'art. 11 che rinvia all'Annex IV, devono essere indicati, tra i vari elementi: «la finalità prevista», «il livello di accuratezza, robustezza e cybersicurezza [...] rispetto al quale il sistema di IA ad alto rischio è stato sottoposto a prova e convalidato», «ove opportuno, le specifiche per i dati di *input* o qualsiasi altra informazione pertinente in termini di set di dati di addestramento, convalida e prova», «le misure di sorveglianza umana», «tutte le misure di manutenzione e cura necessarie per garantire il corretto funzionamento di tale sistema» (art. 13); «le metriche utilizzate per misurare l'accuratezza, la robustezza, la cybersicurezza e la conformità ad altri requisiti pertinenti [...], nonché gli impatti potenzialmente discriminatori», «le specifiche relative ai dati di *input*», «i set di dati di addestramento utilizzati, comprese le informazioni sull'origine di tali set di dati, sul loro ambito di applicazione e sulle loro principali caratteristiche», le «misure di sorveglianza umana necessarie» (Annex IV, richiamato dall'art. 11) [183].

È lo stesso Garante italiano per la protezione dei dati personali, nella comunicazione inviata al Ministero del lavoro e all'Ispettorato nazionale del lavoro in merito ai numerosi quesiti ricevuti sul c.d. decreto trasparenza, a evidenziare quanto l'art. 1-*bis* abbia utilizzato come "ispirazione" per la costruzione del dato normativo le fonti ora citate [184], oltre alle disposizioni del GDPR relative ai processi decisionali automatizzati, nel riferimento alla «logica» del sistema.

Si può, peraltro, rilevare come le indicazioni relative alle misure di controllo, ai processi di correzione e al responsabile del sistema di gestione della qualità [185] (che – si noti – nel Regolamento sull'IA è richiesto in forza dell'art. 17 al fornitore per garantire la conformità normativa, la gestione dei rischi e il monitoraggio del sistema di IA) paiano sintetizzare i riferimenti più articolati della proposta di direttiva alle procedure e agli incarichi (ad es. la persona di contatto), con funzione di sorveglianza e riesame umani.

Al riguardo, ragionando di figure di contatto, si potrebbe riflettere – in una prospettiva non solo di raccordo con l'art. 1-*bis* ma anche più in generale di pro-

---

[183] Si può, in tal senso, osservare come alcune informazioni che il datore di lavoro è chiamato a consegnare al lavoratore ai sensi dell'art. 1-*bis* presuppongano una precedente fase informativa (nonché a monte di valutazione) da parte del fornitore nei confronti dell'utente del sistema, come appunto previsto dalla proposta di Regolamento sull'IA. Cfr. M.T. CARINCI-S. GIUDICI-P. PERRI, *Obblighi di informazione*, cit.

[184] Garante per la Protezione dei Dati Personali, *Questioni interpretative e applicative in materia di protezione dei dati connesse all'entrata in vigore del d. lgs. 27 giugno 2022, n. 104 in materia di condizioni di lavoro trasparenti e prevedibili (c.d. "Decreto trasparenza")*, 24 gennaio 2023.

[185] Ritiene cruciale l'indicazione di tale responsabile A. ZILLI, *Condizioni di lavoro (finalmente) «trasparenti e prevedibili»*, cit.; l'autrice lo definisce «vero *deus ex machina* aziendale, nella sua evoluzione postmoderna: un tempo deputato (anche) al controllo dell'interazione con il *mistery client* e, ora, attraverso l'algoritmo, depositario della utilità dei *big data* aziendali e non solo» (p. 677).

mozione di un sistema integrato di tutela del lavoratore nei confronti della gestione algoritmica del lavoro – sulla valorizzazione del responsabile della protezione dei dati, c.d. *Data Protection Officer* (DPO), di cui all'art. 37 GDPR. Trattasi, infatti, di una figura professionale, con conoscenza specialistica della normativa e delle prassi in materia di protezione dei dati, dotata di indipendenza e autonomia decisionale [186], chiamata ad assistere titolare e responsabile del trattamento. Ai sensi dell'art. 39, ha doveri di informazione e consulenza, l'obbligo di fornire, se richiesto, un parere in merito alla valutazione d'impatto, compiti di vigilanza sull'osservanza interna della normativa nonché, in ottica di prevenzione, funzione di raccordo e cooperazione con l'autorità di controllo. Ai fini dell'indagine che ci occupa, è particolarmente significativa la disposizione che prevede per gli interessati, ossia i lavoratori, la possibilità di contattare il DPO per tutte le questioni relative al trattamento dei loro dati personali e all'esercizio dei loro diritti derivanti dal GDPR (art. 38, par. 4).

L'elemento che rende problematica la possibilità di riferirsi, in linea generale, a questa figura nella logica di un sistema integrato di tutele, nonché di sovrapporla con la persona di contatto prevista dalla proposta di direttiva ovvero anche con il responsabile del sistema di gestione della qualità [187] di cui all'art. 1-*bis* è il fatto che la sua obbligatorietà, nel GDPR, è vincolata al ricorrere di determinate specifiche condizioni. Ai fini del presente ambito di ricerca, potrebbe rilevare – tra le condizioni previste – quella di «attività principali [che] consistono in trattamenti che, per loro natura, ambito di applicazione e/o finalità, richiedono il monitoraggio regolare e sistematico degli interessati su larga scala». L'interpretazione del requisito «su larga scala», tuttavia, come evidenziano anche i penalisti impegnati a tracciare il perimetro di alcune fattispecie di reato che lo richiamano (v. gli artt. 167-*bis* e 167-*ter*, d.lgs. n. 196/2003) [188], è tutt'altro che pacifica [189]. Si consideri

---

[186] Cfr. Corte giust., 22 giugno 2022, *Leistritz AG c. LH*, C-534/20, ECLI:EU:C:2022:495, in cui il giudice europeo si è pronunciato in termini favorevoli alla possibilità che a livello interno si introduca una protezione rafforzata per il DPO contro il licenziamento, nella misura in cui ciò non comprometta la realizzazione degli obiettivi del GDPR (ipotesi che si realizzerebbe, ad esempio, laddove tale normativa impedisse di licenziare un DPO che non possieda più le qualità professionali richieste per assolvere i suoi compiti, punto 35). Cfr. al riguardo M. MOLÈ, *La Corte di giustizia sul responsabile della protezione dei dati: primi chiarimenti sulle tutele speciali di un protagonista della digitalizzazione al lavoro*, in *Diritto delle relazioni industriali*, 1, 2023, p. 215 ss.

[187] Cfr. al riguardo la sentenza 13 settembre 2018, n. 287, con cui il T.a.r. Friuli-Venezia Giulia, dopo aver precisato che il profilo del DPO è eminentemente giuridico e attiene alla tutela del diritto fondamentale dell'individuo alla protezione dei dati personali, ha annullato il bando di un'azienda sanitaria per il conferimento di un incarico di DPO nella parte in cui prevedeva, come requisito di ammissione, il possesso di certificazione di Lead Auditor (o di Auditor) ISO 27001.

[188] Cfr. R. FLOR, *"Digital identity protection": quo vadis diritto penale?*, in P. BERTOLI-F. FERRARI-G. RIPAMONTI-G. TIBERI (a cura di), *Data protection tra Unione Europea, Italia e Svizzera*, Giappichelli, Torino, 2019, p. 127 ss.

[189] Gruppo di lavoro Articolo 29, *Linee guida sui responsabili della protezione dei dati*, WP 243 rev. 01, adottate il 13 dicembre 2016, versione emendata e adottata in data 5 aprile 2017.

che ai sensi del cons. n. 91 del GDPR, i trattamenti su larga scala «mirano al trattamento di una notevole quantità di dati personali a livello regionale, nazionale o sovranazionale e [...] potrebbero incidere su un vasto numero di interessati e [...] potenzialmente presentano un rischio elevato». Al riguardo, il Gruppo di lavoro Articolo 29 ha affermato che «in realtà è impossibile precisare la quantità di dati oggetto di trattamento o il numero di interessati in modo da coprire tutte le eventualità; d'altra parte, ciò non significa che sia impossibile, col tempo, individuare alcuni standard utili a specificare in termini più specifici e/o quantitativi cosa debba intendersi per "larga scala" con riguardo ad alcune tipologie di trattamento maggiormente comuni». In particolare, i fattori da tenere in considerazione sono: «il numero di soggetti interessati dal trattamento, in termini assoluti ovvero espressi in percentuale della popolazione di riferimento; il volume dei dati e/o le diverse tipologie di dati oggetto di trattamento»; la durata, persistenza e portata geografica dell'attività di trattamento. Può essere utile osservare come gli esempi riportati nelle linee guida attengano per lo più al trattamento di clienti e pazienti (par. 2.1.3).

Per tornare alla prima questione posta in premessa al ragionamento, ossia come l'art. 1-*bis* si raccordi con il sistema normativo vigente, è importante segnalare che gli obblighi di informazione previsti vanno a innestarsi nelle garanzie di trasparenza che il datore di lavoro è chiamato a individuare e apprestare a seguito di una valutazione di impatto, verosimilmente necessaria in forza dell'art. 35 GDPR a fronte dell'utilizzo di un sistema automatizzato di monitoraggio o decisionale.

Se la valutazione di impatto dovrà mappare i rischi e identificare le misure necessarie per tutelare i diritti e le libertà dei lavoratori, nonché per garantire la conformità ai vari principi sanciti dal Regolamento, tra cui quello di trasparenza, i dati previsti dall'art. 1-*bis* potrebbero non essere così distanti da quelli necessari per assicurare la garanzia di trasparenza richiesta, soprattutto – in prospettiva *de iure condendo* – nel momento in cui sarà adottata la proposta di Regolamento sull'IA e alcune specifiche di contenuto ivi stabilite (in particolare il contenuto delle informazioni e della documentazione pertinente che il fornitore è tenuto a consegnare all'utente in forza dell'art. 13, letto alla luce del cons. n. 47), potranno trasfondersi, come evidenziato, all'interno dell'articolato normativo in materia di protezione dei dati personali (v. § 3). Peraltro, il contenuto dell'obbligo di trasparenza potrebbe corrispondere, se necessario, alle indicazioni informative previste dell'art. 1-*bis* anche laddove il processo, decisionale e/o di monitoraggio, fosse solo parzialmente automatizzato, posto che l'obbligo di DPIA, per le ragioni esaminate nel corso dell'indagine, sorge ugualmente. Ciò consente, quindi, di ridimensionare, rispetto alla configurazione dell'obbligo e del suo contenuto, l'importanza non solo del dibattito in merito all'opportunità o meno dell'abrogazione dell'art. 1-*bis*, ma altresì della modifica da ultimo apportata dal governo con il c.d. decreto lavoro. L'introduzione dell'avverbio "integralmente" allinea la fattispecie normativa, per quanto attiene ai processi decisionali, a quella di cui all'art. 22 GDPR, escludendo dal proprio ambito di applicazione l'ipotesi in cui il datore utilizzi processi solo parzialmente automatizzati. Per questi, d'altra parte, l'obbligo informativo potrà trovare comunque la propria fonte nel GDPR, con un contenuto modulato sulla base dei risultati della valutazione di impatto, che verosimilmente non sarà così distante da quanto previsto dall'art. 1-*bis*. Del resto, se tale disposto trae ispirazione dalle citate fonti europee *in fieri*, entrambe non circoscrivono affatto l'applicazione dei citati obblighi di informazione ai processi integralmente automatizzati. Anzi, la proposta di direttiva sulle piattaforme digitali, all'art. 8, precisa che gli Stati membri devono provvedere affinché i lavoratori abbiano il diritto di ottenere una spiegazione per *qualsiasi* decisione presa o *sostenuta* da un sistema decisionale automatizzato che abbia un impatto significativo sulle loro condizioni di lavoro.

L'art. 1-*bis* inserisce, d'altra parte, all'interno del quadro normativo descritto, un elemento aggiuntivo sulla cui applicazione inevitabilmente incide la modifica apportata dal c.d. decreto lavoro: trattasi del diritto delle rappresentanze sindacali e dell'Ispettorato nazionale del lavoro di accedere ai dati e alle informazioni oggetto della garanzia di trasparenza [190]. Quest'obbligo ulteriore, che trova sede nella proposta di direttiva sulle piattaforme digitali e che sarebbe a tale ambito circoscritto anche se in futuro la proposta fosse adottata e implementata a livello interno, risulta ora escluso in ipotesi di processo parzialmente automatizzato. Salvo non si ricostruisca un diritto di informazione e consultazione in capo alle rappresentanze sindacali partendo dalla valorizzazione del confronto con le stesse nel contesto della DPIA (art. 35, par. 9, lettura che sconta il limite dell'uso della disgiuntiva "o", "interessati *o* loro rappresentanti", sia nel dato normativo sia nelle linee guida del Gruppo di lavoro Articolo 29) ovvero, in caso di superamento della prevista soglia occupazionale, partendo dalla normativa di matrice europea in materia di coinvolgimento dei lavoratori in azienda e dall'intervento dell'autonomia collettiva richiesto dalla fonte interna di implementazione.

Peraltro, il passaggio dalle rappresentanze sindacali è tanto più rilevante se si considera che esso recupera un confronto altrimenti facilmente superabile nel contesto del controllo tecnologico, a fronte del permeabile perimetro della deroga prevista in seno all'art. 4, co. 2, St. Lav. rispetto alla necessità di autorizzazione sindacale o amministrativa per l'installazione dello strumento (v. § 2).

Come ha evidenziato il Tribunale di Palermo, nell'ordinanza con cui ha qualificato in termini di antisindacalità l'omessa informativa a Filcams Cgil Palermo da parte di Uber Eats Italy, ai sensi dell'art. 1-*bis* «le informazioni possono essere richieste "*anche*" dalle associazioni sindacali, ossia in aggiunta e non in alternativa rispetto all'eventuale rilascio al lavoratore»; «considerato che la legittimazione attiva alla richiesta di informazioni compete non soltanto al lavoratore ma anche alle rsa, rsu o alle associazioni sindacali comparativamente più rappresentative, il relativo diniego limita e compromette l'attività sindacale, legittimando la richiesta

---

[190] La violazione dell'obbligo di informazione nei confronti delle rappresentanze può integrare pertanto una condotta antisindacale ai sensi dell'art. 28 St. Lav. (v. § 5). Sul punto cfr. M.T. CARINCI-S. GIUDICI-P. PERRI, *Obblighi di informazione*, cit.

di rilascio delle informazioni *ex* art. 28», e «nessuna rilevanza assume la difesa della convenuta di aver già fornito le informazioni richieste ai lavoratori» [191].

Significativa, all'interno del citato elemento aggiuntivo dell'art. 1-*bis*, è altresì l'attribuzione di un ruolo specifico all'Ispettorato nazionale del lavoro, un ruolo che va ad affiancarsi a quello del Garante della *privacy*, in tal senso controbilanciando quella forza attrattiva svolta dalla disciplina sul trattamento dei dati nell'architettura regolativa di tutela del lavoratore rispetto ai processi algoritmici [192] (v. § 2). Un ruolo che esce oltretutto rafforzato nella prospettiva di lettura integrata delle fonti proposta nell'iter d'indagine, considerata a livello interno la competenza generale attribuita all'ispettorato in materia di vigilanza su salute e sicurezza sul lavoro da parte del d.l. n. 146/2021, conv. in l. n. 215/2021.

Nell'ottica di ribilanciamento tra poli regolativi e tra competenze, diventerebbe utile estendere la riflessione anche all'ambito del diritto antidiscriminatorio e all'identificazione e al ruolo di un'*authority* indipendente [193], partendo dall'esperienza dell'UNAR e dei connessi limiti [194]. Sul punto ci sarà occasione di tornare oltre nella trattazione, in sede di verifica di alcune proposte di emendamento al Regolamento sull'IA in discussione in seno al Parlamento europeo, laddove in

---

[191] Trib. Palermo, ord., 3 aprile 2023, n. 14491.

[192] Ciò è tanto più importante considerata la possibilità che le autorità di controllo per l'IA previste nella proposta di Regolamento in materia siano individuate nelle autorità di protezione dei dati, come auspicato dal Garante italiano nella memoria presentata alla Camera (Commissioni IX e X) a marzo 2022, in linea con il parere congiunto del Comitato Europeo per la Protezione dei Dati e del Garante europeo della protezione dei dati, adottato a giugno 2021, e come invero già previsto all'interno della proposta di Regolamento, all'art. 59, par. 8, con riferimento ai «casi in cui le istituzioni, le agenzie e gli organismi dell'Unione rientrano nell'ambito di applicazione del presente regolamento», ipotesi per le quali è stabilito che «il Garante europeo della protezione dei dati agisce in qualità di autorità competente per la loro vigilanza».

[193] Le ordinanze ingiunzione adottate dal Garante della *privacy* nei confronti di Foodinho (10 giugno 2021) e Deliveroo (22 luglio 2021) forniscono un esempio emblematico del ruolo esercitato dallo stesso anche rispetto alla questione discriminatoria, partendo dalla competenza in materia di trattamenti automatizzati. Nella prima, il Garante evidenzia che «non risulta che la società, in relazione ai trattamenti effettuati in qualità di titolare, abbia adottato misure tecniche e organizzative a tutela degli interessati volte a verificare periodicamente la correttezza ed accuratezza dei risultati dei sistemi algoritmici, la esattezza, pertinenza ed adeguatezza dei dati utilizzati dal sistema rispetto alle finalità perseguite, e a ridurre al massimo il rischio di effetti distorti o discriminatori, con riferimento al funzionamento della piattaforma digitale, compresi il sistema di punteggio e il sistema di assegnazione degli ordini». Sul punto, il Garante richiama specificamente Commissione europea, *Un'Unione dell'uguaglianza: la strategia per la parità di genere* 2020-2025, 5 marzo 2020, COM(2020) 152 final, laddove si afferma che «gli algoritmi e l'apprendimento automatico ad essi correlato, se non sufficientemente trasparenti e robusti, rischiano di riprodurre, amplificare o contribuire a pregiudizi di genere di cui i programmatori possono non essere a conoscenza o che sono il risultato di una specifica selezione di dati». In termini analoghi si pone anche l'ordinanza nei confronti di Deliveroo. In entrambi in casi, rispetto al profilo evidenziato, si rileva una violazione dell'art. 22, par. 3, GDPR nonché dell'art. 47-*quinquies*, d.lgs. n. 81/2015.

[194] Cfr. L. CALAFÀ, *Equality bodies in attesa di riordino*, in *Lavoro e diritto*, 1, 2023, p. 23 ss.

merito alla possibilità di introdurre una valutazione di impatto del sistema di IA da parte dell'utente, si individuano tra gli interlocutori anche gli organismi per la parità, oltre alle parti sociali e alle autorità per la protezione dei dati (v. cap. 4, § 3.3).

Per completare l'analisi dell'art. 1-*bis*, necessita di una specifica riflessione l'ultimo comma.

Come detto, nella formulazione originaria esso escludeva dall'obbligo le informazioni tutelate quali segreti commerciali ai sensi dell'art. 98 d.lgs. n. 30/2005 [195].

I profili che si potevano già evidenziare al riguardo erano molteplici [196].

Anzitutto, si è segnalato come, sul piano applicativo, si pongano delle difficoltà di qualificazione in tal senso dell'informazione, legate «alla natura non titolata dei diritti esclusivi sui segreti aziendali». Si pone così in capo al datore di lavoro un «delicato onere», posto che «ai fini dell'operatività dell'eccezione, l'accertamento della sussistenza dei requisiti per qualificare l'informazione come segreto commerciale in base all'articolo 98 del d.lgs. n 30/2005 – che in un'ottica di tutela è svolto dal giudice all'esito di un'articolata istruttoria e che in alcuni casi richiede anche una consulenza tecnica che accerti la natura segreta dell'informazione – dovrà essere effettuato *ex ante* dal datore di lavoro» [197].

---

[195] La disposizione individua come oggetto di tutela i «segreti commerciali», ivi intesi come «le informazioni aziendali e le esperienze tecnico-industriali, comprese quelle commerciali soggette al legittimo controllo del detentore». In tal senso, la nozione di segreto commerciale di cui all'art. 98 c.p.i. corrisponde al *genus* "segreto industriale", all'interno del quale tradizionalmente si distingue il segreto tecnico, ossia le «informazioni relative alle caratteristiche di un prodotto o di un processo industriale» dal segreto commerciale, attinente «all'organizzazione commerciale dell'impresa, ai suoi piani strategici, ai suoi rapporti con i fornitori e la clientela, alle modalità di fissazione dei prezzi, ecc.» (G. CRESPI, *Informazioni segrete*, in A. VANZETTI (a cura di), *Codice della proprietà industriale*, Giuffrè, Milano, 2013, pp. 1103-1104).

[196] La possibile interazione della garanzia di trasparenza con la tutela dei segreti commerciali è tenuta in considerazione anche dal Gruppo di lavoro Articolo 29 nelle *Linee guida sul processo decisionale automatizzato*, cit., ove si sottolinea che «la valutazione d'impatto sulla protezione dei dati pubblicata non deve necessariamente contenere l'intera valutazione, soprattutto qualora essa possa presentare informazioni specifiche relative ai rischi per la sicurezza per il titolare del trattamento o divulgare segreti commerciali o informazioni commerciali sensibili»; al riguardo, cfr. le pronunce della Corte di appello di Amsterdam sui casi *Uber* e *Ola* (v. § 2.1.1).

[197] L. BARBIERI-I. CARLI, *Dlgs Trasparenza: sui sistemi automatizzati è difficile individuare i segreti aziendali*, in *Norme & Tributi Plus Lavoro*, 3 ottobre 2022; cfr. E.C. SCHIAVONE, *Gli obblighi informativi in caso di sistemi decisionali o di monitoraggio automatizzati*, in D. GAROFALO-M. TIRABOSCHI-V. FILÌ-A. TROJSI (a cura di), *Trasparenza e attività di cura nei contratti di lavoro*, Adapt Labour Studies e-Book series n. 96, 2023, p. 211 ss. Detti requisiti sono, segnatamente: la "novità" del segreto, non nel senso necessario per la brevettabilità di una invenzione, bensì di informazione non generalmente nota o facilmente accessibile (al riguardo, cfr. Trib. Torino, sez. spec. impresa, 3 novembre 2020, che rileva come non siano tutelabili ai sensi degli artt. 98-99 c.p.i. «informazioni tecniche che sono facilmente accessibili, perché acquisibili per *reverse engineering* in tempi e con costi ragionevoli da parte di chiunque acquisti un dispositivo in commercio ed abbia adeguate conoscenze di elettronica»); il fatto che l'informazione tragga valore economico dalla sua stessa segre-

Si è, altresì, evidenziato come il rinvio al d.lgs. n. 30/2005 dovesse essere articolato tenendo in considerazione la matrice europea della fonte [198] e in particolare l'art. 5, par. 1, lett. *c*, della dir. 2016/943 che prevede, tra le eccezioni alla tutela, il fatto che la presunta acquisizione, il presunto utilizzo o la presunta divulgazione del segreto commerciale siano avvenuti «con la divulgazione dai lavoratori ai loro rappresentanti nell'ambito del legittimo esercizio delle funzioni di questi ultimi, conformemente al diritto dell'Unione o al diritto nazionale, a condizione che la divulgazione fosse necessaria per tale esercizio».

Come osserva la dottrina, l'art. 1, par. 1, della direttiva colloca anche la disposizione richiamata tra quelle di cui gli Stati membri devono assicurare il rispetto. L'assenza di un espresso recepimento della stessa in seno al d.lgs. n. 30/2005 deve leggersi nel senso che «il legislatore, con una sorta di interpretazione autentica implicita, abbia considerato le norme della Direttiva pienamente coincidenti con norme previgenti del diritto italiano» [199], con questo confermando la deroga alla tutela del segreto commerciale nel contesto di adempimento degli obblighi di informazione, consultazione e partecipazione dei rappresentanti dei lavoratori [200]. È una interpretazione sistematica tanto più necessaria, se si ricorda il ruolo dell'autonomia collettiva in materia di informazioni riservate, previsto dal d.lgs. n. 25/2007 (v. § 5).

Si può ritenere che a maggior ragione la citata eccezione alla tutela del segreto commerciale, a cui consegue l'inapplicabilità del co. 8 dell'art. 1-*bis*, e il ruolo dell'autonomia collettiva siano da tenere in considerazione nel più ampio ed elastico perimetro di applicazione del co. 8 derivante dalla modifica intercorsa.

Se nella formulazione originaria, infatti, la disposizione costruiva la fattispecie derogatoria all'obbligo informativo rinviando ai tre specifici requisiti di tutelabilità del segreto commerciale/industriale previsti dall'art. 98 del d.lgs. n. 30/2005 (v. *supra*), il d.l. n. 48/2023 ha affrancato la nozione di informazione riservata dai presupposti richiesti ai fini della qualificazione industrialistica, richiedendo sia protetta, più genericamente, da segreto industriale e commerciale.

È un'operazione che si può rinvenire similmente nel contesto penalistico all'interno della fattispecie di cui all'art. 623 c.p. (rivelazione di segreti scientifici o

---

tezza; il fatto che il detentore abbia adottato misure da ritenersi ragionevolmente adeguate a fare in modo che il segreto resti tale (cfr. G. FLORIDIA, *Le creazioni protette*, in P. AUTERI-G-FLORIDIA *et al.*, *Diritto industriale*, Giappichelli, Torino, 2020, p. 209 ss.).

[198] Direttiva Ue 2016/943 dell'8 giugno 2016 sulla protezione del *know-how* riservato e delle informazioni commerciali riservate (segreti commerciali) contro l'acquisizione, l'utilizzo e la divulgazione illeciti.

[199] M. LIBERTINI, *Il rapporto tra direttiva e decreto di attuazione e l'applicabilità in via interpretativa delle disposizioni comunitarie non inserite nel codice*, in C. GALLI (a cura di), *Il nuovo diritto del know-how*, Wolters Kluwer Italia, Milano, 2018, p. 32.

[200] M.T. CARINCI-S. GIUDICI-P. PERRI, *Obblighi di informazione*, cit.

commerciali), dove parimenti il termine "segreto commerciale" non è accompagnato da un rinvio al citato codice di proprietà industriale. Proprio per questo tornerà probabilmente utile anche ai fini dell'applicazione dell'art. 1-*bis* l'interpretazione elaborata dalla giurisprudenza di legittimità con riferimento alla suddetta figura di reato. Segnatamente, la Corte di Cassazione ha chiarito che «può escludersi che il concetto penalistico di segreto soffra interferenze ad opera di quello ricavabile dall'art. 98 del codice di proprietà industriale, risultando accolta, dall'art. 623 c.p., una nozione di segreto commerciale più ampia di quella descritta dall'art. 98 c.p.i. Questo comporta che, se l'art. 98 c.p.i. non è norma idonea a definire i confini applicativi della fattispecie previsti dall'art. 623 c.p. – potendosi riscontrare, invece, solo una mera identità terminologica nel riferimento ai "segreti commerciali", non sufficiente per giustificare una assimilazione anche della disciplina, in due settori diversi e indipendenti dell'ordinamento – tuttavia, in presenza di un *know-how* avente i requisiti previsti dall'art. 98 c.p.i., potrà accordarsi la tutela prevista dall'art. 623 c.p., trattandosi di notizie segrete ed essendovi un interesse giuridicamente tutelato al mantenimento del segreto. Laddove, invece, non sussistano i requisiti previsti dall'art. 98 c.p.i., dovrà individuarsi *aliunde* l'esistenza di un interesse giuridicamente apprezzabile al mantenimento del segreto» [201].

È, infine, significativo evidenziare che il co. 8, anche dopo la modifica del c.d. decreto lavoro, fa salva la tutela dei segreti industriali e commerciali senza menzionare, invece, i diritti di privativa protetti dalla disciplina del diritto d'autore sul *software* e sulle banche dati (l. n. 633/1941).

Sul punto ci sarà occasione di tornare oltre nella trattazione (v. cap. 4, § 2.2).

Preme qui osservare come l'assenza del riferimento sia ritenuta condivisibile da parte di chi sostiene che il diritto di esclusiva utilizzazione garantito dal diritto d'autore non sia affatto intaccato dall'obbligo informativo previsto dall'art. 1-*bis*. La posizione trova, peraltro, conferma nella giurisprudenza amministrativa sviluppatasi in merito alla vicenda dei trasferimenti dei docenti (v. cap. 1, § 2). Ivi si afferma, in particolare, che «né il diritto di autore né la proprietà intellettuale precludono la semplice riproduzione, ma precludono, invece, al massimo, soltanto la riproduzione che consenta uno sfruttamento economico e, non essendo l'accesso lesivo di tale diritto all'uso economico esclusivo dell'opera, l'ostensione deve essere consentita nelle forme richieste da parte dell'interessato, ossia della visione e dell'estrazione di copia, fermo restando che delle informazioni ottenute dovrà essere fatto un uso appropriato, ossia esclusivamente un uso funzionale all'interesse fatto valere con l'istanza di accesso che, per espressa allegazione della parte ricorrente [costituita da associazioni sindacali], è rappresentato dalla tutela dei diritti dei propri affiliati» [202].

---

[201] Cass. pen., sez. V, 11 febbraio 2020, n. 16975.

[202] T.a.r. Lazio-Roma, 21 marzo 2017, n. 3742; T.a.r. Lazio-Roma, 22 marzo 2017, n. 3769. Cfr.

Parte della dottrina avverte, tuttavia, che «il diritto alla proprietà intellettuale sul *software* di tipo proprietario [...] poggia le sue dinamiche di sfruttamento commerciale sulla segretezza dei codici sorgenti» e, pertanto, il flusso informativo funzionale a garantire l'interesse alla trasparenza deve essere calibrato nei suoi contenuti, in termini quantitativi e qualitativi, seguendo una tecnica di bilanciamento proporzionale di tutti gli interessi coinvolti[203] (v. cap. 4, § 2.2). Al riguardo, si può qui evidenziare che se il diritto d'autore sul *software* prevede una serie di limitazioni per l'utilizzatore finale a tutela del citato interesse alla segretezza, è altresì vero che la tutela del segreto commerciale/industriale (tanto più se inteso non solo nella qualificazione industrialistica) «ha un ambito più esteso rispetto a quella che deriva dal diritto d'autore» – pur senza presentare necessariamente la stessa funzionalità – e può essere alla stessa cumulata[204].

E. PROSPERETTI, *Accesso al software e al relativo algoritmo nei procedimenti amministrativi e giudiziali. Un'analisi a partire da due pronunce del Tar Lazio*, in *Diritto dell'Informazione e dell'informatica*, 4, 2019, p. 979 ss.; M.T. CARINCI-S. GIUDICI-P. PERRI, *Obblighi di informazione e sistemi decisionali*, cit.

[203] F. BRAVO, Software *di intelligenza artificiale e istituzione del registro per il deposito del codice sorgente*, in *Contratto e impresa*, 2020, p. 1424.

[204] S. MANSOLDO, *La tutela del software tra incertezza e "cultura" della proprietà intellettuale*, in *Orizzonti del diritto commerciale*, 2, 2022, p. 1084.

CAPITOLO TERZO

INCARDINAMENTO E FUNZIONI DELLE GARANZIE DI TRASPARENZA E SORVEGLIANZA UMANA NELLA LOGICA DEL CONTRATTO DI LAVORO

1. *Rilevanza di una riflessione sui mediatori giuridici delle garanzie nel contratto*

Se il percorso d'analisi si è finora concentrato sulla ricostruzione di una architettura regolativa funzionale alla tutela del lavoratore nei confronti di poteri datoriali esercitati attraverso sistemi algoritmici, a completamento della linea di lettura proposta si pone la necessità di riflettere su come tale architettura integri il regolamento negoziale del rapporto di lavoro e operi nella logica del contratto.

In questa prospettiva, risulta centrale, in particolare, comprendere come le pietre angolari su cui si saldano i diversi plessi regolativi coinvolti, ossia le garanzie di sorveglianza umana e trasparenza, si incardinino nel contratto, come possano essere inquadrate e quali ruoli assumano nella struttura e nelle dinamiche di funzionamento del rapporto obbligatorio.

Le problematiche connesse all'uso dell'IA nell'organizzazione del lavoro attengono, infatti, al funzionamento delle relazioni giuridiche intercorrenti tra le parti nel rapporto di lavoro, segnatamente all'adempimento delle posizioni di obbligo attribuite al datore a limitazione delle sue prerogative e a tutela della persona del lavoratore, da un lato, alle posizioni del lavoratore strumentali a garantire l'effettività dei suoi diritti e delle tecniche di controllo del potere datoriale [1], dall'altro.

---

[1] Cfr. C. ZOLI, *La tutela delle posizioni «strumentali» del lavoratore. Dagli interessi legittimi all'uso delle clausole generali*, Giuffè, Milano, 1988.

Come si evidenzierà nel corso della trattazione, l'individuazione delle modalità con cui le garanzie si inseriscono nella costruzione del regolamento negoziale, nella struttura complessa del rapporto obbligatorio di lavoro, nell'equilibrio del sinallagma contrattuale consente di comprendere come l'uso pervasivo dell'IA nell'organizzazione si traduca in un innesto trasversale delle garanzie di sorveglianza umana e trasparenza nel sistema di regole che governa il rapporto.

Soprattutto, il radicamento nella logica del contratto permette di far rientrare tali garanzie nei meccanismi di adeguamento dinamico dei contenuti che la connotano: sia laddove si tratti di individuare le modalità di adempimento degli obblighi datoriali, quindi i contenuti della diligenza, del modello di condotta che il datore-debitore deve adottare per soddisfare la pretesa del lavoratore [2]; sia laddove si tratti di integrare le regole di comportamento delle parti e di adattarle alle trasformazioni della realtà sociale per operatività delle clausole generali di correttezza e buona fede e, quindi, di individuare il modello di condotta che il datore-creditore deve adottare a salvaguardia degli interessi della controparte.

Questi meccanismi di adeguamento dinamico dei contenuti, che in rapporto all'introduzione dell'uso dell'IA nell'esercizio dei poteri di organizzazione possono connotare due figure giuridiche del contratto, la diligenza e la buona fede, impongono una riflessione sia sull'individuazione dello standard di condotta, al di là della presenza o assenza di misure tipizzate nel quadro normativo vigente, sia sul metodo di selezione dello standard e sull'utilità a tal fine dell'approccio basato sul rischio.

L'analisi che si intende qui sviluppare sarà volta non solo a identificare le figure giuridiche a cui le due garanzie possono essere ricondotte, ma soprattutto la conseguente differenza di funzioni che le connota. Nello specifico, anticipando alcune delle conclusioni del ragionamento, mentre il requisito della sorveglianza umana può considerarsi una specificazione del parametro di diligenza richiesto al datore nell'adempimento degli obblighi connessi all'esercizio dei suoi poteri e, quindi, anche come indice di eventuale determinazione della sua responsabilità, la protezione dell'interesse del lavoratore alla trasparenza può essere fatta ricadere nello spettro d'azione delle clausole generali di correttezza e buona fede [3]. L'ascri-

---

[2] A. VISCOMI, *Diligenza e prestazione di lavoro*, Giappichelli, Torino, 1997, pp. 116-117.

[3] Sul collegamento tra garanzia di trasparenza e clausole generali di correttezza e buona fede, cfr. altresì P. LAMBERTUCCI, *Intelligenza artificiale*, cit.; per una prospettiva di analisi parzialmente differente, cfr. L. ZAPPALÀ, *Informatizzazione dei processi decisionali*, cit., il cui iter d'indagine è volto a verificare «se e come le clausole di correttezza e buona fede possano e debbano "umanizzare" il *management algoritmico* e il suo codice informatico-statistico-predittivo, con l'obiettivo di circoscrivere il rischio di arbitrio dell'apparato tecnologico-digitale, e, ancora una volta, di concretizzare la "strategia costituzionale della dignità"» (p. 20). In tal senso, l'autrice invita a riflettere «su come e in che misura» «un principio come quello contenuto nell'art. 22 GPDR, volto ad assicurare la supervisione umana sulle decisioni algoritmiche» «possa essere "procedimentalizzato" nell'ambito dei rapporti di lavoro, anche alla luce del principio di buona fede *in executivis*» (p. 19); «occorre

zione a queste due distinte figure giuridiche e l'osservazione della rispettiva operatività all'interno della logica del contratto consentono ora, nel caso della sorveglianza umana, di constatarne la necessaria applicazione trasversale e la correlata rilevanza nel giudizio di legittimità dell'atto datoriale nonché con riguardo all'accertamento della responsabilità del datore per un danno subito dal lavoratore nell'organizzazione digitalizzata dell'azienda; ora, nel caso della trasparenza, di spiegare la concretizzazione dinamica del contenuto della regola di condotta al di là del dettaglio e dell'ambito di applicazione specifico di eventuali misure tipizzate, nonché di ricostruire canali di comunicazione e integrazione con i doveri di salvaguardia caratterizzati dalla medesima *ratio* fondativa e/o ispiratrice, anzitutto quello di sicurezza e di formazione.

2. *La struttura complessa del rapporto obbligatorio di lavoro e l'inscindibilità dei diversi elementi*

La ricostruzione che si intende proporre si avvale di alcune specifiche chiavi di lettura della relazione giuridica tra datore e lavoratore.

Le prime sono consegnate dall'inquadramento che, per spiegare l'articolazione e il funzionamento del rapporto di lavoro, utilizza la categoria concettuale del "rapporto fondamentale" [4], quale strumento teorico «ordinatore di rapporti giuridici assai complessi, in cui attorno ad un nucleo essenziale vengono a strutturarsi una pluralità di rapporti diversi ed intimamente connessi con quello primario» [5]. Nel contesto lavoristico, questa chiave di lettura è funzionale a evidenziare, nella sintesi e unitarietà offerte dalla cornice del rapporto di lavoro, la pluralità delle posizioni giuridiche attribuite alle parti per effetto del regolamento negoziale, così

---

pertanto riflettere a fondo sui possibili meccanismi di una applicazione diretta dell'art. 22 citato, o mediata dalle clausole generali di buona fede e correttezza. Attraverso tali meccanismi sembra possibile attribuire ai lavoratori a contatto con, o più propriamente gestiti da, soggetti giuridici digitali, algoritmi o veri e propri attanti, una serie di diritti di quarta generazione volti a correggere le "opacità" e i rischi di "*zero knowledge proofs*" insiti nell'utilizzo di tali strumenti: per esempio il diritto di pretendere la sorveglianza umana sull'algoritmo e sulle macchine intelligenti; la trasparenza (e come è ovvio non discriminatorietà) dei processi computazionali (anche al fine di temperare le asimmetrie conoscitive, aprendo spazi alla valutazione, perché no, anche etica, degli standard e dei valori sui quali sono tarati); la rendicontabilità del funzionamento e il diritto alla revisione del trattamento o del dato automatizzato» (p. 15).

[4] G. SUPPIEJ, *Il rapporto di lavoro (costituzione e svolgimento)*, Cedam, Padova, 1982, spec. p. 67; sulla nozione di rapporto fondamentale nell'ambito del diritto delle obbligazioni, cfr. altresì P. RESCIGNO, *Corso di diritto pubblico*, Zanichelli, Bologna, 1979, spec. p. 145; D. RUBINO, *La fattispecie e gli effetti giuridici preliminari*, Giuffrè, Milano, 1939, spec. p. 10; A. LENER, *Il rapporto di rendita perpetua*, Giuffrè, Milano, 1967, spec. p. 149.

[5] V. SPEZIALE, *Mora del creditore e contratto di lavoro*, Cacucci, Bari, 1992, p. 217.

come integrato dalla disciplina inderogabile. Permette al contempo di comprendere come proprio la collocazione di dette posizioni all'interno di un rapporto connotato nella sua interezza da una «sostanziale unità» [6] faccia sì che le stesse compenetrino anche l'area dell'adempimento delle obbligazioni principali (di lavoro e retributiva), concorrendo alla modulazione e innestandosi nel funzionamento del sinallagma contrattuale. Ai fini dell'analisi che ci occupa, questo inquadramento teorico è richiamato nella «prospettiva più limitata» con cui parte della dottrina lavorista l'ha ritenuto applicabile, con attribuzione della qualificazione di "fondamentale" al «rapporto costituito dagli obblighi primari di prestazione individuati dalla legge [...] – che assumono la veste di struttura essenziale dell'obbligazione – intorno alla quale ruotano altri rapporti o posizioni attive e passive» [7].

La dinamica di interconnessione e compenetrazione che caratterizza così la struttura complessa dell'obbligazione non consente di separare il piano di operatività delle singole coppie di posizioni giuridiche attribuite alle parti (tra cui quelle di pretesa/obbligo che si configurano in corrispondenza dei limiti posti alle prerogative datoriali [8]) da quello dell'organizzazione del lavoro, quale determinazione (e ragion d'essere) dei poteri datoriali [9] esercitati nelle forme circoscritte (appunto) dai correlati limiti, e questi dal piano dell'obbligazione lavorativa e del sinallagma contrattuale [10].

Per parte della dottrina, l'interconnessione si spiega in ragione della forza attrattiva esercitata dall'area della cooperazione creditoria dell'obbligazione fondamentale di lavoro, per alcuni condizionata a sua volta da questo dinamismo tanto da essere spinta oltre la dimensione del mero onere [11]. A evidenziarsi è la pene-

---

[6] Come evidenzia G. SUPPIEJ, «l'unitarietà del rapporto di lavoro non si coglie esattamente unificando l'insieme delle posizioni giuridiche di ciascuna delle parti, ma soltanto considerando la sostanziale unità dell'intero rapporto, inteso come rapporto fondamentale» (*Il rapporto di lavoro*, cit., p. 69).

[7] V. SPEZIALE, *Mora del creditore*, cit., p. 218. Si segnala che tra dette posizioni, l'autore include «i "doveri di protezione" posti a carico sia del creditore o del debitore o i doveri strumentali ed accessori connessi al rapporto principale» (p. 218).

[8] Cfr. A. VALLEBONA, *Tutele giurisdizionali e autotutela individuale del lavoratore*, Cedam, Padova, 1995 (v. § 3).

[9] Come spiega M. PERSIANI, *Considerazioni sul controllo di buona fede*, in *Il diritto del lavoro*, 1995, p. 147, i poteri del datore di lavoro «si caratterizzano, rispetto a tutti gli altri poteri privati, a ragione di ciò che il loro esercizio determina l'organizzazione del lavoro».

[10] Ciò è tanto più vero se si considera come «circolarmente» siano proprio tali poteri a integrare l'«essenziale elemento costitutivo» della fattispecie del contratto di lavoro subordinato (R. DEL PUNTA, *Diritti della persona e contratti di lavoro*, in *Il danno alla persona del lavoratore*, Atti delle giornate di studio di diritto del lavoro Aidlass, Napoli, 31 marzo – 1° aprile 2006, Giuffrè, Milano, 2007, p. 23).

[11] Cfr. R. DEL PUNTA, *Diritti della persona*, cit., spec. pp. 39-40.

trazione degli obblighi di tutela nel sinallagma contrattuale «fin dal momento genetico» [12], sul versante della prevenzione, posta la necessità (per alcuni in termini di obbligo e non mero onere) per il datore di porre in essere i comportamenti richiesti affinché la prestazione sia eseguibile, ossia di predisporre un'organizzazione che consenta al lavoratore di eseguire la prestazione in condizioni compatibili con i «valori della persona inscindibilmente connessi al contenuto patrimoniale dell'obbligazione» [13]. Questa linea di lettura è valorizzata soprattutto rispetto all'obbligo di sicurezza e all'obbligo/onere di formazione, che gravitando nell'area della cooperazione creditoria consentono di qualificare le condizioni di lavoro salubri e sicure [14] e l'attribuzione del bagaglio di competenze professionali richiesto dalle mansioni assegnate [15] come presupposti indispensabili per l'esigibilità della prestazione lavorativa.

Per altra parte della dottrina, invece, l'inscindibilità dei tre livelli non sarebbe

---

[12] C. LAZZARI, *Gli obblighi di sicurezza del lavoratore, nel prisma del principio di autoresponsabilità*, in *Diritto della sicurezza sul lavoro*, 2022, p. 6.

[13] M. MARAZZA, *Limiti e tecniche di controllo sui poteri di organizzazione del datore di lavoro*, in M. MARTONE (a cura di), *Contratto di lavoro e organizzazione*, tomo II, in M. PERSIANI-F. CARINCI (diretto da), *Trattato di diritto del lavoro*, Cedam, Padova, 2012, p. 1312. Con riguardo alla qualificabilità in termini di obbligo della cooperazione creditoria datoriale, cfr. in particolare L. MONTUSCHI, *Diritto alla salute e organizzazione del lavoro*, Franco Angeli, Milano, 1976, spec. p. 75; R. DEL PUNTA, *Diritti della persona*, cit.; P. PASCUCCI, *Sicurezza sul lavoro e cooperazione del lavoratore*, in *Giornale di diritto del lavoro e di relazioni industriali*, 2021, p. 421 ss. Rispetto all'inscindibilità dei valori della persona dalla prestazione, come ricorda DEL PUNTA, *Diritti della persona*, cit., «i diritti *patrimoniali* del lavoratore [hanno] anche una valenza *personale* in quanto rendono possibile, non soltanto il sostentamento del lavoratore e della sua famiglia, ma anche l'esplicazione effettiva della sua personalità» (p. 25); G. GHEZZI, *La mora del creditore nel rapporto di lavoro*, Giuffrè, Milano, 1965, evidenzia, in particolare, che se l'adempimento del lavoratore «consiste, in definitiva, nella riuscita combinazione» di due fattori, «prestazione e suo substrato», è «al creditore che spetta, nell'attuazione dell'obbligazione di lavoro, far sì che prestazione e substrato del rapporto entrino in rapporto; è nell'ambito dell'attività economica organizzata da lui predisposta, se si tratta d'impresa, ed è comunque nella sfera della sua individua organizzazione, che la prestazione di lavoro deve svolgersi» (p. 56).

[14] L. MONTUSCHI, *Diritto alla salute*, cit.

[15] Cfr. E. GRAMANO, Jus variandi *e formazione nel rapporto di lavoro subordinato*, in *Labor*, 2021, p. 259 ss.; F. LISO, *Brevi osservazioni sulla revisione della disciplina delle mansioni contenuta nel decreto legislativo n. 81/2015 e su alcune recenti tendenze di politica legislativa in materia di rapporto di lavoro*, in *WP CSDLE "Massimo D'Antona".IT*, n. 257, 2015; C. CESTER, *La diligenza del lavoratore*, in C. CESTER-M.G. MATTAROLO, *Diligenza e obbedienza del prestatore di lavoro. Art. 2104*, in F.D. BUSNELLI (diretto da), *Il Codice Civile. Commentario*, Giuffrè, Milano, 2007, spec. p. 152; C. ALESSI, *Professionalità e contratto di lavoro*, Giuffrè, Milano, 2004; L. GALANTINO, *Lavoro atipico, formazione professionale e tutela dinamica della professionalità del lavoratore*, in *Diritto delle relazioni industriali*, 1998, p. 317 ss.; G. LOY, *Formazione e rapporto di lavoro*, Franco Angeli, Milano, 1988; U. ROMAGNOLI, *Art. 13*, in G. GHEZZI-G. F.MANCINI-L. MONTUSCHI-U. ROMAGNOLI, *Statuto dei diritti dei lavoratori, Art. 1-13*, in A. SCIALOJA-G. BRANCA (a cura di), *Commentario del codice civile*, V, I-II, Zanichelli/Società editrice del Foro Italiano, Bologna-Roma, 1979, p. 217 ss.

riconducibile alla forza attrattiva esercitata dall'area della cooperazione creditoria dell'obbligazione principale di lavoro, per quanto l'organizzazione dell'azienda, dal punto di vista statico e dinamico, sia «materialmente indispensabile a rendere possibile l'esecuzione della prestazione lavorativa» [16]. La concatenazione dei diversi elementi della struttura obbligatoria si spiegherebbe, piuttosto, in ragione dell'idoneità degli obblighi di protezione, autonomi rispetto alla posizione datoriale di creditore nell'obbligazione principale, sia di applicarsi anche al momento della predisposizione del substrato organizzativo, sia di incidere sul funzionamento del sinallagma contrattuale, costituendo un parametro dell'adempimento/inadempimento degli obblighi principali. Nello specifico, la violazione dell'obbligo autonomo di protezione influenzerebbe l'adempimento dell'obbligo fondamentale di eseguire la prestazione giustificando l'eccezione di inadempimento, senza che in questo il datore possa risultare liberato dal proprio obbligo di controprestazione retributiva, posto che l'inesigibilità della prestazione lavorativa è conseguenza diretta di un comportamento a lui imputabile [17].

Al di là del percorso interpretativo, ciò che preme sottolineare all'interno del discorso è che, da un lato, la relazione giuridica intercorrente tra datore e lavoratore si declina al plurale e, dall'altro, la complessità di questo intreccio di relazioni di natura obbligatoria trova ordine nella cornice unitaria di sintesi del rapporto principale e condiziona sia la dimensione dell'organizzazione, già nel suo momento di predisposizione e poi anche in ogni eventuale sua trasformazione, sia il piano di funzionamento del rapporto principale di scambio e, quindi, anche l'equilibrio del sinallagma genetico del contratto di lavoro.

Altro elemento significativo da evidenziare è l'incidenza, in entrambe le prospettive di osservazione, delle clausole generali di correttezza e buona fede.

Rispetto al percorso di lettura che valorizza l'area della cooperazione creditoria, si può ricordare, infatti, come non solo la disciplina della mora del creditore costituisca una puntuale applicazione dei principi di buona fede e correttezza contrattuale «a tutela dell'interesse del debitore alla liberazione del vincolo obbligatorio, nonché, più in generale, a non subire ingiustificati pregiudizi in ragione di un esercizio arbitrario della posizione di credito» [18]: la tesi che afferma la sussistenza di un vero e proprio obbligo di cooperazione a carico del creditore argomenta proprio a partire dal dovere generale di correttezza [19], tanto che si segnala

---

[16] V. SPEZIALE, *Mora del creditore*, cit., p. 118.

[17] V. SPEZIALE, *Mora del creditore*, cit., p. 137.

[18] E. BALLETTI, *La cooperazione del datore all'adempimento dell'obbligazione di lavoro*, Cedam, Padova, 1990, p. 242; L. BIGLIAZZI GERI, *Buona fede nel diritto civile*, in *Digesto delle Discipline Privatistiche, sezione civile*, vol. II, Utet, Torino, 1988, p. 169 ss.

[19] A. FALZEA, *L'offerta reale e la liberazione coattiva del debitore*, Giuffrè, Milano, 1947, 2011 (ristampa); F. CARUSI, *Correttezza (obblighi di)*, in *Enciclopedia del diritto*, Giuffrè, Milano, 1962, p. 709 ss.

come solo l'attribuzione allo stesso di una funzione integrativa del regolamento negoziale possa consentire di raggiungere siffatta conclusione [20].

Ancor più chiara, se possibile, è la connessione con le suddette clausole generali del secondo percorso di lettura citato, che utilizza la categoria concettuale dei doveri *lato sensu* di protezione, ossia quei doveri di comportamento funzionali a un'esigenza di tutela di interessi «riguardanti l'integrità personale o la sfera del partner contrattuale», che è sì afferente a una «dimensione "sociale"» ulteriore e autonoma rispetto a quella «prettamente "mercantile" (di scambio) dell'obbligazione», ma è da quest'ultima occasionata [21]. Trattasi, infatti, di una categoria costruita, come noto, sulla base dell'insegnamento mengoniano [22], proprio a partire

---

[20] A. ADDANTE, *Della mora del creditore*, in F.D. BUSNELLI (diretto da), *Il Codice Civile. Commentario*, Giuffrè, Milano, 2017, p. 28, secondo cui «occorre considerare l'influenza sulla questione in esame del principio di correttezza espresso dall'art. 1175 c.c. [...]: s'intende, in particolare, che assegnare alla clausola di correttezza, tra l'altro, la funzione di imporre ulteriori doveri – ancorché accessori rispetto a quello di eseguire la prestazione – a carico dei soggetti dell'obbligazione implica un'apertura alla qualificazione in termini di obbligo circa la cooperazione richiesta al creditore; al contrario, considerare la clausola generale come criterio di valutazione del comportamento delle parti dell'obbligazione, senza postulare doveri ulteriori a quelli insiti nel contenuto del rapporto, induce ad escludere, per l'ipotesi di *mora accipiendi*, la violazione, ad opera del creditore, di un vero e proprio obbligo di cooperare all'adempimento». Nella stessa prospettiva, si evidenzia, altresì, come l'opzione qualificatoria dell'obbligo incida sulla rilevanza attribuibile alla colpa nell'individuazione dei limiti della responsabilità del datore collegata alla sua mancata cooperazione.

[21] A. DI MAJO, *Delle obbligazioni in generale*, Zanichelli, Bologna, 1988, pp. 123, 125; E. BALLETTI, *La cooperazione*, cit., pp. 219-220.

[22] E. BETTI, *Teoria generale delle obbligazioni*, Giuffrè, Milano, 1953; L. MENGONI, *Obbligazioni «di risultato» e obbligazioni «di mezzi». Parte IV – studio critico*, in *Rivista di diritto commerciale*, 9-10, 1954, p. 366 ss.; G. F. MANCINI, *La responsabilità contrattuale del prestatore di lavoro*, Milano, Giuffrè, 1957, spec. p. 87; F. CARUSI, *Correttezza*, cit.; G. GIUGNI, *Mansioni e qualifica nel rapporto di lavoro*, Jovene, Napoli, 1963, spec. p. 153; G.A. DI MAJO, *L'esecuzione del contratto*, Giuffrè, Milano, 1967; R. SCOGNAMIGLIO, *Responsabilità contrattuale ed extracontrattuale*, in *Novissimo Digesto Italiano*, XV, Utet, Torino, 1968, p. 670 ss.; C. CASTRONOVO, *Obblighi di protezione e tutela del terzo*, in *Jus*, 1976, p. 143 ss.; A. DI MAJO, *Delle obbligazioni in generale*, cit.; A. PERULLI, *Informazione (diritti di)*, in *Digesto delle Discipline Privatistiche, sezione commerciale*, Utet, Torino, 1992, p. 362 ss.; C. PISANI, *Licenziamento e fiducia*, Giuffrè, Milano, 2004; V. FERRANTE, *Potere e autotutela nel contratto di lavoro subordinato: eccezione di inadempimento, rifiuto di obbedienza, azione diretta individuale*, Giappichelli, Torino, 2004; G. VISINTINI, *Inadempimento e mora del debitore. Artt. 1218-1222*, in F.D. BUSNELLI (a cura di), *Il Codice Civile. Commentario*, Giuffrè, Milano, 2006; L. NOGLER, *La disciplina dei licenziamenti individuali nell'epoca del bilanciamento tra i "principi" costituzionali*, in *Giornale di diritto del lavoro e delle relazioni industriali*, 2007, p. 598 ss.; P. CAMPANELLA, *Clausole generali o obblighi del prestatore di lavoro*, in *Clausole generali e diritto del lavoro*, Atti delle giornate di studio di diritto del lavoro, Roma 29-30 maggio 2014, Giuffrè, Milano, 2015, p. 203 ss. Proprio con riferimento al contesto dell'organizzazione digitalizzata del lavoro, l'applicabilità della categoria degli obblighi integrativi e/o di protezione è condivisa da L. ZAPPALÀ, *Appunti su linguaggio, complessità e comprensibilità del lavoro 4.0*, cit., con specifico riguardo agli «obblighi informativi, di spiegazioni e di riesame umano» (p. 32). In senso critico rispetto alla costruzione della categoria degli obblighi di protezione: C. SMURAGLIA, *La persona del prestatore nel rapporto di lavoro*, Giuffrè, Milano, 1967; U. NATOLI, *L'attua-*

dall'applicazione delle citate clausole in funzione integrativa del contenuto del contratto [23].

Sull'importanza delle clausole generali si tornerà oltre nella trattazione.

Ai fini della costruzione del ragionamento, si ritiene significativo focalizzare qui l'attenzione sulle relazioni giuridiche che si configurano in capo alle parti del rapporto di lavoro, in corrispondenza della previsione di limiti alle prerogative datoriali. Si fa riferimento ai limiti esterni, sia specifici, ossia «riferiti a manifestazioni tipiche del potere di organizzazione del lavoro» [24], sia generali e trasversali, quali possono considerarsi l'obbligo di sicurezza e di protezione dei dati personali [25] e il divieto di discriminazioni. Si tenga in considerazione che, per parte della dottrina, con tali limiti interagirebbe oggi l'obbligo di adeguatezza degli assetti organizzativi aziendali sancito dall'art. 2086 c.c., a integrazione dei presupposti di

---

zione del rapporto obbligatorio, Giuffrè, Milano, 1974. In senso critico rispetto alla possibilità di ricondurre nell'alveo di tale categoria l'obbligo di sicurezza *ex* art. 2087 c.c., cfr. L. MONTUSCHI, *Diritto alla salute e organizzazione del lavoro*, cit., spec. p. 66 ss. Sempre con riferimento all'art. 2087 c.c., per M. NAPOLI, *La stabilità reale del rapporto di lavoro*, Franco Angeli, Milano, 1980, «la struttura dell'obbligo è quella tipica dei doveri di protezione, ma la funzione svolta è molto più pregnante», essendo «il lavoratore ad essere coinvolto nel rapporto, essendo inscindibile l'attività oggetto del contratto dalla persona che la mette in essere» (p. 205).

[23] In termini adesivi rispetto alla funzione integrativa, cfr. *ex multis* S. RODOTÀ, *Le fonti di integrazione del contratto*, Giuffrè, Milano, 1962, spec. p. 112 ss.; C. ZOLI, *La tutela delle posizioni «strumentali»*, cit., spec. p. 220; P. CAMPANELLA, *Clausole generali*, cit., spec. p. 251, secondo cui «la buona fede (art. 1375 c.c.), anche se formalmente riferita alla fase attuativa del contratto, costituisc[e] regola oggettiva, la quale concorre a determinare il comportamento dovuto, con funzione integrativa del regolamento contrattuale. Ciò con un'incidenza diretta sulla struttura del rapporto obbligatorio, sì da arricchirne il contenuto attraverso un complesso di regole, ispirate a parametri di moralità sociale, ulteriori rispetto a quelle discendenti dalla volontà delle parti (art. 1374 c.c.)» (p. 251); «Bisogna, invece, ribadire che correttezza e buona fede incidono direttamente sul contenuto del rapporto obbligatorio, imponendo alle parti modelli di condotta ispirati a canoni di moralità sociale, tecnicamente sintetizzabili nella forma dell'obbligo» (p. 253); «l'integrazione del regolamento contrattuale mediante norme sociali di condotta espressive di buona fede dà vita a una serie di obblighi», per lo più ricompresi dalla dottrina entro la categoria concettuale degli "obblighi di protezione", ivi distinguendo «diversi comportamenti, tra cui quelli di comunicazione, di avviso, di cooperazione, di segreto, di conservazione, tutti funzionali alla salvaguardia della sfera giuridica altrui, esposta a potenziale pericolo per effetto del contatto sociale instauratosi tra le parti in forza del rapporto obbligatorio» (p. 254).

[24] M. MARAZZA, *Limiti e tecniche di controllo*, cit., p. 1286.

[25] Cfr. la riflessione sviluppata da L. D'ARCANGELO sulla «possibilità di procedere a un tentativo di collocazione sistematica dell'obbligo di protezione dei dati personali nell'ambito del dovere generale di tutela» di cui all'art. 2087 c.c. (*L'obbligo di protezione dei dati del lavoratore: adempimento e sanzioni*, in *Diritti Lavori Mercati*, 1, 2020, p. 80). Al riguardo, si ritiene di poter evidenziare come i tre limiti trasversali indicati nel testo presentino importanti punti di tangenza, in grado di determinarne un'applicazione sinergica e integrata, ma mantengano una propria identità normativa. Cfr. in tal senso, rispetto al rapporto tra divieto di discriminazione e obbligo di sicurezza, P. ALBI, *Adempimento dell'obbligo di sicurezza e tutela della persona. Art. 2087 c.c.*, in F.D. BUSNELLI (diretto da), *Il Codice Civile. Commentario*, Giuffrè, Milano, 2008.

legittimità dell'atto datoriale e, quindi, con estensione dell'oggetto del sindacato giudiziale alla compatibilità tra la scelta organizzativa posta a monte e «l'obbligo di preservare assetti adeguati al raggiungimento degli obiettivi produttivi», la «sostenibilità organizzativa dell'impresa» [26].

3. *Limiti al potere, diligenza datoriale e garanzia della sorveglianza umana*

La costruzione della linea di inquadramento che qualifica i limiti alle prerogative datoriali in termini di relazioni giuridiche tra le parti utilizza le chiavi di lettura offerte da chi evidenzia sia la possibile «natura ancipite» del limite posto all'esercizio del potere datoriale, quale presupposto di validità ed efficacia del negozio (tecnica dell'invalidità) ovvero anche obbligo di fare o non fare (tecnica dell'illiceità), sia la sistemazione unitaria che solo questa seconda qualificazione consente [27].

Si condivide, infatti, il rilievo che non tutti i vincoli normativi al potere si traducono in limiti legali ad efficacia reale, ossia limiti oltre i quali il potere non è riconosciuto dall'ordinamento e l'atto negoziale in cui si concreta l'esercizio del potere, difforme rispetto al prototipo normativo prefigurato dalla fonte inderogabile [28], risulta inidoneo a produrre l'effetto a cui tende [29]. Ciò è tanto più evidente dopo le riforme che hanno interessato la disciplina del potere di recesso datoriale, ma ben poteva rilevarsi anche prima, sempre per restare in tema di licenziamenti, nell'ambito di applicazione della tutela meramente obbligatoria.

L'inquadramento adottato evidenzia, anzitutto, nel limite al potere un obbligo, nella forma del comando o divieto, a seconda che la regola individui e determini il comportamento da tenere (ad es. l'esercizio dello *ius variandi* secondo specifici vincoli sostanziali e/o procedurali) ovvero la condotta illecita da cui ci si deve astenere (ad es. la disparità di trattamento in ragione di una serie di fattori di rischio), in alcuni casi con rilevanza pubblicistica (ad es. l'obbligazione di sicurezza o i limiti al controllo a distanza) [30]. Questo conduce a ricostruire la relazione giuridica tra datore e lavoratore, che si crea per effetto della previsione del limite, come rapporto obbligatorio, inserito nel più ampio e unitario contesto del rapporto fondamentale di lavoro.

In tale inquadramento, la posizione del lavoratore, correlativa a quella datoriale, si configura come pretesa (o diritto di credito) avente a oggetto la realizzazione

---

[26] P. TULLINI, *Assetti organizzativi dell'impresa e poteri datoriali. La riforma dell'articolo 2086 c.c.: prima lettura*, in *Rivista italiana di diritto del lavoro*, 2020, p. 152 e p. 148.

[27] C. PISANI, *Le tecniche di tutela*, cit., p. 89; A. VALLEBONA, *Tutele giurisdizionali*, cit., p. 54.

[28] R. DEL PUNTA, *Diritti della persona*, cit., p. 23.

[29] C. PISANI, *Le tecniche di tutela*, cit.

[30] Cfr. G. SUPPIEJ, *Il rapporto di lavoro*, cit.

dell'interesse protetto dall'imposizione dell'obbligo, mentre la condotta datoriale si configura quale prestazione dovuta e in quanto tale sottoposta a valutazione secondo il criterio della diligenza. La condotta materiale datoriale in violazione del limite, con esecuzione di un atto in alcuni casi inefficace, si presenta, quindi, quale inadempimento contrattuale, fonte di responsabilità nei limiti della possibilità e/o esigibilità della condotta, ossia nei limiti della causa imputabile, quindi evitabile con la diligenza richiesta, con tutte le ricadute che questo può implicare nell'ambito del sinallagma contrattuale [31].

Prima di affrontare la questione dell'individuazione dei limiti alle prerogative datoriali e della possibile valorizzazione in tale contesto delle clausole di correttezza e buona fede, la costruzione del discorso impone di focalizzare l'attenzione su un concetto che proprio dalla buona fede deve essere distinto e che assume un ruolo centrale quale canone di valutazione della condotta datoriale ai fini dell'adempimento dell'obbligo e dell'imputazione della responsabilità: il concetto di diligenza.

Come evidenza la dottrina, mentre la buona fede «si riferisce al se dell'obbligazione» e si muove sul piano «delle obbligazioni accessorie nell'adempimento», «la diligenza attiene al come dell'adempimento», al suo «modo d'essere» [32] e si muove, quindi, sul piano «delle modalità dell'adempimento stesso» [33]. «Si pone infatti come criterio di responsabilità e come criterio di determinazione della prestazione» dovuta [34]. In tal senso, la diligenza non costituisce uno strumento per l'integrazione del rapporto obbligatorio, non concerne, come invece la correttezza, «lo stesso farsi del contenuto» della prestazione, «non può essere considerata fonte di obblighi, autonomi o accessori che siano». Essa presuppone sia già fissata l'estensione della prestazione, il contenuto normativo dell'obbligazione, configurandosi come criterio di valutazione della condotta del debitore e quindi poi criterio di responsabilità; essa costituisce «uno strumento di controllo dell'attività del debitore», riguardante il suo «sforzo», la «qualità», conformità [35], «*misura*» del suo comportamento nell'adempimento dell'obbligazione [36].

Ai fini dell'indagine che ci occupa si può ritenere che la diligenza costituisca il

---

[31] È necessario tenere, altresì, in considerazione che il costo «dell'adempimento di un obbligo che si inserisce nel programma obbligatorio fatto proprio dalle parti deve essere sopportato dal debitore nei limiti della eccessiva onerosità sopravvenuta», P. ALBI, *L'obbligo di sicurezza del datore di lavoro tra inadempimento e danno*, in *Danno e responsabilità*, 2004, p. 59.

[32] A. DI MAJO, *Delle obbligazioni in generale*, cit., p. 453.

[33] P. GALLO, *Il contratto*, Giappichelli, Torino, 2017, p. 632.

[34] C. M. BIANCA, *Diritto civile 5. La responsabilità*, Giuffrè, Milano, 2021, p. 7.

[35] S. RODOTÀ, *Le fonti di integrazione del contratto*, cit., pp. 153-155, 157, 160.

[36] A. DI MAJO, *Delle obbligazioni in generale*, cit., p. 453. Cfr. al riguardo anche L. FIORILLO, *Obblighi del lavoratore*, in *Digesto delle discipline privatistiche, sezione commerciale*, agg., Utet, Torino, 2009, pp. 5 ss.

mediatore giuridico per l'inquadramento della garanzia di supervisione umana nella struttura del rapporto obbligatorio.

Per spiegare questa conclusione, si può anzitutto ricordare come la funzione della sorveglianza umana sia quella di minimizzare, ridurre o eliminare i rischi di violazione dei diritti fondamentali della persona. Nel contesto dell'organizzazione del lavoro, la tutela dei diritti fondamentali del lavoratore è governata dal principio di tipicità che informa gli atti di amministrazione del rapporto di lavoro, quale «aspetto applicativo del principio di legalità inteso in senso lato», volto a «conciliare i valori dell'economicità, produttività ed efficienza di gestione coi valori della personalità del lavoratore, in attuazione della direttiva costituzionale» di cui all'art. 41, co. 2 [37], e dal correlato e conseguente sistema di limiti posti ai poteri datoriali. Se il rischio connesso all'utilizzo di sistemi di IA si traduce nel rischio di una causa di possibile inadempimento dei comandi o divieti imposti al datore di lavoro a tutela dei valori della persona del lavoratore indicati dall'art. 41, co. 2, Cost., e se la sorveglianza umana si configura come garanzia di prevenzione ed evitabilità di tale causa, la stessa afferisce al contenuto del modello/standard di diligenza richiesta al datore nell'adempimento degli obblighi di fare o non fare in cui si concretano i limiti posti al suo potere.

Nell'adempimento di tali obbligazioni, il contenuto del parametro di diligenza è quindi integrato dal principio di supervisione umana, quale specificazione dello standard richiesto e quale indice di eventuale determinazione della responsabilità datoriale in caso di lesione dei valori della persona del lavoratore.

In altre parole, la garanzia di supervisione umana costituisce un elemento di determinazione del come deve essere eseguita la prestazione obbligatoria, da un lato, e un criterio di responsabilità che consente di stabilire la colpa del datore di lavoro in un eventuale giudizio di responsabilità contrattuale soggettiva, dall'altro. Se, infatti, la prova della non imputabilità dell'inadempimento consiste nella prova dell'assenza di colpa in relazione alla causa che ha impedito l'adempimento o l'esatto adempimento, ossia la prova che tale causa era imprevedibile e inevitabile alla stregua della dovuta diligenza, il controllo umano sui procedimenti automatizzati rappresenta il modo o almeno uno dei modi per il datore di lavoro per evitare che la decisione automatizzata impedisca l'adempimento dell'obbligo di tutela.

Diventa qui significativo ricordare quanto evidenziato nel secondo capitolo, ossia che rispetto alla garanzia di supervisione umana l'approccio *human-in-command* comprende non soltanto un livello operativo di coinvolgimento del decisore

---

[37] U. ROMAGNOLI, voce *Amministrazione del rapporto di lavoro*, in *Digesto Italiano, Discipline privatistiche, sezione commerciale*, IV, I, Utet, Torino, 1987, p. 110 ss.; per un inquadramento dei valori costituzionali di sicurezza, libertà e dignità quali sintesi di un moderno *status civitatis*, v. U. NATOLI, *Sicurezza, libertà e dignità del lavoratore nell'impresa*, in *Diritto del Lavoro*, I, 1956, p. 3 ss., nonché U. NATOLI, *Diritti fondamentali e categorie generali*, Giuffrè, Milano, 1993, p. 431 ss.

umano nel processo automatizzato, ma in termini più complessivi un controllo di organizzazione e di gestione, volto ad assicurare la *compliance*.

Con riguardo a questo secondo piano di articolazione della garanzia e in collegamento con il ragionamento che si è inteso qui sviluppare, si possono formulare due considerazioni.

L'obbligo di governo del rischio, laddove espressamente prescritto, è individuato come diretta conseguenza applicativa del principio di responsabilizzazione/ *accountability*, che impone secondo una impostazione procedurale *ex ante* l'adozione di adeguate misure tecniche e organizzative atte a garantire e a consentire di dimostrare la conformità alla normativa vigente.

Rispetto all'incidenza del deficit organizzativo sull'individuazione della colpa datoriale, si può richiamare quanto evidenziato dalla dottrina con riferimento alla responsabilità civile *ex* art. 2087 c.c. Si è rilevato, in particolare, che «emergono così significativi elementi di riscontro e di convergenza tra la responsabilità civile e quella amministrativa da reato» posto che «entrambe le forme di tutela si fondano su un rimprovero di colpevolezza ravvisabile, "in ultima analisi, in un deficit dell'organizzazione o dell'attività", cioè nello scarto esistente rispetto al livello di diligenza esigibile dall'apparato aziendale nel suo complesso»; il riferimento allo strumento dei sistemi gestionali «può servire tanto a circoscrivere i confini del concetto elastico della colpa, come interpretato nella prassi giurisprudenziale, dando concretezza al livello di diligenza richiesto; quanto a definire meglio il suo contrario, cioè la nozione di "causa non imputabile", che esclude la responsabilità civile. Compete al datore di lavoro, infatti, la dimostrazione che la lesione alla salute è stata determinata da un evento o un fattore non riconducibile alla sua sfera economica, organizzativo-gestionale e di controllo. E la nozione di "causa non imputabile" va intesa non già nel significato di "evento estraneo alla diligenza dell'obbligato", ma in quello di "evento estraneo ad un modello di diligenza esigibile dall'organizzazione aziendale nel suo complesso"» [38].

4. *Clausole di correttezza e buona fede e garanzia della trasparenza*

Se la diligenza costituisce la figura giuridica che consente di inquadrare il ruolo e la funzione della garanzia di supervisione umana nel rapporto obbligatorio, la riflessione sulla garanzia di trasparenza richiede di muovere da una verifica dell'operatività delle clausole di correttezza e buona fede nel contratto.

Al riguardo, convince la posizione dottrinale che, individuando in queste clausole una regola di cooperazione volta alla tutela degli interessi della controparte –

[38] P. TULLINI, *I sistemi di gestione della prevenzione e della sicurezza sul lavoro*, in *Giornale di diritto del lavoro e delle relazioni industriali*, 2010, p. 413.

connotati, sul lato del lavoratore, dall'implicazione della persona nell'esecuzione della prestazione e quindi dall'inscindibile collegamento con i valori della sicurezza, libertà e dignità di cui alla direttiva costituzionale dell'art. 41, co. 2, Cost. (il suo *status civitatis*) –, le qualifica in termini di fonte legale di integrazione del contratto (v. § 2).

Nel contesto che ci occupa, è significativo in particolare focalizzare l'attenzione sulla possibilità di ricostruire, a partire dal principio di buona fede, obblighi datoriali accessori funzionali a un interesse di protezione del lavoratore, che possa essere sia costituito direttamente dalla tutela del suo *status civitatis*, ad esempio della sua dignità, sia strumentale rispetto a un'altra pretesa correlativa a un dovere datoriale ovvero anche a un'utilità finale «il cui soddisfacimento non è giuridicamente garantito» [39]. Al riguardo, la dottrina individua proprio nei doveri di avviso, comunicazione e informazione le *species* che hanno maggiormente alimentato il *genus* degli anzidetti obblighi accessori [40].

Sono obblighi che seppur autonomi, in quanto volti a soddisfare un interesse della controparte dotato di importanza primaria, non riducibile a quello di puro scambio o di mera liberazione dal vincolo, si pongono cionondimeno in connessione strumentale-funzionale con l'obbligazione principale, o perché incidenti sull'area della relativa cooperazione creditoria e quindi prodromici all'esigibilità della prestazione, o perché abilitanti l'esercizio dell'autotutela del lavoratore e quindi incidenti sul sinallagma contrattuale.

La tesi che assegna alle clausole una funzione integrativa è tanto più condivisibile laddove individua in capo alle stesse «un preciso ruolo sistematico nella costruzione della norma contrattuale» [41], finalizzato a introdurre un criterio di valutazione degli interessi in conflitto, che si proietta oltre una logica individualistica, nel solco della direttiva costituzionale di solidarietà. In questo, le clausole fungono da mediatore giuridico dei valori fondanti dell'ordinamento, non nel senso di norma-ponte per l'applicazione dei principi generali nei rapporti interprivati [42],

---

[39] C. ZOLI, *La tutela delle posizioni «strumentali»*, cit., p. 6.

[40] A. DI MAJO, *Delle obbligazioni in generale*, cit., p. 325; C. ZOLI, *La tutela delle posizioni «strumentali»*, cit., p. 303; G. GIUGNI, *Mansioni e qualifica*, cit., p. 153. Come evidenzia A. PERULLI, nella prospettiva degli obblighi di protezione «si pongono, in particolare, le obbligazioni accessorie che gravano sulle parti *sub specie* di informazioni, comunicazioni, avvisi, la cui matrice comune viene generalmente identificata in una specificazione del principio generale di correttezza ovvero ricondotta nell'area della cooperazione creditoria» (*Informazioni (obblighi di)*, cit., p. 363).

[41] P. TULLINI, *Clausole generali e rapporto di lavoro*, Maggioli editore, Rimini, 1990, p. 55.

[42] Come rileva la dottrina, rimane netta la distinzione tra clausola generale e principio, posto che le clausole «non contengono né esprimono dei principi fondamentali» né possono «essere convertite in norme-ponte che in via mediata consentano l'applicazione di principi giuridici generali e segnatamente di quelli costituzionali nei rapporti interprivati» (S. BELLOMO, *Autonomia collettiva e clausole generali*, in *Clausole generali e diritto del lavoro*, Atti delle giornate di studio di diritto del lavoro, Roma, 29-30 maggio 2014, Giuffrè, Milano, 2015, pp. 96 e 98). La genericità dei principi con-

quanto di fonte, già in sé espressiva del suddetto dovere costituzionale, che consente l'apertura e l'adeguamento del diritto alle forme espressive di tale dovere, così come storicizzatesi nel sistema sociale. Da un lato, «la linea ininterrotta e la corrispondenza simpatetica che collegano le clausole generali ai principi della Costituzione e ai valori etici che essa esprime»[43] incidono sulla funzione della clausola di ridefinizione della struttura interna dei rapporti obbligatori, in termini di riequilibrio e di graduazione dei valori che si ritengono preminenti in quanto strettamente legati alla persona; dall'altro, le direttive costituzionali condizionano il contenuto della regola che andrà a integrare il regolamento negoziale, consentendo di individuare un ordine di priorità tra i diversi sottosistemi regolativi[44] e guidando la selezione dello standard valutativo da recepire, sulla base della sua prossimità ai valori promossi.

L'incidenza dei principi costituzionali sulla dinamica di estroflessione al dato sociale/meta-legislativo che caratterizza la ricerca del contenuto della regola rafforza la prospettiva che attribuisce alle clausole generali una funzione non meramente recettizia e ricognitiva delle norme sociali di condotta correnti, ma una «funzione direttiva del mutamento sociale», propulsiva di un avanzamento degli standard[45].

In tale prospettiva sono tanto più comprensibili sia l'inquadramento che propone di superare la dicotomia tra "clausole generali" e "norme elastiche", in ragione della medesima apertura verso l'esterno e della conseguente difficoltà di in-

---

fligge, infatti, con la funzione delle clausole, che è quella di costituire un "punto di contatto", una "linea di collegamento" tra ordinamento giuridico positivo e «modelli di comportamento offerti dalla vita sociale», da cui ricavare forme di valutazione degli interessi in gioco. Proprio per questo gli standard sociali, quali elementi «socialmente condivisi e controllabili», esterni al diritto e prodotti da c.d. sottosistemi regolativi extralegali, «destinati a diventare elementi di riferimento» per la concretizzazione delle clausole, devono risultare «completamente calati nella storicità» (S. BELLOMO, *Autonomia collettiva*, cit., pp. 97-98, 181). Questa distinzione non esclude, d'altra parte, che la cornice dei principi generali all'interno della quale trova applicazione la clausola non incida sulla selezione del sottosistema regolativo extralegale nonché dello standard e, quindi, anche sulla determinazione del contenuto della regola. «Le clausole generali non sono principi, anzi sono destinate ad operare nell'ambito segnato dai principi» (S. RODOTÀ, *Il tempo delle clausole generali*, in *Rivista critica di diritto privato*, 1987, p. 721). In tale prospettiva, si rileva che le norme costituzionali «si collocano in posizione di evidente supremazia anche rispetto agli *standards*. Pertanto, non potrà darsi accoglienza a valori desunti da "fonti" extra legali che siano in contrasto con direttive costituzionali» (P. CAMPANELLA, *Clausole generali*, cit., p. 227).

[43] P. TULLINI, *Clausole generali*, cit., pp. 62-63.

[44] S. BELLOMO, *Autonomia collettiva*, cit., spec. p. 88.

[45] L. MENGONI, *Spunti per una teoria delle clausole generali*, in *Rivista critica di diritto privato*, 1986, p. 14. Quest'ultimo rilievo è tanto più significativo se si considera come, per una parte della dottrina, la prospettiva indicata sarebbe l'unica che consentirebbe di condividere, in ipotesi, l'attribuzione del ruolo di clausola generale anche alla disposizione che sancisce l'obbligo di sicurezza di cui all'art. 2087 c.c. (P. ALBI, *Adempimento dell'obbligo di sicurezza e tutela della persona*, cit., spec. p. 80). Cfr. S. BELLOMO, *Autonomia collettiva*, cit., p. 88.

dividuare criteri distintivi tra le prime e le seconde, con riguardo alle modalità di specificazione del significato dell'enunciato [46]; sia il rilievo di chi, pur mantenendo la distinzione, ritiene che il «percorso ricostruttivo» di "concretizzazione", ossia di «ricerca del contenuto da immettere per adattare il precetto alla specie concreta», «può utilizzare gli stessi strumenti metodologici» [47].

Il punto è significativo per il ragionamento che si intende ora introdurre, relativo all'impatto della tipizzazione legislativa sull'operatività delle clausole generali.

Si può, anzitutto, condividere la posizione di chi ritiene che la tipizzazione di un c.d. dovere di protezione, che trova la propria matrice fondativa nella clausola generale di buona fede, all'interno di una norma generale o elastica non implichi una negazione della sua natura o della sua riconducibilità alla categoria concettuale d'origine. Se, infatti, è vero che il dovere tipizzato trova la propria fonte in una specifica disposizione di legge e può, quindi, integrare il regolamento negoziale *ex* art. 1374 c.c., la dottrina sottolinea come, da un lato, l'intervento legislativo di tipizzazione sia atto a rafforzare un dovere già garantito dai principi di correttezza e buona fede, in ragione del maggior rischio di pregiudizio alla parte caratterizzante lo specifico rapporto obbligatorio [48]; dall'altro, persiste la riconducibilità

---

[46] S. BELLOMO, *Autonomia collettiva*, cit., spec. p. 80; segnatamente, la scelta di adottare una nozione più estesa di clausola generale, composta anche da previsioni legislative «che vengono nella maggior parte dei casi definite non come clausole generali, bensì come norme di tipo "aperto" o "elastico"» (p. 71), è spiegata in ragione dei comuni tratti di indeterminatezza e apertura della struttura semantica degli enunciati, che richiedono una ricostruzione del contenuto a partire da standard e parametri extralegali, «valevoli per la categoria sociale alla quale la norma stessa si riferisce» (p. 80). Nella stessa prospettiva, si è rilevato come nel momento dell'applicazione clausole generali e norme elastiche, «forse distinguibili *ex latere legislatoris*», finiscano per perdere la loro diversità: C. CASTRONOVO, *L'avventura delle clausole generali*, in *Rivista critica di diritto privato*, 1986, p. 24; C. ZOLI, *La tutela delle posizioni «strumentali»*, cit., spec. p. 228; sulla scarsa persuasività della distinzione tra concetti indeterminati e clausole generali, v. S. RODOTÀ, *Il tempo delle clausole generali*, cit., p. 726.

[47] L. MONTUSCHI, *Ancora sulla rilevanza della buona fede nel rapporto di lavoro*, in *Argomenti di diritto del lavoro*, 1999, p. 733. Per una distinzione tra clausole generali, norme generali e principi non si può che rinviare alla sistematica di L. MENGONI, *Spunti per una teoria delle clausole generali*, cit., di S. RODOTÀ, *Il tempo delle clausole generali*, cit., che utilizza una nozione di clausola generale più ampia di quella proposta da L. MENGONI, di C. CASTRONOVO, *L'avventura delle clausole generali*, cit., di V. VELLUZZI, *Le clausole generali. Semantica e politica del diritto*, Giuffrè, Milano, 2010 (secondo cui i parametri di giudizio cui dovrà far ricorso il giudice possono essere interni o esterni al diritto), di M.V. BALLESTRERO, *Tra confusione e sospetti. Clausole generali e discrezionalità del giudice del lavoro*, in *Lavoro e diritto*, 2014, pp. 389 ss. (che muovendo dalla definizione «molto fluida» di V. VELLUZZI evidenzia al suo interno gli elementi su cui si registrano ampie convergenze e quelli su cui è, invece, necessario operare delle scelte; in particolare, l'autrice si domanda: «Nell'ipotesi in cui la [clausola generale] non fosse caratterizzata dal rinvio a parametri esterni all'ordinamento giuridico, in che cosa si distinguerebbe dalle altre disposizioni (frammenti di) nelle quali si registra un certo grado, anche elevato, di indeterminatezza?», pp. 392 e 395)

[48] V. SPEZIALE, *Mora del creditore*, cit., p. 133.

dell'obbligo tipizzato alla categoria concettuale dei doveri di protezione, che anzi «ne migliora l'inquadramento teorico, perché ne valorizza la componente personalistica» [49]. Ricollegandoci alle considerazioni di metodo di cui sopra, si può altresì rilevare come la tipizzazione di un c.d. dovere di protezione in una norma generale non implichi nemmeno un'alterazione del carattere omeostatico dello strumento né del metodo con cui opera l'interazione dell'ordinamento con l'esterno [50].

D'altra parte, laddove la norma di tipizzazione abbia un ambito di applicazione che, rispetto all'interesse di salvaguardia considerato, non esaurisce tutto lo spettro d'azione della clausola generale, quest'ultima manterrà una diretta rilevanza operativa, per quanto non regolato, nonché al di là di eventuali misure di protezione di dettaglio o ambiti di applicazione specifici [51]: come osserva la dottrina, la presenza di regole scritte non elimina «ogni spazio per i doveri di protezione» [52], soprattutto laddove, nonostante i limiti "nominati", residui una «*eccedenza di potere*» [53].

A sintesi di questi primi passaggi del ragionamento, si può quindi affermare che gli obblighi di salvaguardia degli interessi del lavoratore, che scaturiscono dall'applicazione delle clausole generali di correttezza e buona fede, assumono concretizzazione e specificazione di contenuto attraverso un recepimento degli standard di condotta forniti da fonti meta-legislative. La collocazione del processo all'interno della cornice dei principi generali e fondativi dell'ordinamento fa sì che detto recepimento risulti qualificato da una selezione degli standard, secondo un ordine di prossimità rispetto ai valori promossi dalle direttive costituzionali, così come dal diritto dell'Unione europea. La tipizzazione legislativa dell'obbligo in una norma generale o elastica, ossia in un enunciato normativo contenente concetti elastici o generali, non modifica né la funzione dello strumento giuridico,

---

[49] P. CAMPANELLA, *Clausole generali*, cit., p. 278.

[50] Questo potrebbe peraltro risultare condivisibile, per le ragioni indicate *supra* nel testo, anche indipendentemente dall'opzione di inquadramento concettuale assunta rispetto alla norma generale, ossia se riconducibile o meno alla categoria del dovere di protezione.

[51] Cfr., al riguardo, rispetto agli obblighi di informazione, la prospettiva critica di C. FALERI, secondo cui «per quanto appaia corretto ricondurre il dovere di informazione, in virtù della sua capacità di produrre uno stato di conoscenza intorno alle circostanze ritenute essenziali all'adempimento, nella sfera dei doveri integrativi posti a carico delle parti, tale inquadramento giuridico non si giudica elemento di per sé sufficiente al fine di valutare l'adeguatezza del principio di correttezza quale fonte autonoma di doveri informativi» (C. FALERI, *Asimmetrie informative e tutela del prestatore di lavoro*, Giuffrè, Milano, 2007, pp. 51-52).

[52] P. CAMPANELLA, *Clausole generali*, op., p. 283. Pare significativo richiamare al riguardo l'osservazione di C. M. BIANCA, secondo cui «tipizzazione, occorre avvertire, non vuol dire riduzione dell'applicazione del principio a fattispecie determinate, ma indicazione di talune fattispecie valevoli come concreti modelli di riferimento» (C.M. BIANCA, *Diritto civile 3. Il contratto*, Giuffrè, Milano, 2019, p. 460, nota 28).

[53] A. DI MAJO, *Delle obbligazioni in generale*, cit., p. 345.

quale valvola di comunicazione e di estroflessione dell'ordinamento verso criteri meta-legislativi e sistemi valutativi sociali diversi ed esterni alla legge, a garanzia della «sintonia del diritto rispetto ai mutamenti temporali e all'evoluzione socio-economica», né il metodo per la concretizzazione del contenuto della regola così ricavata [54].

I passaggi ulteriori che compongono il discorso attengono al momento in cui avviene il processo di concretizzazione e alla fonte esterna che può essere utilizzata al riguardo.

È significativo richiamare sul punto l'osservazione di chi rileva come «non possa dirsi che le clausole generali operino solamente come una regola di giudizio», potendo la loro concretizzazione di contenuto manifestarsi anche «in un momento logicamente anteriore rispetto al momento della verifica giudiziale» [55]. Nello specifico, atteggiandosi «come una *tecnica legislativa*», «ancor prima che nella dimensione giudiziale operano come regole di costruzione di una fattispecie [...] destinata ad inverarsi nel contesto della disciplina negoziale del rapporto di lavoro» [56]. Se a tale costruzione «si perviene attraverso l'utilizzo di criteri di valutazione esterni rispetto a quelli legali da ricercare [...] nella "realtà sociale"», segnatamente nei parametri extra-legali, negli schemi comportamentali, di condotta e negli standard valutativi dalla stessa offerti, d'altra parte la realizzazione di tale finalità non è rimessa «in via esclusiva alla mediazione del giudice», ma può essere realizzata «ricorrendo a diversi strumenti e a più varie tecniche legislative» [57].

Le clausole generali, in qualità di «meta-norme», ossia norme che vertono «su un'altra attività regolativa», operano come canali di comunicazione tra l'ordinamento legale e il sottosistema regolativo che governa «le reciproche attese di uno specifico sottogruppo sociale o professionale» e che con garanzia di sufficiente prevedibilità e conoscibilità consente di consegnare uno specifico standard, «che equivale a regola di comportamento e si esprime in norme» [58].

All'interno di questo ragionamento, tra i possibili percorsi di concretizzazione delle clausole sociali sono poste anche le scelte attuative compiute dall'autonomia collettiva. Alla contrattazione collettiva è attribuito, in tal senso, un ruolo di mediazione nel processo di collegamento dell'ordinamento verso la "realtà sociale", tanto più potendo la stessa garantire, «quale adeguata forma di riequilibrio del di-

---

[54] S. BELLOMO, *Autonomia collettiva*, cit., p. 68, confermando la definizione di funzione omeostatica di S. RODOTÀ, *Le clausole generali nel tempo del diritto flessibile*, in A. ORESTANO (a cura di) *Lezioni sul contratto*, Giappichelli, Torino, 2009, pp. 97 ss., spec. p. 103.

[55] S. BELLOMO, *Autonomia collettiva*, cit., p. 69.

[56] *Ivi*, p. 69.

[57] *Ivi*, p. 75.

[58] A. PERULLI, *I concetti qualitativi nel diritto del lavoro: standard, ragionevolezza, equità*, in *Diritti Lavori Mercati*, 2011, p. 407.

vario di posizioni tra le parti del rapporto di lavoro individuale», una concretizzazione della clausola generale pienamente aderente alla sua funzione riequilibratrice di rapporti connotati da asimmetrie di potere e di informazione.

Al riguardo, non si può non richiamare la riflessione sviluppata nel secondo capitolo in merito alla possibile valorizzazione del ruolo dell'autonomia collettiva – anche così come promosso in seno alla dir. 2002/14/CE e dalla fonte interna di recepimento, il d.lgs. n. 25/2007 – in connessione con la garanzia di trasparenza, anche rispetto al suo complesso bilanciamento con l'interesse datoriale alla riservatezza delle informazioni.

La tessera che si intende qui aggiungere al mosaico del ragionamento attiene alla possibilità di collocare tra i sub-sistemi regolativi esterni, alle cui scelte attuative rinviare per la concretizzazione della regola di comportamento, anche i modelli organizzativi adottati dall'impresa attraverso un approccio metodologico basato sul rischio, un approccio che, come visto, lascia al titolare dell'obbligo di protezione di un interesse la scelta del modulo più adeguato, in rapporto alle caratteristiche della propria organizzazione, per governare la gestione dei rischi di lesione dell'interesse protetto. Si tratta, in altre parole, di riflettere sulla possibilità di considerare tali modelli una dimensione regolativa idonea a consegnare degli standard valutativi di riferimento, secondo una logica e verifica di necessaria conformità e prossimità del modello/standard ai valori promossi dalla pertinente cornice di principi fondamentali e direttive di livello costituzionale e Ue.

È una proposta che pare rispondere ad almeno due criticità rilevate dalla dottrina lavorista rispetto alla funzione integrativa delle clausole generali.

Da un lato, risponde al timore di chi, pur riconoscendo detta funzione, non ritiene che la tecnica dell'individuazione di obblighi accessori possa rispondere all'esigenze di applicazione della regola *in executivis*, determinando l'irrigidimento della regola di comportamento in posizioni giuridiche formali stabilite *a priori*, quando invece a essere richieste sono "norme d'azione" e di controllo del potere privato e dei relativi ambiti di discrezionalità [59].

Dall'altro, potrebbe rispondere alle perplessità di chi, segnalando il rischio di derive soggettivistiche se non di veri e propri arbitri del giudice nell'applicazione delle clausole, ha rilevato nel contesto dell'organizzazione quello da cui necessariamente trarre il referente esterno a cui le stesse rinviano: proprio perché le prerogative datoriali sono esercitate nel «contesto particolare di ogni singola organizzazione del lavoro, per di più mutevole», «non sono utilizzabili *standards* di comportamento desumibili da contesti diversi da quello dell'organizzazione» [60].

---

[59] P. TULLINI, *Clausole generali*, cit.

[60] M. PERSIANI, *Considerazioni sul controllo di buona fede*, cit., p. 147 e nota 65.

Il requisito della "normalità", della "regolarità", della "tipicità sociale" del comportamento da assumere come punto di riferimento, come standard, per concretizzare la clausola non potrebbe, quindi, trarsi al di fuori del contesto della singola realtà imprenditoriale o all'interno di un contesto a cui la stessa non appartenga o che non ne rispecchi le peculiarità (in altre parole, le sue "qualità").

Ci si può, in tale prospettiva, chiedere se la previsione di un obbligo accessorio, come quello di trasparenza, quale *species* del più ampio *genus* della clausola di correttezza e buona fede, connotato dalla medesima funzionalità all'estroflessione, possa rispondere sia alle esigenze collegate all'esecuzione del rapporto, senza il rischio di un irrigidimento *a priori*, sia alla ricerca di uno standard "contestualizzato" alla realtà della singola organizzazione, laddove sia destinato a essere declinato dall'azienda attraverso un approccio *risk-based.*

Nello specifico, l'obbligo accessorio, derivante dalla clausola, si traduce in norme d'azione attraverso l'intervento auto-regolativo del suo titolare, che individua la scelta attuativa – da valutare secondo un rapporto di adeguatezza e, quindi, prossimità alla tutela dell'interesse di protezione – attraverso il metodo della valutazione e gestione del rischio.

Il processo di definizione della regola è, quindi, graduale e stratificato. Muove, prima, dall'individuazione, a derivazione dalle clausole generali, di un obbligo accessorio a contenuto indefinito, di salvaguardia dell'interesse della controparte (una «tipizzazione di massima»[61]), che integra il regolamento negoziale; passa quindi, ai fini e durante l'esecuzione del rapporto, alla sua attuazione attraverso un sistema autopoietico iterativo di regole di governo del rischio nell'organizzazione.

L'adeguatezza di tale sistema di regole rispetto all'obbligo accessorio può essere valutata alla stregua della sua capacità di governare, sanzionare, modificarsi a riduzione/eliminazione del rischio, anche in proporzione alla capacità e dimensione aziendale. Trattandosi di una applicazione del canone di buona fede, legata quindi alla sua funzione di riequilibrio, la sua adeguatezza sarà valutata anche rispetto al grado di coinvolgimento degli interessati. Ciò è tanto più vero nel contesto d'analisi che ci occupa, considerato che la citata funzione si accentua nei rapporti obbligatori caratterizzati da asimmetrie informative e il ragionamento che qui si sviluppa attiene all'individuazione e attuazione di un obbligo accessorio di trasparenza in ambiti in cui le prerogative datoriali sono sempre meno "coscienti" e le logiche di funzionamento dei processi sempre più opache.

La possibilità, nei termini anzidetti, di ricondurre la garanzia di trasparenza alla figura giuridica della buona fede consente di comprendere come tale garanzia, quale pietra angolare dell'architettura regolativa integrata di tutela, si incardini all'interno della logica del contratto. In tal senso, si evidenziano, da un lato, la sua afferenza a un obbligo dal contenuto indeterminato ed elastico, che si aggiorna secondo un processo di estroflessione che può superare gli eventuali limiti di una

[61] C.M. Bianca, *Diritto civile 3. Il contratto*, cit., p. 460.

tipizzazione legislativa; dall'altro, la sua capacità di incidere sul funzionamento dell'obbligazione principale di lavoro: o perché, in quanto proiezione del canone di buona fede e correttezza, arriva ad essere attratta nell'area della cooperazione creditoria, condizionando i presupposti di esigibilità della prestazione; o perché, concretandosi in un obbligo di protezione che influenza l'adempimento dell'obbligazione fondamentale, abilita l'esercizio di pretese da parte del lavoratore e, quindi, anche di poteri di autotutela, così incidendo sul sinallagma contrattuale (v. § 2).

L'afferenza alla sfera d'azione della buona fede consente, infine, di valorizzare i profili di integrazione e continuità della garanzia di trasparenza con altri doveri di protezione accomunati dalla medesima matrice fondativa, in particolare l'obbligo di sicurezza e l'obbligo/onere di formazione. In questo confermandosi l'interconnessione di aree già rilevata nella costruzione dell'architettura regolativa coinvolta nella tutela del lavoratore di fronte a poteri datoriali esercitati con l'uso di sistemi algoritmici.

5. *Supervisione umana, diligenza, titoli di responsabilità*

Il percorso d'analisi finora sviluppato si è composto di due momenti: il primo, dedicato alla ricostruzione dell'architettura regolativa di matrice Ue funzionale alla protezione del lavoratore di fronte all'uso dell'IA da parte del datore nell'esercizio delle proprie prerogative; il secondo, volto invece all'individuazione dei mediatori giuridici che veicolano l'incardinamento di questo sistema di tutele all'interno del contratto.

Entrambi i punti di osservazione confermano tre specifiche caratteristiche dello statuto protettivo del lavoratore di fronte all'IA nell'organizzazione del lavoro: la dinamicità e modularità delle tutele, aggiornate e calibrate sulla base dello strumento metodologico della valutazione e del governo del rischio; l'integrazione dei processi e la trasversalità della loro applicazione rispetto all'esercizio dei diversi poteri datoriali; la rilevanza del coinvolgimento dei lavoratori e/o dei loro rappresentanti e della condivisione delle scelte organizzative secondo un approccio partecipativo, ai fini della valutazione di adeguatezza dei moduli attuativi delle tutele.

La riflessione elaborata nel presente capitolo ha evidenziato la distinzione tra le figure giuridiche e le correlate funzioni che le garanzie di sorveglianza umana e di trasparenza assumono nella logica del rapporto obbligatorio: l'una, quale misura dell'adempimento degli obblighi attribuiti al datore nell'esercizio delle proprie prerogative, quindi elemento di determinazione della diligenza richiesta e criterio che consente di stabilire la colpa in un eventuale giudizio di responsabilità contrattuale soggettiva; l'altra, quale obbligo di protezione inserito nella più ampia complessità della struttura obbligatoria, in quanto tale integrato con gli altri obblighi di protezione di comune matrice fondativa e incidente sull'operatività del sinallagma contrattuale.

Si è potuta segnalare, in entrambi i casi, la rilevanza dello strumento metodologico della valutazione e gestione dei rischi. Al riguardo, è importante chiarire che la presenza di questo comune denominatore non inficia né consente di escludere la rilevata distinzione di qualificazione e funzione delle garanzie nel contratto.

Tale strumento metodologico, infatti, da un lato, permette di individuare, attualizzare e aggiornare il contenuto dell'obbligazione – sia essa relativa al limite di tutela della salute e sicurezza o del dato personale ovvero ancora al limite di tutela dell'interesse alla trasparenza più ampiamente inteso – dall'altro, incide sul governo del comportamento debitorio, fornendo elementi che contribuiscono alla valutazione dell'adempimento e all'esclusione della colpa.

Il diverso ruolo che questo strumento metodologico assume nei due diversi momenti della concretizzazione del contenuto dell'obbligo e del governo del comportamento, a garanzia della sua conformità rispetto al dovuto, si può cogliere nella distinzione tra il momento della valutazione dei rischi e della conseguente individuazione delle misure di prevenzione e protezione dalle fonti di pericolo e il momento della costruzione di un modello organizzativo di *compliance* che consenta, attraverso protocolli, sistemi di controllo, organismi di vigilanza, ripartizione dei ruoli, procedure di monitoraggio e di aggiornamento e procedure disciplinari, di garantire e assicurare il rispetto e l'adempimento delle obbligazioni, così come attualizzate e modulate in rapporto alla specifica organizzazione aziendale, sulla base del processo di valutazione del rischio [62].

È la distinzione che si rileva, all'interno della proposta di Regolamento sull'IA, tra l'obbligo per il fornitore di predisporre un sistema di gestione dei rischi, composto delle tre fasi di identificazione, stima, eliminazione/mitigazione/gestio-

---

[62] Come evidenzia la dottrina, il principio di "organizzazione" è immanente nei concetti di "impresa" e "imprenditore" ed è, quindi, presente già *in nuce* nell'art. 2082 c.c. Tale dimensione organizzativa trova oggi «un significativo riscontro» anche nel nuovo testo dell'art. 2086 c.c. e nell'obbligo di adeguatezza degli assetti organizzativi, amministrativi e contabili rispetto alla natura e dimensione dell'impresa, ivi previsto (P. PASCUCCI, *Salute e sicurezza sul lavoro, responsabilità degli enti*, cit., p. 542). Cfr. al riguardo, la riflessione di P. TULLINI, *Assetti organizzativi dell'impresa*, cit. (v. § 2) e di A. CAPRARA, *I principi di corretta amministrazione. Struttura, funzioni, rimedi*, Giappichelli, Torino, 2022, secondo il quale la tesi che richiama i principi di corretta amministrazione, in relazione alla prevenzione e alla gestione del rischio di impresa, per fondare l'obbligatorietà dell'adozione dei c.d. modelli 231 non persuade: «non solo nel d.lgs. 231/2001 si *onera*, non si obbliga (come invece nell'art. 2086 c.c. e già nell'art. 2381 c.c.) l'organo dirigente – per l'esonero da responsabilità (penale) dell'ente – di dimostrare di aver "adottato ed efficacemente attuato, prima della commissione del fatto, modelli di organizzazione e di gestione idonei a prevenire reati" (art. 6, lett. *a*, d.lgs. cit.), ma nemmeno può evocarsi la sovrapposizione tra tali modelli organizzativi e quelli che *devono* essere adottati dall'impresa collettiva ai sensi dell'art. 2086, co. 2, c.c.» (pp. 220-221).

ne dei rischi (art. 9), e il successivo obbligo di adottare un sistema di gestione della qualità, contenente, tra gli altri, un *accountability framework* (art. 17).

È la distinzione che si rileva altresì, a livello interno, nel testo unico in materia di sicurezza sul lavoro (d.lgs. n. 81/2008), tra l'obbligo datoriale di valutazione dei rischi (art. 28), comprensivo di valutazione di tutti i rischi e indicazione delle misure di prevenzione/protezione attuate e dei dispositivi di protezione individuali adottati, e il modello di organizzazione e gestione di cui all'art. 30. Questo secondo strumento, facoltativo, è volto ad assicurare un sistema aziendale di *compliance* per l'adempimento di tutti gli obblighi giuridici, con idonei sistemi di registrazione delle attività, un'articolazione di funzioni che assicuri le competenze tecniche e i poteri necessari per la verifica, valutazione, gestione e controllo del rischio, un sistema disciplinare idoneo a sanzionare il mancato rispetto delle misure indicate nel modello, un idoneo sistema di controllo sull'attuazione del medesimo modello e sul mantenimento nel tempo delle condizioni di idoneità delle misure adottate. Si prevede, peraltro, specificamente che il riesame e l'eventuale modifica del modello organizzativo debbano essere adottati anche in occasione di mutamenti nell'organizzazione e nell'attività in relazione al progresso scientifico e tecnologico [63].

Come evidenzia la dottrina, l'approccio c.d. *risk-oriented*, già consolidatosi nel campo della sicurezza sul lavoro con l'implementazione della direttiva quadro 89/391/CEE, si rinnova in versione rafforzata in tale ambito grazie al contatto con la disciplina del d.lgs. n. 231/2001, a partire dall'inclusione tra i relativi reati-presupposto dell'omicidio e delle lesioni colpose commessi con violazione della normativa anti-infortunistica (art. 25 *septies* d.lgs. n. 231/2001) e con previsione in seno al d.lgs. n. 81/2008 di una normativa di dettaglio, speciale e integrativa

---

[63] Per quanto attiene al GDPR, la dottrina rileva che ai fini dell'adempimento dell'obbligo di DPIA di cui all'art. 35 e, in particolare, «al fine di garantire l'effettività della gestione del rischio, il titolare del trattamento deve procedere alla costante verifica dell'efficacia delle misure adottate e all'eventuale aggiornamento delle medesime. A tale scopo, per la redazione del *Privacy Impact Assessment* appare ancora una volta perfettamente adattabile, con i dovuti accorgimenti, la prassi aziendalistica sviluppatasi in tema di *risk management* sviluppatasi in *chiave 231*, per la costruzione dei Modelli di organizzazione, gestione e controllo di cui agli art. 6 e 7, d.lgs. n. 231/2001». Si evidenzia, in particolare, che il GDPR «non specifica quale sia il processo di valutazione d'impatto da seguire» e che «a prescindere dalle metodologie che si affermeranno nella prassi, la necessità di prevedere un "modello organizzativo" idoneo a contenere il rischio di un (illecito trattamento dei dati) impone l'opportuno collegamento tra le nuove misure in tema *privacy* e quelle adottate ai fini 231», così come avvenuto ad esempio per l'ambito della sicurezza sul lavoro: «non vi è dubbio che l'esperienza maturata in tema di responsabilità da reato degli enti risulterà estremamente utile nella fase di predisposizione di [DPIA], idonei ad eliminare il rischio elevato per la riservatezza delle persone fisiche» (C. CUPELLI-F. FICO, *I riflessi penalistici del Regolamento UE 2016/676 e le nuove fattispecie di reato previste nel Codice privacy dal d.lgs. 101/2018*, in V. CUFFARO-R. D'ORAZIO-V. RICCIUTO (a cura di), *I dati personali nel diritto europeo*, Giappichelli, Torino, 2019, pp. 1113-1114).

(art. 30, d.lgs. n. 81/2008) [64]. In tale prospettiva, il modello di organizzazione e gestione diventa «il metodo più idoneo per rispettare nel modo più adeguato i complessi precetti prevenzionistici previsti dalla legge» [65].

In un contesto d'indagine volto a collocare il modello di gestione nella dimensione (a due livelli) della garanzia di sorveglianza umana e a valorizzare, in tale prospettiva, l'incidenza del deficit di organizzazione sull'individuazione della colpa datoriale, risulta particolarmente significativo osservare come lo stesso testo unico in materia di salute e sicurezza attribuisca una specifica rilevanza al modello di verifica e controllo di cui all'art. 30 anche rispetto all'accertamento della colpa nel giudizio sulla responsabilità individuale del datore di lavoro. Ai sensi dell'art. 16, co. 3, infatti, l'obbligo di vigilanza del datore delegante si intende assolto in caso di adozione ed efficace attuazione di tale modello [66].

5.1. *La pluralità di soggetti coinvolti nel ciclo di vita del sistema di IA e i possibili titoli di responsabilità*

Il profilo di analisi sviluppato consente di riallacciare la riflessione ad alcuni interrogativi posti nella fase iniziale dell'indagine.

Si è evidenziato, infatti, che l'impostazione antropocentrica che caratterizza l'approccio regolativo all'IA ha due corollari: il disconoscimento della soggettività giuridica della macchina e l'attribuzione della responsabilità a un soggetto umano, il che conduce alla questione dell'individuazione del soggetto chiamato a rispondere dei danni provocati dall'algoritmo.

Se finora l'attenzione è stata concentrata sulla responsabilità contrattuale del

---

[64] Cfr. P. PASCUCCI, *Modelli organizzativi e tutela dell'ambiente interno ed esterno all'impresa*, in *Lavoro e diritto*, 2022, p. 335 ss.; M. GIOVANNONE, *Modelli organizzativi e sicurezza sui luoghi di lavoro alla prova del Covid-19 e a vent'anni dall'entrata in vigore del d.lgs. n. 231/2001*, in *Diritto della sicurezza sul lavoro*, 2022, p. 94 ss.; P. PASCUCCI, *Salute e sicurezza sul lavoro, responsabilità degli enti*, cit.; S.M. CORSO, *Lavoro e responsabilità di impresa nel sistema del d.lgs. 8 giugno 2001, n. 231*, Giappichelli, Torino, 2015; E. GRAGNOLI, *Articolo 30. Modelli di organizzazione e di gestione*, in C. ZOLI (a cura di), I, *Princìpi comuni*, in L. MONTUSCHI (diretto da), *La nuova sicurezza sul lavoro. D.lgs. 9 aprile 2008, n. 81 e successive modifiche. Commentario*, Zanichelli, Bologna, 2011, p. 392 ss.; E. AMATI, *Articolo 30. Modelli di organizzazione e di gestione*, in G. INSOLERA (a cura di), III, *Norme penali e processuali*, in L. MONTUSCHI (diretto da), *La nuova sicurezza sul lavoro. D.lgs. 9 aprile 2008, n. 81 e successive modifiche. Commentario*, Zanichelli, Bologna, 2011, p. 44 ss.

[65] P. PASCUCCI, *Dopo il d.lgs. 81/2008: salute e sicurezza in un decennio di riforme del diritto del lavoro*, in P. PASCUCCI (a cura di), *Salute e sicurezza sul lavoro. Tutele universali e nuovi strumenti a 10 anni dal d.lgs. n. 81/2008*, Franco Angeli, Milano, p. 21; P. PASCUCCI-L. ANGELINI-C. LAZZARI, *I "sistemi" di vigilanza e di controllo nel diritto della salute e sicurezza sul lavoro*, in *Lavoro e diritto*, 2015, pp. 621-638.

[66] Cfr. P. PASCUCCI, *Salute e sicurezza sul lavoro, responsabilità degli enti*, cit., spec. pp. 548-549.

datore di lavoro nei confronti del lavoratore e sull'incidenza della garanzia di sorveglianza umana sulla determinazione della sua colpa, la questione dell'allocazione delle responsabilità si presenta invero particolarmente complessa, e non solo se osservata nella prospettiva delle reti imprenditoriali e organizzative che connotano il *business model* 4.0 [67], l'economia delle piattaforme [68] e la c.d. *fissured workplace* [69], "abilitate" proprio dall'uso delle nuove tecnologie.

---

[67] Cfr. F. BUTERA, *Lavoro e organizzazione nella quarta rivoluzione industriale: la nuova progettazione socio-tecnica*, in *L'industria*, 2017, pp. 291 ss.; A. SALENTO, *Industria 4.0, Imprese, Lavoro. Problemi interpretativi e prospettive*, in *Rivista giuridica del lavoro e della previdenza sociale*, 2017, 2, p. 175 ss.; F. SEGHEZZI, *Come cambia il lavoro nella Industry 4.0?*, in *WP ADAPT*, n. 172, 2015.

[68] Cfr. J. PRASSL-M. RISAK, *Sottosopra e al rovescio: le piattaforme di lavoro on demand come datori*, in *Rivista giuridica del lavoro e della previdenza sociale*, 2017, p. 219 ss.

[69] La "*fissured workplace*", ossia il luogo di lavoro "frammentato", si collega a un modello aziendale che cerca di concentrarsi sulla *core competence*, selezionata in rapporto agli interessi dei clienti e soprattutto degli investitori, cedendo il maggior numero possibile di attività non essenziali ad altre organizzazioni satellite, sui cui risultati l'azienda principale mantiene uno stretto controllo attraverso standard, monitoraggio e meccanismi di vigilanza (D. WEIL, *Understanding the Present and Future of Work in the Fissured Workplace Context*, in *The Russell Sage Foundation Journal of the Social Sciences December*, 5(5), 2019, p. 147 ss., spec. p. 148. Cfr. T. GOLDMAN-D. WEIL, *Who's Responsible Here? Establishing Legal Responsibility in the Fissured Workplace*, in *Berkeley Journal of Employment and Labor Law*, 42(1), 2021, p. 55 ss. Per quanto attiene alla dottrina italiana, il tema, già ampiamente indagato (cfr. *ex multis* V. SPEZIALE, *Il datore di lavoro nell'impresa integrata*, in *Giornale di diritto del lavoro e delle relazioni industriali*, 2010, p. 1 ss.; T. TREU, *Trasformazioni delle imprese: reti di imprese e trasformazioni del lavoro*, in *Mercato Concorrenza Regole*, 2012, p. 7 ss.; D. GAROFALO, *Lavoro, impresa e trasformazioni organizzative*, Atti delle giornate di studio di diritto del lavoro Aidlass, 18-19 maggio 2017, Giuffrè, Milano, 2018, p. 17 ss.) è stato analizzato anche tenendo in considerazione l'ottica statunitense di D. WEIL: cfr. *ex multis* A. PIZZOFERRATO, *Digitalisation*, cit.; A. BELLAVISTA, *Le prospettive del diritto del lavoro dopo la pandemia*, in *WP CSDLE "Massimo D'Antona".IT*, n. 433, 2021; R. DEL PUNTA, *Lost in Externalisation: A Regulatory Failure of Labour Law?*, in A. PERULLI-T. TREU (a cura di), *Enterprise and Social Rights*, Wolters Kluwer International, The Netherlands, 2017, p. 93 ss.; A. LO FARO-F. SCARPELLI, *Introduzione*, in *Rivista giuridica del lavoro e della previdenza sociale*, 2017, p. 381 ss.. Cfr. altresì i numeri monografici delle riviste *Comparative Labor Law & Policy Journal*, 37(1) 2016, e *Bulletin of Comparative Labour Relations*, 95, 2017. Rispetto al collegamento tra lo strumento di tutela della *due diligence*, quale meccanismo *ex ante*, e quello della responsabilità solidale *ex* art. 29 d.lgs. n. 276/2003 nonché, nell'ambito della sicurezza e del risarcimento dei danni derivanti da rischi interferenziali, *ex* art. 26, co. 4, d.lgs. n. 81/2008, cfr. M. ESPOSITO, *Ciclo produttivo integrato e responsabilità datoriali: appunti sull'effettività delle tutele*, in *federalismi.it*, 25, 2022, p. 94 ss.; S. BORELLI-D. IZZI, *L'impresa tra strategie di due diligence e responsabilità*, in *Rivista giuridica del lavoro e della previdenza sociale*, I, 2021, p. 553 ss. Con riguardo all'intreccio tra frammentazione del ciclo produttivo e dematerializzazione e con specifico riferimento al tema degli appalti "digitali", cfr. il commento alla significativa pronuncia Trib. Padova 16 luglio 2019 in A. DONINI, *Chi governa le strumentazioni digitali è il datore di lavoro, anche in caso di appalto*, in *giustiziacivile.com*, 17 febbraio 2020 e A. INGRAO, Marchandage du travail *tra appalto e distacco illeciti. Quando il datore di lavoro è un* software *nella logistica 4.0*, in *Rivista italiana di diritto del lavo-*

Ai fini dell'indagine, è significativo analizzare tale complessità soprattutto in rapporto al potenziale coinvolgimento di una estesa pluralità di soggetti nell'intero ciclo di vita del sistema di IA: l'ideatore, il progettatore, il programmatore, che codifica l'algoritmo e che potrebbe, ad esempio, anche aver mal tradotto la regola; l'addestratore, che allena il sistema affinché apprenda la regola da eseguire; e ancora il fornitore, il produttore (anche del bene che incorpora l'IA), il distributore, i soggetti che seguono la fase post-vendita e di *assurance* o che forniscono assistenza durante l'utilizzo di una macchina (si pensi alla manutenzione, all'aggiornamento del sistema, o anche al noleggio di un drone con operatore), infine l'utilizzatore, ossia nel nostro caso il datore [70].

La complessità del quadro [71] si incrementa ulteriormente, se si considera l'incidenza dell'interconnettività tra dispositivi sulla performance del sistema, quindi il possibile coinvolgimento di altri soggetti ovvero anche «la possibile alterità del fattore intelligenza artificiale rispetto alla cosa che la incorpora e la circostanza che quest'ultima possa essere anche eterodiretta da una "intelligenza" allocata altrove» [72], nonché i rischi connessi alla possibile imprevedibilità, se non alle deviazioni, dell'apprendimento automatico.

Se, quindi, negli anni Ottanta, analizzando l'incidenza dell'innovazione tecnologica nell'organizzazione del lavoro, Vardaro rilevava che «l'imprenditore va perdendo il carattere titanico del dominio completo ed esclusivo del fattore tecnico» [73], nella transizione digitale di oggi tale condizione si presenta in termini esponenziali.

I percorsi di approfondimento che la questione impone travalicano i perimetri dell'indagine qui condotta. Pare, tuttavia, utile segnalare, senza alcuna pretesa di esaustività, alcune considerazioni di riferimento [74].

---

ro, 2020, p. 105 ss. In tema di appalti "digitali", cfr. altresì App. Torino, 6 febbraio 2023, n. 54 e Trib. Padova, 3 marzo 2023, n. 126.

[70] Cfr. A. VACCHI, *Intelligenza artificiale, impresa e nuovi modelli di business: i rapporti contrattuali e le responsabilità*, in U. RUFFOLO (a cura di), *XXVI Lezioni di Diritto dell'Intelligenza artificiale*, Giappichelli, Torino, 2021, p. 365 ss.

[71] U. RUFFOLO, Artificial intelligence *e responsabilità*, cit., p. 247; A. PROCIDA MIRABELLI DI LAUTO, *Le intelligenze artificiali tra responsabilità civile e sicurezza sociale*, in *Rapporti civilistici e intelligenze artificiali: attività e responsabilità*, Atti del 15° Convegno Nazionale SISDiC, 14-16 maggio 2020, Edizioni Scientifiche Italiane, Napoli, 2020, p. 341 ss.

[72] U. RUFFOLO, *Per i fondamenti di un diritto della robotica* self-learning*; dalla* machinery *produttiva all'auto* driverless*: verso una "responsabilità da algoritmo"?*, in U. RUFFOLO (a cura di), *Intelligenza artificiale e responsabilità*, Giuffrè, Milano, 2017, p. 17; A. AMIDEI, *Le responsabilità da intelligenza artificiale tra* product liability *e sicurezza del prodotto*, in U. RUFFOLO (a cura di), *XXVI Lezioni di Diritto dell'Intelligenza artificiale*, Giappichelli, Torino, 2021, p. 149 ss.

[73] G. VARDARO, *Tecnica, tecnologia e ideologia della tecnica nel diritto del lavoro*, in *Politica del diritto*, 1986, p. 75 ss.

[74] Ai fini del ragionamento che si intende sviluppare e quindi, in generale, all'interno della trattazione, si assumerà come scelta terminologica quella che riconduce il carattere oggettivo della re-

La dottrina propone, anzitutto, il ricorso a schemi di responsabilità solidale, potenzialmente combinatoria, ai sensi dell'art. 2055 c.c., anche di diversi titoli di responsabilità, ora che prescindono dall'accertamento della colpevolezza, ora di

---

sponsabilità all'esclusione di «ogni possibile giudizio valutativo del comportamento del soggetto in termini di non colpa»; se la prova liberatoria concerne il caso fortuito, «sicché sarebbe del tutto irrilevante dare la prova della normale diligenza», le relative fattispecie di responsabilità vanno a costituire il sistema della responsabilità oggettiva (M. COMPORTI, *Fatti illeciti: le responsabilità oggettive. Artt. 2049-2053*, in F.D. BUSNELLI (diretto da), *Il Codice Civile. Commentario*, Giuffrè, Milano, 2009, pp. 42-43). Si è consapevoli della problematicità e complessità del tema, già solo dal punto di vista della delimitazione e qualificazione dell'oggetto della prova liberatoria all'interno di alcune fattispecie, come si potrà evidenziare nel corso dell'analisi, nonché dell'impostazione definitorio-concettuale. Rispetto all'incidenza del primo profilo, si può richiamare l'osservazione di A. TORRENTE-P. SCHLESINGER con riguardo alle figure di responsabilità di cui agli artt. 2050 e 2051 c.c., che pur qualificate da tali autori come ipotesi di responsabilità "aggravata", sono ritenute sostanzialmente attratte tra quelle di responsabilità oggettiva a fronte dell'interpretazione restrittiva data dalla giurisprudenza in punto di prova liberatoria (*Manuale di diritto privato*, Giuffrè, Milano, 2021; in questa prospettiva, M. COMPORTI ritiene ricollegabile la fattispecie di cui all'art. 2050 c.c. «ad un sistema di responsabilità oggettiva latamente inteso», mentre con riguardo all'art. 2050 c.c. rileva che la preferibile concezione oggettiva del caso fortuito, che richiede l'estraneità del fatto alla sfera del presunto responsabile e l'estraneità della prova dell'assenza di colpa o della normale diligenza del soggetto al giudizio di inevitabilità del fatto, implica una qualificazione della fattispecie in termini di responsabilità oggettiva, *Fatti illeciti*, cit., p. 213 e pp. 282-286). Rispetto al secondo profilo, si può qui richiamare la differenza che si riscontra, con riguardo alla *product liability*, tra la posizione di chi definisce detta responsabilità come oggettiva sulla base del criterio summenzionato (ad es. M. COMPORTI, *Fatti illeciti*, cit.; P. TRIMARCHI, *La responsabilità civile: atti illeciti, rischio danno*, Giuffrè, Milano, 2017, spec. p. 407, il quale afferma che «parlare [...] di una *presunzione di colpa*, che però non può essere eliminata dalla prova dell'assenza di colpa, costituisce un'evidente finzione», così in *Istituzioni di diritto privato*, Giuffrè, Milano, 2016, p. 131) e quella assunta dalla consolidata giurisprudenza in materia, secondo cui «la responsabilità da prodotto difettoso ha natura presunta, e non oggettiva, poiché prescinde dall'accertamento della colpevolezza del produttore, ma non anche dalla dimostrazione dell'esistenza di un difetto del prodotto» (Cass, sez. III, 7 aprile 2022, n. 11317). Cfr., *ex multis*, la posizione di C.M. BIANCA, *Istituzioni di diritto privato*, Giuffrè, Milano, 2022, che individua nella responsabilità *ex* art. 2051 c.c. una figura di responsabilità aggravata, e non oggettiva, in quanto basata su una presunzione di colpa che può essere vinta dalla prova del caso fortuito (intesa come «prova che il danno si è verificato per un evento non prevedibile e non superabile con la diligenza normalmente adeguata in relazione alla natura della cosa», p. 622), e nella responsabilità del produttore una figura complessa, «oggettiva in relazione ai danni da difetti di fabbricazione», «aggravata in relazione ai danni da difetti di progettazione e d'informazione» (p. 628); cfr. altresì la posizione di P. PERLINGIERI-L. CORSARO, secondo cui «un'imputazione oggettiva dell'evento lesivo», salve eccezioni (tra cui quella in materia di prodotti difettosi, in cui pure possono sussistere ipotesi di responsabilità per colpa), «non è fonte di responsabilità. Ai fini della responsabilità, l'imputazione oggettiva dell'evento [...] deve di regola completarsi con il requisito soggettivo della colpa». La prova dell'assenza di colpa può essere talvolta limitata «con temi di prova specifici» (art. 2051 c.c.) o essere «piuttosto rigorosa» (art. 2050 c.c.), «talvolta le cause ignote sono a carico del responsabile (ad es., secondo alcuni, art. 2051); ma tutto ciò non esclude il principio generale secondo il quale la responsabilità è legata al comportamento della persona causalmente adeguato a produrre l'evento lesivo» (in P. PERLINGIERI, *Manuale di diritto civile*, Edizioni Scientifiche Italiane, Napoli, 2021, pp. 890-891).

natura soggettiva [75]. In tal senso, laddove l'illecito sia attribuibile a più soggetti, ciascuno è responsabile per l'intero, salva rivalsa interna, e il danneggiato, nel nostro caso il lavoratore, può, quindi, agire indifferentemente nei confronti dell'uno o dell'altro [76].

In questa prospettiva, si evidenzia come «l'ideatore-autore dei codici di programmazione, dell'algoritmo d'autoapprendimento o di altri apporti idonei a condizionare l'indirizzo di comportamento del prodotto» possa rispondere non solo a titolo negoziale nei confronti del suo committente, ma anche a titolo di responsabilità da prodotto nei confronti del soggetto danneggiato, al pari del produttore del complessivo *software* che incorpora detti elementi; si osserva, altresì, che tra i difetti del prodotto può essere ricompresa, in tal senso, anche «la mancata introduzione *by design*, nella componente algoritmo di autoapprendimento, di un codice macchina con "blocchi" idonei a inibire le future deviazioni della IA (ivi compresa la "discriminazione algoritmica")» e a fissare delle «soglie di comportamento invalicabili» [77]. Ulteriori possibili mediatori giuridici per le responsabilità di tali soggetti sono individuati nell'art. 2051 c.c., quando ne ricorrano i presupposti, e soprattutto nell'art. 2050 c.c., rispetto al quale si rileva come proprio quel «rischio da sviluppo» posto dai beni dotati di IA, idoneo a limitare la *product liability*, possa risultare d'altra parte idoneo a qualificare l'attività come pericolosa [78].

Le due disposizioni codicistiche (oltre all'art. 2043 c.c.) sono ritenute invocabili anche nei confronti del gestore o custode del bene "intelligente" nonché dell'addestratore, ai fini della configurazione in parallelo delle loro (quantomeno) concorrenti responsabilità [79].

Rispetto alla responsabilità da prodotto (dir. 85/374/CEE, che trova la propria fonte interna di implementazione nel d.lgs. n. 206/2005, ossia il codice del consumo), si può qui segnalare che la normativa sulla *product liability* risulta applicabile al lavoratore che subisca un danno a causa di un prodotto difettoso e intenda agire, oltre che contro il datore, anche contro il produttore. La giurisprudenza di legittimità, infatti, rileva che, nonostante la collocazione nel codice del consu-

---

[75] Come rileva la giurisprudenza, «per il sorgere della responsabilità solidale dei danneggianti, l'art. 2055 c.c., co. 1, richiede, invero, solo che il fatto dannoso sia imputabile a più persone, ancorché le condotte lesive siano fra loro autonome e pure se diversi siano i titoli di responsabilità di ciascuna di tali persone, anche nel caso in cui siano configurabili titoli di responsabilità contrattuale ed extracontrattuale, atteso che l'unicità del fatto dannoso considerata dalla norma suddetta, deve essere riferita unicamente al danneggiato e non va intesa come identità delle norme giuridiche da essi violate» (Trib. Busto Arsizio, 27 aprile 2019, n. 142).

[76] Trib. Benevento, 17 gennaio 2020, n. 117.

[77] U. RUFFOLO, Artificial intelligence *e responsabilità*, cit., p. 247.

[78] U. RUFFOLO, Artificial intelligence *e responsabilità*, cit., p. 249; P. PERLINGIERI, *Presentazione*, in P. PERLINGIERI-S. GIOVA-I. PRISCO (a cura di), *Rapporti civilistici e intelligenze artificiali: attività e responsabilità*, Edizioni Scientifiche Italiane, Napoli, 2020, p. VII ss.

[79] U. RUFFOLO, Artificial intelligence *e responsabilità*, cit., pp. 238-239, 260.

mo, la disciplina prevede che legittimato attivo dell'azione di responsabilità extracontrattuale sia il danneggiato, non il consumatore [80]. Dal momento che i danni risarcibili sono o i danni cagionati dalla morte o da lesioni personali o la distruzione o il deterioramento di una cosa diversa dal prodotto difettoso, purché di tipo normalmente destinato all'uso o consumo privato e così principalmente utilizzata dal danneggiato (art. 123 cod. consumo), si può ritenere che l'azione possa rilevare rispetto a danni subiti dal lavoratore, e non dal datore, quale soggetto esposto al rischio derivante dal prodotto difettoso, a prescindere dal titolo con cui abbia ottenuto la materiale disponibilità del prodotto, nonché dal tipo di attività svolta dallo stesso [81].

Se il lavoratore può esercitare (anche) un'azione di responsabilità extracontrattuale per danno da prodotto difettoso, l'applicazione della normativa sulla *product liability* presenta, d'altra parte, alcune problematiche rispetto all'IA.

Anzitutto, la dottrina evidenzia come l'ampia nozione di "prodotto" prevista dall'art. 2 della dir. 85/374/CEE consenta di includervi sia il *software*, «anche ove commercializzato separatamente rispetto a un *hardware*», sia il sistema di IA (alternativamente considerabile come "componente"), mentre l'algoritmo di *machine learning*, per la sua natura di «mera linea di codice», risulti qualificabile in termini di "componente". Rimangono, invece, esclusi dall'ambito di applicazione della direttiva i c.d. *training data*, che pur centrali nell'addestramento dell'algoritmo sfuggono alla nozione di "componente"; parimenti, quindi, sfugge al sistema normativo della *product liability* il fornitore di tali dati o il soggetto che fornisce l'accesso agli stessi [82].

In secondo luogo, per quanto attiene alla prova liberatoria del convenuto, se le ipotesi tassative di esclusione della responsabilità previste dall'art. 118 cod. consumo insistono sulla non imputabilità causale del difetto al produttore, tra di esse è ricompreso il c.d. "rischio da sviluppo", ossia l'ipotesi che «lo stato delle conoscenze scientifiche e tecniche, al momento in cui il produttore ha messo in circolazione il prodotto, non permetteva ancora di considerare il prodotto come difettoso» (v. *infra*).

Infine, la dottrina rileva come in un contesto di *Internet of Things*, «la molteplicità dei soggetti coinvolti rischia di rendere particolarmente complesso il riparto delle responsabilità per eventuali malfunzionamenti di uno o più prodotti facen-

---

[80] Cfr. Cass., sez. III, 29 maggio 2013, n. 13458.

[81] F. CAFAGGI, *La responsabilità dell'impresa per prodotti difettosi*, in N. LIPARI (a cura di), *Diritto privato europeo*, II, Cedam, Padova, 1997, pp. 996 ss.; A. CORDIANO, *Art. 115*, in E. CAPOBIANCO-L. MEZZASOMA-G. PERLINGIERI, *Codice del consumo annotato con la dottrina e la giurisprudenza*, Edizioni Scientifiche Italiane, 2018, p. 631 ss., spec. p. 633.

[82] A. AMIDEI, *Le responsabilità del produttore di intelligenza artificiale "difettosa" tra misure di attenuazione* by design *e obblighi di trasparenza*, in A. PAJNO-F. DONATI-A. PERRUCCI (a cura di), *Intelligenza artificiale e diritto: una rivoluzione? Amministrazione, responsabilità, giurisdizione*, vol. II, il Mulino, Bologna, 2022, pp. 286-289.

ti parte del *network*». Il problema si pone, in particolare, laddove «a cagionare un evento dannoso non sia un difetto del prodotto in sé considerato, bensì un difetto dell'interazione dello stesso con altri *devices* fabbricati da diversi produttori» e diventi pertanto problematico «individuare ove risieda l'eventuale "difettosità"» e quindi il responsabile del danno. Si segnala, in questo, quanto sia «sempre più labile» la distinzione tra "prodotto" e "servizio", «legata a una idea di materialità inerte» che mal si attaglia «alla nuova realtà di prodotti "animati"» [83].

Al riguardo, si può osservare che nella proposta di direttiva volta ad adeguare la disciplina della responsabilità per prodotti difettosi (anche) alle sfide delle nuove tecnologie, si conferma che i sistemi di IA e i beni basati sull'IA sono "prodotti", si chiarisce che possono essere ritenuti responsabili, oltre ai fabbricanti di *hardware*, anche i fornitori di *software* e di servizi digitali che incidono sul funzionamento del prodotto e che i fabbricanti possono essere ritenuti responsabili per modifiche ai prodotti dovute ad aggiornamenti del *software* o all'apprendimento automatico. In tema di prova, la proposta, da un lato, conferma il "rischio da sviluppo" tra le cause di esclusione della responsabilità e, dall'altro, prevede a favore dell'attore una presunzione relativa di difettosità del prodotto, in alcuni ipotesi specifiche (art. 9), tra cui anche il caso – si noti – in cui il convenuto non abbia rispettato l'ordine di divulgare i pertinenti elementi di prova a sua disposizione, impartito dall'organo giurisdizionale su richiesta del danneggiato (art. 8) (v. cap. 4, § 2.2).

A completamento del discorso, è importante ricordare che il medesimo giorno della proposta di direttiva ora citata è stata, altresì, presentata una proposta di direttiva volta ad adeguare le norme in materia di responsabilità civile extracontrattuale all'IA (v. cap. 2, § 1).

Ai fini dell'indagine, di tale articolato si possono evidenziare i seguenti profili.

Si tratta, anzitutto, di un quadro normativo che dialoga con il Regolamento sull'IA – mutuando dallo stesso le definizioni di sistema di IA, specie ad alto rischio, di fornitore e di utente – e che mira a fornire alle persone che chiedono il risarcimento di danni causati da sistemi di IA ad alto rischio mezzi efficaci per identificare le persone potenzialmente responsabili e le prove pertinenti per una domanda di risarcimento.

Ai fini dell'imputazione della responsabilità, l'elemento soggettivo della colpa è specificamente inteso come «consistente nella non conformità a un obbligo di diligenza [...] direttamente inteso a proteggere dal danno verificatosi» (art. 4, par. 1, lett. *a*), mentre l'"obbligo di diligenza" viene definito come «il livello di condotta richiesto, stabilito dal diritto nazionale o dell'Unione, al fine di evitare danni agli interessi giuridici riconosciuti dal diritto nazionale o dell'Unione, tra cui la vita, l'integrità fisica, la proprietà e la tutela dei diritti fondamentali» (art. 2, punto 9).

---

[83] A. AMIDEI, *Le responsabilità del produttore*, cit., pp. 298-299.

Posto che l'azione può essere esercitata sia nei confronti del fornitore sia dell'utente, si precisa che la colpa è dimostrata se l'attore prova, rispettivamente, che il fornitore non ha rispettato uno dei requisiti stabiliti dal Regolamento (ad es. qualità dei dati di addestramento, garanzie di trasparenza, supervisione umana, accuratezza, robustezza e cybersicurezza), tenendo conto delle misure adottate nel quadro del sistema di gestione dei rischi e dei relativi risultati; ovvero che l'utente non ha utilizzato o monitorato il sistema secondo le istruzioni per l'uso oppure lo ha esposto a dati di *input*, posti sotto il suo controllo, non pertinenti rispetto alla finalità del sistema.

D'altra parte, con meccanismo simile a quello previsto dalla proposta di direttiva sulla responsabilità da prodotto (ivi con riguardo alla prova della difettosità), si stabilisce una presunzione relativa di colpa, laddove il convenuto, fornitore e/o utente, non si conformi all'ordine, disposto dall'organo giurisdizionale su richiesta dell'attore, di divulgare gli elementi di prova pertinenti di cui dispone in relazione al sistema di IA ad alto rischio che si sospetta abbia cagionato il danno (art. 3). A favore dell'attore si prevede una presunzione relativa anche con riguardo al nesso di causalità tra la colpa del convenuto e l'*output* prodotto dal sistema di IA, laddove siano integrate alcune condizioni, quali la prova o presunzione di colpa, la ragionevole probabilità, sulla base delle circostanze del caso, che il comportamento colposo abbia influito sull'*output* (o mancato *output*) del sistema, infine la dimostrazione che il danno è stato causato dall'*output* (o mancato *output*) del sistema (art. 4).

5.2. *I possibili titoli di responsabilità del datore di lavoro*

Riportando l'attenzione sulla figura datoriale, si è visto come l'indagine abbia consentito di individuare nella garanzia di supervisione umana un criterio per valutare l'elemento soggettivo della colpa ai fini del riconoscimento di una responsabilità contrattuale. Se, infatti, la prova della non imputabilità dell'inadempimento di un obbligo di tutela consiste nella prova dell'imprevedibilità e inevitabilità del fatto alla stregua della dovuta diligenza, il controllo umano – sul duplice piano della proceduralizzazione *ex ante* dell'intervento dell'operatore nel processo automatizzato, da un lato, e del governo del rischio e della gestione della *compliance*, dall'altro – rappresenta il modo o almeno uno dei modi per il datore di lavoro per evitare che la decisione automatizzata impedisca l'adempimento dell'obbligo.

La declinazione della garanzia della supervisione umana sul piano del controllo di organizzazione e gestione, consente, anche in adesione al principio di *accountability* implicato, di definire la colpa in termini di deficit di organizzazione e di qualificare la nozione di causa non imputabile come evento o fattore non riconducibile alla «sfera economica, organizzativo-gestionale e di controllo» ovvero di «"evento estraneo ad un modello di diligenza esigibile dall'organizzazione aziendale nel suo complesso"» [84].

Si può, d'altra parte, riflettere se rispetto alla lesione subita dal lavoratore a causa dell'uso di un sistema di IA nell'ambiente di lavoro possano trovare applicazione anche schemi normativi diversi dalla responsabilità contrattuale diretta e, in particolare, se possano configurarsi in capo al datore titoli di responsabilità che prescindono dall'accertamento della sua colpa.

È quanto si verifica, anzitutto, qualora la causa che ha determinato l'inadempimento sia costituita dal fatto colposo di un ausiliario, essendo lo stesso imputato al datore di lavoro in forza dell'art. 1228 c.c. (la supervisione umana può qui rilevare ai fini della determinazione della responsabilità diretta datoriale per *culpa in eligendo* e/o *vigilando*). In altre parole, il datore non può far valere come causa a lui non imputabile dell'inadempimento il fatto determinativo di un terzo di cui si sia avvalso nella procedura esecutiva del proprio obbligo. Come spiega la dottrina, la fattispecie in esame si basa sul presupposto che «il fatto doloso o colposo dell'ausiliario non si presta ad essere prevenuto attraverso una scelta diligente» e, pertanto, di tale fatto risponde in via indiretta l'obbligato «a prescindere dallo sforzo diligente impiegato nella scelta e nella utilizzazione» del collaboratore [85]. Presupposti per l'applicabilità della fattispecie di responsabilità contrattuale indiretta per fatto altrui sono, da un lato, la sussistenza di un rapporto obbligatorio tra chi si avvale dell'ausiliario e il creditore (nel nostro caso, il lavoratore); dall'altro, l'estraneità del terzo ausiliario rispetto a detto rapporto obbligatorio [86]. La giurisprudenza ha chiarito che può qualificarsi come ausiliario, ai fini dell'art. 1228 c.c., chiunque cooperi e partecipi all'esecuzione dell'obbligazione, ricoprendo una posizione strumentale nel campo delle attività necessarie per la prestazione, indipendentemente dal fatto che agisca in qualità di imprenditore, lavoratore autonomo o soggetto con vincolo di dipendenza (su questo profilo si rileva, ad esempio, una differenza rispetto all'art. 2049 c.c.) [87]. Si può, altresì, ritenere che la giuri-

---

[84] Cfr. P. TULLINI, *I sistemi di gestione*, cit., p. 413.

[85] C.M. BIANCA, *Dell'inadempimento delle obbligazioni*, Zanichelli, Bologna, 1967, pp. 375-376. L'autore evidenzia, in particolare, che «la diligenza può concernere l'accertamento dei requisiti di idoneità del soggetto» o l'adempimento dell'obbligo di vigilanza. D'altra parte, l'accertamento dell'idoneità e l'esercizio della vigilanza lasciano comunque sussistere l'eventualità del compimento di atti dolosi o colposi da parte dell'ausiliario: è un rischio «connaturato all'utilizzazione di terzi nell'adempimento dell'obbligazione». La soluzione codificata dall'art. 1228 c.c., che imputa l'inadempimento al debitore, «soddisfa l'istanza che il ricorso a collaboratori per l'attuazione del rapporto obbligatorio conservi al creditore l'affidamento sulla responsabilità dell'obbligato» (pp. 375-376).

[86] G. CECCHERINI, *Responsabilità per fatto degli ausiliari. Clausole di esonero dalla responsabilità*, in F.D. BUSNELLI (diretto da), *Il Codice Civile. Commentario*, Giuffrè, Milano, 2016, pp. 27-28.

[87] Cfr. Cass., 20 aprile 2016, n. 7768; Cass., 11 dicembre 2012, n. 22616; Cass., 28 agosto 2009, n. 18805.

sprudenza accolga una nozione di prestazione comprensiva degli obblighi accessori e integrativi "di protezione" e "di sicurezza" che l'obbligato è tenuto a osservare nei confronti del creditore [88]. A dover essere accertato è il nesso di causalità tra il comportamento/l'opera dell'ausiliario e l'attuazione dell'obbligo del debitore, quindi anche il nesso tra detta condotta e il danno subito. In tal senso, si dovrà accertare che il terzo ha determinato con la propria attività materiale, in rapporto di occasionalità necessaria con l'incarico ricevuto [89], un danno al lavoratore. Al riguardo, si può evidenziare come il danno debba trovare causa in un'azione dell'ausiliario connotata da colpa o intenzionalità: il fatto illecito dell'ausiliario deve, infatti, essere valutato secondo il criterio di responsabilità fondato sulla colpa. Tale elemento, che a monte esclude la possibilità di qualificare come ausiliario (o "commesso", ai sensi dell'art. 2049 c.c.) la macchina, per quanto "intelligente" [90], reintroduce in via mediata un giudizio di colpa, rispetto al fatto illecito del terzo, e in tale prospettiva potrebbe rilevare il modello di organizzazione e gestione adottato dal debitore (in ipotesi insieme all'ausiliario, secondo uno schema di *due diligence*, v. cap. 4, § 3.1) nella misura in cui contribuisca all'individuazione del ruolo del collaboratore nell'adempimento dell'obbligo. Lo schema normativo in base al quale la responsabilità sarà accertata è quello contrattuale, dunque con onere della prova invertito anche riguardo ai "fatti dolosi o colposi" del soggetto della cui opera si sia avvalso il debitore [91].

La riflessione sull'applicabilità del meccanismo della responsabilità indiretta *ex* art. 1228 c.c. (o *ex* art. 2049 c.c. [92]) all'ipotesi in cui il danno derivi dalla con-

---

[88] G. CECCHERINI, *Responsabilità per fatto degli ausiliari*, cit., p. 121.

[89] Da intendersi non come «rigoroso nesso di causa effetto», ma nel senso che l'incombenza deve aver generato una situazione idonea a rendere possibile o ad agevolare il fatto illecito e l'evento dannoso (G. CECCHERINI, *Responsabilità per fatto degli ausiliari*, cit., p. 43; M. FRANZONI, *Fatti illeciti*, Zanichelli, Bologna, 2020, pp. 787 e 821).

[90] M. COSTANZA, *L'Intelligenza Artificiale e gli stilemi della responsabilità civile*, in *Giurisprudenza italiana*, 2019, p. 1686 ss.

[91] C. CASTRONOVO, *Swinging malpractice. Il pendolo della responsabilità medica*, in *Europa e Diritto Privato*, 3, 2020, p. 847 ss. In questo si rileva una differenza rispetto all'art. 2049 c.c., dove «normalmente» il fatto illecito del preposto «sarà integrato dalla tradizionale fattispecie di cui all'art. 2043 c.c., in cui il fatto dannoso viene imputato al soggetto tramite il criterio della colpa, con necessità di prova da parte del danneggiato»; salvo il preposto non incorra in responsabilità che prescindono dal criterio di imputazione della colpa, come ad esempio nel caso della fattispecie di cui all'art. 2051 c.c., potendo in quel caso il danneggiato valersi delle relative norme speciali (M. COMPORTI, *Fatti illeciti*, cit., p. 92).

[92] Come evidenzia la dottrina, nonostante le differenze di *ratio* e di presupposti tra art. 1228 c.c. e art. 2049 c.c., «spesso si ha l'impressione che la giurisprudenza tende ad applicare le due disposizioni in concorrenza, senza indugiare a lungo sulla individuazione del rispettivo ambito di operatività» (G. CECCHERINI, *Responsabilità per fatto degli ausiliari*, cit., p. 41); dal coordinamento tra le fattispecie, si trae che chi organizza una certa attività si assume il relativo rischio a prescindere dalla distinta responsabilità di chi, a diverso titolo, collabori nell'interesse dell'organizzazione (M. FRANZONI, *Fatti illeciti*, cit., p. 787).

dotta di uno dei soggetti coinvolti nel ciclo di vita della macchina "intelligente" può trovare utile apporto nell'elaborazione sviluppata dalla dottrina con riferimento all'obbligazione datoriale di sicurezza *ex* art. 2087 c.c.

Si è, al riguardo, rilevato che «acquisito che il terzo è espressione in senso lato, il "valersi" dei terzi da parte del datore di lavoro [...] proietta l'art. 1228 cod. civ. nell'ambito della ripartizione degli obblighi messa in atto dalla disciplina prevenzionale in relazione ai collaboratori del datore di lavoro (il dirigente, il preposto, il lavoratore), alle altre figure che assumono la titolarità di specifici obblighi o funzioni nell'ambito del tema della sicurezza» [93].

È qui interessante osservare che tra queste ultime sono inclusi, oltre al medico competente e al responsabile e agli addetti del servizio di prevenzione e protezione, anche l'appaltatore e il subappaltatore, nonché i progettisti dei luoghi e dei posti di lavoro e degli impianti (ossia di una macchina o di un complesso di macchine e attrezzature necessarie per un'attività), i fabbricanti e i fornitori di attrezzature di lavoro, dispositivi di protezione individuale e impianti, infine gli installatori e i montatori di impianti, attrezzature di lavoro o altri mezzi tecnici.

In conclusione, «l'art. 1228 cod. civ. fa ricadere sul datore di lavoro i fatti dolosi o colposi posti in essere dai "terzi". Tuttavia, considerate le responsabilità a diverso titolo che le figure sopra indicate assumono sulla base delle rispettive attribuzioni delineate dal d.lgs. n. 81/2008, non può escludersi l'azione di rivalsa o di responsabilità nei loro confronti da parte del datore di lavoro» [94].

Il ragionamento così sviluppato dalla dottrina è particolarmente rilevante ai fini dell'indagine che ci occupa soprattutto rispetto all'inclusione tra gli ausiliari dei fabbricanti.

Il d.lgs. n. 17/2010 (attuativo della c.d. direttiva macchine, dir. 2006/42/CE) definisce come «fabbricante» la «persona fisica o giuridica che progetta e/o realizza una macchina o una quasi-macchina [95] [...], ed è responsabile della [sua] conformità [...] ai fini dell'immissione sul mercato con il proprio nome o con il proprio marchio ovvero per uso personale» (art. 2, co. 2, lett. *i*). Come si è avuto modo di evidenziare, la normativa macchine di cui alla dir. 2006/42/CE è stata inte-

---

[93] P. ALBI, *Adempimento dell'obbligo*, cit., p. 194.

[94] P. ALBI, *Adempimento dell'obbligo*, cit., p. 195. Secondo l'autore, l'area di applicazione dell'art. 2049 c.c. «deve dunque collocarsi oltre la responsabilità contrattuale del datore di lavoro, concernendo, in via esemplificativa, i danni provocati a terzi estranei al rapporto di lavoro ovvero fatti dannosi degli ausiliari del datore di lavoro che risultino estranei all'adempimento dell'obbligo di sicurezza» (p. 195).

[95] La "macchina" è definita dall'art. 2, co. 2, lett. *a*, con una lista di ipotesi, tra cui anzitutto quella di un «insieme equipaggiato o destinato ad essere equipaggiato di un sistema di azionamento diverso dalla forza umana o animale diretta, composto di parti o di componenti, di cui almeno uno mobile, collegati tra loro solidamente per un'applicazione ben determinata». La "quasi-macchina" è, invece, definita come «insiemi che costituiscono quasi una macchina, ma che, da soli, non sono in grado di garantire un'applicazione ben determinata» (art. 2, co. 2, lett. *g*).

ressata da significativi interventi di modifica a livello europeo, proprio rispetto ai rischi derivanti dall'interazione con robot collaborativi, dall'apprendimento automatico e dagli aggiornamenti *software* che possono incidere sul "comportamento" delle macchine dopo la loro immissione sul mercato.

Tra le varie novità, il nuovo Regolamento, su cui le istituzioni hanno raggiunto l'accordo a dicembre 2022, aggiorna i requisiti essenziali di sicurezza e di tutela della salute che le macchine (o i prodotti connessi) devono soddisfare per poter essere immesse sul mercato o messe in servizio (art. 7). In particolare, l'Annex III, confermato l'obbligo per il fabbricante di garantire l'esecuzione di una valutazione dei rischi, specifica che tale valutazione comprende i pericoli che possono essere generati durante tutto il ciclo di vita della macchina e che sono prevedibili, al momento dell'immissione sul mercato, come evoluzione del suo comportamento o della sua logica totalmente o parzialmente autoevolutiva, in quanto la macchina sia progettata per funzionare con vari livelli di autonomia. La valutazione comprende, altresì, i rischi derivanti dalle interazioni tra macchine diverse per il raggiungimento dello stesso fine, laddove disposte e controllate in modo da funzionare come un sistema integrato.

Come si è potuto anticipare (v. cap. 2, § 4), già la direttiva prevede(va) tra i requisiti essenziali di sicurezza, che «nelle condizioni d'uso previste» siano «ridotti al minimo possibile il disagio, la fatica e le tensioni psichiche e fisiche (stress) dell'operatore», così da evitare «un ritmo di lavoro condizionato dalla macchina» e «un controllo che richiede una concentrazione prolungata», con adattamento dell'«interfaccia uomo/macchina alle caratteristiche prevedibili dell'operatore». Il nuovo Regolamento evidenzia la rilevanza, rispetto a quest'ultimo profilo, del fatto che la macchina presenti le menzionate caratteristiche di auto-evoluzione e autonomia e aggiunge che, se del caso, tale tipologia di macchina deve essere adattata in modo che risponda alle persone in termini adeguati e appropriati e comunichi agli operatori in maniera comprensibile le azioni pianificate (Annex III, B, punto 1.1.6.).

Nell'intervento di modifica si prevede, altresì, che la macchina sia progettata e costruita in modo che il collegamento a essa di un altro dispositivo, anche tramite comunicazione da remoto, non determini una situazione pericolosa e che un componente *hardware*, che trasmette segnali o dati, rilevanti per la connessione o l'accesso al *software* che è fondamentale per la conformità della macchina ai requisiti di sicurezza, sia progettato per essere adeguatamente protetto contro la corruzione accidentale o intenzionale. La macchina deve, in particolare, raccogliere le prove di un intervento legittimo o illegittimo su tale componente *hardware*. Parimenti, il *software* e i dati critici per la conformità della macchina ai requisiti di sicurezza devono essere identificati come tali e adeguatamente protetti contro la corruzione accidentale o intenzionale e la macchina, anche qui, deve raccogliere le prove di un intervento legittimo o illegittimo sul *software* o di una modifica del *software* installato o della sua configurazione (Annex III, B, punto 1.1.9.). Tra le novità più strettamente collegate alla sfida tecnologica, si pone infine la previsione che i sistemi di controllo della macchina dotata di carattere autoevolutivo e autonomia siano progettati e costruiti in modo da non indurre la macchina «ad eseguire azioni che vadano oltre il suo compito definito e il suo spazio di movimento», consentire «la registrazione dei dati sul processo decisionale relativo alla sicurezza per i sistemi di sicurezza basati su *software*», garantire sia sempre possibile correggere la macchina per mantenerne il livello di sicurezza integrato (Annex III, B, punto 1.2.1.).

Se, quindi, il datore, in caso di violazione da parte del fabbricante dei suddetti obblighi, risponderà nei confronti del proprio lavoratore a titolo di responsabilità contrattuale indiretta, salvo rivalsa nei confronti dell'"ausiliario", ci si può chiedere in che termini l'adeguamento normativo alle problematiche derivanti dall'IA e dall'interconnettività tra dispositivi potrà incidere sul perimetro di persistente operatività della responsabilità datoriale diretta, così come finora tracciato dalla giurisprudenza.

I giudici ribadiscono, infatti, che «sussiste la responsabilità del datore di lavoro il quale introduce nell'azienda e mette a disposizione del lavoratore una macchina, che per vizi di costruzione possa essere fonte di danno per le persone, senza avere appositamente accertato che il costruttore, e l'eventuale diverso venditore, abbiano sottoposto la stessa macchina a tutti i controlli rilevanti per accertarne la resistenza e l'idoneità all'uso, non valendo ad escludere tale responsabilità la mera dichiarazione, resa dal datore di lavoro medesimo, di avere fatto affidamento sull'osservanza da parte del costruttore delle regole della migliore tecnica» [96]. Ancora, «il datore di lavoro è tenuto ad accertare la corrispondenza ai requisiti di legge dei macchinari utilizzati, e risponde dell'infortunio occorso ad un dipendente a causa della mancanza di tali requisiti, senza che la presenza sul macchinario della marchiatura di conformità "CE" o l'affidamento riposto nella notorietà e nella competenza tecnica del costruttore valgano ad esonerarlo dalla sua responsabilità». «Il datore di lavoro, infatti, è il principale destinatario delle norme antinfortunistiche previste a tutela della sicurezza dei lavoratori ed ha l'obbligo di conoscerle e di osservarle indipendentemente da carenze od omissioni altrui e da certificazioni pur provenienti da autorità di vigilanza. Tale posizione di garanzia concorre con quella del costruttore, ma non è ad essa subordinata, in quanto la prossimità dell'imprenditore-datore alla fonte dei rischi, alle concrete modalità di lavoro e di eventuale elusione dei sistemi di sicurezza, gli consente immediatamente di percepire l'esposizione al pericolo dei lavoratori impiegati nell'utilizzo dei macchinari» [97]. «Il datore di lavoro ha l'obbligo di verificare la sicurezza delle macchine introdotte nella propria azienda e di rimuovere le fonti di pericolo per i lavoratori addetti all'uso di una macchina, a meno che questa non presenti un vizio occulto» [98].

---

[96] Cass. pen., sez. IV, 10 novembre 2005, n. 2382.

[97] Cass pen., sez. IV, 6 aprile 2011, n. 33285.

[98] Cass. pen., sez. IV, 30 settembre 2016, n. 44327.

Partendo dall'interazione tra obbligo di sicurezza datoriale e normativa sulle macchine, si può ragionare sulla possibilità di ricostruire nei medesimi termini l'interazione tra gli obblighi datoriali di tutela nei confronti del lavoratore e gli obblighi previsti in capo al fornitore in seno alla proposta di Regolamento sull'IA, ad esempio con riguardo all'applicabilità dello schema della responsabilità contrattuale indiretta. L'ipotesi è tanto più spendibile se si considera l'"approccio orizzontale" utilizzato nella proposta rispetto al nuovo Regolamento macchine: il cons. n. 63 chiarisce, in particolare, che «mentre i requisiti del presente regolamento fanno fronte ai rischi per la sicurezza dei sistemi di IA che assolvono funzioni di sicurezza nelle macchine, alcuni requisiti specifici del [Regolamento macchine] garantiranno l'integrazione sicura del sistema di IA nella macchina nel suo complesso, in modo da non compromettere la sicurezza di quest'ultima».

Proseguendo nella riflessione circa la configurabilità in capo al datore di titoli di responsabilità che prescindono dall'accertamento della sua colpa, ci si può interrogare sull'applicabilità delle figure di responsabilità extracontrattuale di cui agli artt. 2050 c.c. e art. 2051 c.c.

Partendo da questa seconda disposizione, il criterio di imputazione è ivi costituito dal rapporto causale tra l'evento di danno e la cosa in custodia e la prova liberatoria è ristretta al caso fortuito, ossia a un evento estraneo alla sfera di controllo del custode, a un rischio eccentrico rispetto a quel potere di controllo e di governo sulla cosa, che da un lato qualifica la custodia e l'uso della cosa stessa, come elemento della fattispecie, e dall'altro giustifica l'imputazione del rischio-profitto. In questo caso, la responsabilità presuppone soltanto che la cosa in custodia sia soggetta a un potere di controllo di fatto del custode, risultando irrilevante che tale posizione di controllo si sia tradotta in un comportamento attivo e dinamico di supervisione umana [99]. Ai fini dell'imputazione della responsabilità, è sufficiente che vi sia un nesso di causalità tra il danno e la cosa mentre, ai fini dell'esclusione, si richiede la presenza di una causa diversa dalla cosa, che si ponga come causa esclusiva dell'evento di danno. La causa ignota rimane, pertanto, a carico del custode, laddove questi non riesca a provare la sussistenza di un fatto autonomo positivo capace di per sé di produrre l'evento [100].

Parimenti la causa ignota rimane a carico dell'esercente di attività pericolosa ai sensi dell'art. 2050 c.c. [101], laddove si adotti un'interpretazione molto rigorosa della disposizione normativa, che arrivi a equiparare la prova liberatoria prevista (ossia «di avere adottato tutte le misure idonee a evitare il danno») al caso fortuito [102]. In-

[99] Cfr. nella giurisprudenza più recente App. Ancona 19 gennaio 2023, n. 168.

[100] Come evidenzia Cass., sez. VI, 19 luglio 2022, n. 22593, «a condizione che sia certa la derivazione del danno dalla cosa, resta irrilevante la circostanza che non si riesca a stabilire in che modo o con quale meccanismo la cosa abbia prodotto il danno».

[101] In tal senso, M. FRANZONI, *Fatti illeciti*, cit., p. 403.

[102] Così in alcuni casi la giurisprudenza, cfr. Cass. 8 maggio 2003, n. 6988, Cass. 24 novembre 2003, n. 17851.

vero, la dottrina evidenzia come l'elemento di rigore che connota la causa di esonero della responsabilità nell'art. 2050 c.c. attiene alla necessità di prova «che era stata preventivamente attuata una organizzazione tecnica astrattamente idonea ad impedire incidenti», una prova che verte «essenzialmente sull'adeguata organizzazione tecnica per l'introduzione di misure preventive» [103]. D'altra parte, si è ritenuto che l'indefinitezza di detta prova renda il fondamento colposo della responsabilità meramente illusorio e, quand'anche intesa come prova della diligenza tecnica, essa esclude la responsabilità solo nella misura in cui dimostri l'interruzione del nesso causale, fungendo così da prova indiretta del caso fortuito [104].

Rispetto alla possibilità che le fattispecie di cui agli artt. 2051 e 2050 c.c. forniscano titoli di responsabilità che possono fondare una pretesa risarcitoria del lavoratore nei confronti del datore per un danno cagionato dall'IA, si può anzitutto evidenziare che rispetto a danni riconducibili alla violazione dell'obbligo di sicurezza, la dottrina assorbe il sistema di tutela nell'art. 2087 c.c. e, quindi, nel titolo di responsabilità contrattuale che vi si ricollega, superando così l'applicabilità di altre disposizioni, come l'art. 2050 c.c. [105].

Ciò è tanto più vero laddove la lesione sia qualificabile come infortunio sul lavoro o malattia professionale, ossia come un evento assicurato presso l'Inail, posto che la responsabilità civile ai fini del risarcimento del danno differenziale sussiste solo al venir meno della regola dell'esonero, il che richiede la sussistenza di una fattispecie di reato e, quindi, un criterio di imputazione soggettiva del fatto (colpa o dolo).

Si può, d'altra parte, segnalare che in giurisprudenza è stata riconosciuta l'applicabilità in combinato disposto dell'art. 2051 c.c. e dell'art. 2087 c.c., con costruzione di un'argomentazione non priva di ambiguità rispetto alla rilevanza della colpa: ora si esclude si tratti di una responsabilità oggettiva, evidenziandosi la presunzione di colpa che connota la responsabilità contrattuale *ex* art. 2087 c.c., ora si individua nel caso fortuito l'oggetto della prova liberatoria [106].

---

[103] M. COMPORTI, *Fatti illeciti*, cit., p. 160 e 213.

[104] In tal senso, M. FRANZONI, *Fatti illeciti*, cit., p. 402.

[105] M. COMPORTI, *Fatti illeciti*, cit., pp. 109-110 e pp. 179-180.

[106] Così Cass. 12 marzo 2018, n. 5957. Nello specifico, si è affermato che «ai fini della configurabilità della responsabilità del datore di lavoro, ai sensi dell'art. 2087 c.c., nell'ipotesi in cui il danno sia stato causato al lavoratore da cose che il datore di lavoro aveva in custodia e, a maggior ragione, in quella in cui lo stesso datore, a cagione dell'attività da lui esercitata, abbia ricevuto in consegna un oggetto che il lavoratore sia stato incaricato di elaborare – pur non configurandosi una responsabilità oggettiva del datore – sussiste una presunzione di colpa a carico del datore che è nel contempo custode della cosa da cui il danno deriva, scaturente dalla concorrente applicabilità degli artt. 2051 e 2087 c.c., che può essere superata solo dalla dimostrazione dell'avvenuta adozione delle cautele antinfortunistiche, ovvero dall'accertamento di un comportamento abnorme del lavoratore e, ove non sia in discussione la colpa di quest'ultimo, nel caso fortuito che si invera, *ex* art. 2051 c.c. nella natura imprevedibile ed inevitabile del fatto dannoso». Infine, si conclude elaborando il seguente principio di diritto: «nel caso in cui un danno sia stato causato al lavoratore da cosa che il datore di lavoro ha in custodia – con il correlato obbligo di vigilanza e controllo su di essa – ove sia accertato il nesso eziologico tra il danno

Se lo sviluppo del ragionamento rispetto all'obbligo di sicurezza conferma la forza attrattiva dell'art 2087 c.c. e del titolo di responsabilità soggettiva che vi si ricollega, rispetto all'applicazione di altri schemi normativi di responsabilità, ci si può d'altra parte chiedere in che termini ai fini dell'imputazione della/e responsabilità possano rilevare alcune problematiche collegate all'uso dell'IA. Ci si può domandare, in particolare, quando le stesse siano qualificabili in termini di caso fortuito o vizio occulto, quando invece ricadano nella sfera d'azione e di responsabilità del datore in forza del principio di *accountability*. In altre parole, fino a dove arrivi il perimetro della responsabilità "diretta" del datore, da dove parta e dove arrivi quello della sua responsabilità indiretta per fatto altrui.

È una riflessione che può rilevare anche rispetto ai danni riconducibili alla violazione degli obblighi in materia di protezione dei dati personali.

Se nel corso dell'indagine gli obblighi di valutazione e gestione del rischio, previsti all'interno del GDPR, sono stati analizzati per la loro possibile incidenza sull'accertamento della responsabilità contrattuale del datore di lavoro derivante dalla violazione dei limiti posti all'esercizio dei suoi poteri, si deve, d'altra parte, considerare che all'interno del sistema normativo del GDPR un trattamento dei dati personali contrario alle prescrizioni regolamentari a cui si accompagni la lesione di una situazione giuridica dell'interessato costituisce anche fonte di una specifica fattispecie di responsabilità extracontrattuale, ai sensi dell'art. 82 GDPR [107] (v. cap. 2, § 5).

Al riguardo, si può osservare come particolare rilevanza assuma, anche qui, il deficit di organizzazione ai fini dell'imputazione della responsabilità, laddove si aderisca alla lettura secondo cui, soprattutto alla luce del principio di *accountability*, la disposizione non prevederebbe affatto un'ipotesi di responsabilità oggettiva, con limitazione della prova liberatoria al fatto fortuito, bensì una responsabilità per colpa presunta e qualificata dall'obbligo di adottare tutte le misure di prevenzione (se non di precauzione [108]) necessarie per evitare i pericoli e i pregiudizi che possono derivare dal trattamento dei dati. In tal senso, l'inversione dell'onere della prova disposta dall'art. 82 GDPR richiederebbe al titolare e/o al responsabile del trattamento, per essere esente da responsabilità, di dimostrare di aver impiegato tutte le misure «ragionevoli e comunque adeguate» per evitare e/o mitigare i rischi, nonché per impedire o limitare i suddetti effetti pregiudizievoli [109]. Se-

---

stesso e l'ambiente ed i luoghi di lavoro, sussiste ai sensi del combinato disposto di cui all'art. 2051 c.c. (danno cagionato da cose in custodia) e art. 2087 c.c. (tutela delle condizioni di lavoro), una responsabilità del datore di lavoro, salvo che lo stesso provi il caso fortuito».

[107] Cfr. M. GAMBINI, *Responsabilità e risarcimento nel trattamento dei dati personali*, in V. CUFFARO-R. D'ORAZIO-V. RICCIUTO (a cura di), *I dati personali nel diritto europeo*, Giappichelli, Torino, 2019, p. 1015 ss., spec. p. 1044.

[108] M. GAMBINI, *Responsabilità e risarcimento*, cit., p. 1059.

[109] M. GAMBINI, *Responsabilità e risarcimento*, cit., p. 1059. Per altri, l'art. 82 GDPR prevede un'ipotesi di presunzione di colpa, in termini non dissimili dall'art. 2050 c.c. in precedenza richiamato dall'art. 15 d.lgs. n. 196/03 (così C. CESTER, *La responsabilità civile*, cit., p. 672): sulla portata

guendo questa linea interpretativa, si può quindi concludere affermando che parimenti anche qui la garanzia di sorveglianza umana vada ad incidere sulla determinazione del criterio di imputazione soggettiva della responsabilità.

Come evidenzia la dottrina, il percorso offerto dall'art. 82 GDPR e la qualificazione della responsabilità a carico del datore, in tal caso, come extracontrattuale, e non contrattuale, non comporta differenze particolarmente rilevanti «quanto meno con riguardo alla distribuzione dell'onere della prova (resta diverso invece il regime della prescrizione)», ponendo il lavoratore in una posizione «non molto dissimile da quanto deriverebbe dall'applicazione dell'art. 1218 c.c.» [110].

Si può anzi segnalare, al riguardo, come per parte della dottrina l'obbligo di *accountability* possa influire sull'onere della prova, anche nel contesto delle cause individuali intentate dagli interessati, incidendo sulla sua ripartizione in termini ancor più favorevoli per il danneggiato.

A livello interno, con riferimento al regime probatorio agevolato di cui al previgente art. 15 d.lgs. n. 196/2003, la Corte di Cassazione ha più volte affermato che detta disposizione non esime il danneggiato dall'onere di dimostrare i fatti posti a fondamento della sua domanda, in applicazione delle regole generali *ex* art. 2697 c.c.: «quindi, il trattamento illecito dei dati personali da parte del danneggiante e l'ingiustizia del danno, il pregiudizio subito e l'esistenza di un nesso eziologico tra il trattamento e l'evento dannoso» [111].

D'altra parte, quello che alcuni autori evidenziano è che, in conformità «al principio di responsabilità che il GDPR intende promuovere», «anche se l'onere della prova è ancora a carico dell'interessato, l'onere della prova dovrebbe *de facto* passare al responsabile del trattamento non appena l'interessato ha offerto prove *prima facie* di un'attività di trattamento illecita» [112].

---

della prova liberatoria ivi ammessa la dottrina è invero divisa e si può rilevare come nella lettura prevalente data al citato art. 15 si sia sostenuta l'imputazione oggettiva della responsabilità (in tal senso M. FRANZONI, *Responsabilità derivante da trattamento dei dati personali*, in G. FINOCCHIARO-F. DELFINI (a cura di), *Diritto dell'informatica*, Utet giuridica, Milano, 2014, p. 831). Rispetto all'art. 82 GDPR, altri ancora ritengono si tratti di una responsabilità aggravata, sostanzialmente oggettiva, che trova come limite il caso fortuito, ossia la prova che la causa esclusiva dell'evento si collochi al di fuori di ogni possibilità di controllo da parte del titolare del trattamento (C. CAMARDI, *Note critiche in tema di danno da illecito trattamento dei dati personali*, in *Jus civile*, 2020, p. 786 ss.; D. BARBIERATO, *Trattamento dei dati personali e "nuova" responsabilità civile*, in *Responsabilità civile e previdenza*, 2019, p. 2151 ss.; E. TOSI, *Responsabilità civile per illecito trattamento dei dati personali e danno non patrimoniale*, Giuffrè, Milano, 2019).

[110] C. CESTER, *La responsabilità civile*, cit., p. 677.

[111] M. GAMBINI, *Responsabilità e risarcimento*, cit., pp. 1060-1061.

[112] B. VAN ALSENOY, *Liability under EU Data Protection Law: From Directive 95/46 to the General Data Protection Regulation*, in *Journal of Intellectual Property, Information Technology and Electronic Commerce Law*, 7(3), 2016, pp. 282-283; in senso conforme, C. DOCKSEY, *Article 24. Responsibility of the controller*, in C. KUNER-L.A. BYGRAVE-C. DOCKSEY (a cura di), *The EU General Data Protection Regulation (GDPR)*, Oxford University Press, New York, 2020, p. 555 ss., spec. p. 567.

CAPITOLO QUARTO

IA E TUTELA DEL LAVORATORE: PROSPETTIVE

1. *Trasparenza e sorveglianza umana nella ricostruzione integrata delle tutele: possibili criticità, possibili prospettive*

L'iter di indagine intrapreso è stato volto a (ri)costruire un'architettura regolativa integrata, di tutela per il lavoratore nei confronti dell'uso datoriale dell'IA, lungo i meridiani delle garanzie di sorveglianza umana, intesa anche a livello di governo del sistema, e di trasparenza. La prima è stata individuata come una garanzia funzionale a mitigare/eliminare il rischio di violazione dei diritti riconosciuti al lavoratore e dei correlativi comandi e divieti posti al datore nell'esercizio dei suoi poteri; la seconda a rendere effettivi tali diritti, consentendo di rilevare e dimostrare la violazione, in termini strumentali, quindi, alla possibilità per il lavoratore di ricorrere all'autotutela nel rapporto di lavoro e/o alla tutela giudiziale.

A completamento di questo percorso si pone una riflessione sulle criticità che può incontrare la garanzia della trasparenza nell'anzidetta funzionalità: dal complicato confronto con le proprietà della razionalità algoritmica alle problematiche che possono sorgere in giudizio in punto di offerta di prova, di accertamento della logica algoritmica e della lesione, nonché di bilanciamento con i diritti di privativa connessi alla creazione e applicazione industriale del sistema di IA.

Si pone, altresì, una riflessione sulle potenzialità e i possibili limiti del principale punto di approdo a cui conduce il percorso di indagine, rispetto alla garanzia di sorveglianza umana: l'individuazione di un obbligo datoriale di valutazione e gestione dei rischi per i lavoratori collegati all'uso di sistemi di IA, fondato sull'integrazione tra l'obbligo di DPIA di cui all'art. 35 GDPR e l'obbligo di valutazione dei rischi per la salute e sicurezza di cui alla dir. 89/391/CEE (e, a livello interno, art. 28 d.lgs. n. 81/2008). Come si è potuto evidenziare, su tale integrazione si innesteranno i contenuti dell'*AI Act*, anzitutto in forza dell'esplicito canale di raccordo con l'art. 35 GDPR previsto al suo interno, e sulla stessa si sviluppa trasversalmente la valorizzazione dei modelli di organizzazione e gestione e dei punti accesso della proiezione collettiva della tutela.

Questa seconda riflessione sulla garanzia di sorveglianza umana richiederà un dialogo con alcune proposte, che in termini molto eterogenei cercano di affrontare le possibili criticità connesse alla disarticolazione delle responsabilità lungo il ciclo di vita del sistema di IA o ai limiti di applicabilità delle regole in materia di protezione dei dati personali ovvero, al contrario, di evidenziare le potenzialità inesplorate dell'approdo citato, in particolare della valutazione di impatto prevista dal GDPR.

Proprio quest'ultimo riferimento consente di ricordare, a conclusione di questa premessa, il punto di tangenza delle garanzie di trasparenza e sorveglianza umana (v. cap. 2, § 2.1.3).

Nel contesto dell'organizzazione digitale del lavoro e dei processi decisionali e di monitoraggio automatizzati, ad accentuarsi nelle tecniche di protezione riconducibili all'interesse alla trasparenza non è soltanto la funzionalità anzidetta, strumentale a rendere effettivi i diritti potenzialmente lesi, ma altresì quella di diretta tutela della dignità. La garanzia di trasparenza in questo inverte il "ruolo informazionale" del lavoratore, da «oggetto dell'informazione, di datizzazione, di profilazione» a «detentore dell'informazione» [1].

In una prospettiva in cui all'opacità delle prerogative datoriali si affianca l'opacità del processo decisionale eseguito, diventa infatti tanto più attuale la lettura che già parte della dottrina a metà degli anni Novanta indicava, secondo cui nelle posizioni soggettive riguardanti la conoscenza e l'informazione l'attributo di strumentalità, di propedeuticità rispetto a obiettivi ulteriori, sarebbe riduttivo «se sottolineasse il solo nesso fra questa tutela ed altri interessi, di cui il primo fosse servente, cioè un semplice stadio intermedio e prodromico alla realizzazione di diverse esigenze» [2]. Tali posizioni soggettive sono da valorizzare, anzitutto, nella loro diretta funzionalità alla tutela della dignità del lavoratore, nella misura in cui permettono di contemperare la «supremazia economica datoriale», evitando «che

---

[1] L. ZAPPALÀ, *Appunti su linguaggio, complessità e comprensibilità del lavoro 4.0*, cit., p. 8.

[2] E. GRAGNOLI, *L'informazione nel rapporto di lavoro*, Giappichelli, Torino, 1996, p. 213.

il dipendente sia mero destinatario di strategie occulte, delle quali non possa discernere il divenire e le finalità» [3].

Nel corso dell'indagine si è avuto modo di segnalare come questo duplice piano di incidenza dell'interesse alla trasparenza – a cui corrisponde il duplice livello delle posizioni soggettive strumentali e del diritto alla tutela della dignità [4] – riceva una specifica risposta nel contesto della disciplina sul trattamento dei dati personali. In tale ambito, infatti, la tutela non trova soltanto sede sul piano della necessità di *compliance* con i principi sanciti dal GDPR, tra cui quello di trasparenza, ma altresì sul piano della necessità di verificare l'impatto del trattamento su (tutti) i diritti fondamentali, tra cui anche quello di tutela della dignità umana.

In questa prospettiva di valorizzazione del DPIA, che sarà ulteriormente approfondita all'interno del presente capitolo, si può cogliere un significativo punto di contatto del duplice piano di incidenza dell'interesse alla trasparenza e, quindi, anche delle due garanzie.

È una prospettiva che peraltro la dottrina invita a valutare anche sul versante delle tecniche rimediali apprestate dal GDPR. Si osserva, in particolare, che se «molte delle possibili violazioni della *privacy* del lavoratore commesse dal datore di lavoro si innestano [...] direttamente nella dinamica contrattuale e vengono in evidenza [...] nel momento della gestione dei tradizionali poteri del datore di lavoro», d'altra parte «la responsabilità per inadempimento contrattuale (derivata dallo scorretto uso del potere) sembra conglobare in sé la responsabilità per la violazione – con la violazione delle regole sulla *privacy* – anche di un diritto fondamentale della persona, con conseguente compromissione della tutela della dignità». In tal senso, osservando quanto sia infrequente che il lavoratore chieda anche il risarcimento del danno non patrimoniale per la violazione delle regole in materia di protezione dei dati personali, si invita a riflettere sul ruolo e la possibilità di valorizzare a tal fine l'art. 82 GDPR [5].

---

[3] E. GRAGNOLI, *L'informazione*, cit., p. 212.

[4] C. FALERI evidenzia come i due livelli siano fortemente interdipendenti, posto che «il soddisfacimento dell'esigenza informativa» può «rappresentare un reale momento di affermazione della dignità personale del prestatore di lavoro», solo se le informazioni possiedono specifiche «potenzialità d'uso»: «la valorizzazione della persona del lavoratore non può infatti realizzarsi indipendentemente dalle utilizzazioni cui possa essere destinato il patrimonio cognitivo acquisito, in quanto è proprio in considerazione delle potenzialità d'uso delle informazioni possedute che si può parlare di esplicazione della personalità del lavoratore» (C. FALERI, *Asimmetrie informative*, cit., pp. 74-75).

[5] C. CESTER, *La responsabilità civile*, cit., p. 665. Il profilo analizzato è tanto più significativo se la prestazione lavorativa è veicolata dallo strumento tecnologico. Lo segnala lo stesso legislatore laddove, come già evidenziato, all'art. 115 d.lgs. n. 196/2003, prevede che nell'ambito del lavoro agile il datore sia tenuto a garantire al lavoratore il rispetto della sua personalità e della sua libertà morale.

2. *Trasparenza, effettività dei diritti, (in)effettività della garanzia*

Come anticipato, il completamento della riflessione richiede di verificare in che termini la tecnica della trasparenza sia davvero in grado di fornire gli strumenti per rendere operativi i limiti esterni al potere datoriale previsti da fonti giuslavoristiche, strumenti che consentano al lavoratore di sottrarsi alla situazione pregiudizievole in via di autotutela individuale conservativa, ovvero al giudice di effettuare il sindacato di legittimità. Al tal fine, si cercherà di affiancare all'individuazione dei punti di criticità quella di una possibile prospettiva di soluzione.

2.1. *Sindacato di legittimità e razionalità algoritmica*

Rispetto all'obiettivo di assicurare l'effettività dei diritti del lavoratore potenzialmente incisi dall'uso dell'IA, si è visto come la tecnica della trasparenza assuma diversi gradi di efficacia a seconda del tipo di algoritmo eseguito nel processo decisionale: massima in caso di algoritmo deterministico, molto problematica in caso di modelli di *machine learning*, soprattutto se basati su reti neurali.

Si deve, infatti, considerare che in quest'ultima ipotesi, al di là del problema della comprensibilità del processo decisionale, il rapporto tra le variabili, tra *input* e *output*, può non seguire una logica lineare di stretta causalità [6].

Ciò rende complicata l'operatività del sindacato di legittimità sul rispetto dei limiti esterni al potere datoriale [7]: sia qualora si tratti di vagliare la razionalità strumentale dell'atto datoriale in relazione a una causale tipica e quindi la sua coerenza, dal punto di vista del nesso di causalità, con la scelta organizzativa che lo ha dettato; sia qualora si tratti di verificare il rispetto dei limiti derivanti dai diritti fondamentali, si pensi al diritto alla non discriminazione e al vaglio circa il carattere essenziale di un requisito per lo svolgimento della prestazione ovvero al controllo di congruità causale dell'atto datoriale al fine di verificare la ragionevo-

---

[6] Come rilevano N. ABRIANI-G. SCHNEIDER, «il distanziamento dal paradigma epistemologico della causalità innescato dall'utilizzo» del *machine learning* «ha come corollario quello della difficoltà, se non anche della vera e propria strutturale impossibilità, di rintracciare una spiegazione causale o analitica delle correlazioni alla base di un determinato *output* decisionale suggerito dal sistema automatizzato. Questo significa che l'architettura statistica che caratterizza l'algoritmo di *machine learning* alla base di un dato strumento di intelligenza artificiale osta alla identificazione della *ratio* sottesa a una certa decisione automatizzata» (N. ABRIANI-G. SCHNEIDER, *Diritto delle imprese*, cit., p. 38).

[7] Cfr. al riguardo l'osservazione di TULLINI, secondo cui «la razionalità tecnico-produttiva che era stata incanalata nella definizione delle causali tipiche del potere non è più identificabile con la razionalità umana sulla quale cadeva l'enfasi della teoria economica classica. Si avverte intuitivamente che gli spazi di agibilità aumentano perché l'intelligenza artificiale può dispiegare una capacità anticipatrice, predittiva e dispositiva» (*La questione del potere*, cit., p. 435). In tal senso anche M.T. CARINCI-S. GIUDICI-P. PERRI, *Obblighi di informazione*, cit.

lezza e, quindi, esigibilità di un accomodamento organizzativo con riferimento alla tutela della disabilità [8].

Sarebbe, infatti, rischioso individuare nell'*output* consegnato da un algoritmo di apprendimento automatico una garanzia di «corrispondenza funzionale con l'interesse creditorio in vista del quale il potere ha trovato riconoscimento giuridico», della «dimensione causale-funzionale» che lo deve caratterizzare e, quindi, della «razionalità strumentale» che deve intercorrere tra i mezzi e i fini dell'azione [9].

Sarebbe parimenti rischioso basare sulla predizione [10] di un algoritmo di *machine learning* (la sua «scorciatoia statistica», come è stata definita [11]) il controllo di appropriatezza, che richiede di accertare il nesso di causalità tra le scelte datoriali e il fine, se non anche quello di necessità, volto a verificare l'indispensabilità e infungibilità della scelta, nel contesto del vaglio di proporzionalità [12] tipico dell'accertamento della fattispecie discriminatoria, in particolare con riguardo alla sussistenza delle giustificazioni alla discriminazione indiretta o dell'eccezione al principio di parità collegata al requisito essenziale e determinante.

Ciò è tanto più vero se si considera, oltre alla questione dell'opacità e dell'impossibilità di decodificare secondo connessioni lineari di causalità un modello ottenuto attraverso tecniche di *machine learning*, il fatto che le decisioni prese da un sistema algoritmico possono al più ritenersi razionali in rapporto alla qualità e quantità di dati che tale sistema ha a disposizione [13]. La macchina si muove, con il

---

[8] Cfr. in tema di accomodamenti ragionevoli *ex* d.lgs. n. 216/2003, Cass. 9 marzo 2021, n. 6497, secondo cui «se può tuttavia dubitarsi, nonostante talune suggestioni dottrinali, che, sulla base del diritto vivente, possa configurarsi nei rapporti di lavoro un obbligo giuridico a valenza generale, di "ragionevolezza" nell'esercizio dell'attività di impresa, tale da consentire un esteso sindacato giudiziale diretto ed *ex post* di congruità causale degli atti del datore di lavoro, non è invece discutibile che, laddove il legislatore esplicitamente stabilisca, come nella specie, che la condotta datoriale debba essere improntata al canone della ragionevolezza, il controllo sia dovuto anche su questo specifico profilo».

[9] A. PERULLI, *Il controllo giudiziale dei poteri dell'imprenditore tra evoluzione legislativa e diritto vivente*, in *Rivista italiana di diritto del lavoro*, 2015, pp. 87-88. Cfr. M. MARAZZA, *Limiti e tecniche di controllo*, cit.; C. ZOLI, *Subordinazione e poteri dell'imprenditore tra organizzazione, contratto e contropotere*, in *Lavoro e diritto*, 1997, p. 241 ss.

[10] Sia consentito ricordare che il termine predizione è da intendersi come sinonimo di stima.

[11] N. CRISTIANINI, *La scorciatoia. Come le macchine sono diventate intelligenti senza pensare in modo umano*, il Mulino, Bologna, 2023, p. 87.

[12] A. PERULLI, *Il controllo giudiziale*, cit.

[13] Non mina la validità delle considerazioni svolte il fatto che anche la prova e l'accertamento del nesso di causalità in giudizio – si pensi in particolare a quello tra illecito e danno – possano basarsi su un processo induttivo e su una valutazione prognostica *ex ante* di carattere probabilistico. L'accertamento è volto, infatti, a verificare che un fatto (il danno) sia, più probabilmente che non, da ricondurre a un altro (l'asserita condotta datoriale). La stessa riflessione scientifica apre alla possibilità di dare supporto a questa decisione giudiziale attraverso l'utilizzo di un algoritmo corretta-

proprio pensiero computazionale, all'interno di un mondo "chiuso" e predefinito, confermativo [14]. Le criticità che si possono verificare nel *dataset* di addestramento spaziano dall'*underfitting* (incompletezza rispetto agli scenari di interesse), all'*overfitting* (sbilanciamento di una classe di elementi rispetto alle altre), alle distorsioni (*bias*) e discriminazioni presenti nei dati, destinate a essere replicate in via esponenziale dal processo computazionale. Se nei primi due casi la criticità attiene alla ricostruzione del *dataset* rispetto allo scenario reale (non rappresentativo [15] o sbilanciato) e questo si traduce in una carenza di accuratezza del modello,

---

mente impostato (cfr. F. PATRONI GRIFFI, *La decisione robotica e il giudice amministrativo*, in A. CARLEO (a cura di), *Decisione robotica*, il Mulino, Bologna, 2019, p. 165 ss.). La situazione, pur complessa e non priva di criticità, non pare sovrapponibile con quella individuata rispetto al *machine learning* e alla predizione algoritmica strumentale all'atto datoriale. La ricostruzione del nesso può sì derivare dalla presenza di una correlazione probabilistica che sconta l'inevitabile margine di incertezza proprio di qualsiasi giudizio prognostico basato sul calcolo delle probabilità. Nel contesto del giudizio, tuttavia, il ragionamento induttivo, anche tradotto in codice macchina, necessariamente elabora un insieme di dati selezionati *ex post* e condizionati dal principio dispositivo istruttorio, per quanto attenuato nel contesto del rito del lavoro; la verifica, inoltre, non si ferma alla registrazione di una mera associazione tra grandezze, una concomitanza tra eventi *casuali*, ma è volta all'accertamento di una sequenza *causale* che individui se un dato evento abbia condizionato l'accadimento dell'altro; infine, l'analisi deve consegnare una ricostruzione logicamente accettabile e, quindi, ancorarsi non a una probabilità quantitativa, ossia alla «determinazione quantitativa-statistica delle frequenze di classi di eventi», quanto a una probabilità logica, riconducendosi il «grado di fondatezza all'ambito degli elementi di conferma (e, nel contempo, di esclusione di altri possibili alternativi) disponibili nel caso concreto» (*ex multis* Cass. 14 marzo 2022, n. 8114). Cfr. A. BONAFINE, *L'intelligenza artificiale applicata al ragionamento probatorio nel processo civile. È davvero possibile e/o auspicabile?*, in R. GIORDANO-A. PANZAROLA *et al.* (a cura di), *Il diritto nell'era digitale*, Giuffrè, Milano, 2022, p. 923 ss. È anche vero che la prossima frontiera dell'IA sembra essere costituita dal *causal machine learning*, dalla costruzione di tecniche per formalizzare matematicamente il concetto di inferenza causale, per ricercare in forma automatizzata non tanto «le probabilità congiunte e condizionate tra eventi» quanto il rapporto di causalità tra gli stessi, «se un dato evento abbia condizionato l'accadimento dell'altro, in una sorta di implicazione probabilistica», «una 'freccia degli eventi' che metta in sequenza causale quale fattore è origine e quale conseguenza di un certo fenomeno osservato», «un vero e proprio *tertium genus* tra l'implicazione logica e l'inferenza probabilistica» (G. D'ACQUISTO, *Intelligenza artificiale*, cit., p. 199). Sul punto pare comunque significativo richiamare l'osservazione di G. ZACCARIA, *Postdiritto. Nuove fonti, nuove categorie*, il Mulino, Bologna, 2022, il quale evidenzia che «la logica del probabile, da cui è contraddistinto il sapere pratico, e dunque anche il giudizio giuridico, non è identificabile con una dimensione statistico-matematica, ma piuttosto con le plurime possibilità con cui un modello cogente di carattere generale può essere applicato alle specificità del caso concreto» (p. 60).

[14] G. D'ACQUISTO, *Intelligenza artificiale*, cit., p. 16.

[15] Si possono qui richiamare gli esempi di algoritmi addestrati su set informativi privi di dati adeguatamente rappresentativi delle persone di colore, non in grado per questo di generare correlazioni attendibili e *output* affidabili rispetto a tale categoria, come un sistema finalizzato a individuare patologie cardiovascolari, che prediceva «un minore grado di probabilità di insorgenza della malattia in soggetti di colore», i cui dati non erano stati inclusi nel *training* ovvero anche un «sistema di riconoscimento facciale utilizzato dalla polizia statunitense che non era in grado di riconoscere i volti di soggetti di colore» (N. ABRIANI-G. SCHNEIDER, *Diritto delle imprese*, cit., p. 40).

un difetto di funzionalità ed efficienza del processo rispetto all'obiettivo (ad esempio il sistema non selezionerà il miglior candidato per una determinata posizione), nel terzo essa risiede nelle disparità di fatto, negli stereotipi e nei pregiudizi di cui è intriso proprio il dato storico e reale consegnato alla macchina (ad esempio, il sistema addestrato su un dato reale che registra per una determinata posizione una percentuale minima di donne o di soggetti con una certa provenienza geografica "imparerà" che è meglio scegliere un uomo o una persona di una determinata provenienza, se non anche origine etnica [16]).

Ancora, non si devono sottovalutare le possibili criticità derivanti dalla traduzione della "ricetta" intesa o voluta dal datore in linguaggio informatico di programmazione eseguibile dalla macchina: se, infatti, tale linguaggio è necessariamente privo di ambiguità, nell'operazione di riscrittura, che è un'operazione di equivalenza logica, potrebbe insinuarsi una modifica del significato originario [17].

2.2. *Trasparenza, onere della prova, obbligo di* disclosure

L'opacità algoritmica pare, nei casi analizzati nel precedente paragrafo, interrogare sulla capacità delle fattispecie normative di assolvere la propria funzione regolativa, veicolare la tutela dell'interesse, governare la distribuzione delle tutele, soddisfare quell'esigenza di «apertura alla realtà» dell'ordinamento che il diritto del lavoro, nella sua "razionalità materiale", richiede [18].

Si può, d'altra parte, riflettere su quanto la soluzione risieda in un intervento non tanto sulla "consistenza" della fattispecie che delinea la tutela del lavoratore [19], sulla sua disciplina sostanziale, quanto sull'onere di prova dei relativi elementi, con schemi presuntivi che dispensino il lavoratore dalla prova di fatti costitutivi, ovvero meccanismi di inversione che si attivino proprio alla violazione de-

---

[16] Cfr. M. GABBRIELLI, *Dalla logica al* deep learning, cit., p. 28; S. LAULOM, *Discrimination by algorithms*, cit.; A. TODOLÌ-SIGNES, *Algorithms, artificial intelligence*, cit.; A. LO FARO, Algorithmic Decision Making, cit.; la dottrina evidenzia come «i *bias* non siano propri dell'algoritmo, ma siano più correttamente da ricondurre alla permeabilità intrinseca dell'algoritmo ai *bias* umani che vengono a riflettersi e a propagarsi nel modello statistico su cui lo stesso algoritmo si basa» (N. ABRIANI-G. SCHNEIDER, *Diritto delle imprese*, cit., p. 42).

[17] Cfr. Trib. Roma, 10 febbraio 2023, n. 1463, dove il giudice ha rilevato un errore nell'*outcome* consegnato dall'algoritmo utilizzato dal Ministero dell'istruzione nell'ambito della procedura di assegnazione delle supplenze. L'algoritmo, non traducendo correttamente quanto previsto dalle norme in materia, ha "saltato" il docente con maggior punteggio nella graduatoria relativa alla classe di concorso in questione, assegnando la nuova supplenza al candidato con punteggio immediatamente successivo.

[18] A. ZOPPOLI, *Prospettiva rimediale, fattispecie, sistema*, Relazione Giornate di Studio Aidlass, *Le tecniche di tutela nel diritto del lavoro*, 16-17 giugno 2022, p. 33; R. DEL PUNTA, *Epistemologia breve del diritto del lavoro*, in *Lavoro e diritto*, 2013, p. 43 ss.

[19] A. ZOPPOLI, *Prospettiva rimediale,* cit.

gli obblighi di informazione [20]. Del resto, alla riduzione di trasparenza corrisponde specularmente un incremento di operatività del principio di vicinanza delle fonti probatorie. In aggiunta, si possono prevedere ulteriori meccanismi di *favor* per il lavoratore rispetto all'accertamento del diritto rivendicato, come ad esempio un contemperamento del principio dispositivo istruttorio.

Ciò diventa di centrale rilevanza non tanto laddove l'opacità incida sulla prova dei fatti costitutivi del potere datoriale [21], quanto laddove vada a minare la prova della situazione giuridica dedotta in giudizio dal lavoratore, ad esempio una discriminazione ovvero anche la sussistenza di un rapporto di lavoro subordinato, se si considera, più in generale, l'opacità a livello di architettura digitale nell'impresa, quale capacità del sistema di rendere sempre meno evidenti le prerogative datoriali esercitate.

Al riguardo, si può osservare come la prospettiva segnalata sia accolta e promossa dalla proposta di direttiva sul lavoro mediante piattaforme digitali. Non solo si prevede una presunzione legale relativa, che esonera il lavoratore dalla prova del fatto presunto, ma non dalla prova dei fatti-indice. Si stabiliscono, altresì, specifiche tutele di carattere processuale, quale la possibilità per l'autorità competente a decidere di ordinare al convenuto l'esibizione di qualsiasi prova, anche contenente informazioni riservate, secondo un modello di contemperamento del principio dispositivo istruttorio, ancor più accentuato di quello ricavabile a livello interno dal combinato disposto degli artt. 210 e 421 c.p.c.

Si segnala come simili interventi siano previsti anche nelle proposte di direttive volte ad adeguare all'IA le norme in materia di responsabilità da prodotto difettoso e di responsabilità civile extracontrattuale. Come si è già potuto anticipare, in entrambi i casi, infatti, si stabilisce una presunzione relativa (rispettivamente di

[20] Cfr. al riguardo la Direttiva Ue 2023/970 del 10 maggio 2023, volta a rafforzare l'applicazione del principio della parità di retribuzione tra uomini e donne per uno stesso lavoro o per un lavoro di pari valore attraverso la trasparenza retributiva e i relativi meccanismi di applicazione. In particolare, all'art. 18, par. 2, si prevede che qualora un datore di lavoro non abbia adempiuto ai propri obblighi di trasparenza retributiva, gli Stati membri provvedono affinché spetti a lui dimostrare, in qualsiasi procedimento giudiziario o amministrativo riguardante una discriminazione diretta o indiretta, che non vi è stata discriminazione. In aggiunta a tale previsione, in linea di massima già presente nella proposta della Commissione europea (COM(2021) 93 final), si dispone una deroga all'inversione completa dell'onere probatorio per l'ipotesi in cui il datore di lavoro dimostri che la violazione dell'obbligo di trasparenza è stata manifestamente involontaria e di lieve entità (art. 18, par. 2, co. 2). Si potrebbe individuare, in questo, una cesura tra la fattispecie normativa in esame e quella della discriminazione che, invece, prescinde dalla rilevanza dell'intenzione, risultando integrata dall'effetto pregiudizievole oggettivamente considerato.

[21] Cfr. G. GAUDIO, *Algorithmic management, poteri datoriali e oneri della prova: alla ricerca della verità materiale che si cela dietro l'algoritmo*, in *Labour & Law Issues*, 6(2), 2020, p. 21 ss.; per un inquadramento del regime di onere di prova nel contesto dei giudizi di impugnazione dei licenziamenti, si consenta il rinvio a M. PERUZZI, *La prova del licenziamento ingiustificato e discriminatorio*, Giappichelli, Torino, 2017.

difettosità del prodotto e di colpa) a favore dell'attore in caso di mancato rispetto, da parte del convenuto, di un ordine di divulgazione di elementi di prova pertinenti di cui questi disponga, impartito dal giudice su richiesta dell'attore (v. cap. 3, § 5.1). La possibilità di ordine di *disclosure* è prevista anche nella direttiva 2023/970 in materia di trasparenza retributiva di genere, che sarà analizzata nel prossimo paragrafo.

Le problematiche che comunque si connettono a queste soluzioni possono essere inquadrate su due livelli.

Invitando a «una professione di realismo», parte della dottrina anzitutto evidenzia come l'idea di affidarsi all'obbligo di *disclosure* in materia di sistemi algoritmici sconti un importante limite nel contesto processuale: «vista l'attuale struttura del processo civile, se l'impresa dichiara come effettui i suoi giudizi automatici, il controllo sulla veridicità delle affermazioni ha costi e tempi improponibili e, quindi, non vi è una realistica sanzione per chi menta. [...] per la complessità dei modelli matematici e la natura di un processo civile, [...] nell'ordinaria dinamica di un giudizio, [...] una ricostruzione dell'impostazione di un algoritmo è di fatto impossibile. [...] il giudizio non è la sede in cui si possano approfondire questioni scientifiche così complesse. Il ricorso a consulenze tecniche segue modelli consolidati su aspetti molto diversi dall'impianto di un algoritmo e, per la loro stessa natura, tali problemi non possono trovare definizione con gli schemi processuali tradizionali» [22].

Tale rilievo è tanto più significativo se si considerano non solo i caratteri di concentrazione e celerità che connotato il rito del lavoro, ma anche il fatto che è proprio tale rito a regolare anche le controversie in materia di violazione della normativa sulla protezione dei dati personali [23].

Su un altro livello, si pone la necessità di bilanciare il diritto alla trasparenza con i diritti di privativa connessi al diritto d'autore sul *software* o alla proprietà industriale di sue applicazioni ovvero con la protezione del segreto industriale. Non è un caso che le summenzionate proposte di direttiva, rispetto alla previsione di un ordine giudiziario di *disclosure*, stabiliscano che la proporzionalità di tale ordine debba essere valutata in relazione agli interessi di tutte le parti, in particolare con riguardo alla tutela di informazioni riservate e alla protezione dei segreti commerciali [24].

---

[22] E. GRAGNOLI, *Il potere di controllo, le risorse digitali e gli algoritmi*, in A. BELLAVISTA-R. SANTUCCI (a cura di), *Tecnologie digitali, poteri datoriali e diritti dei lavoratori*, Giappichelli, Torino, 2022, p. 27 ss., 35, 34; in tal senso anche M. RICCI-A. OLIVIERI, *Il problema del senso del limite*, in M. RICCI-A. OLIVIERI (a cura di), *La tutela dei dati del lavoratore*, Cacucci, Bari, 2022, p. 1 ss.

[23] Ai sensi dell'art. 10 d.lgs. n. 150/2011, le controversie previste dall'art. 152 d.lgs. n. 196/2003 sono regolate dal rito del lavoro, ove non diversamente disposto.

[24] Cfr. art. 16, par. 2, proposta di direttiva sul lavoro mediante piattaforme digitali, cit.; art. 8, par. 3 e 4, proposta di direttiva sulla responsabilità per danno da prodotti difettosi, cit., art. 3, par. 4, proposta di direttiva in materia di responsabilità civile extracontrattuale, cit.

Rispetto alla questione in esame, si può qui ricordare che più volte la Corte di giustizia ha affermato che il diritto di proprietà intellettuale, sancito dall'art. 17, paragrafo 2, della Carta di Nizza, non è intangibile e deve essere bilanciato con gli altri diritti fondamentali, tra i quali figura il diritto a un ricorso effettivo garantito all'art. 47 della Carta, diritto che «sarebbe seriamente compromesso se il titolare di un diritto fosse in grado di opporsi alla comunicazione di elementi di prova ad un organo giurisdizionale per il solo motivo che tali elementi di prova contengono un oggetto protetto a norma del diritto d'autore» [25].

Questo si ricollega a quanto affermato dal cons. n. 63 del GDPR (e in termini analoghi dal cons. n. 33 della proposta di direttiva sul lavoro su piattaforma digitale [26]), ove si chiarisce che il diritto dell'interessato di conoscere e ottenere comunicazioni – in particolare in relazione alla finalità per cui i dati personali sono trattati e alla logica cui risponde qualsiasi trattamento automatizzato dei dati e, almeno quando è basato sulla profilazione, alle possibili conseguenze di tale trattamento – «non dovrebbe ledere i diritti e le libertà altrui, compreso il segreto industriale e aziendale e la proprietà intellettuale, segnatamente i diritti d'autore che tutelano il *software*». Si ricollega, altresì, a quanto previsto dall'art. 70 dell'*AI Act*, ove si stabilisce che, in conformità al diritto dell'Unione o nazionale, tutte le «persone fisiche o giuridiche che partecipano all'applicazione del presente regolamento mettono in atto misure tecniche e organizzative adeguate per garantire la riservatezza delle informazioni e dei dati ottenuti nello svolgimento dei loro compiti e delle loro attività in modo da tutelare, in particolare: [...] i diritti di proprietà intellettuale e le informazioni commerciali riservate o i segreti commerciali di una persona fisica o giuridica, compreso il codice sorgente, tranne i casi cui si applica l'art. 5 della dir. 2016/943» in materia di segreti commerciali (trattasi della disposizione che elenca le eccezioni alla tutela del segreto commerciale, già analizzata con riferimento all'art. 1-*bis* del d.lgs. n. 152/1997: v. cap. 2, § 6).

Si può così comprendere come il processo di bilanciamento tra i diritti di trasparenza del lavoratore e i diritti di privativa collegati al sistema di IA richieda il confronto con una pluralità di fonti.

A essere intercettata è, anzitutto, la disciplina europea in materia di diritti d'autore sul *software* (dir. 2009/24/CE, recepita nella legge sul diritto d'autore n.

---

[25] Corte giust., 28 ottobre 2020, *BY contro CX*, C-637/19, ECLI:EU:C:2020:863, relativa all'interpretazione della direttiva 2001/29/CE in materia di diritto d'autore e dei diritti connessi nella società dell'informazione (par. 31-33).

[26] Nella stessa prospettiva, il cons. n. 33 della proposta di direttiva sul lavoro mediante piattaforme digitali afferma che «Le piattaforme di lavoro digitali non dovrebbero essere tenute a rivelare il funzionamento dettagliato dei loro sistemi decisionali e di monitoraggio automatizzati, compresi gli algoritmi, o altri dati dettagliati che contengono segreti commerciali o sono protetti da diritti di proprietà intellettuale. Tali considerazioni non dovrebbero tuttavia condurre a un diniego a fornire tutte le informazioni prescritte dalla presente direttiva».

633/41), la quale non impone mai un obbligo di ostensione del codice sorgente [27], rendendo al più possibile l'attività di decompilazione (*reverse engineering*, dal codice oggetto al codice sorgente) necessaria per garantire l'interoperabilità del programma, senza compromissione della segretezza del codice e dei connessi diritti di privativa intellettuale [28].

In tale prospettiva, parte della dottrina contesta fortemente la più volte richiamata giurisprudenza amministrativa interna sviluppatasi sul tema con riguardo ai procedimenti amministrativi automatizzati (spesso, come visto, procedure di assegnazione di sedi). Nello specifico, la maggior parte delle pronunce trae dal diritto di accesso agli atti amministrativi di cui all'art. 24, co. 7, l. n. 241/1990 ovvero dal più generale principio di trasparenza dell'agire amministrativo un obbligo di ostensione del "linguaggio sorgente" del *software* utilizzato nell'ambito del procedimento, anche quando la p.a. sia ricorsa alla fornitura di *software* di tipo proprietario acquisendo una mera facoltà d'uso, quindi con permanenza in capo al privato appaltatore dei diritti di proprietà intellettuale sul *software*. L'argomento adottato è che «non può assumere rilievo l'invocata riservatezza delle imprese produttrici dei meccanismi informatici utilizzati i quali, ponendo al servizio del potere autoritativo tali strumenti, all'evidenza ne accettano le relative conseguenze in termini di necessaria trasparenza» [29]. Oltre al contrasto con la regola giuridica in materia di tutela dei diritti d'autore, per parte della dottrina la posizione della giurisprudenza amministrativa tradirebbe anche uno scollamento rispetto alla regola tecnica, dal momento che l'ostensione del codice non consente di raggiungere l'obiettivo di tutela auspicato: «le istruzioni (in linguaggio di programmazione) con cui vengono scritti i programmi utilizzati per l'adozione di decisioni automatizzate non seguono una "logica lineare", ma modelli "euristici" basati su "sistemi esperti" o su reti "neurali": dovendo gestire quella che viene definita "un'esplosione combinatoria", forniscono "meta-regole" o altre strategie di funzionamento che consentono al *software* di *decision-making*, unitamente ad una base di conoscenze predeterminate ed incrementali (anche mediante sistemi di

---

[27] Per una definizione, cfr. la già citata T.a.r. Lazio-Roma, 21 marzo 2017 n. 3742.

[28] F. BRAVO, *Trasparenza del codice sorgente e decisioni automatizzate*, in *Il diritto dell'informazione e dell'informatica*, 4, 2020, p. 693 ss. Cfr. in merito la stringente interpretazione adottata da Corte giust. 2 maggio 2012, *SAS Institute*, C-406/10, nonché dall'AG M. Szpunar nelle Conclusioni, 10 marzo 2021, *Top System*, C-13/20. La dottrina evidenzia che «la norma prescrive un fortissimo vincolo di segretezza, nonché una precisa regolamentazione circa l'uso delle informazioni (segrete) ottenute tramite il *reverse engineering*» (E. AREZZO, *Tutela brevettuale e autoriale dei programmi per elaboratore: profili e critica di una dicotomia normativa*, Giuffrè, Milano, 2012, p. 59).

[29] Cons. Stato 4 febbraio 2020, n. 881; Cons. Stato 13 dicembre 2019, n. 8472. Cfr. altresì la pronuncia Cons. Stato, sez. VI, 2 gennaio 2020, n. 30 in cui si rileva «la necessità di qualificare l'ideatore di un algoritmo oggetto di istanza di accesso come parte controinteressata all'ostensione» (v. cap. 1, § 2).

machine learning capaci di autoapprendimento[30]), di raggiungere soluzioni non predeterminabili sulla base delle sole istruzioni contenute nel codice sorgente»[31]. In conclusione, si ritiene che l'ostensione del codice sorgente costituisca, nel bilanciamento, una misura di eccessivo pregiudizio, che non rispetta il test di proporzionalità: da un lato, espone il titolare dei diritti di proprietà intellettuale al grave rischio di vanificare definitivamente le libertà di iniziativa economica connesse alla commercializzazione del *software*; dall'altro, rischia di non soddisfare le esigenze di difesa, posta la non intelligibilità del linguaggio utilizzato e l'interesse del soggetto non tanto ad apprendere il funzionamento tecnico-informatico del programma, quanto a conoscere informazioni sulla logica che muove il sistema e che risulta sottesa alla decisione algoritmica.

Il nodo è complesso, implicando, come visto, l'ulteriore interconnessione con la rete normativa di protezione del segreto industriale (dir. 2016/943, d.lgs. n. 30/2005), la quale prevede, tra i vari profili, l'apprestamento di specifiche garanzie a tutela della riservatezza dei segreti commerciali nel corso di giudizi relativi alla loro acquisizione illecita (art. 9 dir. 2016/943; art. 121-*ter*, d.lgs. n. 30/2005). Tra questi, possono essere ricordati la limitazione dell'accesso ai documenti e alle udienze a categorie ristrette di persone e l'oscuramento di parti nei provvedimenti che definiscono i procedimenti. Anche considerata la possibilità che il giudice applichi tali garanzie al di fuori dei giudizi citati in virtù delle regole e dei principi del processo civile ordinario, rimane problematico il contemperamento tra tutela del segreto e tutela del contraddittorio, se solo si pensi alla costruzione della motivazione di una sentenza che debba basarsi necessariamente su dati coperti da segreto.

In merito al tema analizzato, si è già potuta evidenziare la scelta operata dal legislatore interno in sede di introduzione di obblighi informativi *ex* art. 1-*bis* d.lgs. n. 152/1997, così come aggiornata dal c.d. decreto lavoro: sono escluse dall'obbligo non solo le informazioni qualificabili come "segreto commerciale" ai sensi dell'art. 98 d.lgs. n. 30/2005, ma anche quelle concernenti sistemi protetti sulla base di una nozione di segreto industriale e commerciale più ampia ed elastica; non vengono menzionate né la tutela del diritto d'autore sul *software* né le sopraccitate necessità di bilanciamento, per quanto, come visto, alcuni profili dell'interesse alla riservatezza che vi si potrebbero ricollegare possano trovare protezione anche nell'ampia area di tutela del segreto citata[32]; l'esclusione dall'obbli-

---

[30] D'altra parte, come visto, la possibilità di ricorrere ad algoritmi di *machine learning* nel contesto di procedimenti amministrativi si scontra con la necessità, ai fini della qualificazione della decisione automatizzata in termini di atto giuridico, che l'algoritmo che guida il processo sia stato interamente scritto dall'uomo in sede di programmazione (v. cap. 1, § 2).

[31] F. BRAVO, *Trasparenza del codice sorgente*, cit., p. 715. Cfr. altresì F. BRAVO, Software *di intelligenza artificiale*, cit.

[32] Già con riferimento agli artt. 98 e 99 c.p.i., in dottrina si evidenzia che «la tutela del segreto ha un ambito più esteso rispetto a quella che deriva dal diritto d'autore» ed è alla stessa cumulabile (S. MANSOLDO, *La tutela del software*, cit., p. 1084).

go, letta in prospettiva sistematica, ossia tenendo in considerazione le eccezioni alla tutela del "segreto commerciale" di cui all'art. 98 c.p.i., previste dall'art. 5 della dir. 2016/943, ricordate anche nell'*AI Act*, non riguarda le informazioni rese in adempimento degli obblighi di informazione, consultazione e partecipazione dei rappresentanti dei lavoratori.

2.3. *Opacità algoritmica e tutela antidiscriminatoria*

Ragionando di trasparenza ed effettività dei diritti, una riflessione a parte merita la questione della tutela antidiscriminatoria, posta la stretta e inevitabile interconnessione con tali profili che la caratterizza.

Basti solo ricordare come sia proprio l'assenza di trasparenza, segnatamente dei sistemi classificatori e retributivi, e quindi la conseguente inconoscibilità delle cause delle differenze di trattamento da parte delle lavoratrici, a portare la Corte di giustizia, in *Danfoss*, a individuare a favore della ricorrente un onere di prova alleggerito ai fini dell'accertamento della fattispecie discriminatoria (in tal caso, retributiva di genere) [33].

Da *Danfoss* in poi, le argomentazioni che la Corte sviluppa in punto di onere probatorio della discriminazione e, in particolare, di utilizzo del dato statistico evidenziano in più occasioni l'incidenza del principio di vicinanza della fonte probatoria e/o dell'oggettiva difficoltà di accesso a determinate informazioni da parte del ricorrente, ora per opacità dei criteri sottesi al trattamento ricevuto, ora per indisponibilità dei dati. Sono elementi che, in vario grado, investono inevitabilmente ogni vicenda discriminatoria e che giustificano, appunto, il *favor* accordato al ricorrente sotto il profilo probatorio, necessario per «non privare i lavoratori di qualsiasi strumento utile ad imporre il rispetto del principio della parità» [34]. L'incremento di opacità o l'inaccessibilità delle informazioni può intensificare l'interazione del principio di vicinanza delle fonti di prova e/o del canone interpretativo dell'effetto utile con il regime di *favor*, con conseguente ammissione di dati più sintetici o generali, ma parimenti significativi, nella costruzione della prova semipiena. Pare comunque difficile, in generale, scindere l'accertamento della discriminazione da questioni attinenti alla trasparenza e/o alla accessibilità e prossimità delle fonti di prova. A essere necessariamente coinvolti nella comparazione, tra singoli soggetti o gruppi, sono, infatti, dati non riferibili soltanto alla sfera del ricorrente [35], potenzialmente anche difficili da reperire, comunque più facilmente

---

[33] Corte giust., 17 ottobre 1989, *Danfoss*, C-109/88, ECLI:EU:C:1989:383.

[34] Cfr. Corte giust., 31 maggio 1995, *Royal Copenhagen*, C-400/93, in *Racc.*, 1995, I-1275, punto 26; Corte giust., 27 ottobre 1993, *Enderby*, C-127/92, in *Racc.*, 1993, I-5535. Il cons. n. 17 della dir. 97/80 spiega il regime probatorio speciale osservando che «le parti attrici in giudizio potrebbero essere private [altrimenti] di mezzi efficaci per far rispettare il principio della parità di trattamento».

[35] Al riguardo, si può segnalare che la direttiva 2023/970 sulla trasparenza retributiva prevede, all'art. 7, il diritto dei lavoratori di chiedere e ricevere per iscritto informazioni sul proprio livello

rientranti nella disponibilità del datore o afferenti alla sua sfera d'azione [36]; ciò è tanto più vero in un sistema di organizzazione digitale del lavoro caratterizzato dall'utilizzo di algoritmi e approcci di IA.

Se le considerazioni svolte sottolineano il legame inscindibile tra il problema della trasparenza e la questione della tutela antidiscriminatoria, il rapporto tra rischio di discriminazione e utilizzo di sistemi algoritmici è altrettanto stretto, come dimostrano i plurimi riferimenti a detto rischio tracciabili all'interno delle varie fonti regolative analizzate [37]. In tale prospettiva, come evidenzia la vicenda dell'algoritmo Frank di Deliveroo, la repressione della discriminazione derivante dall'uso di un trattamento automatizzato di dati può seguire percorsi e basi normative diverse e parallele: per riprendere l'esempio citato, tanto il diritto antidiscriminatorio e l'azione *iure proprio* dell'ente esponenziale, quanto la disciplina in materia di protezione dei dati personali e l'ordinanza-ingiunzione del Garante per la *privacy* (v. cap. 2, § 7).

Per articolare la riflessione, si può anzitutto ricordare che una fattispecie discriminatoria si integra a prescindere dall'elemento dell'intenzionalità e, quindi, per nulla incide sulla sua configurazione il fatto che la regola sia consegnata da un sistema algoritmico, «cieco» e «incosciente». Né alcuna garanzia è fornita dal «crisma» della «neutralità» connesso all'IA [38], se solo si pensa agli elementi costitutivi della discriminazione indiretta.

---

retributivo individuale e sui livelli retributivi medi, suddivisi per sesso, relativi alle categorie di lavoratori che svolgono il loro stesso lavoro o un lavoro di pari valore rispetto al loro (par. 1). Si specifica, altresì, che ai lavoratori non deve essere impedito di rivelare la propria retribuzione ai fini dell'applicazione del principio di parità di retribuzione (par. 5). All'art. 20, come anticipato, anche questa direttiva stabilisce che le autorità competenti o i tribunali nazionali debbano essere in grado di ordinare alla parte convenuta di rivelare qualsiasi prova pertinente che si trovi sotto il suo controllo, disponendo misure efficaci per la protezione di tali informazioni.

[36] Per una valorizzazione del collegamento tra l'agevolazione e il principio di vicinanza della fonte probatoria, cfr. Cass., 26 febbraio 2021, n. 5476, secondo cui «nei giudizi antidiscriminatori i criteri di riparto dell'onere probatorio non seguono i canoni dell'art. 2729 c.c., essendo prevista un'agevolazione in favore del ricorrente, anche in ragione del principio di vicinanza della prova». In tal senso anche Trib. Roma, 12 marzo 2022; Trib. Roma, 23 marzo 2022. Rispetto all'operatività del principio di vicinanza della prova nell'accertamento di una discriminazione algoritmica, cfr. l'ordinanza Trib. Bologna, 31 dicembre 2020, dove tuttavia, a parere di chi scrive, risulta criticabile l'affermazione secondo cui, per operatività del generale principio di vicinanza della fonte, sarebbe addossata al datore la prova del "concreto meccanismo di funzionamento dell'algoritmo". Si potrebbe, infatti, ritenere che ciò equivalga a spostare sul convenuto la prova del collegamento tra il criterio "neutro" e il trattamento subito dai lavoratori. Non si discute della possibilità per il convenuto di produrre una prova contraria che neghi la sussistenza di detto collegamento o dello svantaggio particolare dedotti dal ricorrente. Si ritiene problematico far gravare sul convenuto la prova del nesso in ragione del principio di vicinanza, senza contestualizzare questa distribuzione degli oneri nell'ambito di un regime probatorio che, pur alleggerito, deve comunque muovere da un'offerta di prova del ricorrente su tale fatto.

[37] Lo evidenzia anche Cons. Stato, sez. VI, 4 febbraio 2020, n. 881.

[38] N. Abriani-G. Schneider, *Diritto delle imprese*, cit., p. 45.

Varie possono essere le situazioni ipotizzabili: dalla traduzione in codice macchina di una regola ad impatto differenziato per i soggetti portatori di un determinato fattore di rischio (è stato il caso dell'algoritmo Frank rispetto ai partecipanti a iniziative sindacali di astensione dal lavoro [39]) alla possibilità che i dati che addestrano l'algoritmo di apprendimento automatico siano intrisi di pregiudizi e pertanto "insegnino" alla macchina a riprodurre una regola discriminatoria (il *dataset* registra per una determinata posizione una percentuale minima di donne e il sistema "impara" che per tale posizione è meglio scegliere un uomo), ancora alla possibilità che le correlazioni (anche imprevedibili) che l'algoritmo di *machine learning* individua all'interno dei *dataset* consegnati nascondano degli impatti discriminatori. A tal ultimo riguardo, la letteratura riporta gli esempi di un algoritmo che associ una maggior capacità di programmazione informatica alla frequentazione di un determinato *website* di manga giapponesi, con conseguente selezione di candidati prevalentemente maschi; o di un algoritmo che correli l'acquisto di *e-book* con una migliore performance lavorativa andando a escludere o penalizzare candidati o lavoratori ipovedenti [40].

Si possono qui richiamare alcune considerazioni svolte nel corso della trattazione. Rispetto alle difficoltà che possono incidere sull'offerta di una prova, pur semi-piena, del lavoratore, si può ricordare la soluzione disposta dalla direttiva 2023/970 in materia di trasparenza retributiva di genere, ossia la previsione di un'inversione completa dell'onere in caso di violazione degli obblighi di trasparenza datoriali, nonché la possibilità di un ordine di *disclosure* in giudizio. Rispetto alla prova datoriale delle causali scriminanti – dalla giustificazione dell'impatto differenziato di una regola apparentemente "neutra" al carattere essenziale e determinante del requisito per la prestazione – si evidenziano le problematiche che la razionalità algoritmica può implicare, laddove ponga a base della decisione correlazioni probabilistiche e non, invece, relazioni causali tra i fattori. La medesima

---

[39] Nell'ordinanza del 31 dicembre 2020, il Tribunale di Bologna ha rilevato il carattere discriminatorio della condotta datoriale: da un lato, il sistema adottato dava «applicazione ad una disposizione apparentemente neutra (la normativa contrattuale sulla cancellazione anticipata delle sessioni prenotate)» idonea a mettere «una determinata categoria di lavoratori (quelli partecipanti ad iniziative sindacali di astensione del lavoro) in una posizione di potenziale particolare svantaggio»; dall'altro, la società convenuta non aveva adeguatamente assolto l'onere probatorio relativo ai fatti impeditivi della fattispecie, ossia alla giustificazione del trattamento, non dimostrando la sussistenza di una finalità legittima e il carattere di appropriatezza e necessità dei mezzi impiegati per conseguirla, ai sensi dell'art. 3, co. 6, d.lgs. n. 216/2003. Per un commento, cfr. M. BARBERA, *Discriminazioni algoritmiche e forme di discriminazione*, in *Labour & Law Issues*, 7(1), 2021, p. I.1 ss.; M. BORZAGA, *Qualche riflessione a partire dai primi orientamenti della giurisprudenza di merito in tema di "discriminazioni algoritmiche"*, in *Ianus. Diritto e Finanza*, 24, 2021, p. 151 ss.

[40] D. PECK, *They're watching you at work*, *theatlantic.com*, dicembre 2013; A. G. KING-M. MRKONICH, *"Big Data" and the Risk of Employment Discrimination*, in *Oklahoma Law Review*, 68(3), 2016, p. 557 ss.; E. DAGNINO, People Analytics*: lavoro e tutele al tempo del management tramite* big data, in *Labour & Law Issues*, 3(1), 2017, p. I.1 ss.

problematica incide peraltro sulla possibilità del datore di dimostrare la conformità del processo ai divieti di indagini su «fatti non rilevanti ai fini della valutazione dell'attitudine professionale del lavoratore» ovvero su «dati personali dei lavoratori che non siano strettamente attinenti alle loro attitudini professionali e al loro inserimento lavorativo», stabiliti rispettivamente dall'art. 8 St. Lav. e, per le agenzie per il lavoro, dall'art. 10 d.lgs. n. 276/2003 [41].

Si considerino, inoltre, alcune osservazioni svolte in dottrina in merito alle criticità che possono presentare una prova statistica utilizzata per controbattere una decisione algoritmica che si fondi, a sua volta, su dati statistici ovvero con riguardo a interventi di (ri)programmazione dell'algoritmo, finalizzati a escludere formalmente la rilevanza dei fattori di rischio, interventi che non solo non scongiurerebbero la possibilità che le discriminazioni comunque si insinuino nelle correlazioni statistiche, ma paradossalmente andrebbero poi a depotenziare la prova del nesso di causalità tra il trattamento subito e il fattore di rischio stesso [42] (cfr., tuttavia, la linea di lettura che qualifica l'assenza di blocchi contro deviazioni discriminatorie come difetto del prodotto ai fini della *product liability*, da confrontare con l'art. 10, par. 5, dell'*AI Act*, che autorizza i fornitori a trattare categorie particolari di dati di cui all'art. 9 GDPR nella misura in cui sia strettamente necessario per garantire il monitoraggio, il rilevamento e la correzione delle distorsioni, v. cap. 2, § 2.1.1 e cap. 3, § 5.1).

Le difficoltà che si possono così raccogliere a valle sul piano della prova della (in)sussistenza di una discriminazione invitano a spostare il ragionamento e la ricerca di una soluzione di tutela a monte, sul piano della prevenzione e dell'osservazione degli effetti derivanti dall'utilizzo del sistema algoritmico, in ossequio peraltro al carattere oggettivo della nozione di discriminazione.

In tale prospettiva, può certamente tornare utile la riflessione sviluppata nel corso dell'indagine in merito agli obblighi di proceduralizzazione *ex ante* previsti nel contesto del GDPR, in particolare con riferimento alla funzione della DPIA in termini di verifica e prevenzione della lesione dei diritti fondamentali, tra cui quello di non discriminazione, derivanti dal trattamento dei dati personali. Si può ricordare, al riguardo, come il rischio di discriminazione sia individuato, nelle linee guida del Gruppo di lavoro Articolo 29, tra gli elementi che consentono di qualificare in termini di significatività l'impatto di un trattamento automatizzato e

---

[41] Cfr. P. TULLINI, *Divieto di indagini sulle opinioni e trattamenti discriminatori*, in M. PEDRAZZOLI (coordinato da), *Il nuovo mercato del lavoro*, Zanichelli, Bologna, 2004, p. 145 ss. Come già più volte segnalato, dette disposizioni sono espressamente richiamate dall'art. 113, d.lgs. n. 196/2003, rubricato «Raccolta di dati e pertinenza», e rientrano tra le «norme più specifiche» per l'ambito dei rapporti di lavoro, rilevanti ai fini dell'art. 88 GDPR.

[42] L. GIACOMELLI, *Big brother is «*gendering*» you. Il diritto antidiscriminatorio alla prova dell'intelligenza artificiale: quale tutela per il corpo digitale?*, in *BioLaw Journal – Rivista di Bio Diritto*, 2019, p. 269 ss.; A. AGRAWAL-J. GANS-A. GOLDFARB, *Macchine predittive*, Franco Angeli, Milano, 2018.

come le stesse linee guida, soprattutto nel contesto di applicazione dell'art. 22, collochino, tra le garanzie da adottare, anche procedure e misure adeguate per prevenire discriminazioni sulla base di categorie particolari di dati (ferma l'inutilizzabilità di tali dati nell'ambito dei processi di cui all'art. 22, se non laddove siano integrate le stringenti condizioni indicate nel paragrafo 4: v. cap. 2, § 2.1.1). Si può altresì ricordare come risulti rilevante, sul punto, l'innesto *de iure condendo* dei contenuti dell'*AI Act*: ai sensi dell'art. 13, la documentazione pertinente e le istruzioni per l'uso consegnate al datore, in qualità di utente di un sistema di IA, devono infatti includere «qualsiasi circostanza nota o prevedibile [...] che possa comportare rischi [...] per i diritti fondamentali» (così come mappati dal fornitore all'interno del sistema di gestione dei rischi di cui all'art. 9), quindi anche gli impatti potenzialmente discriminatori delle metriche utilizzate, nonché le specifiche relative ai dati di *input* e ai set di dati di addestramento, convalida e prova, i quali devono essere obbligatoriamente sottoposti, a opera del fornitore, a pratiche di *governance* e gestione, tra cui un esame atto a valutare le possibili distorsioni (suscettibili di comportare discriminazioni vietate dal diritto dell'Unione – così esplicitamente nell'orientamento generale del Consiglio).

Partendo da questa linea di riflessione, soprattutto in un'ottica di valorizzazione, nell'impostazione procedurale, del coinvolgimento delle parti interessate, pare significativo evidenziare una soluzione adottata, ancora una volta, all'interno della direttiva 2023/970 sulla trasparenza retributiva di genere, volta a coniugare la garanzia della trasparenza con la garanzia del governo del rischio, articolato in una prospettiva di prevenzione e di approccio condiviso. Il tema funge peraltro da anello di raccordo con la seconda parte del presente capitolo, dedicata alle linee di sviluppo della garanzia di sorveglianza umana.

L'art. 10 prevede, nello specifico, una procedura di esame congiunto (*joint assessment*) con le rappresentanze dei lavoratori, laddove dal reporting sulle retribuzioni emerga un differenziale sentinella che il datore di lavoro non riesca a giustificare sulla base di elementi non collegabili (direttamente o indirettamente) al genere ovvero non abbia tempestivamente corretto.

La direttiva specifica che la valutazione congiunta deve essere effettuata al fine di individuare, correggere e prevenire le differenze retributive tra uomini e donne, non giustificate sulla base di criteri oggettivi *gender-neutral*, deve essere messa a disposizione dei lavoratori e dei loro rappresentanti, nonché dell'ispettorato del lavoro e dell'organismo di parità se lo richiedono. Inoltre, deve essere comunicata all'organismo di controllo designato dallo Stato membro per il monitoraggio sull'applicazione della normativa in questione. Infine, si prevede che l'implementazione delle misure derivanti dalla valutazione congiunta debba avvenire in stretta collaborazione con i rappresentanti dei lavoratori e con possibilità che anche l'ispettorato del lavoro e/o l'organismo di parità siano chiamati a partecipare al processo.

3. *La garanzia della sorveglianza umana e la prospettiva di un obbligo datoriale di valutazione dei rischi per i diritti dei lavoratori derivanti dall'uso dell'IA*

Uno dei punti d'approdo della proposta di lettura sistematica delle fonti elaborata nel corso dell'indagine è l'individuazione di un obbligo datoriale di valutazione e gestione dei rischi per i lavoratori collegati all'uso di approcci di IA, fondato sull'integrazione tra l'obbligo di valutazione di impatto di cui all'art. 35 del GDPR e l'obbligo di valutazione dei rischi stabilito, a livello interno, dall'art. 28 d.lgs. n. 81/2008, in conformità alle direttive europee in materia di salute e sicurezza sul lavoro.

Trattasi di un modello integrato derivante dall'applicabilità combinata di due obblighi autonomi e distinti e di due plessi regolativi diversi, che ciò nondimeno rispondono alla medesima esigenza di declinare l'approccio *human-on-command* anche a livello di organizzazione, gestione e governo del rischio, in questo incardinando il proprio sistema di regole su un principio di dinamicità e modularità del contenuto dell'obbligo e un principio di responsabilizzazione (*accountability*) del titolare dell'obbligo rispetto alla conformità normativa (*compliance*) e alla protezione di diritti fondamentali.

Ciò è tanto più vero laddove i processi di governo siano strutturati all'interno di protocolli di prevenzione del rischio e processi a garanzia della distribuzione dei ruoli, dei flussi informativi, del controllo e vigilanza, nonché della repressione delle violazioni, all'interno di modelli di organizzazione e gestione «in *chiave 231*»[43]. Come si è potuto evidenziare con specifico riferimento all'ambito della salute e sicurezza, proprio i modelli di cui al d.lgs. n. 231/2001, pur facoltativi e correlati a reati-presupposto, possono ciò nondimeno costituire un importante elemento per valutare la colpa datoriale ai fini della responsabilità individuale, come prevede, peraltro, espressamente anche lo stesso d.lgs. n. 81/2008 con riguardo all'obbligo di vigilanza del datore di lavoro sul delegato di funzioni (v. cap. 3, § 5).

Nel corso della trattazione, si è potuto osservare come questi plessi regolativi si saldino lungo i meridiani delle garanzie di sorveglianza umana e di trasparenza e come, proprio su questi meridiani, potranno essere trasfusi alcuni dei contenuti del Regolamento sull'IA.

L'importanza di questo possibile innesto, ai fini della costruzione del modello integrato, si rileva soprattutto nel contesto del GDPR.

Si è visto come tale sistema normativo, seppur vincolato nella sua sfera d'azione alla natura personale del dato trattato, possa ritenersi di verosimile applicazione, laddove si utilizzino processi decisionali e di monitoraggio automatizzati sul lavoro, posta l'inevitabile profilazione del lavoratore negli stessi implicata. Si

---

[43] C. CUPELLI-F. FICO, *I riflessi penalistici*, cit., p. 1113.

è segnalato, altresì, come nelle medesime ipotesi sia molto probabile che si debba effettuare una valutazione di impatto.

D'altra parte, la natura personale del dato può tornare a circoscrivere la soglia di operatività delle regole, laddove si tratti di garanzie di trasparenza connesse alla stessa, si pensi al diritto di accesso. L'impatto di tale limite sulla tutela del lavoratore predisposta dal GDPR deve essere, tuttavia, verificato (e in tal senso ridimensionato), tenendo in considerazione non solo l'attrazione dei dati non personali nella sfera d'azione delle tutele apprestate a quelli personali, laddove indissolubilmente legati agli stessi, ma soprattutto la trasversalità della valutazione di impatto richiesta dall'art. 35 rispetto a tutti i diritti fondamentali potenzialmente incisi dal trattamento. Si pensi al diritto di tutela della dignità umana (art. 1, Carta di Nizza), il diritto a condizioni di lavoro sane, sicure e dignitose (art. 32), nonché il diritto a un ricorso effettivo (art. 47): sono diritti che impongono di declinare in termini ampi la *compliance* al principio di trasparenza, anche in rapporto alla maggior complessità dei rischi comportati dal tipo di trattamento utilizzato. Proprio al riguardo diventa centrale l'integrazione dei contenuti derivanti dall'applicazione *de iure condendo* dell'*AI Act* a supporto della spiegabilità del processo automatizzato (si pensi alle informazioni sui set di dati utilizzati e sulle metriche). La disciplina del GDPR è tanto più rilevante all'interno di questo ragionamento se si riflette sulla possibile valorizzazione della figura del responsabile della protezione dei dati (c.d. DPO), nella prospettiva di individuazione di una persona di contatto per i lavoratori, come nel contesto della proposta di direttiva sulle piattaforme digitali.

L'indagine ha permesso di osservare, altresì, come entrambi i plessi regolativi coinvolti nella costruzione del modello integrato aprano significativi varchi d'accesso per la proiezione collettiva delle tutele.

Al riguardo, mentre il sistema della prevenzione gode già di specifiche previsioni in materia di procedure di informazione e consultazione di rappresentanze – peraltro specializzate – dei lavoratori, forte della base giuridica su cui è stata adottata la normativa Ue, il GDPR consente di valorizzare l'intervento dei rappresentanti nella strutturazione del processo di DPIA, in questo fornendo un possibile importante punto di saldatura con la disciplina europea in materia di coinvolgimento dei lavoratori nell'impresa, laddove la dimensione occupazionale dell'azienda ne consenta l'applicazione. Proprio quest'ultima saldatura consegna, peraltro, specifici strumenti giuridici per la risoluzione di questioni inerenti alla riservatezza delle informazioni aziendali potenzialmente incise dall'interesse alla trasparenza dei lavoratori. In questo, soprattutto a livello di fonte interna di recepimento, si configura una significativa valorizzazione dell'autonomia collettiva. Del resto, è proprio la prospettiva dell'approccio condiviso e della co-regolazione, così come promosso anche dalle parti sociali europee nell'accordo quadro sulla digitalizzazione, a fornire un importante requisito e garanzia di adeguatezza del modello di organizzazione e gestione, sia esso configurato in termini autonomi all'interno di ciascuno dei due plessi regolativi considerati (separati ma in dialogo) ovvero anche verificato in una sua possibile elaborazione in prospettiva integrata.

Il modello così strutturato può essere confrontato con una serie di proposte volte a promuovere una più articolata valutazione di impatto dei sistemi di IA sui diritti fondamentali.

Particolarmente rilevante si presenta, tra queste, quella indicata dalle commissioni congiunte IMCO-LIBE del Pe negli emendamenti al Regolamento sull'IA approvati a maggio 2023, volta a introdurre nel quadro regolativo uno specifico obbligo per l'utente di effettuare una valutazione di impatto sui diritti fondamentali sanciti dal diritto Ue e nazionale e di adottare un conseguente piano dettagliato di misure di mitigazione del rischio. Trattasi di una prospettiva in parte sovrapponibile con l'approdo a cui giunge il modello di lettura proposto nel corso dell'indagine, ma in parte utile anche a superare alcuni suoi possibili limiti di applicazione nelle aree che non possono essere raggiunte dal GDPR, o per assenza di trattamento di dati personali (ipotesi che, come visto, si può escludere nel contesto del lavoro) o per una interpretazione restrittiva delle regole ivi previste, come avanzata e conservata da alcuni soprattutto per quanto attiene alla spiegabilità *ex post* della decisione automatizzata. Si può, d'altra parte, segnalare come quest'ultimo profilo non solo riceverebbe comunque una specifica risposta *de iure condendo* nell'ambito di applicazione della direttiva sul lavoro mediante piattaforme digitali. Lo stesso *AI Act* interverrebbe in termini generali sul punto, laddove fossero introdotte delle ulteriori proposte di modifica indicate, ancora una volta, dalle commissioni del Pe, in aggiunta alla suindicata valutazione di impatto. Tali emendamenti introdurrebbero, infatti, da un lato, l'obbligo dell'utente, che utilizzi un sistema che anche solo lo assista nel processo decisionale, di informare le persone interessate del fatto che vi sono sottoposte, dello scopo previsto e del tipo di decisioni prese (art. 29, par. 6*a*); dall'altro, il diritto della persona soggetta a una decisione adottata dall'utente sulla base dell'*outcome* di un sistema di IA ad alto rischio – che produca effetti giuridici o che incida in modo analogo e significativo sulla persona stessa, in modo tale che essa ritenga determini un impatto negativo sulla sua salute, sulla sua sicurezza, sui suoi diritti fondamentali, sul suo benessere socioeconomico o su qualsiasi altro diritto derivante dagli obblighi stabiliti nel regolamento – di chiedere all'utente spiegazioni chiare e significative sul ruolo del sistema di IA nella procedura decisionale, sui principali parametri della decisione presa e sui relativi dati di *input* (art. 68*c*).

3.1. *L'applicazione del modello di c.d.* human rights due diligence *all'IA*

Un primo livello di confronto è offerto da quell'insieme di proposte che attingono alla prospettiva regolativa di promozione della *due diligence*. Se, quindi, nel corso dell'indagine si è potuto evidenziare il possibile utilizzo del *machine learning* nei processi di controllo di *due diligence* (v. cap. 1, § 2), ora si individuano proprio tali processi ai fini di un controllo sugli impatti dell'IA.

Al riguardo, si può qui brevemente ricordare che tale prospettiva regolativa si colloca sul versante tematico del rapporto tra business e diritti umani, sostenendo lo sviluppo nell'impresa di processi funzionali a dimostrare, attraverso una valutazione di impatto, il rispetto di tali diritti nelle attività economiche, nelle *policy* aziendali, nei piani di *governance* societaria e nella catena della fornitura. L'approccio muove dai principi di tutela proclamati all'interno di strumenti di carattere internazionale, che trovano nei Principi guida dell'Onu del 2011 «un collante strategico», individuando in misure e meccanismi di *soft law* lo strumento per indirizzare le multinazionali a veicolare i *core labour standard* nello "spazio liquido" dell'*open shop* internazionale e lungo la catena del valore, oltre i limiti della territorialità delle fonti di *hard law*[44]. È una prospettiva che trova declinazione anche nel contesto Ue e ivi si connota per una significativa specificità, ossia il rafforzamento di un approccio regolativo ibrido, basato sul rapporto virtuoso tra strumenti *soft* e *hard*: dalla dir. 2014/95/UE in materia di comunicazione di informazioni di carattere non finanziario alla proposta di direttiva in materia di *mandatory due diligence*[45]. Ai fini dell'indagine che ci occupa, pare peraltro utile segnalare come la proposta da ultimo richiamata vada anche a incidere sulla disciplina del *whistleblowing* (dir. Ue 2019/1937), disciplina che a livello interno per il settore privato è stata valorizzata proprio nel contesto dei modelli di organizzazione e gestione, individuandosi nei canali interni di segnalazione degli illeciti un'importante garanzia di *compliance*[46].

Come evidenzia la dottrina, il modello regolativo della *due diligence* si presenta particolarmente adatto a regolare complessi intrecci di relazioni tra operatori economici di diversa natura e diversa identità giuridica, nella misura in cui le relative responsabilità sorgano sulla base di una valutazione di colpa[47]: ciò si conferma nelle proposte in tema di valutazione di impatto sui diritti umani dell'IA, volte appunto a integrare le pratiche di c.d. *human rights due diligence* in un contesto che vede parimenti coinvolta la complessa inter-relazione di una pluralità di sog-

---

[44] V. BRINO, *Diritto del lavoro e catene globali del valore*, Giappichelli, Torino, 2020, p. 44.

[45] Come evidenzia la dottrina, la proposta di inserisce nel filone aperto dall'Ue con il Regolamento 995/2010, concernente gli obblighi degli operatori che commercializzano nel mercato interno legno e suoi derivati, e il Regolamento 2017/821, che ha stabilito obblighi in materia di dovere di diligenza nella catena di approvvigionamento per gli importatori dell'Unione di stagno etc., cfr. V. BRINO, *Diritto del lavoro*, cit., p. 94. Cfr. S. BORELLI-D. IZZI, *L'impresa*, cit., p. 557. Si segnala che il Consiglio ha adottato a dicembre 2022 il proprio orientamento generale sulla proposta.

[46] Cfr. ora art. 4, co. 1, d.lgs. n. 24/2023. Sul tema cfr., con riguardo alle fonti normative precedenti, S.M. CORSO, *Segnalazione di illeciti e organizzazioni di lavoro*, Giappichelli, Torino, 2020.

[47] La dottrina segnala, infatti, che «se l'obbligo di risarcire il danno sorge indipendentemente da una colpa, ogni valutazione sulla diligenza del comportamento del soggetto agente diviene irrilevante. Di conseguenza, la *due diligence* non dovrebbe in alcun modo interferire con le forme di responsabilità oggettiva» (S. BORELLI-D. IZZI, *L'impresa*, cit., p. 554).

getti, nelle diverse fasi dell'ideazione, progettazione, distribuzione, implementazione del sistema algoritmico (per quanto, come visto nel terzo capitolo, in alcuni casi il titolo di responsabilità ascrivibile prescinda dall'accertamento della colpa) [48].

Questo tipo di modello regolativo è specificatamente promosso nelle proposte per un possibile quadro giuridico per lo sviluppo, la progettazione e l'applicazione dell'IA adottato a dicembre 2021 dal Comitato ad hoc sull'intelligenza artificiale (CAHAI) del Consiglio d'Europa [49].

3.1.1. *La proposta HUDERIA del Consiglio d'Europa*

Si consideri, innanzitutto, che il quadro elaborato dalla CAHAI [50] del Consiglio d'Europa è predisposto per essere inserito all'interno di uno strumento regolativo di *soft law*.

---

[48] Cfr. N. ABRIANI-G. SCHNEIDER, *Diritto delle imprese*, cit., p. 118, in cui si prevede – a soluzione della mancata presenza, nell'*AI Act*, di adeguati strumenti di *empowerment* per i soggetti destinatari delle decisioni automatizzate – l'istituzione di meccanismi partecipativi e consultivi secondo il modello proposto dal Parlamento europeo nella Risoluzione del 10 marzo 2021 recante raccomandazioni alla Commissione concernenti la dovuta diligenza e la responsabilità delle imprese, a cui è appunto seguita la proposta di direttiva citata nel testo. Sulla medesima linea di lettura si appoggia la promozione del paradigma della *Corporate Digital Responsibility*, quale declinazione della *Corporate Social Responsibility* (CSR) sul piano del governo sostenibile delle tecnologie digitali utilizzate dall'impresa sotto il profilo dei loro possibili impatti sociali e ambientali. Cfr. in tal senso, L. ZAPPALÀ, *Appunti su linguaggio, complessità e comprensibilità del lavoro 4.0*, cit.; M. WADE, *Corporate responsibility in the digital era*, in *MIT Sloan Management Review*, 28 April 2020. Rispetto al concetto di CSR, cfr. *ex multis* R. SALOMONE, *La responsabilità sociale dell'impresa: riflessioni a margine di una strategia europea sullo sviluppo sostenibile*, in *Diritto delle relazioni industriali*, 14(2), 2004, p. 379 ss.

[49] Consiglio d'Europa, Ad hoc Committee on Artificial Intelligence (CAHAI), *Possible elements of a legal framework on artificial intelligence, based on the Council of Europe's standards on human rights, democracy and the rule of law*, Strasburgo 3 dicembre 2021, CAHAI(2021)09rev. Per uno specifico inquadramento della proposta nel più ampio contesto della *human rights due diligence* cfr. CAHAI-PDG, *Human Rights, Democracy and Rule of Law Impact Assessment of AI systems*, CAHAI-PDG(2021)02, Strasbourg, 11 March 2021. Nel documento con cui l'Alan Turing Institute ha tradotto la proposta della CAHAI in una più dettagliata prospettiva operativa, si specifica che il modello combina i requisiti procedurali per la *due diligence* sui diritti umani con i meccanismi di *governance* necessari per istituire barriere tecniche e sociotecniche per pratiche di innovazione dell'IA responsabili e *trustworthy*. Si richiamano, al riguardo, anche le linee guida dell'Oecd *Due Diligence Guidance for Responsible Business Conduct* e i Principi guida dell'Onu (D. LESLIE-C. BURR-M. AITKEN-M. KATELL-M. BRIGGS-C. RINCON, *Human rights, democracy, and the rule of law assurance framework for AI systems: A proposal*, The Alan Turing Institute, 2021, spec. pp. 241 e 234).

[50] Il documento è stato redatto da due gruppi di lavoro della CAHAI, ovvero il CAHAI Policy Development Group (CAHAI-PDG) e il CAHAI Legal Frameworks Group (CAHAI-LFG), tenendo conto dei risultati della consultazione multi-*stakeholder* condotta nella primavera del 2021 dal terzo gruppo di lavoro, il CAHAI Consultations and Outreach Group (CAHAI-COG). Cfr. A. MANTELERO, *Beyond Data*, cit.

Partendo dal presupposto che «lo scopo di un quadro giuridico internazionale [...] dovrebbe essere quello di stabilire [...] alcuni principi e norme di base che regolano lo sviluppo, la progettazione e l'applicazione dei sistemi di IA e di regolare, in modo coerente e deliberato, se e a quali condizioni i sistemi di IA che potenzialmente presentano rischi per il godimento dei diritti umani [...] possono essere sviluppati, progettati e applicati da tutti i tipi di organizzazioni», la CAHAI distingue «gli elementi che potrebbero far parte di uno strumento trasversale giuridicamente vincolante» e quelli che potrebbero essere veicolati da «strumenti giuridici aggiuntivi» (par. 10). In questa seconda categoria viene collocato un modello giuridicamente non vincolante per valutare l'impatto dei sistemi di IA sul godimento dei diritti umani, sul funzionamento della democrazia e sul rispetto dello stato di diritto (c.d. HUDERIA, *HUman rights, DEmocracy, and Rule of law Impact Assessment*) (par. 45). Trattasi di un processo di valutazione di impatto chiamato a integrarsi con gli altri meccanismi di *compliance*, come la certificazione e il *labelling* di qualità, i processi di *auditing* e monitoraggio, le *sandbox* normative. In adesione al principio di proporzionalità che connota l'approccio basato sul rischio, tale processo è richiesto solo laddove vi siano indicazioni chiare e oggettive di rischi rilevanti, ciò presupponendo che tutti i sistemi di IA siano sottoposti a una prima verifica, per determinare se debbano o meno essere sottoposti a tale valutazione formalizzata (par. 48). All'interno della proposta si sottolinea, infine, che l'adozione di un approccio basato sul rischio implica che qualsiasi impatto rilevante «dovrebbe essere debitamente valutato e riesaminato su base sistematica e regolare, al fine di individuare misure di attenuazione adeguate ai rischi in questione» ovvero anche «applicare misure proibitive, se necessario» (par. 49).

Per quanto riguarda la fase di valutazione, la CAHAI raccomanda di includervi una serie di specifici elementi e di prevedere il coinvolgimento degli *stakeholder* (ossia di «coloro che non rientrano nelle categorie di "fornitori di IA" e "utenti di IA"»): «quanto più elevato è l'impatto stimato, o quanto più grande è la sua portata, tanto più ampio deve essere il coinvolgimento degli *stakeholder*» (par. 53).

Gli elementi minimi di cui deve comporsi la HUDERIA sono così elencati: valutazione del contesto e dello scopo del sistema di IA, livello di autonomia, tecnologia sottostante e uso del sistema di IA (sia uso previsto che potenzialmente non previsto), complessità (parte di più reti neurali profonde/costruzione su altri sistemi di IA), trasparenza e spiegabilità del sistema e del modo in cui viene utilizzato, meccanismi di supervisione e controllo umano per il fornitore e l'utente, qualità dei dati, solidità/sicurezza del sistema, coinvolgimento di persone o gruppi vulnerabili, scala di utilizzo del sistema, ambito geografico e temporale, valutazione della probabilità e dell'entità del danno potenziale, reversibilità di tale danno, riconducibilità del sistema tra le applicazioni proibite dal diritto nazionale o internazionale, in quanto fonte di un rischio inaccettabile (par. 51).

Approfondendo la proposta della CAHAI, l'Alan Turin Institute colloca la HUDERIA in una più dettagliata prospettiva operativa e applicativa [51].

All'interno di tale proposta metodologica, può essere utile evidenziare, ai fini dell'indagine, tre profili.

Anzitutto, confermandosi in questo il modello regolativo della *due diligence*, il parametro di riferimento per la valutazione di impatto è costruito su una lista di principi fondamentali e priorità di base, all'interno della quale sono inclusi anche il diritto alla non discriminazione, alla riservatezza e protezione dei dati, nonché diritti sociali ed economici, come quello a condizioni di lavoro sane, sicure, giuste ed eque.

Nel *template* predisposto per guidare la valutazione dei rischi, i temi sono affrontati con domande e *check-list* [52].

Ad esempio, si individua un «*major circumstantial risk factor*» se il settore in cui opererà il sistema di IA e da cui sono tratti i dati utilizzati per il suo addestramento contenga retaggi storici e modelli di discriminazione, disuguaglianza, pregiudizio, razzismo o trattamento iniquo di gruppi minoritari, emarginati o vulnerabili che potrebbero essere replicati o aumentati nel funzionamento del sistema o nei suoi risultati e impatti a breve e lungo termine.

Si individua, invece, un «*major modifiable risk factor*» laddove il sistema di IA, utilizzato nei processi decisionali relativi a occupazione, reclutamento, gestione dei lavoratori o della distribuzione del lavoro, non incorpori meccanismi trasparenti per garantire la protezione della dignità del lavoro, il diritto a condizioni di lavoro giuste, sicure e salubri e i diritti sindacali.

Ancora, si individua un «*moderate modifiable risk factor*» se non vengono attuati processi trasparenti per garantire la correttezza e rappresentatività dei dati utilizzati per la produzione del sistema, se non vengono messe a disposizione dei titolari dei diritti esposti all'impatto e di altre parti interessate informazioni sul

---

[51] D. LESLIE-C. BURR-M. AITKEN-M. KATELL-M. BRIGGS-C. RINCON, *Human rights,* cit. Nello specifico, a sostegno della proposta della CAHAI, l'Alan Turing Institute ha intrapreso un programma di ricerca che ha esplorato i processi di *governance* e gli strumenti pratici necessari per rendere operativa l'integrazione della *due diligence* dei diritti umani con la garanzia di pratiche di innovazione dell'IA affidabili.

[52] All'interno del documento, si chiarisce che «con il termine "fattore di rischio" si intendono *le caratteristiche di un contesto di innovazione dell'IA a livello tecnico, sociotecnico, storico, giuridico, economico, politico o pratico che precedono e sono associate a una maggiore probabilità di risultati che hanno un impatto negativo sui diritti umani, sulla democrazia e sullo stato di diritto.* Questi fattori non devono necessariamente essere considerati come cause di impatti negativi, ma piuttosto come condizioni che sono correlate a una maggiore probabilità di danno e che devono essere anticipate e considerate negli sforzi di mitigazione del rischio. I fattori di rischio che emergono *esternamente* dagli ambienti tecnici, sociotecnici, storici, legali, economici o politici in cui avvengono la progettazione, lo sviluppo e la diffusione dei sistemi di IA e che sono quindi meno controllabili, sono chiamati "fattori di rischio circostanziali". I fattori di rischio che emergono *internamente* dalle pratiche effettive di produzione e utilizzo delle tecnologie di IA e che sono quindi più controllabili, sono chiamati "fattori di rischio modificabili"» (D. LESLIE-C. BURR-M. AITKEN-M. KATELL-M. BRIGGS-C. RINCON, *Human rights,* cit., p. 58).

consenso o sulla base legittima per l'utilizzo dei dati personali, ovvero ancora laddove non sia gestito e mitigato ogni possibile danno correlato a perdite di posti di lavoro, delocalizzazioni o ricollocamenti, derivanti dall'introduzione di un sistema di IA che automatizza o sostituisce il lavoro umano.

Il secondo profilo che qui interessa sottolineare si connette alla natura e funzione dello strumento, volto a fornire delle linee guida di carattere metodologico e non, invece, ad attribuire e distribuire posizione giuridiche, ad esempio di obbligo. In tal senso, in linea con quanto previsto dal CAHAI, l'Alan Turin Institute invita a verificare se l'organizzazione in questione abbia svolto «precedenti valutazioni d'impatto sui diritti umani o [...] altre valutazioni d'impatto (sulla protezione dei dati, sulla parità, valutazione d'impatto etico e sociale, ovvero ancora ambientale)» [53], collocando così il processo relativo all'IA in tale più ampio contesto. Sottolinea, inoltre, come la costituzione di un *governance workflow* sia essenziale, sia quando il sistema proposto operi in un ambiente normativo incompleto o incerto, sia «anche all'interno di contesti strettamente regolamentati» [54].

In questa prospettiva, si propone un unico programma di *governance*, costituito da un insieme di processi interconnessi, che attraversano le diverse fasi della progettazione, sviluppo e implementazione di un sistema di IA, tutti finalizzati a garantire che l'uso di detto sistema rispetti i diritti umani, le libertà fondamentali, i principi democratici e lo stato di diritto.

La valutazione coinvolge pertanto, in questa successione integrata di fasi, tanto i progettatori, quanto gli sviluppatori e gli utenti, articolandosi in processi di verifica di impatto iterativi, organizzati in modo tale da rispondere adeguatamente ai cambiamenti dei fattori di produzione e di implementazione, nonché degli ambienti operativi in cui sono inseriti i sistemi di IA. Proprio con la costruzione del *governance workflow* sono individuati e mappati i diversi ruoli coinvolti in ciascuna fase e le relative responsabilità. In adesione al principio di *accountability* sotteso all'approccio di governo del rischio, si specifica che «il team di valutazione dell'impatto è supportato da esperti in materia di diritti umani e gli incarichi relativi alla valutazione, prevenzione, mitigazione e gestione dell'impatto sono specificatamente assegnati e accompagnati da adeguate risorse. La valutazione d'impatto identifica i diritti dei soggetti titolari delle posizioni da tutelare, nonché i doveri e le responsabilità dei soggetti titolari di posizioni di obbligo (*duty-bearers*) (ad esempio, gli sviluppatori, le aziende che acquistano prodotti o servizi digitali, coloro che utilizzano o applicano prodotti e servizi digitali e le autorità governative)» [55].

In tal senso, la proposta valorizza specificatamente il ruolo dell'utente del si-

---

[53] D. LESLIE-C. BURR-M. AITKEN-M. KATELL-M. BRIGGS-C. RINCON, *Human rights*, cit., p. 17.

[54] D. LESLIE-C. BURR-M. AITKEN-M. KATELL-M. BRIGGS-C. RINCON, *Human rights*, cit., p. 44.

[55] D. LESLIE-C. BURR-M. AITKEN-M. KATELL-M. BRIGGS-C. RINCON, *Human rights,* cit., pp. 230-231.

stema, all'interno tuttavia di un unico programma di *governance*, in cui il processo di valutazione di impatto è progressivamente integrato e iterativamente aggiornato, le fasi – pur distinte – sono fortemente interrelate e non vi è, infine, una rigida predisposizione e allocazione di posizioni di obbligo tra i soggetti.

Il terzo profilo che è qui interesse evidenziare è la valorizzazione degli *stakeholder*. Si prevede, segnatamente, che una fase del processo sia dedicata a identificare la loro rilevanza e a facilitarne il coinvolgimento, in modo che poi l'HUDERIA possa essere integrata attraverso il loro specifico contributo. La valutazione d'impatto offre, in particolare, «ai team di progetto e agli *stakeholder* coinvolti l'opportunità di riunirsi per produrre valutazioni dettagliate degli impatti potenziali ed effettivi che la progettazione, lo sviluppo e l'utilizzo di un sistema di IA potrebbero avere», facilitando così la co-progettazione del piano di mitigazione degli impatti, dei rimedi e dei protocolli di monitoraggio.

Vari sono gli aspetti che distinguono la proposta analizzata dall'approccio regolativo Ue, non soltanto per la diversa portata giuridica dello strumento.

Proprio sulla base di una comparazione tra i due modelli, si può evidenziare, anzitutto, un profilo più volte segnalato nel corso dell'analisi, ossia che la proposta dell'Ue circoscrive l'obbligo di valutazione d'impatto ai fornitori di IA, mutuando l'approccio dalla regolamentazione sulla sicurezza dei prodotti, in questo non considerando adeguatamente il ruolo degli utenti e l'autonoma rilevanza della fase di utilizzo in termini di potenziale incidenza sui diritti umani e sulle libertà.

È sì vero che «l'IA si differenzia dalla protezione dei dati per il ruolo maggiore che i fornitori di IA svolgono nelle complicate e spesso oscure operazioni di elaborazione dell'IA», ciò nondimeno «il ruolo effettivo svolto dagli utenti dell'IA nella progettazione e nell'implementazione del sistema dovrebbe essere affrontato con il loro coinvolgimento nei compiti di gestione e valutazione del rischio» [56]. Si osserva, in particolare, che «gli utenti dell'IA possono autonomamente aumentare o modificare i rischi di danni alla salute e alla sicurezza attraverso il loro particolare uso dei sistemi, soprattutto in termini di impatto sui diritti individuali e collettivi, data la loro varietà e dipendenza dal contesto. [...] Gli obblighi di gestione e valutazione del rischio dovrebbero, quindi, applicarsi anche agli utenti dell'IA, in proporzione al loro ruolo nella progettazione e nell'implementazione del sistema» [57].

Ancora, su un piano di comparazione, si ritiene che nell'*AI Act* la regolazione della valutazione del rischio risulti opaca, non spiegando l'art. 9 come e su quali parametri il fornitore dovrebbe valutare i rischi; soprattutto, si contesta l'assenza di confronto partecipativo con gli *stakeholder*.

In tale prospettiva, la stessa dottrina conclude evidenziando la necessità che sia i fornitori sia gli utenti effettuino una propria valutazione di impatto sui diritti

---

[56] A. MANTELERO, *Beyond Data*, cit., p. 175.

[57] A. MANTELERO, *Beyond Data*, cit., p. 172.

umani, seguendo il modello di doppia valutazione proposto, dal Gruppo di lavoro Articolo 29, nel contesto e ai fini della regolamentazione Ue sulla protezione dei dati [58]. Nelle proprie linee guida, il comitato evidenzia, in particolare, che «una valutazione d'impatto sulla protezione dei dati può essere altresì utile per valutare l'impatto [...] di un prodotto tecnologico, ad esempio un dispositivo *hardware* o un *software*, qualora sia probabile che lo stesso venga utilizzato da titolari del trattamento distinti per svolgere tipologie diverse di trattamento. Ovviamente, il titolare del trattamento che utilizza detto prodotto resta soggetto all'obbligo di svolgere la propria valutazione d'impatto sulla protezione dei dati in relazione all'attuazione specifica, tuttavia la valutazione del titolare del trattamento può utilizzare le informazioni fornite da una valutazione analoga preparata dal fornitore del prodotto, se opportuno» [59]. Se il modello di doppia valutazione, proposto dalla citata dottrina, non colloca direttamente il processo nel contesto della DPIA, avvicinandosi in questo alla linea di emendamento dell'*AI Act* che è stata approvata dalle commissioni del Pe e che sarà da ultimo analizzata, vi è d'altra parte chi valorizza, al riguardo, il ruolo del GDPR, ritenendo tale articolato normativo già adeguato a rispondere alle esigenze evidenziate.

3.2. *La valorizzazione della valutazione di impatto sui diritti fondamentali nel contesto del GDPR*

La prospettiva tracciata nel corso dell'indagine si confronta con un secondo insieme di proposte, quelle che, muovendosi nel contesto degli obblighi già vigenti nel sistema normativo di protezione dei dati personali, promuovono attraverso delle linee guida la valutazione di impatto rispetto ai diritti fondamentali ai sensi dell'art. 35 del GDPR, sia per il fornitore sia per l'utilizzatore [60].

Al riguardo, la dottrina evidenzia che «la menzione di "diritti e libertà" da parte del GDPR nell'art. 35 [...] indica che la valutazione dei rischi che possono derivare dal trattamento dei dati non richiede solo un esame delle questioni concer-

---

[58] A. MANTELERO, *Beyond Data*, cit.

[59] Gruppo di lavoro Articolo 29, *Linee guida in materia di valutazione d'impatto*, cit., p. 8.

[60] Come evidenzia la dottrina, «fatta salva l'eventualità in cui tali dati non abbiano natura personale, è evidente che il [fornitore], così come il produttore in ragione dell'analogia stabilita dalla stessa Proposta [di Regolamento sull'IA], siano da considerare titolari del trattamento di dati personali, quando determinino i dati personali che vengono raccolti ed analizzati dal sistema di intelligenza artificiale per il raggiungimento degli obiettivi a cui questo è preordinato. Sono infatti questi soggetti a detenere, nell'ambito della creazione e della fornitura del prodotto, il potere di individuare il *dataset* da fornire al sistema, anche nelle fasi di progettazione, *training* e *testing* dove i dati potrebbero pure essere diversi da quelli che saranno poi utilizzati dal prodotto finale» (G. FINOCCHIARO-L. GRECO, *Il ruolo di titolare, responsabile e contitolare del trattamento nei trattamenti di dati personali mediante intelligenza artificiale*, in A. PAJNO-F. DONATI-A. PERRUCCI (a cura di), *Intelligenza artificiale e diritto: una rivoluzione? Diritti fondamentali, dati personali e regolazione*, vol. I, il Mulino, Bologna, 2022, p. 330).

nenti i diritti di protezione dei dati o la *privacy*, ma anche la considerazione di qualsiasi rischio relativo ai diritti "fondamentali"» [61]. Ciò nondimeno, «gran parte dell'attenzione e degli orientamenti relativi alla DPIA si è concentrata sulle problematiche legate alla protezione dei dati», lasciando meno esplorato «il profilo più ampio dei diritti fondamentali» [62].

È questo un rilievo che si è, invero, già avuto modo di segnalare e chiarire nel corso dell'indagine, anche laddove si è osservato il duplice piano su cui incide l'interesse alla trasparenza, nell'ambito della disciplina dei dati personali.

Prima di analizzare nel dettaglio la proposta, sia consentito qui sottolineare la portata di questa prospettiva di lettura rispetto alla questione dell'applicazione e giustiziabilità dei diritti fondamentali sanciti dalla Carta di Nizza.

Come già evidenziato, se ai sensi dell'art. 1 il GDPR predispone regole in materia di protezione delle persone fisiche con riguardo al trattamento dei dati personali (par. 1), d'altra parte, nella medesima disposizione, si precisa che tale protezione attiene ai diritti e alle libertà fondamentali degli interessati (par. 2). Come chiarito dal cons. n. 4, il riferimento è a tutti i diritti fondamentali, alle libertà e ai principi riconosciuti dalla Carta dei diritti fondamentali dell'Unione europea e dai trattati [63].

La giurisprudenza della Corte di giustizia, elaborata con riguardo al GDPR, conferma l'importanza della Carta nell'individuazione della fonte dei diritti fondamentali contemplati in tale quadro normativo, per quanto l'attenzione si sia per lo più concentrata sul bilanciamento tra il diritto al rispetto della vita privata e alla protezione dei dati personali e il diritto alla libertà di espressione e di informazione, di cui all'art. 17 GDPR e art. 11 della Carta [64], ovvero il di-

---

[61] H. Janssen-M. Seng Ah Lee-J. Singh, *Practical fundamental rights impact assessments*, cit., p. 202.

[62] H. Janssen-M. Seng Ah Lee-J. Singh, *Practical fundamental rights impact assessments*, cit., p. 203.

[63] Con riferimento alla necessità di bilanciare i diritti fondamentali della Carta, così come anche richiamati dal cons. n. 4, nell'ambito di applicazione del GDPR, cfr. Corte giust., 2 marzo 2023, *Norra Stockholm Bygg AB*, C-268/21, ECLI:EU:C:2023:145.

[64] Cfr. Corte giust., 8 dicembre 2022, *Google*, cit.; Corte giust., 24 settembre 2019, *GC and Others v. CNIL*, cit., ove si chiarisce che «l'art. 52, par. 1, della Carta ammette che possano essere apportate limitazioni all'esercizio di diritti come quelli sanciti dagli articoli 7 e 8 della medesima, purché tali limitazioni siano previste dalla legge, rispettino il contenuto essenziale di detti diritti e libertà e, nel rispetto del principio di proporzionalità, siano necessarie e rispondano effettivamente a finalità di interesse generale riconosciute dall'Unione o all'esigenza di proteggere i diritti e le libertà altrui» (punto 58). «Il regolamento 2016/679, e in particolare l'art. 17, par. 3, lett. *a*, prevede quindi espressamente il requisito del bilanciamento tra, da un lato, i diritti fondamentali al rispetto della vita privata e alla protezione dei dati personali, sanciti agli articoli 7 e 8 della Carta e, d'altro lato, il diritto fondamentale alla libertà di informazione, garantito dall'articolo 11 della Carta» (punto 59); «pertanto, il gestore di un motore di ricerca, quando riceve una richiesta di deindicizzazione [...], deve – sulla base di tutte le circostanze pertinenti della fattispecie e tenuto conto della gravità del-

ritto a un ricorso effettivo, sancito dall'art. 47 della Carta [65].

Del resto, ai sensi dell'art. 51 della Carta, le disposizioni della stessa si applicano agli Stati membri (esclusivamente) nell'attuazione del diritto dell'Unione e la Corte di giustizia ha avuto modo di ribadire, da un lato, che «i diritti fondamentali garantiti nell'ordinamento giuridico dell'Unione si applicano in tutte le situazioni disciplinate dal diritto dell'Unione» [66], dall'altro, che «la definizione dell'ambito di applicazione *ratione materiae* del GDPR, quale enunciata all'articolo 2, par. 1, è molto ampia»: le eccezioni, previste dall'art. 2, par. 2 (ad es. «trattamenti effettuati per attività che non rientrano nell'ambito di applicazione del diritto dell'Unione», art. 2, par., 2 lett. *a*), «devono essere interpretate restrittivamente» [67].

A questo si aggiunga che, trattandosi di una normativa contenuta in un Regolamento, quindi già di per sé dotata di piena efficacia diretta, all'interno della sua interpretazione e applicazione, il riferimento alla Carta, come fonte del diritto fondamentale richiamato, non assume quella possibile portata e funzionalità che si riscontra, invece, laddove si tratti di una direttiva [68]: in quest'ultimo caso, come

l'ingerenza nei diritti fondamentali della persona interessata al rispetto della vita privata e alla protezione dei dati personali, sanciti dagli articoli 7 e 8 della Carta – verificare, alla luce [...] dell'art. 9, par. 2, lett. *g*, del regolamento 2016/679 e nel rispetto delle condizioni previste in tali disposizioni, se l'inserimento di detto *link* nell'elenco dei risultati, visualizzato in esito ad una ricerca effettuata a partire dal nome della persona in questione, si riveli strettamente necessario per proteggere la libertà di informazione degli utenti [...] sancita all'articolo 11 della Carta» (punto 68).

[65] Cfr. Corte giust., 2 marzo 2023, *Norra Stockholm Bygg AB*, C-268/21, ECLI:EU:C:2023:145.

[66] Corte giust., 26 febbraio 2013, *Fransson*, C-617/10, ECLI:EU:C:2013:105, punto 19.

[67] Nella pronuncia *Hauptpersonalrat der Lehrerinnen und Lehrer*, cit., la Corte di giustizia ha chiarito, in particolare, che «l'art. 2, par. 2, lett. *a*, del GDPR deve essere letto in combinato disposto con l'art. 2, par. 2, lett. *b*, e con il considerando 16, del medesimo, che precisa che detto regolamento non si applica ai trattamenti dei dati personali nell'ambito di "attività che non rientrano nell'ambito di applicazione del diritto dell'Unione, quali le attività riguardanti la sicurezza nazionale", nonché nell'esercizio di "attività relative alla politica estera e di sicurezza comune dell'Unione"» (punto 34); «ne consegue che l'art. 2, par. 2, lett. *a* e *b*, del GDPR, che si inserisce parzialmente nel solco dell'art. 3, par. 2, primo trattino, della dir. 95/46, non può essere interpretato come avente una portata più ampia di quella dell'eccezione derivante dall'art. 3, par. 2, primo trattino, della dir. 95/46, il quale escludeva già dall'ambito di applicazione di tale direttiva, in particolare, i trattamenti di dati personali effettuati nell'ambito di "attività che non rientrano nel campo di applicazione del diritto comunitario, come quelle previste dai titoli V e VI del trattato [UE, nella versione anteriore al trattato di Lisbona] e comunque [i] trattamenti aventi come oggetto la pubblica sicurezza, la difesa, la sicurezza dello Stato"» (punto 35).

[68] Cfr. proprio con riferimento alla (precedente) disciplina in materia di trattamento dei dati personali contenuta nella dir. 95/46/CE, l'utilizzo della Carta da parte del giudice europeo in Corte di giust., 13 maggio 2014, *Google Spain*, C-131/12, ECLI:EU:C:2014:317, con riguardo ai diritti fondamentali derivanti dagli artt. 7 e 8. Come evidenzia G. PITRUZZELLA, trattasi di un esempio di impiego della tecnica di utilizzo dei diritti fondamentali «per fornire interpretazioni di alcune direttive, ampliandone il campo di applicazione e ricavandone nuovi diritti da far valere anche nei confronti dei "poteri privati"» (*Le fonti dell'Unione europea e il rapporto tra diritto dell'Unione e diritto na-*

dimostra il diritto antidiscriminatorio, il rinvio alla fonte primaria (nel caso specifico l'art. 21 della Carta) può sia costituire «una leva di Archimede» [69], in grado di attribuire un'efficacia diretta orizzontale alla regola di tutela (si pensi, ad esempio, a *Kücükdeveci*), sia incontrare, proprio per questo, una maggiore cautela (si pensi alla pronuncia *J.K.*, dove si conferma l'applicazione della dir. 2000/78/CE anche all'accesso al lavoro autonomo, ma non viene mai richiamato l'art. 21 della Carta) [70].

A fronte delle considerazioni svolte, non si ritiene, quindi, da enfatizzare la differenza di dato normativo riscontrabile tra il GDPR (ma anche il Regolamento sull'IA, quantomeno nella formulazione proposta dalla Commissione, dove parimenti il riferimento alla Carta si rinviene "solo" nei considerando; si è visto, tuttavia, come nella proposta di direttiva sulla responsabilità da IA la tutela dei diritti fondamentali riconosciuta dall'Unione sia espressamente indicata nella definizione dell'obbligo di diligenza, all'art. 2, punto 9) e il Regolamento sui servizi digitali [71], ove all'art. 34, in tema di valutazione dei rischi, il riferimento ad alcuni diritti fondamentali è accompagnato da una esplicita citazione delle disposizioni della Carta. Si prevede, nello specifico, che la valutazione comprenda eventuali effetti negativi per l'esercizio dei diritti fondamentali (in particolare) alla dignità umana, al rispetto della vita privata e familiare, alla tutela dei dati personali, alla libertà di espressione e di informazione, alla non discriminazione, al rispetto dei diritti del minore e alla tutela dei consumatori, così come sanciti rispettivamente negli articoli 1, 7, 8, 11, 21, 24 e 38 della Carta.

Risulta, al riguardo, particolarmente significativa la segnalazione di chi osserva che al cuore del GDPR «sta la persona fisica con i suoi diritti e le sue libertà. La tutela dei dati personali è, si potrebbe dire, il contenuto "specialistico" di questa normativa che però, nelle sue caratteristiche fondamentali, è, per così dire, una "legge di rango costituzionale" di diritto europeo. [...] In sostanza, in questa prospettiva, la tutela dei dati personali costituisce, a partire dal livello europeo, l'attuazione di un diritto di spessore costituzionale, funzionale alla tutela "integrale" della persona e dei suoi diritti di libertà» [72].

Tornando all'analisi della proposta di valorizzazione della valutazione di impatto rispetto ai diritti fondamentali di cui all'art. 35 del GDPR, i profili che pare significativo evidenziare sono principalmente tre.

---

zionale, in R. COSIO-F.CURCURUTO-V. DI CERBO-G. MAMMONE (a cura di), *Il diritto del lavoro dell'Unione europea*, Giuffrè, Milano, 2023, p. 122).

[69] M. BARBERA, *Il nuovo diritto antidiscriminatorio: innovazione e continuità*, in M. BARBERA (a cura di), *Il nuovo diritto antidiscriminatorio*, Giuffré, Milano, p. XIX ss., spec. p. XLV.

[70] Corte giust., 19 gennaio 2010, *Kücükdeveci*, C-555/07, ECLI: ECLI:EU:C:2010:21; Corte giust., 12 gennaio 2023, *J.K.*, C-356/21, ECLI:EU:C:2023:9.

[71] Cfr. cap. 3, § 5.1.

[72] F. PIZZETTI, *La protezione dei dati personali*, cit., p. 165.

Anzitutto, essa muove dalla considerazione che «spesso il dibattito sui temi dell'IA presuppone implicitamente che l'organizzazione che progetta un sistema di IA sia la stessa che poi lo utilizza », mentre progettatore/fornitore e utente potrebbero non coincidere, ciò richiedendo che entrambi effettuino una propria e distinta DPIA in base al rispettivo contesto organizzativo. «Questo è importante perché un'organizzazione che progetta un sistema di IA potrebbe non essere in grado di indicare adeguatamente i rischi potenziali in determinati contesti d'uso futuri». In tal senso, la valutazione eseguita dal progettatore potrebbe «essere di natura più generica», mentre quella dell'organizzazione «che acquista o noleggia il sistema dovrebbe essere di natura più dettagliata e specifica in relazione al contesto» [73].

Un secondo profilo attiene all'importanza anche qui assegnata sia alla distribuzione delle responsabilità, sia al confronto con tutti i soggetti implicati e gli *stakeholder* (comprese le parti che hanno maggiori probabilità di essere danneggiate).

Si richiede, in particolare, agli utenti di mappare gli attori coinvolti nella catena di fornitura del loro sistema di IA, per valutare la possibile incidenza delle loro attività sui potenziali rischi per i diritti fondamentali. «Una chiara divisione e salvaguardia dei (diversi livelli di) compiti e delle relative responsabilità è cruciale», consentendo, in caso di «effetti imprevisti o indesiderati» durante l'implementazione del sistema, di «apportare modifiche», «adottare misure di mitigazione», di declinare internamente o esternamente il principio di *accountability* rispetto all'evento [74]. Si evidenziano, in tale prospettiva, sia l'importanza del coinvolgimento, coordinamento e della ricezione di informazioni da parte dei vari soggetti implicati nella progettazione e sviluppo del sistema, sia le criticità che tale processo di mappatura e individuazione di compiti e responsabilità potrebbe incontrare. Si osserva, in particolare, che gli utenti, spesso non esperti, che acquistano un sistema (o un servizio) di IA "*off-the-shelf*", potrebbero non conoscere a fondo la catena di fornitura, risultare svantaggiati a causa di squilibri di potere contrattuale [75] ovvero essere ostacolati dalla riluttanza dei fornitori nel condividere informazioni che possono contenere segreti commerciali. Se, all'interno della proposta, viene individuata come possibile soluzione l'inserimento nei contratti di fornitura di condizioni che consentano all'utente di accedere a tutti gli aspetti del sistema rile-

---

[73] H. JANSSEN-M. SENG AH LEE-J. SINGH, *Practical fundamental rights impact assessments*, cit., p. 208.

[74] H. JANSSEN-M. SENG AH LEE-J. SINGH, *Practical fundamental rights impact assessments*, cit., p. 216.

[75] Cfr. la specifica attenzione dedicata a questo profilo nel testo di compromesso adottato dalle competenti commissioni del Parlamento europeo, in particolare nei cons. n. 60 e ss. e agli artt. 28 e 28*a*.

vanti ai fini dell'esecuzione di una valutazione di impatto adeguata [76], non si può che richiamare, sul punto, l'importanza delle istruzioni d'uso e della pertinente documentazione che il fornitore di un sistema di IA sarà chiamato a consegnare all'utente in forza della normativa prevista nell'*AI Act*.

Il profilo di maggiore rilievo, all'interno della proposta in esame, attiene, d'altra parte, alle specifiche conseguenze tratte dal contenuto richiesto alla DPIA dal GDPR, in termini di necessità per l'organizzazione di giustificare la scelta di un determinato approccio di IA.

Si consideri, anzitutto, che ai sensi dell'art. 35, par. 7 la valutazione deve contenere «una descrizione sistematica dei trattamenti previsti e delle finalità del trattamento, compreso, ove applicabile, l'interesse legittimo perseguito dal titolare del trattamento» e «una valutazione della necessità e proporzionalità dei trattamenti in relazione alle finalità». Ciò risulta prodromico alla successiva indicazione della valutazione dei rischi per i diritti e le libertà degli interessati e delle misure previste per affrontarli, inclusi i meccanismi per dimostrare la *compliance*, «tenuto conto dei diritti e degli interessi legittimi degli interessati e delle altre persone in questione» [77].

Nella proposta in esame, si rileva, al riguardo, come il requisito della necessità applicato, prima, al rapporto del sistema con gli scopi per il quale è progettato e implementato, poi, al bilanciamento tra i benefici attesi dal sistema per l'organizzazione e i rischi per i diritti fondamentali che ne derivano, si traduca, all'interno della DPIA, nell'obbligo di giustificare la scelta di una determinata tipologia di algoritmo.

La valutazione di impatto richiede, in tal senso, di spiegare perché il sistema di IA in questione sia adatto a raggiungere gli scopi legittimi perseguiti e quindi, a monte, di «riflettere su quale algoritmo sia appropriato per l'obiettivo dell'organizzazione» [78].

Una volta identificati e valutati i rischi per i diritti fondamentali che ne possono derivare, la DPIA richiede di «giustificare perché, nonostante le potenziali implicazioni per i diritti identificati [...], l'uso del [...] sistema di IA costituisca comunque una scelta *well-balanced* e di chiarire che non esistono alternative meno dannose».

---

[76] H. JANSSEN-M. SENG AH LEE-J. SINGH, *Practical fundamental rights impact assessments*, cit., spec. pp. 231-232.

[77] Nella prospettiva indicata, una volta analizzato il rapporto di bilanciamento tra gli interessi dell'organizzazione e i potenziali danni ai diritti fondamentali e identificata così la misura in cui il *trade-off* può considerarsi necessario e appropriato, la DPIA richiede di individuare e adottare misure per mitigare i potenziali rischi (residui) e impatti sui diritti fondamentali, a prescindere dal compromesso raggiunto nella valutazione di bilanciamento effettuata e anche laddove tali rischi siano stati considerati bassi o improbabili in fase di mappatura. Infine, adottate le misure di mitigazione, il processo dovrebbe essere ripetuto, come in un ciclo di *feed-back*, per riconsiderare periodicamente la loro idoneità.

[78] H. JANSSEN-M. SENG AH LEE-J. SINGH, *Practical fundamental rights impact assessments*, cit., p. 216.

Laddove pertanto si potesse utilizzare un diverso algoritmo, meno invasivo per i diritti, la valutazione di impatto imporrebbe di «optare per tale metodo» [79].

Il profilo è di centrale rilevanza in una prospettiva di valorizzazione della DPIA quale strumento applicativo della garanzia di sorveglianza umana, soprattutto declinata sul piano più complessivo del controllo di organizzazione e gestione. Come si è potuto segnalare nel corso dell'indagine, infatti, rispetto ai sistemi di IA la dottrina rileva la necessità che detta declinazione si traduca in una verifica non solo del grado di affidabilità dell'algoritmo, ma a monte della stessa idoneità dell'utilizzo dell'algoritmo (o di quel tipo di algoritmo) rispetto al compito da svolgere, in considerazione delle caratteristiche della decisione implicata (v. cap. 2, § 1.1) [80].

3.3. *La proposta FRIA nella posizione approvata dalle commissioni IMCO-LIBE del Parlamento europeo sull'*AI Act

Un ultimo livello di proposte con cui si confronta la prospettiva elaborata nel corso dell'indagine si individua nel dibattito sul Regolamento sull'IA all'interno delle istituzioni europee.

In particolare, come anticipato, tra le linee di emendamento approvate dalle competenti commissioni del Parlamento europeo vi è anche l'introduzione di uno specifico obbligo di valutazione d'impatto sui diritti fondamentali (*Fundamental Rights Impact Assessment – FRIA*) da porre in capo agli utenti del sistema di IA (art. 29*a*).

La disposizione stabilirebbe che «prima di mettere in uso un sistema di IA ad alto rischio», «gli utenti effettuano una valutazione dell'impatto del sistema nel contesto specifico di utilizzo». L'elenco degli elementi minimi di contenuto richiesti all'interno della valutazione ricordano, sotto molti profili, il modello HUDERIA promosso in seno al Consiglio d'Europa. Si richiede una chiara descrizione dello scopo per il quale il sistema sarà utilizzato, nonché dell'ambito geografico e temporale previsto; le categorie di persone fisiche e gruppi che potrebbero essere interessati dal suo uso, con verifica di qualsiasi rischio specifico di danno che possa avere un impatto sulle persone emarginate o sui gruppi vulnerabili; la verifica che l'uso del sistema sia conforme alla pertinente legislazione Ue e nazionale e alla normativa sui diritti fondamentali, l'impatto sui diritti fondamentali e sull'ambiente ragionevolmente prevedibile. Si richiede, infine, un piano dettagliato su come i danni e l'impatto negativo sui diritti fondamentali individuati saranno mitigati, nonché il sistema di *governance* che l'utente metterà in atto, comprensivo dei processi a garanzia della supervisione umana, della gestione dei re-

---

[79] H. JANSSEN-M. SENG AH LEE-J. SINGH, *Practical fundamental rights impact assessments*, cit., pp. 219-220.

[80] B. GREEN, *The Flaws of Policies*, cit.

clami e dei ricorsi. Qualora non sia possibile individuare un piano dettagliato per attenuare i rischi delineati nel corso della valutazione, l'utente è chiamato ad astenersi dal mettere in uso il sistema e a informare, senza indugio, il fornitore e le autorità nazionali competenti. Si precisa che l'utente può, per casi simili, attingere e basarsi su una valutazione d'impatto sui diritti fondamentali precedentemente condotta o su una valutazione preesistente svolta dai fornitori.

Particolarmente interessante, ai fini dell'analisi che ci occupa, è la declinazione del profilo della partecipazione, anch'esso valorizzato nel modello del Consiglio d'Europa.

Si stabilisce che, fatta eccezione per le piccole-medie imprese (per le quali il profilo rimane facoltativo), nel corso della valutazione d'impatto, l'utente deve informare le autorità nazionali competenti e le parti interessate e coinvolgere, per quanto possibile, i rappresentanti delle persone o dei gruppi di persone che potrebbero essere interessati dal sistema di IA ad alto rischio, al fine di ricevere un loro contributo nel processo di valutazione d'impatto. Tra detti soggetti, sono espressamente inclusi, si noti, gli organismi per la parità, le parti sociali e le autorità per la protezione dei dati. L'utente deve, in particolare, concedere a questi organismi un periodo di sei settimane per rispondere[81].

Si chiarisce, infine, che qualora l'utente sia già tenuto a effettuare una DPIA ai sensi del GDPR, la valutazione d'impatto sui diritti fondamentali è condotta congiuntamente alla stessa e la DPIA è pubblicata come *addendum*.

Come si è già potuto anticipare, una prospettiva simile può rinvenirsi anche nelle indicazioni di emendamento con cui il Parlamento europeo si presenterà ai triloghi relativi alla proposta di direttiva sul lavoro mediante piattaforme digitali.

A tal proposito, si può ricordare che nel testo della Commissione, all'art. 7, rubricato "Monitoraggio umano dei sistemi automatizzati", si richiede agli Stati membri di provvedere affinché le piattaforme monitorino e valutino periodicamente l'impatto sulle condizioni di lavoro delle decisioni individuali prese o sostenute dai sistemi automatizzati, si prevede, al paragrafo terzo, che il monitoraggio sia garantito da risorse umani sufficienti, con specifica individuazione di persone incaricate e dotate di competenza, formazione e autorità necessarie, e si stabilisce, inoltre, al paragrafo secondo, uno specifico raccordo con il sistema prevenzionistico di cui alla direttiva 89/391/CEE.

La proposta del Parlamento europeo sostituisce, anzitutto, il termine "monitoraggio umano" con "sorveglianza umana" e conferisce centralità alla disposizione, prevedendo al suo interno per le piattaforme un vero e proprio obbligo di valutazione di impatto delle decisioni prese o supportate dai sistemi automatizzati non

---

[81] La proposta in commento è tanto più significativa se si considera che parallelamente, come già evidenziato, sarebbe introdotto il diritto per ogni persona fisica o gruppo di persone fisiche, che ritenga che il sistema di IA che lo riguarda violi delle disposizioni del regolamento, di presentare un reclamo a un'autorità di vigilanza nazionale (art. 68*a*).

solo sulle "condizioni di lavoro", ma anche in termini più ampi e complessivi sulla salute e sulla sicurezza e sui diritti fondamentali. Si richiede, peraltro, che nel processo siano coinvolti i rappresentanti dei lavoratori. Nel secondo paragrafo, come detto di raccordo con il sistema prevenzionistico, è inserita altresì la valutazione del rischio di discriminazione, con specifico riferimento alla possibile riproduzione algoritmica di pregiudizi di genere, razziali o di altro tipo. Infine, si stabilisce che la valutazione d'impatto relativa a tutti i rischi individuati sia presentata alle autorità competenti in materia di lavoro e protezione dei dati e ai rappresentanti dei lavoratori [82] e che qualora risulti non conforme al dettato normativo, le autorità competenti in materia di salute e sicurezza, protezione dei dati, lavoro e altre autorità competenti adottino misure coordinate per far rispettare le disposizioni.

4. *Considerazioni conclusive. Radici e futuro. Razionalità algoritmica e "qualità" delle tutele*

L'individuazione delle tecniche di tutela poste a garanzia dei diritti del lavoratore di fronte all'utilizzo dell'IA nell'organizzazione del lavoro si è sviluppata su due livelli di indagine.

Il primo, quello della prevenzione, incontra i paradigmi del principio di *accountability*, dei modelli di gestione del rischio e di *compliance*, della *due diligence*.

Il secondo, quello incidente sulla dimensione rimediale, implica una riflessione sui mediatori giuridici che consentono al sistema di tutele di incardinarsi nella logica del contratto e sui termini con cui il principio di responsabilizzazione *ex ante* si traduce sul piano dell'allocazione delle responsabilità, tenendo in considerazione la complessa pluralità di soggetti che popolano la catena della fornitura e il ciclo di vita di un sistema di IA.

In sede di considerazioni conclusive, può essere significativo richiamare la prospettiva indicata in premessa, volta a rispondere all'invito di considerare il diritto non solo come oggetto di trasformazione ma anche come strumento ordinatore e, in tal senso, volta a trattenere e rafforzare una linea di continuità con gli strumenti e le categorie giuridiche tradizionali della disciplina.

Se, quindi, per costruire un sistema di tutele "a prova di futuro", è necessario tenere in considerazione non solo gli innesti ma anche le radici, sia consentito qui

---

[82] Si può ricordare che tra gli altri emendamenti proposti all'*AI Act* da parte delle commissioni del Parlamento europeo, vi è anche una modifica della disposizione in tema di obblighi dell'utente di sistemi ad alto rischio (art. 29), volta a richiedere allo stesso, prima della messa in funzione o dell'uso di un siffatto sistema sul luogo di lavoro, di consultare i rappresentanti dei lavoratori al fine di raggiungere un accordo e informare i dipendenti interessati che saranno sottoposti al sistema (v. cap. 2, § 5).

trarre alcune riflessioni conclusive, partendo dal primo contesto disciplinare lavoristico che ha introdotto l'approccio basato sul rischio [83] e su di esso ha sviluppato un disegno regolativo in grado di inquadrare il concetto di "organizzazione" sia «come potenziale fonte di rischi», sia «come strumento/metodo» di tutela [84]. In questa prospettiva, il sistema prevenzionistico ha valorizzato, da un lato, il principio di organizzazione, oltre la tipologia dei rapporti giuridici, oltre il perimetro della subordinazione (v. l'ampia nozione di lavoratore prevista del d.lgs. n. 81/2008 e la lista dei soggetti equiparati) [85], oltre i perimetri dei luoghi dell'impresa [86], fino alle complesse interazioni che connotano il "teatro lavorativo"; dall'altro, la rilevanza dei modelli di gestione del rischio e di *compliance*, anche ai fini di un'allocazione delle responsabilità individuali che superi un approccio "individualistico".

Il contesto disciplinare del diritto della sicurezza sul lavoro è stato più volte incontrato e analizzato nel corso dell'indagine, ai fini della sua integrazione in un sistema di tutele più ampio. Si è dimostrato su più fronti un terreno particolarmente fecondo per l'individuazione di soluzioni, anche sotto il profilo della proiezione collettiva delle garanzie: dalla previsione di specifici percorsi di coinvolgimento dei lavoratori alla specializzazione delle rappresentanze, al consolidamento di cabine di regia paritetiche sviluppatesi durante il periodo pandemico.

Come osserva, d'altra parte, la dottrina, nel momento in cui si ragiona di traduzione di processi di governo del rischio e *due diligence* sul piano delle responsabilità all'interno di filiere o contesti in cui insiste una complessa pluralità di soggetti, il diritto della sicurezza sul lavoro pare consegnare e dimostrare di avere adeguati anticorpi [87].

Si fa riferimento, in particolare, agli obblighi di reciproco coordinamento, cooperazione e informazione previsti in capo ai diversi operatori implicati negli appalti interni e agli obblighi di selezione di tali operatori e di promozione del coordinamento posti in capo al committente, di cui all'art. 26 d.lgs. n. 81/2008. Si fa rifermento, altresì, alla giurisprudenza sviluppatasi in materia di appalti, secondo cui «ove lavoratori dipendenti da più imprese siano presenti sul medesimo teatro lavorativo, i cui rischi interferiscano con l'opera o con il risultato dell'opera di altri soggetti (lavoratori dipendenti o autonomi), tali rischi concorrono a configurare l'ambiente di lavoro, sicché ciascun datore di lavoro è obbligato, ai sensi del-

---

[83] Cfr. P. TULLINI, *La responsabilità dell'impresa*, in *Lavoro e diritto*, 2, 2022, p. 357 ss.

[84] P. PASCUCCI, *Salute e sicurezza sul lavoro, responsabilità degli enti*, cit., p. 542.

[85] Cfr. C. LAZZARI, *Figure e poteri datoriali nel diritto della sicurezza sul lavoro*, Franco Angeli, Milano, 2015.

[86] Come evidenzia M. TIRABOSCHI, *Nuovi modelli della organizzazione del lavoro e nuovi rischi*, cit., p. 148, lo stesso diritto della salute e sicurezza si trova oggi, d'altra parte, di fronte alle sfide poste dal progressivo incremento di fluidità del concetto di organizzazione, in «contesti produttivi e di lavoro che perdono sistematicamente punti di riferimento fisici».

[87] Cfr. al riguardo, S. BORELLI-D. IZZI, *L'impresa*, cit.

l'art. 2087 c.c., a informarsi dai terzi operatori sui pericoli, derivanti dall'attività degli altri attori sul medesimo ambiente lavorativo e a dare le conseguenti informazioni e istruzioni ai propri dipendenti»[88]. Come spiega la Cassazione, «il rischio interferenziale è quello che nasce proprio per il coinvolgimento nelle procedure di lavoro di diversi plessi organizzativi; se ne potrebbe parlare come di una specie del più ampio *genus* del rischio da organizzazione del lavoro»[89].

L'adeguamento del ragionamento al contesto dell'organizzazione algoritmica si confronta chiaramente con profili di non immediata soluzione, in particolare la declinazione del concetto di interferenza in rapporto alle attività svolte dai diversi soggetti implicati nel ciclo di vita del sistema di IA, nonché la verifica in rapporto al digitale dei concetti di "disponibilità giuridica", ai fini della qualificazione dell'area e dei processi in cui si configura l'obbligo di coordinamento del committente, ovvero di "teatro lavorativo".

È un adeguamento su cui, tuttavia, pare utile insistere, per valorizzare, anche nel più complesso contesto dell'organizzazione algoritmica, l'obbligo datoriale di informarsi e informare, anzitutto i propri lavoratori, ma anche la dimensione plurale (se non anche solidale) delle responsabilità che si innesca, laddove una catena di soggetti è chiamata a cooperare per prevenire, ridurre, tutelare da fonti di pericolo, derivanti dall'interazione delle reciproche attività economiche e produttive.

Il percorso è articolato e da proseguire e la ricostruzione delle tutele certamente da riverificare, quando la via europea alla regolazione dell'IA avrà assunto una più solida fisionomia.

In questo tragitto, il dialogo con "l'uomo senza qualità", ma invero ricco di qualità, di Müsil, da cui siamo partiti, può contribuire alla riflessione con due interrogativi.

Lontani dal «disincantamento statistico» di Ulrich e dall'ironia di Müsil[90], ci si può chiedere, in particolare, quanto l'immissione di una razionalità algoritmica nelle espressioni dei poteri datoriali rischi di non tenere in considerazione, rispettare, valorizzare le "qualità" del lavoratore, le sue proprietà, le sue caratteristiche e particolarità, le sue libertà e suoi diritti di persona. E quanto il diritto del lavoro sia chiamato a imprimere le proprie "qualità", la propria razionalità materiale e regolativa, fondata sul principio di eguaglianza sostanziale, nell'architettura normativa che, *de iure condito* e *condendo*, si può (ri)costruire a tutela di quel lavoratore.

Nel corso dell'indagine, si è potuto evidenziare come in tale prospettiva assumano un ruolo fondamentale, se non egemonico, fonti che non sono di matrice giuslavoristica e che ciò nondimeno sono funzionali alla tutela del lavoratore, sia attraverso la diretta predisposizione di protezioni sia perché strumentali all'opera-

[88] Cass., 11 luglio 2011, n. 15156.

[89] Cass. pen., sez. IV, 7 gennaio 2016, n. 18200.

[90] R. MÜSIL, *L'uomo senza qualità*, cit., p. 177.

tività ed effettività delle tecniche di controllo dei poteri datoriali, previste nell'ambito delle fonti giuslavoristiche. All'interno del processo di ricostruzione delle tutele, la diffusione dell'impronta del diritto del lavoro si può, d'altra parte, sviluppare su più livelli: sia passando dai punti di necessaria integrazione con le fonti in materia di salute e sicurezza sul lavoro e di coinvolgimento dei lavoratori nell'impresa ovvero dalle norme più specifiche di cui all'art. 88 GDPR, sia veicolata dall'eventuale approvazione delle linee di emendamento volte a introdurre, all'interno del dato normativo del Regolamento sull'IA, delle regole *ad hoc* per l'ambiente di lavoro. Soprattutto, in termini più generali, si rileva l'esigenza che al moto che guida la funzionalità del GDPR e dell'*AI Act* alla tutela del lavoratore e, in questo, anche all'operatività delle tecniche lavoristiche di protezione ne corrisponda un altro, volto a qualificare le categorie e gli strumenti giuridici impiegati, secondo le proprietà impresse dall'applicazione del principio di eguaglianza sostanziale: dal concetto di vulnerabilità ed emarginazione, a quello di squilibrio di potere, di gruppo, di *stakeholder*, di rappresentanza degli interessati e di coinvolgimento dei rappresentanti, di impatto avverso, distorsione, svantaggio ed effetto discriminatorio; dalla declinazione dell'approccio basato sul rischio alla grammatica dei diritti fondamentali.

BIBLIOGRAFIA

ABRIANI N.-SCHNEIDER G., *Diritto delle imprese e intelligenza artificiale. Dalla Fintech alla Corptech*, il Mulino, Bologna, 2021.

ADAMS-PRASSL J., *Regulating algorithms at work: Lessons for a 'European approach to artificial intelligence'*, in *European Labour Law Journal*, 2022, p. 30 ss.

ADDANTE A., *Della mora del creditore. Artt. 1206-1217*, F.D. BUSNELLI (a cura di), *Il Codice Civile. Commentario*, Giuffrè, Milano, 2017.

ADINOLFI A., *L'intelligenza artificiale tra rischi di violazione dei diritti fondamentali e sostegno della loro promozione: considerazioni sulla (difficile) costruzione di un quadro normativo dell'Unione*, in A. PAJNO-F. DONATI-A. PERRUCCI (a cura di), *Intelligenza artificiale e diritto: una rivoluzione? Diritti fondamentali, dati personali e regolazione*, vol. I, il Mulino, Bologna, 2022, p. 127 ss.

AGRAWAL A.-GANS J.-GOLDFARB A., *Macchine predittive*, Franco Angeli, Milano, 2018.

AIMO M., *Dalle schedature dei lavoratori alla profilazione tramite algoritmi: serve ancora l'art. 8 dello Statuto dei lavoratori?*, in *Lavoro e diritto*, 2021, p. 585 ss.

AJUNWA I.-CRAWFORD K.-SCHULTZ J., *Limitless worker surveillance*, in *California Law Review*, 105(3), 2017, p. 735 ss.

AJUNWA I., *An Auditing Imperative for Automated Hiring Systems*, in *Harvard Journal of Law & Technology*, 34(2), 2021, p. 622 ss.

ALAIMO A., *Il coinvolgimento dei lavoratori nell'impresa: informazione, consultazione e partecipazione*, in S. SCIARRA-B. CARUSO (a cura di), *Il lavoro subordinato*, Giappichelli, Torino, 2009, p. 641 ss.

ALAIMO A., *Il pacchetto di misure sul lavoro nelle piattaforme: dalla proposta di Direttiva al progetto di Risoluzione del Parlamento europeo. Verso un incremento di tutele?*, in *Labour & Law Issues*, 8(1), 2022, p. R.3 ss.

ALBI P., *Adempimento dell'obbligo di sicurezza e tutela della persona. Art. 2087 c.c.*, in F.D. BUSNELLI (diretto da), *Il Codice Civile. Commentario*, Giuffrè, Milano, 2008.

ALBRECHT D., *The Internet Information Services Algorithm Recommendation Management (IISARM) Regulations in China*, in *Computer Law Review International*, vol. 23(4), 2022, p. 97 ss.

ALES E., *The impact of automation and robotics on collective labour relations: meeting an unprecedented challenge*, in T. GYULAVÁRI-E. MENEGATTI, *Decent work in the digital age*, Hart Publishing, Oxford, 2022, p. 39 ss.

ALESSI C., *Professionalità e contratto di lavoro*, Giuffrè, Milano, 2004.

ALLAMPRESE A.-BONARDI O., *Studio sulle condizioni di lavoro nella logistica: tempo e salute*, in *Diritto della sicurezza sul lavoro*, 2, 2020, p. 42 ss.

ALOISI A., Boss ex Machina: *employer powers in workplaces governed by by algorithms and artificial intelligence*, in A. LO FARO (a cura di), *New Technology and Labour Law. Selected topics*, Giappichelli, Torino, 2023, p. 15 ss.

ALOISI A., *Regulating Algorithmic Management at Work in the European Union: Data Protection, Non-discrimination and Collective Rights*, in *International Journal of Comparative Labour Law and Industrial Relations*, 1, 2024, p. 1 ss.

ALOISI A.-GRAMANO E., *Artificial Intelligence Is Watching You at Work: Digital Surveillance, Employee Monitoring, and Regulatory Issues in the EU Context*, in *Comparative Labor Law & Policy Journal*, 41, 2019, p. 95 ss.

ALPA G., *Quale modello normativo europeo per l'intelligenza artificiale*, in *Contratto e impresa*, 2021, p. 1003 ss.

AMATI E., *Articolo 30. Modelli di organizzazione e di gestione*, in G. INSOLERA (a cura di), III, *Norme penali e processuali*, in L. MONTUSCHI (diretto da), *La nuova sicurezza sul lavoro. D.lgs. 9 aprile 2008, n. 81 e successive modifiche. Commentario*, Zanichelli, Bologna, 2011, p. 44 ss.

AMATO S., *Biodiritto 4.0. Intelligenza artificiale e nuove tecnologie*, Giappichelli, Torino, 2020.

AMIDEI A., *Le responsabilità da intelligenza artificiale tra* product liability *e sicurezza del prodotto*, in U. RUFFOLO (a cura di), *XXVI Lezioni di Diritto dell'Intelligenza artificiale*, Giappichelli, Torino, 2021, p. 149 ss.

AMIDEI A., *Le responsabilità del produttore di intelligenza artificiale "difettosa" tra misure di attenuazione* by design *e obblighi di trasparenza*, in A. PAJNO-F. DONATI-A. PERRUCCI (a cura di), *Intelligenza artificiale e diritto: una rivoluzione? Amministrazione, responsabilità, giurisdizione*, vol. II, il Mulino, Bologna, 2022, p. 281 ss.

ANGRAVE D.-CHARLWOOD A.-KIRKPATRICK I. *et al.*, *HR and analytics: Why HR is set to fail the big data challenge*, in *Human Resource Management Journal*, 26(1), 2016, p. 1 ss.

AREZZO E., *Tutela brevettuale e autoriale dei programmi per elaboratore: profili e critica di una dicotomia normativa*, Giuffrè, Milano, 2012.

ARRIETA A.B.-DÍAZ-RODRÍGUEZ N. *et al.*, *Explainable Artificial Intelligence (XAI): Concepts, taxonomies, opportunities and challenges toward responsible AI*, in *Information Fusion*, 58, 2019, p. 82 ss.

AVANZINI G., *Decisioni amministrative e algoritmi informatici*, Ed. Scientifica, Napoli, 2019.

BAINBRIDGE L., *Ironies of automation*, in *Automatica*, 19(6), 1983, p. 775 ss.

BALL M., *Metaverso*, Garzanti, Milano, 2022.

BALLESTRERO M.V., *Tra confusione e sospetti. Clausole generali e discrezionalità del giudice del lavoro*, in *Lavoro e diritto*, 2014, p. 389 ss.

BALLETTI E., *La cooperazione del datore all'adempimento dell'obbligazione di lavoro*, Cedam, Padova, 1990.

BALLETTI E., *Il principio di precauzione nel diritto del lavoro*, in *Variazioni su temi di diritto del lavoro*, 2023, p. 177 ss.

BARBERA M., *Il nuovo diritto antidiscriminatorio: innovazione e continuità*, in M. BARBERA (a cura di), *Il nuovo diritto antidiscriminatorio*, Giuffré, Milano, p. XIX ss.

BARBERA M., *Discriminazioni algoritmiche e forme di discriminazione*, in *Labour & Law Issues*, 7(1), 2021, p. I.1 ss.

BARBIERATO D., *Trattamento dei dati personali e "nuova" responsabilità civile*, in *Responsabilità civile e previdenza*, 2019, p. 2151 ss.

BARBIERI L.-CARLI I., *Dlgs Trasparenza: sui sistemi automatizzati è difficile individuare i segreti aziendali*, in *Norme & Tributi Plus Lavoro*, 3 ottobre 2022.

BASSINI M.-POLLICINO O., *Intelligenza artificiale e protezione dei dati personali*, in A. PAJNO-F. DONATI-A. PERRUCCI (a cura di), *Intelligenza artificiale e diritto: una rivoluzione? Diritti fondamentali, dati personali e regolazione*, vol. I, il Mulino, Bologna, 2022, p. 269 ss.

BAYAMLIOĞLU E., *The right to contest automated decisions under the General Data Protection Regulation: Beyond the so-called "right to explanation"*, in *Regulation & Governance*, 2022, p. 1058 ss.

BELLAVISTA A., *Sorveglianza sui lavoratori, protezione dei dati personali ed azione collettiva nell'economia digitale*, in AA.VV., *Giuseppe Santoro Passarelli. Giurista della contemporaneià. Liber Amicorum*, Tomo II, Giappichelli, Torino, 2018, p. 717 ss.

BELLAVISTA A., *Le prospettive del diritto del lavoro dopo la pandemia*, in *WP CSDLE "Massimo D'Antona".IT*, n. 433, 2021.

BELLOMO S., *Autonomia collettiva e clausole generali*, in *Clausole generali e diritto del lavoro*, Atti delle giornate di studio di diritto del lavoro, Roma, 29-30 maggio 2014, Giuffrè, Milano, 2015, p. 63 ss.

BETTI E., *Teoria generale delle obbligazioni*, Giuffrè, Milano, 1953.

BIANCA C.M., *Dell'inadempimento delle obbligazioni*, Zanichelli, Bologna, 1967.

BIANCA C.M., *Diritto civile 3. Il contratto*, Giuffrè, Milano, 2019.

BIANCA C.M., *Diritto civile 5. La responsabilità*, Giuffrè, Milano, 2021.

BIANCA C.M., *Istituzioni di diritto privato*, Giuffrè, Milano, 2022.

BIASI M., *La partecipazione dei lavoratori nel ccnl Metalmeccanici 5 febbraio 2021: la retta via e il lungo cammino*, in G. ZILIO GRANDI (a cura di), *Commentario al ccnl Metalmeccanici 5 febbraio 2021*, Giappichelli, Torino, 2021, p. 97 ss.

BIGLIAZZI GERI L., *Buona fede nel diritto civile*, in *Digesto delle Discipline Privatistiche, sezione civile*, vol. II, Utet, Torino, 1988, p. 169 ss.

BONAFINE A., *L'intelligenza artificiale applicata al ragionamento probatorio nel processo civile. È davvero possibile e/o auspicabile?*, in R. GIORDANO-A. PANZAROLA *et al.* (a cura di), *Il diritto nell'era digitale*, Giuffrè, Milano, 2022, p. 923 ss.

BONARDI O., *La Corte di giustizia e l'obbligo di sicurezza del datore: il criterio del* reasonably practicable, in *Rivista italiana di diritto del lavoro*, 1, 2008, p. 12 ss.

BORELLI S.-IZZI D., *L'impresa tra strategie di due diligence e responsabilità*, in *Rivista giuridica del lavoro e della previdenza sociale*, I, 2021, p. 553 ss.

BORZAGA M., *Qualche riflessione a partire dai primi orientamenti della giurisprudenza di merito in tema di "discriminazioni algoritmiche"*, in *Ianus. Diritto e Finanza*, 24, 2021, p. 151 ss.

BOUCHER P., *How artificial intelligence works*, in *European Parliamentary Research Service*, marzo 2019.

BRACHINI N.-DE SARIO B.-LEONARDI S.-CAVALLINI M. (a cura di), *Terzo rapporto sulla contrattazione collettiva di secondo livello*, in *www.fondazionedivittorio.it.*, aprile 2022.

BRAVO F., Rating *reputazione e trasparenza dell'algoritmo. Il caso "Mevaluate"*, in *Diritto dell'informazione*, 2021, p. 1005 ss.

BRAVO F., Software *di intelligenza artificiale e istituzione del registro per il deposito del codice sorgente*, in *Contratto e impresa*, 2020, p. 1412 ss.

BRAVO F., *Trasparenza del codice sorgente e decisioni automatizzate, Diritto dell'informazione e dell'informatica*, 4, 2020, p. 693 ss.

BRINO V., *Diritto del lavoro e catene globali del valore*, Giappichelli, Torino, 2020.

BRKAN M., *Do algorithms rule the world? Algorithmic decision-making and data protection in the framework of the GDPR and beyond*, in *International Journal of Law and Information Technology*, 27, 2019, p. 91 ss.

BROLLO M., *Tecnologie digitali e nuove professionalità*, in *Diritto delle relazioni industriali*, 2019, p. 468 ss.

BRONZINI G., *La proposta di Direttiva sul lavoro nelle piattaforme digitali tra esigenze di tutela immediata e le sfide dell'"umanesimo digitale"*, in *Lavoro Diritti Europa*, 1, 2022.

BUOSO S., *Principio di prevenzione e sicurezza sul lavoro*, Giappichelli, Torino, 2020.

BUTERA F., *Lavoro e organizzazione nella quarta rivoluzione industriale: la nuova progettazione socio-tecnica*, in *L'industria*, 2017, p. 291 ss.

BYGRAVE L.A., *Article 22 Automated individual decision-making, including profiling*, in C. KUNER-L.A. BYGRAVE-C. DOCKSEY (a cura di), *The EU General Data Protection Regulation (GDPR)*, Oxford University Press, New York, 2020, p. 522 ss.

BYGRAVE L.A.-TOSONI L., *Article 4(1). Personal Data*, in C. KUNER-L.A. BYGRAVE-C. DOCKSEY (a cura di), *The EU General Data Protection Regulation (GDPR)*, Oxford University Press, New York, 2020, p. 103 ss.

CABITZA F., Deus in machina? *L'uso umano delle nuove macchine, tra dipendenza e responsabilità*, in L. FLORIDI-F. CABITZA (a cura di), *Intelligenza artificiale. L'uso delle nuove macchine*, Bompiani, Milano, Firenze, 2021, p. 7 ss.

CAFAGGI F., *La responsabilità dell'impresa per prodotti difettosi*, in N. LIPARI (a cura di), *Diritto privato europeo*, II, Cedam, Padova, 1997, p. 996 ss.

CALAFÀ L., *La conciliazione vita e lavoro in ambiente digitale*, in *federalismi.it*, 34, 2022, p. 193 ss.

CALAFÀ L., *Equality bodies in attesa di riordino*, in *Lavoro e diritto*, 1, 2023, p. 23 ss.

CALO R.-CITRON D.K., *The automated administrative state: A crisis of legitimacy*, in *Emory Law Journal*, 70(4), 2021, p. 797 ss.

CAMARDI C., *Note critiche in tema di danno da illecito trattamento dei dati personali*, in *Jus civile*, 2020, p. 786 ss.

CAMPANELLA P., *Clausole generali o obblighi del prestatore di lavoro*, in *Clausole generali e diritto del lavoro*, Atti delle giornate di studio di diritto del lavoro, Roma 29-30 maggio 2014, Giuffrè, Milano, 2015, p. 203 ss.

CAPRARA A., *I principi di corretta amministrazione. Struttura, funzioni, rimedi*, Giappichelli, Torino, 2022.

CARINCI M.T.-GIUDICI S.-PERRI P., *Obblighi di informazione e sistemi decisionali e di monitoraggio automatizzati (art. 1-bis "Decreto Trasparenza"): quali forme di controllo per i poteri datoriali algoritmici?*, in *Labor*, 1, 2023, p. 7 ss.

CARULLO G., *Decisione algoritmica e intelligenza artificiale*, in *Il diritto dell'informazione e dell'informatica*, 2021, p. 431 ss.

CARUSI F., *Correttezza (obblighi di)*, in *Enciclopedia del diritto*, Giuffrè, Milano, 1962, p. 709 ss.

CARUSO B., *Strategie di flessibilità funzionale e di tutela dopo il Jobs Act: fordismo, post fordismo e industria 4.0*, in *Giornale di diritto del lavoro e di relazioni industriali*, 157, 2018, p. 81 ss.

CASANO L.-SEGHEZZI F., *La IV rivoluzione industriale tra tecnologia e processi*, in *Le trasformazioni del lavoro: un percorso di lettura*, Adapt University Press, Bergamo, 2021.

CASONATO C.-MARCHETTI B., *Prime osservazioni sulla Proposta di Regolamento dell'Unione europea in materia di intelligenza artificiale*, in *BioLaw Journal – Rivista di Bio Diritto*, 3, 2021, p. 415 ss.

CASTAGNA F., *Trasparenza algoritmica e validità del consenso al trattamento dei dati personali*, in *Responsabilità civile e previdenza*, 2022, p. 501 ss.

CASTRONOVO C., *Obblighi di protezione e tutela del terzo*, in *Jus*, 1976, p. 143 ss.

CASTRONOVO C., *L'avventura delle clausole generali*, in *Rivista critica di diritto privato*, 1986, p. 24.

CASTRONOVO C., *Swinging malpractice. Il pendolo della responsabilità medica*, in *Europa e Diritto Privato*, 3, 2020, p. 847 ss.

CECCHERINI G., *Responsabilità per fatto degli ausiliari. Clausole di esonero dalla responsabilità. Artt. 1228-1229*, in F.D. BUSNELLI (diretto da), *Il Codice Civile. Commentario*, Giuffrè, Milano, 2016.

CESTER C., *La diligenza del lavoratore*, in C. CESTER-M.G. MATTAROLO, *Diligenza e obbedienza del prestatore di lavoro. Art. 2104*, in F.D. BUSNELLI (diretto da), *Il Codice Civile. Commentario*, Giuffrè, Milano, 2007, p. 5 ss.

CESTER C., *La responsabilità civile e il risarcimento del danno per la violazione della privacy nell'impresa*, in C. PISANI-G. PROIA-A. TOPO (a cura di), *Privacy e lavoro. La circolazione dei dati personali e i controlli nel rapporto di lavoro*, Giuffrè, Milano, 2022, p. 663 ss.

CIMAROSSA C., *Artt. 77-79*, in G.M. RICCIO-G. SCORZA-E. BELISARIO, *GDPR e normativa privacy. Commentario*, Wolters Kluwer, Milano, 2018, p. 582 ss.

CIMAROSSA C., *La tutela dei dati non personali nel Regolamento UE n. 2018/1807*, in R. GIORDANO, A. PANZAROLA *et al.* (a cura di), *Il diritto nell'era digitale*, Giuffrè, Milano, 2022, p. 73 ss.

CIUCCIOVINO S., *Professionalità, occupazione e tecnologia nella transizione digitale*, in *federalismi.it*, 9, 2022, p. 129 ss.

COLLINS P.-ATKINSON J., *Worker voice and algorithmic management in post-Brexit Britain*, in *Transfer*, 29(1), 2022, p. 37 ss.

COMPORTI M., *Fatti illeciti: le responsabilità oggettive. Artt. 2049-2053*, in F.D. BUSNELLI (diretto da), *Il Codice Civile. Commentario*, Giuffrè, Milano, 2009.

CORAZZA L., *Note sul lavoro subordinato 4.0*, in *Diritto delle relazioni industriali*, 4, 2018, p. 1066 ss.

CORDIANO A., *Art. 115*, in E. CAPOBIANCO-L. MEZZASOMA-G. PERLINGIERI, *Codice del consumo annotato con la dottrina e la giurisprudenza*, Edizioni Scientifiche Italiane, 2018, p. 631 ss.

CORSO S.M., *Segnalazione di illeciti e organizzazioni di lavoro*, Giappichelli, Torino, 2020.

CORSO S.M., *Lavoro e responsabilità di impresa nel sistema del d.lgs. 8 giugno 2001, n. 231*, Giappichelli, Torino, 2015.

CORTI M., *Informazione e consultazione in Italia tra continuità formale e sviluppi sistematici*, (artt. 1, 2, e 4), in M. NAPOLI (a cura di), *L'impresa di fronte all'informazione e consultazione dei lavoratori*, Commentario sistematico al decreto legislativo 6 febbraio 2007, n.25, in *Le nuove leggi civili commentate*, 2008, p. 849 ss.

CORTI M., *Il coinvolgimento dei lavoratori preso sul serio: il caso GKN*, in *Diritto delle relazioni industriali*, 2022, p. 265 ss.

CORTI M., *Innovazione tecnologica e partecipazione dei lavoratori: un confronto fra Italia e Germania*, in *federalismi.it*, 17, 2022, p. 113 ss.

COSTANTINI F., *Profilazione e "automated decision making" in ambito lavorativo nella giurisprudenza italiana*, in *Il lavoro nella giurisprudenza*, 2019, p. 984 ss.

COSTANZA M., *Impresa robotizzata e responsabilità*, in U. RUFFOLO (a cura di), *Intelligenza artificiale e responsabilità*, Giuffrè, Milano, 2017, p. 107 ss.

COSTANZA M., *L'Intelligenza Artificiale e gli stilemi della responsabilità civile*, in *Giurisprudenza italiana*, 2019, p. 1686 ss.

CRAWFORD K., *The Atlas of AI. Power, Politics, and the Planetary Costs of Artificial Intelligence*, Yale University Press, New Haven, 2021.

CRESPI G., *Informazioni segrete*, in A. VANZETTI (a cura di), *Codice della proprietà industriale*, Giuffrè, Milano, 2013, p. 1101 ss.

CRISTIANINI N., *La scorciatoia. Come le macchine sono diventate intelligenti senza pensare in modo umano*, il Mulino, Bologna, 2023.

CUPELLI C.-FICO F., *I riflessi penalistici del Regolamento UE 2016/676 e le nuove fattispecie di reato previste nel Codice privacy dal d.lgs. 101/2018*, in V. CUFFARO-R. D'ORAZIO-V. RICCIUTO (a cura di), *I dati personali nel diritto europeo*, Giappichelli, Torino, 2019, p. 1107 ss.

D'ACQUISTO G., *Intelligenza artificiale. Elementi*, Giappichelli, Torino, 2021.

DAGNINO E., People Analytics*: lavoro e tutele al tempo del management tramite* big data, in *Labour & Law Issues*, 3(1), 2017, p. I.1 ss.

DAGNINO E., *Dalla fisica all'algoritmo: una prospettiva di analisi giuslavoristica*, Adapt University Press, Bergamo, 2019.

DAGNINO E., *When data analytics meets the workplace. A (labour) law and IR perspective on the so-called HR or workforce analytics*, in A. LO FARO (a cura di), *New Technology and Labour Law. Selected topics*, Giappichelli, Torino, 2023, p. 47 ss.

DAGNINO E.-ARMAROLI I., *A Seat at the Table: Negotiating Data Processing in the Workplace. A National Case Study and Comparative Insights*, in *Comparative Labor Law & Policy Journal*, 41(1), 2019, p. 173 ss.

D'ARCANGELO L., *L'obbligo di protezione dei dati del lavoratore: adempimento e sanzioni*, in *Diritti Lavori Mercati*, 1, 2020, p. 75 ss.

D'ONOFRIO M., *Pushing the Boundaries: How the Italian General Confederation of Labour (CGIL) Innovated its Strategies for Representing Amazon*, in *European Lawyers Network for Workers*, 2018.

De Simone G., *Lavoro digitale e subordinazione. Prime riflessioni*, in *Rivista giuridica del lavoro e della previdenza sociale*, 2019, 1, p. 21 ss.

De Stefano V.-Taes S., *Algorithmic management and collective bargaining*, in *Transfer*, 29(1), 2022, p. 21 ss.

De Stefano V.-Wouters M., *AI and digital tools in workplace management and evaluation: An assessment of the EU's legal framework*, European Parliamentary Research Service (EPRS), PE 729.516-May 2022.

Deakin S.-Markou C., *The law-technology cycle and the future of work*, Centre for Business Research, University of Cambridge, Working Paper No. 504/2018.

Dell'Utri M., *Principi generali e condizioni di liceità del trattamento dei dati personali*, in V. Cuffaro-R. D'Orazio-V. Ricciuto (a cura di), *I dati personali nel diritto europeo*, Giappichelli, Torino, 2019, p. 179 ss.

Del Punta R., *Diritti della persona e contratti di lavoro*, in *Il danno alla persona del lavoratore*, Atti delle giornate di studio di diritto del lavoro Aidlass, Napoli, 31 marzo – 1° aprile 2006, Giuffrè, Milano, 2007, p. 19 ss.

Del Punta R., *Epistemologia breve del diritto del lavoro*, in *Lavoro e diritto*, 2013, p. 43 ss.

Del Punta R., *Lost in Externalisation: A Regulatory Failure of Lav – bour Law?*, in A. Perulli-T. Treu (a cura di), *Enterprise and Social Rights*, Wolters Kluwer International, The Netherlands, 2017, p. 93 ss.

Della Morte G., *Big Data e protezione internazionale dei diritti umani. Regole e conflitti*, Ed. Scientifica, Napoli, 2018.

Di Majo A., *Delle obbligazioni in generale*, Zanichelli, Bologna, 1988.

Di Majo G.A., *L'esecuzione del contratto*, Giuffrè, Milano, 1967.

Docksey C., *Article 24. Responsibility of the controller*, in C. Kuner-L.A. Bygrave-C. Docksey (a cura di), *The EU General Data Protection Regulation (GDPR)*, Oxford University Press, New York, 2020, p. 555 ss.

Doellgast V.-Wagner I.-O'Brady S., *Negotiating limits on algorithmic management in digitalised services: cases from Germany and Norway*, in *Transfer*, 29(1), 2022, p. 105 ss.

Donati F., *Diritti fondamentali e algoritmi nella proposta di Regolamento sull'intelligenza artificiale*, in A. Pajno-F. Donati-A. Perrucci (a cura di), *Intelligenza artificiale e diritto: una rivoluzione? Diritti fondamentali, dati personali e regolazione*, vol. I, il Mulino, Bologna, 2022, p. 111 ss.

Donini A., *Profilazione reputazionale e tutela del lavoratore: la parola al Garante della Privacy*, in *Labour & Law Issues*, 3(1), 2017, p. R 37 ss.

Donini A., *Il luogo per l'esercizio dei diritti sindacali: l'unità produttiva nell'impresa frammentata*, in *Labour & Law Issues*, 5(2), 2019, p. 100 ss.Donini A., *Chi governa le strumentazioni digitali è il datore di lavoro, anche in caso di appalto*, in *giustiziacivile.com*, 17 febbraio 2020.

Elhai D.-Yang H.-Montag C., *Fear of missing out (FOMO): overview, theoretical underpinnings, and literature review on relations with severity of negative affectivity and problematic technology use*, in *Brazilian Journal of Psychiatry*, 43(2), 2021, p. 203 ss.

Esposito M., *Ciclo produttivo integrato e responsabilità datoriali: appunti sull'effettività delle tutele*, in *federalismi.it*, 25, 2022, p. 94 ss.

FAIOLI M., *Mansioni e macchina intelligente*, Giappichelli, Torino, 2018.

FAIOLI M., *Data Analytics, robot intelligenti e regolazione del lavoro*, in *federalismi.it*, 9, 2022, p. 149 ss.

FAIOLI M., *Trasparenza e monitoraggio digitale. Perché abbiamo smesso di capire la norma sociale europea*, in *federalismi.it*, 25, 2022, p. 104 ss.

FAIOLI M., *Giustizia contrattuale, tecnologia avanzata e reticenza informativa del datore di lavoro. Sull'imbarazzante "truismo" del decreto trasparenza*, in *Diritto delle relazioni industriali*, 2023, p. 25 ss.

FALERI C., *Asimmetrie informative e tutela del prestatore di lavoro*, Giuffrè, Milano, 2007.

FALZEA A., *L'offerta reale e la liberazione coattiva del debitore*, Giuffrè, Milano, 1947, 2011 (ristampa).

FERRANTE V., *Potere e autotutela nel contratto di lavoro subordinato: eccezione di inadempimento, rifiuto di obbedienza, azione diretta individuale*, Giappichelli, Torino, 2004.

FINOCCHIARO G.-GRECO L., *Il ruolo di titolare, responsabile e contitolare del trattamento nei trattamenti di dati personali mediante intelligenza artificiale*, in A. PAJNO-F. DONATI-A. PERRUCCI (a cura di), *Intelligenza artificiale e diritto: una rivoluzione? Diritti fondamentali, dati personali e regolazione*, vol. I, il Mulino, Bologna, 2022, p. 313 ss.

FINOCCHIARO G.-POLLICINO O., *La Costituzione ci tutela dalle novità della digitalizzazione*, in *Il Sole 24 Ore*, 6 maggio 2023, p. 13.

FIORILLO L., *Obblighi del lavoratore*, in *Digesto delle discipline privatistiche, sezione commerciale*, agg., Utet, Torino, 2009, p. 5 ss.

FLOR R., *"Digital identity protection": quo vadis diritto penale?*, in P. BERTOLI-F. FERRARI-G. RIPAMONTI-G. TIBERI (a cura di), *Data protection tra Unione Europea, Italia e Svizzera*, Giappichelli, Torino, 2019, p. 127 ss.

FLORIDI L., *Etica dell'intelligenza artificiale*, Raffaello Cortina Editore, Milano, 2022.

FLORIDIA G., *Le creazioni protette*, in P. AUTERI-G-FLORIDIA *et al.*, *Diritto industriale*, Giappichelli, Torino, 2020, p. 209 ss.

FONAGY P.-GERGELY G.-JURIST E.L.-TARGET M., *Affect regulation, mentalization and the development of the self*, Other Press, New York, 2002.

FORLIVESI M., *La rappresentanza e la sfida del contropotere nei luoghi di lavoro*, in *Lavoro e diritto*, 2020, p. 673 ss.

FRANZONI M., *Fatti illeciti*, Zanichelli, Bologna, 2020.

FRANZONI M., *Responsabilità derivante da trattamento dei dati personali*, in G. FINOCCHIARO-F. DELFINI (a cura di), *Diritto dell'informatica*, Utet giuridica, Milano, 2014, p. 829 ss.

FRASCHERI C., *Il modello partecipativo al tempo del Covid-19: quali "eredità" positive per il futuro?*, in *Igiene & Sicurezza sul Lavoro*, 2020, p. 505 ss.

FROSECCHI G., *Diritti collettivi di informazione. Lezioni dal caso GKN*, in *Labour & Law Issues*, 7(2), 2021, p. 37 ss.

FROSINI T.E., *L'orizzonte giuridico dell'intelligenza artificiale*, in *Diritto dell'informazione*, 2022, p. 5 ss.

GABBRIELLI M., *Dalla logica al* deep learning: *una breve riflessione sull'intelligenza artificiale*, in U. RUFFOLO (a cura di), *XXVI Lezioni di Diritto dell'Intelligenza artificiale*, Giappichelli, Torino, 2021, p. 21 ss.

GALANTINO L., *Lavoro atipico, formazione professionale e tutela dinamica della professionalità del lavoratore*, in *Diritto delle relazioni industriali*, 1998, p. 317 ss.

GALLO P., *Il contratto*, Giappichelli, Torino, 2017.

GAMBINI M., *Responsabilità e risarcimento nel trattamento dei dati personali*, in V. CUFFARO-R. D'ORAZIO-V. RICCIUTO (a cura di), *I dati personali nel diritto europeo*, Giappichelli, Torino, 2019, p. 1017 ss.

GAROFALO D., *Lavoro, impresa e trasformazioni organizzative*, Atti delle giornate di studio di diritto del lavoro Aidlass, 18-19 maggio 2017, Giuffrè, Milano, 2018, p. 17 ss.

GAUDIO G., *Algorithmic management, poteri datoriali e oneri della prova: alla ricerca della verità materiale che si cela dietro l'algoritmo*, in *Labour & Law Issues*, 6(2), 2020, p. 21 ss.

GAUDIO G., *Algorithmic management, sindacato e tutela giurisdizionale*, in *Diritto delle relazioni industriali*, 2022, p. 30 ss.

GAUDIO G., *Litigating the Algorithmic Boss in the EU: A (Legally) Feasible and (Strategically) Attractive Option for Trade Unions?*, in *International Journal of Comparative Labour Law and Industrial Relations*, 1, pre-publication, 2024, p. 1 ss.

GELLERT R.-VAN BEKKUM M.-ZUIDERVEEN BORGESIUS F., *EU Law Analysis: The Ola & Uber Judgments: For the First Time a Court Recognises a GDPR Right to an Explanation for Algorithmic Decision-Making*, in *EU Law Analysis*, 28 April 2021.

GELLERT R., *Personal data's ever-expanding scope in smart environments and possible path(s) for regulating emerging digital technologies*, in *International Data Privacy Law*, 11(2), 2021, p. 196 ss.

GERDON F.-BACH R.L.-KERN C.-KREUTER F., *Social impacts of algorithmic decision-making: a research agenda for the social sciences*, in *Big Data & Society*, 2022, p. 1 ss.

GHEZZI G., *La mora del creditore nel rapporto di lavoro*, Giuffrè, Milano, 1965.

GIACOMELLI L., *Big brother is «*gendering*» you. Il diritto antidiscriminatorio alla prova dell'intelligenza artificiale: quale tutela per il corpo digitale?*, in *BioLaw Journal – Rivista di Bio Diritto*, 2019, p. 269 ss.

GIOVANNONE M., *Modelli organizzativi e sicurezza sui luoghi di lavoro alla prova del Covid-19 e a vent'anni dall'entrata in vigore del d.lgs. n. 231/2001*, in *Diritto della sicurezza sul lavoro*, 2022, p. 94 ss.

GIUGNI G., *Mansioni e qualifica nel rapporto di lavoro*, Jovene, Napoli, 1963.

GOLDMAN T.-WEIL D., *Who's Responsible Here? Establishing Legal Responsibility in the Fissured Workplace*, in *Berkeley Journal of Employment and Labor Law*, 42(1), 2021, p. 55 ss.

GOSETTI G., *La digitalizzazione del lavoro. Questioni aperte e domande di ricerca sulla transizione*, in *Economia e società regionale*, 2019, p. 91 ss.

GOSETTI G. (a cura di), *Lavoratori, sindacato e digitalizzazione*, Franco Angeli, Milano, 2022.

GOTTARDI D., *Da* Frankenstein *ad Asimov: letteratura 'predittiva', robotica e lavoro*, in *Labour & Law Issues*, 4(2), 2018, p. I.3 ss.

GOTTARDI D., *Riflessione in rete da giurista del lavoro*, in G. GOSETTI (a cura di), *Lavoratori, sindacato e digitalizzazione*, Franco Angeli, Milano, 2022, p. 231 ss.

GRAGNOLI E., *Articolo 30. Modelli di organizzazione e di gestione*, in C. ZOLI (a cura di), I, *Princìpi comuni*, in L. MONTUSCHI (diretto da), *La nuova sicurezza sul lavoro.*

D.lgs. 9 aprile 2008, n. 81 e successive modifiche. Commentario, Zanichelli, Bologna, 2011, p. 392 ss.

GRAGNOLI E., *Il potere di controllo, le risorse digitali e gli algoritmi*, in A. BELLAVISTA-R. SANTUCCI (a cura di), *Tecnologie digitali, poteri datoriali e diritti dei lavoratori*, Giappichelli, Torino, 2022, p. 27 ss.

GRAGNOLI E., *L'informazione nel rapporto di lavoro*, Giappichelli, Torino, 1996.

GRAMANO E., Jus variandi *e formazione nel rapporto di lavoro subordinato*, in *Labor*, 2021, p. 259 ss.

GREEN B., *The Flaws of Policies Requiring Human Oversight of Government Algorithms*, in *Computer Law & Security Review*, 45, 2022, p. 1 ss.

GROSS J.J.-THOMPSON R.A., *Emotion Regulation: Conceptual Foundations*, in J.J. GROSS (a cura di), *Handbook of emotion regulation*, The Guilford Press, New York, 2007, p. 3 ss.

IMBERTI L., *La contrattazione collettiva aziendale di fronte alle sfide della rivoluzione digitale e ai processi di cambiamento organizzativo*, in *federalismi.it*, 25, 2022, p. 161 ss.

INGRAO A., *Il controllo a distanza sui lavoratori e la nuova disciplina privacy: una lettura integrata*, Cacucci, Bari, 2018.

INGRAO A., Data-driven management *e strategie collettive di coinvolgimento dei lavoratori per la tutela della* privacy, in *Labour & Law Issues*, 5(2), 2019, p. 129 ss.

INGRAO A., Marchandage du travail *tra appalto e distacco illeciti. Quando il datore di lavoro è un* software *nella logistica 4.0*, in *Rivista italiana di diritto del lavoro*, 2020, p. 105 ss.

IODICE R., *La proposta di Regolamento Ue sull'intelligenza artificiale: quali implicazioni sul versante giuslavoristico?*, in *Ianus. Diritto e Finanza*, 24, 2021, p. 55 ss.

ITALIANO G.F.-CIVITARESE MATTEUCCI S.-PERRUCCI A., *L'intelligenza artificiale: dalla ricerca scientifica alle sue applicazioni. Una introduzione di contesto*, in A. PAJNO-F. DONATI-A. PERRUCCI (a cura di), *Intelligenza artificiale e diritto: una rivoluzione? Diritti fondamentali, dati personali e regolazione*, vol. I, il Mulino, Bologna, 2022, p. 43 ss.

JANSSEN H.L., *An approach for a fundamental rights impact assessment to automated decision-making*, in *International Data Privacy Law*, 10, 2020, p. 76 ss.

JANSSEN H.-SENG AH LEE M.-SINGH J., *Practical fundamental rights impact assessments*, in *International Journal of Law and Information Technology*, 30, 2022, p. 200 ss.

JONES M.L., *The right to a human in the loop: Political constructions of computer automation and personhood*, in *Social Studies of Science*, 47(2), 2017, p. 216 ss.

KING A.G.-MRKONICH M., *"Big Data" and the Risk of Employment Discrimination*, in *Oklahoma Law Review*, 68(3), 2016, p. 557 ss.

LAMBERTUCCI P., *Intelligenza artificiale e tutela dei lavoratori: prime riflessioni*, in *Argomenti di diritto del lavoro*, 2022, p. 897 ss.

LAULOM S., *Discrimination by algorithms at work*, in T. GYULAVÁRI-E. MENEGATTI, *Decent work in the digital age*, Hart Publishing, Oxford, 2022, p. 271 ss.

LAZZARI C., *Figure e poteri datoriali nel diritto della sicurezza sul lavoro*, Franco Angeli, Milano, 2015.

LAZZARI C., *Gli obblighi di sicurezza del lavoratore, nel prisma del principio di autore-*

sponsabilità, in *Diritto della sicurezza sul lavoro*, 2022, p. 1 ss.

LEE M.K.-KUSBIT D.-METSKY E. *et al.*, *Working with machines: The impact of algorithmic and data-driven management on human workers*, in *Proceedings of the 33rd annual ACM conference on human factors in computing systems*, Association for Computing Machinery, New York, 2015, p. 1603 ss.

LENER A., *Il rapporto di rendita perpetua*, Giuffrè, Milano, 1967.

LESLIE D.-BURR C.-AITKEN M.-KATELL N.-BRIGGS M.-RINCON C., *Human rights, democracy, and the rule of law assurance framework for AI systems: A proposal*, The Alan Turing Institute, 2021.

LIBERTINI M., *Il rapporto tra direttiva e decreto di attuazione e l'applicabilità in via interpretativa delle disposizioni comunitarie non inserite nel codice*, in C. GALLI (a cura di), *Il nuovo diritto del know-how*, Wolters Kluwer Italia, Milano, 2018, p. 21 ss.

LISO F., *Brevi osservazioni sulla revisione della disciplina delle mansioni contenuta nel decreto legislativo n. 81/2015 e su alcune recenti tendenze di politica legislativa in materia di rapporto di lavoro*, in *WP CSDLE "Massimo D'Antona".IT*, n. 257, 2015.

LO FARO A., Algorithmic Decision Making *e gestione dei rapporti di lavoro: cosa abbiamo imparato dalle piattaforme*, in *federalismi.it*, 25, 2022, p. 189 ss.

LO FARO A.-SCARPELLI F., *Introduzione*, in *Rivista giuridica del lavoro e della previdenza sociale*, 2017, p. 381 ss.

LOREGGIA A.-SARTOR G., *L'Intelligenza Artificiale nella moderazione del digitale*, in *Sistemi intelligenti*, 2022, p. 53 ss.

LOY G., *Formazione e rapporto di lavoro*, Franco Angeli, Milano, 1988.

MAIO V., *Il diritto del lavoro e le nuove sfide della rivoluzione robotica*, in *Argomenti di diritto del lavoro*, 2018, p. 1414 ss.

MAIO V., *Diritto del lavoro e metaverso. Se il lavoro non è un (video) gioco*, in *Labour & Law Issues*, 8(2), 2022, p. 40 ss.

MALGIERI G.-COMANDÈ G., *Why a Right to Legibility of Automated Decision-Making Exists in the General Data Protection Regulation*, in *International Data Privacy Law*, 7(4), 2017, p. 243 ss.

MALZANI F., *Salute e sicurezza dei lavoratori della* gig economy, in P. PASCUCCI (a cura di), *Salute e sicurezza sul lavoro*, Franco Angeli, Milano, 2019, p. 45 ss.

MANCINI G.F., *La responsabilità contrattuale del prestatore di lavoro*, Milano, Giuffrè, 1957.

MANSOLDO S., *La tutela del software tra incertezza e "cultura" della proprietà intellettuale*, in *Orizzonti del diritto commerciale*, 2, 2022, p. 1057 ss.

MANTELERO A., *Beyond Data: Human Rights, Ethical and Social Impact Assessment in AI*, Springer, The Hague, 2022.

MARAZZA M., *Limiti e tecniche di controllo sui poteri di organizzazione del datore di lavoro*, in M. MARTONE (a cura di), *Contratto di lavoro e organizzazione*, tomo II, in M. PERSIANI-F. CARINCI (diretto da), *Trattato di diritto del lavoro*, Cedam, Padova, 2012, p. 1271 ss.

MARAZZA M., *Dei poteri (del datore di lavoro), dei controlli (a distanza) e del trattamento dei dati (del lavoratore)*, in *WP CSDLE "Massimo D'Antona".IT*, n. 300, 2016 e *Argomenti di diritto del lavoro*, 2016, p. 483 ss.

MARAZZA M., Social, *relazioni industriali e (nuovi percorsi di) formazione della volontà collettiva*, in *Rivista italiana di diritto del lavoro*, I, 2019, p. 55 ss.

MARAZZA M., *L'art. 2087 c.c. nella pandemia Covid-19 (e oltre)*, in *Rivista italiana di diritto del lavoro*, 2020, p. 267 ss.

MARAZZA M.-D'AVERSA F., *Dialoghi sulla fattispecie dei "sistemi decisionali o di monitoraggio automatizzati" nel rapporto di lavoro (a partire dal Decreto trasparenza)*, in *giustiziacivile.com*, 8 novembre 2022.

MARI G., *Libertà nel lavoro. La sfida della rivoluzione digitale*, il Mulino, Bologna, 2019.

MARINELLI M., *Sostenibilità dell'occupazione e rapporto di lavoro privato*, Relazione Giornate di Studio Aidlass, *Il diritto del lavoro per una ripresa sostenibile*, 28-30 ottobre 2021.

MARIUCCI L., *Giuslavorismo e sindacati nell'epoca del tramonto del neoliberismo*, in *WP CSDLE "Massimo D'Antona".IT*, n. 407, 2020.

MARONGIU D., *Algoritmo e procedimento amministrativo: una ricostruzione*, in *Giurisprudenza italiana*, 2022, p. 1515 ss.

MAZZETTI M., *Amazon: taylorismo digitale e diritti dei lavoratori*, in *Lavoro e diritto*, 2, 2021, p. 359 ss.

MEISINGER N., *Blue collar with tie: a human-centered reformulation of the ironies of automation*, in *AI & Society*, 2022, *https://doi.org/10.1007/s00146-021-01320-y*.

MENDOZA I.-BYGRAVE L.A., *The Right Not to Be Subject to Automated Decisions Based on Profiling*, in T.E. SYNODINOU-P. JOUGLEUX-C. MARKOU *et al.* (a cura di), *EU Internet Law: Regulation and Enforcement*, Springer International Publishing, Cham, 2017, p. 77 ss.

MENEGATTI E., *The classification of platform workers through the lens of judiciaries*, in T. GYULAVÁRI-E. MENEGATTI, *Decent work in the digital age*, Hart Publishing, Oxford, 2022, p. 105 ss.

MENGHINI L., *Le rappresentanze dei lavoratori per la sicurezza dall'art. 9 dello Statuto alla prevenzione del Covid-19: riaffiora una nuova "soggettività operaia"?*, in *Diritto della sicurezza sul lavoro*, 1, 2021, p. 1 ss.

MENGONI L., *Obbligazioni «di risultato» e obbligazioni «di mezzi». Parte IV – studio critico*, in *Rivista di diritto commerciale*, 9-10, 1954, p. 366 ss.

MENGONI L., *Spunti per una teoria delle clausole generali*, in *Rivista critica di diritto privato*, 1986, p. 5 ss.

MERONE A., *Fondamenti di* machine learning *e applicazioni giuridiche*, in R. GIORDANO-A. PANZAROLA *et al.* (a cura di), *Il diritto nell'era digitale*, Giuffrè, Milano, 2022, p. 1045 ss.

MÖKANDER J.-JUNEJA P.-WATSON D.S. *et al.*, *The US Algorithmic Accountability Act of 2022 vs. The EU Artificial Intelligence Act: what can they learn from each other?*, in *Minds & Machines*, 32, 2022, p. 751 ss.

MOLÈ M., *La Corte di giustizia sul responsabile della protezione dei dati: primi chiarimenti sulle tutele speciali di un protagonista della digitalizzazione al lavoro*, in *Diritto delle relazioni industriali*, 1, 2023, p. 215 ss.

MONTUSCHI L., *Diritto alla salute e organizzazione del lavoro*, Franco Angeli, Milano, 1976.

MONTUSCHI L., *Ancora sulla rilevanza della buona fede nel rapporto di lavoro*, in *Argomenti di diritto del lavoro*, 1999, p. 723 ss.

MONTUSCHI L., *Verso il testo unico sulla sicurezza del lavoro*, in *Giornale di diritto del lavoro e delle relazioni industriali*, 2007, p. 29 ss.

MÜSIL R., *L'uomo senza qualità*, volume primo, (trad. it. A. Rho, G. Benedetti, L. Castoldi) Einaudi, Torino, 2014.

NAPOLI M., *La stabilità reale del rapporto di lavoro*, Franco Angeli, Milano, 1980.

NATOLI U., *Sicurezza, libertà e dignità del lavoratore nell'impresa*, in *Diritto del lavoro*, I, 1956, p. 3 ss.

NATOLI U., *L'attuazione del rapporto obbligatorio*, Giuffrè, Milano, 1974.

NATOLI U., *Diritti fondamentali e categorie generali*, Giuffrè, Milano, 1993, p. 431 ss.

NATULLO G., *Ambiente di lavoro e tutela della salute*, Giappichelli, Torino, 2020.

NOGLER L., *La disciplina dei licenziamenti individuali nell'epoca del bilanciamento tra i "principi" costituzionali*, in *Giornale di diritto del lavoro e delle relazioni industriali*, 2007, p. 598 ss.

NOVELLA M., *Impresa*, in M. NOVELLA-P. TULLINI, *Lavoro digitale*, Giappichelli, Torino, 2022, p. 5 ss.

NUZZO V., *La protezione del lavoratore dai controlli impersonali*, Ed. Scientifica, Napoli, 2018.

ODDENINO A., *Intelligenza artificiale e tutela dei diritti fondamentali: alcune notazioni critiche sulla recente proposta di regolamento della Ue, con particolare riferimento all'approccio basato sul rischio e al pericolo di discriminazione algoritmica*, in A. PAJNO, F. DONATI, A. PERRUCCI (a cura di), *Intelligenza artificiale e diritto: una rivoluzione? Diritti fondamentali, dati personali e regolazione*, vol. I, il Mulino, Bologna, 2022, p. 165 ss.

OHM P., *Broken Promises of Privacy: Responding to the Surprising Failure of Anonymization*, in *UCLA Law Review*, 2010, p. 1701 ss.

OSHA, *New forms of work in the digital era: implications for psychosocial risks and MSDs*, Discussion Paper, 21 luglio 2021.

OTTO M., *Workforce analytics v fundamental rights protection in the EU in the age of big data*, in *Comparative Labor Law & Policy Journal*, 40(3), 2018, p. 389 ss.

PAGALLO U., *Algoritmi e conoscibilità*, in *Rivista di filosofia del diritto*, 2020, p. 93 ss.

PAJNO A., *Prefazione. La costruzione dell'infosfera e le conseguenze sul diritto*, in A. PAJNO-F. DONATI-A. PERRUCCI (a cura di), *Intelligenza artificiale e diritto: una rivoluzione? Amministrazione, responsabilità, giurisdizione*, vol. II, il Mulino, Bologna, 2022, p. 9 ss.

PALMIRANI M.-SAPIENZA S., *Big Data, Explanations and Knowability*, in *Ragion pratica*, 2021, p. 349 ss.

PALMIRANI M., Big Data *e conoscenza*, in *Rivista di filosofia del diritto*, 2020, p. 73 ss.

PALMIRANI M., *Interpretabilità, conoscibilità, spiegabilità dei processi decisionali automatizzati*, in U. RUFFOLO (a cura di), *XXVI Lezioni di Diritto dell'Intelligenza artificiale*, Giappichelli, Torino, 2021, p. 66 ss.

PARRAVICINI G.P., *Organizzazione delle imprese e ruolo del sindacato*, in *Argomenti di diritto del lavoro*, 6, 2022, p. 1147 ss.

PARVIAINEN H., *Can algorithmic recruitment systems lawfully utilise automated decision-making in the EU?*, in *European Labour Law Journal*, 13(2), 2022, p. 225 ss.

PASCUCCI P.-ANGELINI L.-LAZZARI C., *I "sistemi" di vigilanza e di controllo nel diritto della salute e sicurezza sul lavoro*, in *Lavoro e diritto*, 2015, p. 621 ss.

PASCUCCI P., *Dopo la legge n. 123 del 2007*, in *WP C.S.D.L.E. "Massimo D'Antona" .IT*, n. 73, 2008.

PASCUCCI P., *Dopo il d.lgs. 81/2008: salute e sicurezza in un decennio di riforme del diritto del lavoro*, in P. PASCUCCI (a cura di), *Salute e sicurezza sul lavoro. Tutele universali e nuovi strumenti a 10 anni dal d.lgs. n. 81/2008*, Franco Angeli, Milano, 2019, p. 11 ss.

PASCUCCI P., *Salute e sicurezza sul lavoro, responsabilità degli enti, modelli organizzativi e gestionali*, in *Rivista giuridica del lavoro e della previdenza sociale*, 2021, p. 537 ss.

PASCUCCI P., *Sicurezza sul lavoro e cooperazione del lavoratore*, in *Giornale di diritto del lavoro e di relazioni industriali*, 2021, p. 421 ss.

PASCUCCI P., *Modelli organizzativi e tutela dell'ambiente interno ed esterno all'impresa*, in *Lavoro e diritto*, 2022, p. 335 ss.

PATRONI GRIFFI F., *La decisione robotica e il giudice amministrativo*, in A. CARLEO (a cura di), *Decisione robotica*, il Mulino, Bologna, 2019, p. 165 ss.

PECK D., *They're watching you at work*, *theatlantic.com*, dicembre 2013.

PERLINGIERI P., *Presentazione*, in P. PERLINGIERI-S. GIOVA-I. PRISCO (a cura di), *Rapporti civilistici e intelligenze artificiali: attività e responsabilità*, Edizioni Scientifiche Italiane, Napoli, 2020, p. VII ss.

PERLINGIERI P., *Manuale di diritto civile*, Edizioni Scientifiche Italiane, Napoli, 2021.

PERSIANI M., *Considerazioni sul controllo di buona fede*, in *Il diritto del lavoro*, 1995, p. 135 ss.

PERULLI A., *Informazione (diritti di)*, in *Digesto delle Discipline Privatistiche, sezione commerciale*, Utet, Torino, 1992, p. 362 ss.

PERULLI A., *I concetti qualitativi nel diritto del lavoro: standard, ragionevolezza, equità*, in *Diritti Lavori Mercati*, 2011, p. 403 ss.

PERULLI A., *Il controllo giudiziale dei poteri dell'imprenditore tra evoluzione legislativa e diritto vivente*, in *Rivista italiana di diritto del lavoro*, I, 2015, p. 83 ss.

PERULLI A.-SPEZIALE V., *Dieci tesi sul diritto del lavoro*, il Mulino, Bologna, 2022.

PERUZZI M., *La prova del licenziamento ingiustificato e discriminatorio*, Giappichelli, Torino, 2017.

PERUZZI M., *Il diritto antidiscriminatorio al test di intelligenza artificiale*, in *Labour & Law Issues*, 7(1), 2021, p. I.48 ss.

PICCININI I., *Intelligenza artificiale e nuovi spazi di azione sindacale*, in AA.VV., *Diritti costituzionali. Conflitto collettivo. Lavoro*, Giappichelli, Torino 2022, p. 275 ss.

PICCININI I.-ISCERI M., *IA e datori di lavoro: vero una e-leadership?*, in *Lavoro Diritti Europa*, 2, 2021.

PISANI C., *Licenziamento e fiducia*, Giuffrè, Milano, 2004.

PISANI C., *Gli strumenti utilizzati per rendere la prestazione lavorativa e quelli di registrazione degli accessi e delle presenze*, in C. PISANI-G. PROIA-A. TOPO (a cura di), *Privacy e lavoro. La circolazione dei dati personali e i controlli nel rapporto di lavoro*, Giuffrè, Milano, 2022, p. 439 ss.

PISANI C., *Le tecniche di tutela nell'età della giurisdizione*, Relazione Giornate di Studio Aidlass, *Le tecniche di tutela nel diritto del lavoro*, 16-17 giugno 2022.

PITRUZZELLA G., *Le fonti dell'Unione europea e il rapporto tra diritto dell'Unione e diritto nazionale*, in R. COSIO-F. CURCURUTO-V. DI CERBO-G. MAMMONE (a cura di), *Il diritto del lavoro dell'Unione europea*, Giuffrè, Milano, 2023, p. 93 ss.

PIZZETTI F., *La protezione dei dati personali e la sfida dell'Intelligenza Artificiale*, in F. PIZZETTI (a cura di), *Intelligenza artificiale, protezione dei dati personali e regolazione*, Giappichelli, Torino, 2018, p. 5 ss.

PIZZOFERRATO A., *Digitalisation of work: new challenges to labour law*, in *Argomenti di diritto del lavoro*, 2021, p. 1329 ss.

POLLICINO O.-DE GREGORIO G., *Intelligenza artificiale,* data protection *e responsabilità*, in A. PAJNO-F. DONATI-A. PERRUCCI (a cura di), *Intelligenza artificiale e diritto: una rivoluzione? Amministrazione, responsabilità, giurisdizione*, vol. II, il Mulino, Bologna, 2022, p. 345 ss.

PRASSL J.-RISAK M., *Sottosopra e al rovescio: le piattaforme di lavoro on demand come datori*, in *Rivista giuridica del lavoro e della previdenza sociale*, 2017, p. 219 ss.

PROCIDA MIRABELLI DI LAUTO A., *Le intelligenze artificiali tra responsabilità civile e sicurezza sociale*, in *Rapporti civilistici e intelligenze artificiali: attività e responsabilità*, Atti del 15° Convegno Nazionale SISDiC, 14-16 maggio 2020, Edizioni Scientifiche Italiane, Napoli, 2020, p. 341 ss.

PROIA G., *Trasparenza, prevedibilità e poteri dell'impresa*, in *Labor*, 6, 2022, p. 641 ss.

PROSPERETTI E., *Accesso al software e al relativo algoritmo nei procedimenti amministrativi e giudiziali. Un'analisi a partire da due pronunce del Tar Lazio*, in *Il diritto dell'informazione e dell'informatica*, 4, 2019, p. 979 ss.

PROTOPAPA V., *Uso strategico del diritto e azione sindacale*, il Mulino, Bologna, 2022.

PURTOVA N., *The law of everything. Broad concept of personal data and future of EU data protection law*, in *Law, Innovation and Technology*, 10(1), 2018, p. 40 ss.

RAZZOLINI O., Class action: *l'azione in giudizio del sindacato verso un cambio di paradigma*, in *Rivista italiana di diritto del lavoro*, 1, 2023, p. 111 ss.

RECCHIA G.A., *Il sindacato va al processo: interessi collettivi dei lavoratori e azione di classe*, in *Lavoro Diritti Europa*, 4, 2021.

RESCIGNO P., *Corso di diritto pubblico*, Zanichelli, Bologna, 1979.

RICCI M.-OLIVIERI A., *Il problema del senso del limite*, in M. RICCI-A. OLIVIERI (a cura di), *La tutela dei dati del lavoratore*, Cacucci, Bari, 2022, p. 1 ss.

RICCIO G.M.-GIANNONE CODIGLIONE G., *La rilevanza delle basi giuridiche per il trattamento di dati personali mediante sistemi di intelligenza artificiale*, in A. PAJNO-F. DONATI-A. PERRUCCI (a cura di), *Intelligenza artificiale e diritto: una rivoluzione? Diritti fondamentali, dati personali e regolazione*, vol. I, il Mulino, Bologna, 2022, p. 281 ss.

RODOTÀ S., *Le fonti di integrazione del contratto*, Giuffrè, Milano, 1962.

RODOTÀ S., *Il tempo delle clausole generali*, in *Rivista critica di diritto privato*, 1987, p. 709 ss.

RODOTÀ S., *Le clausole generali nel tempo del diritto flessibile*, in A. ORESTANO (a cura di) *Lezioni sul contratto*, Giappichelli, Torino, 2009, p. 97 ss.

ROMAGNOLI U., *Art. 13*, in G. GHEZZI-G.F. MANCINI-L. MONTUSCHI-U. ROMAGNOLI, *Statuto dei diritti dei lavoratori, Art. 1-13*, in A. SCIALOJA-G. BRANCA (a cura di), *Commentario del codice civile*, V, I-II, Zanichelli/Società editrice del Foro Italiano, Bologna-Roma, 1979, p. 217 ss.

ROMAGNOLI U., voce *Amministrazione del rapporto di lavoro*, in *Digesto Italiano, Discipline privatistiche, sezione commerciale*, IV, I, Utet, Torino, 1987, p. 110 ss.

ROTA A., *Rapporto di lavoro e* big data analytics*: profili critici e risposte possibili*, in *Labour & Law Issues*, 2017, p. I.42 ss.

ROTA A., *Sicurezza*, in M. NOVELLA-P. TULLINI, *Lavoro digitale*, Giappichelli, Torino, 2022, p. 83 ss.

ROVATTI R., *Il processo di apprendimento algoritmico e le applicazioni nel settore legale*, in U. RUFFOLO (a cura di), *XXVI Lezioni di Diritto dell'Intelligenza artificiale*, Giappichelli, Torino, 2021, p. 31 ss.

RUBINO D., *La fattispecie e gli effetti giuridici preliminari*, Giuffrè, Milano, 1939.

RUFFOLO U.-AMIDEI A., *La regolazione* ex ante *dell'intelligenza artificiale tra gestione del rischio* by design*, strumenti di certificazione preventiva e "autodisciplina" di settore*, in A. PAJNO-F. DONATI-A. PERRUCCI (a cura di), *Intelligenza artificiale e diritto: una rivoluzione? Diritti fondamentali, dati personali e regolazione*, vol. I, il Mulino, Bologna, 2022, p. 489 ss.

RUFFOLO U., *Per i fondamenti di un diritto della robotica* self-learning*; dalla* machinery *produttiva all'auto* driverless*: verso una "responsabilità da algoritmo"?*, in U. RUFFOLO (a cura di), *Intelligenza artificiale e responsabilità*, Giuffrè, Milano, 2017, p. 1 ss.

RUFFOLO U., *Le responsabilità da produzione e gestione di intelligenza artificiale self-learning*, in U. RUFFOLO (a cura di), *XXVI Lezioni di Diritto dell'Intelligenza artificiale*, Giappichelli, Torino, 2021, p. 131 ss.

RUFFOLO U., Artificial intelligence *e responsabilità. «Persona elettronica» e teoria dell'illecito*, in A. PAJNO-F. DONATI-A. PERRUCCI (a cura di), *Intelligenza artificiale e diritto: una rivoluzione? Amministrazione, responsabilità, giurisdizione*, vol. II, il Mulino, Bologna, 2022, p. 229 ss.

RUSSELL S.J.-NORVIG P., *Artificial Intelligence: A Modern Approach (AIMA)*, Pearson, New Jersey, 2009.

SALENTO A., *Industria 4.0, Imprese, Lavoro. Problemi interpretativi e prospettive*, in *Rivista giuridica del lavoro e della previdenza sociale*, 2017, 2, p. 175 ss.

SALOMONE R., *La responsabilità sociale dell'impresa: riflessioni a margine di una strategia europea sullo sviluppo sostenibile*, in *Diritto delle relazioni industriali*, 14(2), 2004, p. 379 ss.

SAMOILI S.-LOPEZ COBO M.-GOMEZ GUTIERREZ E.-DE PRATO G.-MARTINEZ-PLUMED F.-DELIPETREV D., *AI WATCH. Defining Artificial Intelligence*, Publications Office of the European Union, Luxembourg, 2020.

SARTOR G.-LAGIOIA F., *Le decisioni algoritmiche tra etica e diritto*, in RUFFOLO (a cura di), *Intelligenza artificiale. Il diritto, i diritti, l'etica*, Giuffrè, Milano, 2020, p. 69 ss.

SARTORI A., *Il controllo tecnologico sui lavoratori*, Giappichelli, Torino, 2020.

SARTORI A., *Il controllo tecnologico sui lavoratori. La nuova disciplina italiana tra vincoli sovranazionali e modelli comparati*, Giappichelli, Torino, 2020.

SCHIAVONE E.C., *Gli obblighi informativi in caso di sistemi decisionali o di monitoraggio automatizzati*, in D. GAROFALO-M. TIRABOSCHI-V. FILÌ-A. TROJSI (a cura di), *Trasparenza e attività di cura nei contratti di lavoro*, Adapt Labour Studies e-Book series n. 96, 2023, p. 211 ss.

SCOGNAMIGLIO R., *Responsabilità contrattuale ed extracontrattuale*, in *Novissimo Digesto Italiano*, XV, Utet, Torino, 1968, p. 670 ss.

SEGHEZZI F., *Come cambia il lavoro nella Industry 4.0?*, in *WP ADAPT*, n. 172, 2015.

SELBST A.D.-POWLES J., *Meaningful information and the right to explanation*, in *International Data Privacy Law*, 2017, 4, p. 233 ss.

SENATORI I., *Eu Law and digitalization of employment relations*, in T. GYULAVÁRI-E. MENEGATTI, *Decent work in the digital age*, Hart Publishing, Oxford, 2022, p. 57 ss.

SMURAGLIA C., *La persona del prestatore nel rapporto di lavoro*, Giuffrè, Milano, 1967.

SPEZIALE V., *Mora del creditore e contratto di lavoro*, Cacucci, Bari, 1992.

SPEZIALE V., *Il datore di lavoro nell'impresa integrata*, in *Giornale di diritto del lavoro e delle relazioni industriali*, 2010, p. 1 ss.

SUPPIEJ G., *Il rapporto di lavoro (costituzione e svolgimento)*, Cedam, Padova, 1982.

TEBANO L., *La digitalizzazione del lavoro tra intelligenza artificiale e gestione algoritmica*, in *Ianus. Diritto e Finanza*, 24, 2021, p. 43 ss.

TEBANO L., *Controlli digitali*, in S. BORELLI-V. BRINO-C. FALERI-L. LAZZERONI-L. TEBANO-L. ZAPPALÀ, *Lavoro e tecnologie*, Giappichelli, Torino, 2022, p. 49 ss.

TEUBNER G., *Soggetti giuridici digitali? Sullo status privatistico degli agenti software autonomi*, Edizioni Scientifiche Italiane, Napoli, 2018.

TIRABOSCHI M., *Mercati transizionali e possibili linee evolutive della regolazione giuridica del lavoro*, in AA.VV., *Flexicurity e mercati transizionali del lavoro*, Adapt University Press, Bergamo, 2021, p. 228 ss.

TIRABOSCHI M., *Nuovi modelli della organizzazione del lavoro e nuovi rischi*, in *Diritto della sicurezza sul lavoro*, 1, 2022, p. 136 ss.

TIRABOSCHI M., *Il lavoro agile tra innovazioni tecnologiche e dinamiche sociali. Contributo e limiti del punto di vista giuridico*, in R.S. DE CASTRO-P. MONDA (a cura di), *Il lavoro a distanza: una prospettiva interna e comparata*, Quaderno della Rivista Diritti Lavori Mercati n. 13, Ed. Scientifica, Napoli, 2023, p. 87 ss.

TODOLÌ-SIGNES A., *Algorithms, artificial intelligence and automated decisions concerning workers and the risks of discrimination: the necessary collective governance*, in *Transfer*, 25(4), 2019, p. 465 ss.

TODOLÍ-SIGNES A., *Making algorithms safe for workers: occupational risks associated with work managed by artificial intelligence*, in *Transfer*, 27(4), 2021, p. 433 ss.

TOMASSINI L., *L'intelligenza artificiale: quali prospettive?*, in U. RUFFOLO (a cura di), *XXVI Lezioni di Diritto dell'Intelligenza artificiale*, Giappichelli, Torino, 2021, p. 43 ss.

TOPO A.-TARDIVO D., *Hard law e soft law nel diritto dell'Unione europea in materia di trattamento dei dati personali e di tutela della riservatezza del lavoratore*, in C. PISANI-G. PROIA-A. TOPO (a cura di), *Privacy e lavoro. La circolazione dei dati personali e i controlli nel rapporto di lavoro*, Giuffrè, Milano, 2022, p. 75 ss.

TOPO A., *Automatic management, reputazione del lavoratore e tutela della riservatezza*, in *Lavoro e diritto*, 2018, p. 453 ss.

TORRENTE A.-SCHLESINGER P., *Manuale di diritto privato*, Giuffrè, Milano, 2021.

TOSI E., *Responsabilità civile per illecito trattamento dei dati personali e danno non patrimoniale*, Giuffrè, Milano, 2019.

TOSONI L., *The right to object to automated individual decisions: resolving the ambiguity of Article 22(1) of the General Data Protection Regulation*, in *International Data Privacy Law*, 2021, p. 145 ss.

TREU T., *Trasformazioni delle imprese: reti di imprese e trasformazioni del lavoro*, in *Mercato Concorrenza Regole*, 2012, p. 7 ss.

TREU T., *La digitalizzazione del lavoro: proposte europee e piste di ricerca*, in *federalismi.it*, 9, 2022, p. 190 ss.

TRIMARCHI P., *La responsabilità civile: atti illeciti, rischio danno*, Giuffrè, Milano, 2017.

TROJSI A., *La sorveglianza digitale del datore di lavoro*, in A. BELLAVISTA-R. SANTUCCI (a cura di), *Tecnologie digitali, poteri datoriali e diritti dei lavoratori*, Giappichelli, Torino, 2022, p. 76 ss.

TULLINI P., *Clausole generali e rapporto di lavoro*, Maggioli editore, Rimini, 1990.

TULLINI P., *Divieto di indagini sulle opinioni e trattamenti discriminatori*, in M. PEDRAZZOLI (coordinato da), *Il nuovo mercato del lavoro*, Zanichelli, Bologna, 2004, p. 145 ss.

TULLINI P., *A rischio amianto?*, in *Rivista italiana di diritto del lavoro*, 2007, p. 435 ss.

TULLINI P., *Sicurezza sul lavoro e modello sociale europeo: un'ipotesi di sviluppo*, in AA.VV., *Scritti in onore di Edoardo Ghera*, tomo II, Cacucci editore, Bari, 2008, p. 1257 ss.

TULLINI P., *I sistemi di gestione della prevenzione e della sicurezza sul lavoro*, in *Giornale di diritto del lavoro e delle relazioni industriali*, 2010, p. 403 ss.

TULLINI P., *Il controllo a distanza attraverso gli strumenti per rendere la prestazione lavorativa. Tecnologie di controllo e tecnologie di lavoro: una distinzione possibile?*, in P. TULLINI (a cura di), *Controlli a distanza e tutela dei dati personali dei lavoratori*, Giappichelli, Torino, 2017, p. 123 ss.

TULLINI P., *La digitalizzazione del lavoro, la produzione intelligente e il controllo tecnologico nell'impresa*, in P. TULLINI (a cura di), *Web e lavoro. Profili evolutivi e di tutela*, Giappichelli, Torino, 2017, p. 3 ss.

TULLINI P., *Assetti organizzativi dell'impresa e poteri datoriali. La riforma dell'articolo 2086 c.c.: prima lettura*, in *Rivista italiana di diritto del lavoro*, 2020, p. 135 ss.

TULLINI P., *La questione del potere nell'impresa. Una retrospettiva lunga mezzo secolo*, in *Lavoro e diritto*, 3-4, 2021, p. 429 ss.

TULLINI P., *Controllo tecnologico nell'impresa e protezione dei dati personali dei lavoratori*, in R. GIORDANO, A. PANZAROLA *et al.* (a cura di), *Il diritto nell'era digitale*, Giuffrè, Milano, 2022, p. 377 ss.

TULLINI P., *Dati*, in M. NOVELLA-P. TULLINI, *Lavoro digitale*, Giappichelli, Torino, 2022, p. 105 ss.

TULLINI P., *La responsabilità dell'impresa*, in *Lavoro e diritto*, 2, 2022, p. 357 ss.

TURSI A., *"Trasparenza" e "diritti minimi" dei lavoratori nel decreto trasparenza*, in *Diritto delle relazioni industriali*, 2023, 1, p. 1 ss.

ULNICANE I., *Artificial intelligence in the European Union*, in T. HOERBER-G. WEBER-I. CABRAS, *The Routledge Handbook of European Integration*, Routledge, London and New York, 2022, p. 254 ss.

VACCHI A., *Intelligenza artificiale, impresa e nuovi modelli di business: i rapporti contrattuali e le responsabilità*, in U. RUFFOLO (a cura di), *XXVI Lezioni di Diritto dell'Intelligenza artificiale*, Giappichelli, Torino, 2021, p. 365 ss.

VALLEBONA A., *Tutele giurisdizionali e autotutela individuale del lavoratore*, Cedam, Padova, 1995.

VAN ALSENOY B., *Liability under EU Data Protection Law: From Directive 95/46 to the General Data Protection Regulation*, in *Journal of Intellectual Property, Information Technology and Electronic Commerce Law*, 7(3), 2016, p. 271 ss.

VARDARO G., *Tecnica, tecnologia e ideologia della tecnica nel diritto del lavoro*, in *Politica del diritto*, 1986, p. 75 ss.

VEDAPRADHA R.-HARIHARAN R.-SHIVAKAMI R., *Artificial Intelligence: A Technological Prototype in Recruitment*, in *Journal of Service Science and Management*, 3(12), 2019, p. 382 ss.

VELLUZZI V., *Le clausole generali. Semantica e politica del diritto*, Giuffrè, Milano, 2010.

VISCOMI A., *Amianto: precauzione, prevenzione e responsabilità*, in L. MONTUSCHI-G. INSOLERA, *Il rischio da amianto*, Bonomia University Press, Bologna, 2006, p. 45 ss.

VISCOMI A., *Diligenza e prestazione di lavoro*, Giappichelli, Torino, 1997.

VISINTINI G., *Inadempimento e mora del debitore. Artt. 1218-1222*, in F.D. BUSNELLI (a cura di), *Il Codice Civile. Commentario*, Giuffrè, Milano, 2006.

VOIGT P., VON DEM BUSSCHE A., *The EU General Data Protection Regulation (GDPR)*, Springer International Publishing, Cham, 2017.

VRABEC H.U., *Data Subjects Rights under the GDPR*, Oxford Scholarship Online, 2021.

WADE M., *Corporate responsibility in the digital era*, in *MIT Sloan Management Review*, 28 April 2020.

WAGNER B., *Liable, but not in control? Ensuring meaningful human agency in automated decision-making systems*, in *Policy Internet*, 11(1), 2019, p. 104 ss.

WATCHER S.-MITTELSTADT B.-FLORIDI L., *Why a right to explanation of automated decision-making does not exist in the general data protection regulation*, in *International Data Privacy Law*, 7(2), 2017, p. 76 ss.

WEIL D., *Understanding the Present and Future of Work in the Fissured Workplace Context*, in *The Russell Sage Foundation Journal of the Social Sciences December*, 5(5), 2019, p. 147 ss.

WIEDEMANN K., *Profiling and (automated) decision-making under the GDPR: a two-step approach*, in *Computer Law & Security Review*, 2022, p. 1 ss.

WOOD A.J., *Algorithmic management: Consequences for work organisation and working conditions*, Report no. JRC124874, Seville, European Commission, 2021.

YEUNG K., *Algorithmic regulation: A critical interrogation*, in *Regulation & Governance*, 2018, p. 505 ss.

ZACCARIA G., *Postdiritto. Nuove fonti, nuove categorie*, il Mulino, Bologna, 2022.

ZAMPINI G., *Intelligenza artificiale e decisione datoriale algoritmica. Problemi e prospettive*, in *Argomenti di diritto del lavoro*, 2022, p. 467 ss.

ZAPPALÀ L., *Informatizzazione dei processi decisionali e diritto del lavoro: algoritmi, poteri datoriali e responsabilità del prestatore nell'era dell'intelligenza artificiale*, in S. ALEO (a cura di), *Evoluzione scientifica e profili di responsabilità*, Pacini editore, Pisa, 2021, p. 363 ss.

ZAPPALÀ L., *Appunti su linguaggio, complessità e comprensibilità del lavoro 4.0: verso una nuova procedimentalizzazione dei poteri datoriali*, in *WP CSDLE "Massimo D'Antona".IT*, n. 462, 2022.

ZAPPALÀ L., *Intelligenza artificiale*, in AA.VV., *Lavoro e tecnologie*, Giappichelli, Torino, 2022, p. 133 ss.

ZERILLI J.-KNOTT A.-MACLAURIN J.-GAVAGHAN C., *Algorithmic Decision-Making and the Control Problem*, in *Minds and Machines*, 29, 2019, pp. 555-578.

ZILLI A., *Condizioni di lavoro (finalmente) «trasparenti e prevedibili»*, in *Labor*, 6, 2022, p. 661 ss.

ZILLI A., *La trasparenza nel lavoro subordinato. Principi e tecniche di tutela*, Pacini giuridica, Pisa, 2022.

ZOLI C., *La tutela delle posizioni «strumentali» del lavoratore. Dagli interessi legittimi all'uso delle clausole generali*, Giuffrè, Milano, 1988.

ZOLI C., *Subordinazione e poteri dell'imprenditore tra organizzazione, contratto e contropotere*, in *Lavoro e diritto*, 1997, p. 241 ss.

ZOLI C., *I diritti di informazione e di c.d. consultazione: il d.lgs. 6 febbraio 2007, n. 25*, in *Rivista italiana di diritto del lavoro*, 2008, p. 161 ss.

ZOPPOLI A., *Prospettiva rimediale, fattispecie, sistema*, Relazione Giornate di Studio Aidlass, *Le tecniche di tutela nel diritto del lavoro*, 16-17 giugno 2022.

ZOPPOLI L., *Il controllo collettivo sull'efficace attuazione del modello organizzativo per la sicurezza nei luoghi di lavoro*, in D. FONDAROLI-C. ZOLI (a cura di), *Modelli organizzativi ai sensi del d.lgs. n. 231/2001 e tutela della salute e della sicurezza nei luoghi di lavoro*, Giappichelli, Torino, 2014, p. 12 ss.

Finito di stampare nel mese di maggio 2023
nella Stampatre s.r.l. di Torino – Via Bologna, 220